全国通用教材《公共关系学》

1992年首次被评为全国优秀畅销书

2001年再次被评为全国优秀畅销书

2007年荣获中国公共关系二十年优秀出版物奖

全国通用教材

Public Relations 公共关系学

第三版

主　　编：熊源伟
执行主编：余明阳
副 主 编：方宪玕　李东文
编　　委：（以姓名笔画为序）
王乐夫　方宪玕　李东文　余明阳
林　帆　顾国祥　熊源伟
撰 稿 者：（以撰写章节次序排列）
余明阳　杨　魁　毛　萍　邢　颖
郭惠民　廖为建　潘肖珏　刘庆龙
李兴国　高旭良　章瑞华　舒咏平
黎　竹　钟育赣　黄　翔　王达宇
张　云　杜建国

APGTIME 时代出版
时代出版传媒股份有限公司
安徽人民出版社

图书在版编目(CIP)数据

公共关系学/熊源伟主编.—合肥:安徽人民出版社,2007.1
ISBN 978－7－212－00446－0
Ⅰ.公… Ⅱ.熊… Ⅲ.公共关系学 Ⅳ.C912.3
中国版本图书馆 CIP 数据核字(2007)第 011865 号

全国通用教材

公共关系学(第三版)

熊源伟 主编

出 版 人:徐 敏 策划编辑:李道平
责任编辑:李稚戎 白 明 装帧设计:杨 群
责任印制:董 亮

出版发行:时代出版传媒股份有限公司 http://www.press-mart.com
安徽人民出版社 http://www.ahpeople.com
合肥市政务文化新区翡翠路 1118 号出版传媒广场八楼
邮编:230071
营销部电话:0551-63533258 0551-63533292(传真)
印 制:合肥中德印刷培训中心印刷厂
(如发现印装质量问题,影响阅读,请与印刷厂商联系调换)

开本:880×1230 1/32 印张:14.5 字数:360 千
版次:2003 年 4 月第 3 版 2018 年 8 月第 31 次印刷

标准书号:ISBN 978－7－212－00446－0 **定价**:16.80 元

第三版前言

熊源伟 余明阳

中国大陆从20世纪80年代引入公共关系理论，到本教材第一版的发行，经历了10年时间，也就是说，当时的中国公关尚处于"孩提时代"。现今本教材第三版的发行，又过了10多年时间，中国公关已步入"青年成熟期"。这种成熟表现为如下几个方面：

首先，公共关系作为一种职业被广泛认可，其专业水准已达到较成熟的状态。中国公关这20多年来，从被误解到被接受，并被纳入国家劳动人事职业序列，是一个巨大的进步。20多年来，一支经历了大浪淘沙的公关专业队伍已具有专业化水准，他们或活跃在国际国内公关公司，或主持着政府社团企业的公关部工作，或从事着公关教学研究传播事务，或出入于国际间的公关交流，尽管经历了从"公关热"到相对低谷的考验，但不经霜打的柿子不甜，他们依然钟爱着公关事业的力量弥足珍贵。

其次，公共关系作为系统理论已初步完成了在中国的本土化。由于社会形态、市场环境、传播业态、组织形式等诸多差异，舶来的公共关系理论经历了引进、尝试、调适、交融等过程，逐步融入了中国本土，基本建构起国际化视野与中国本土化运行的平衡体系。出版过几百部公关书籍之后，"精品"已沉淀下来；蜂拥而至的公关传媒也聚焦为几种公认的杂志；大学公关专业量在减少，但质在提高，名校名专业的博士、硕士教育体系日臻完善。国际公关友人来华已由单向输出进入了相互学习阶段。

最后,公共关系作为一种意识与社会文化已深入到政治经济文化的各个层面。20 多年公关意识的普及,为近几年中国诚信社会与诚信经济的发展提供了重要的舆论支持和意识渗透。公共关系强调形象与协调,重视传播管理与品牌价值,坚持信用与操守,这一切在市场经济已开始成熟,市场走向规范化的今天,已成为越来越多的人士的共识。

正是基于这样的理由,我们说中国公关步入了“青年成熟期”。当然,20 多岁的人生难免不够炉火纯青,这其中的幼稚、多变、生硬之处是可以理解的。

本书总结第一个 10 年的中国公关并出版了第一版,总结第二个 10 年的中国公关并出版了第二、三版,从某个角度说,她也是中国公关发展的见证。我们以及全体编撰人员有决心有信心继续修订,让她伴随中国公关事业继续走下去,为中国公关事业的发展尽绵薄之力。

2002 年 7 月于浙江

第一版前言

熊源伟

任何事业的兴起总有时代的背景，公共关系盛行于80年代的中国，正好伴随着现代商品经济、现代民主政治，尤其是现代社会文明的演进；任何事物的出现又总有它特殊的契机，10年前公共关系悄然兴起，得的是改革开放的天时，占的是经济特区的地利。10年，对人类社会的发展来说，只是弹指一挥的瞬间。我国公共关系事业借着10年改革的雄风，由南而北，迅速在960万平方公里的广袤土地上落地生根。信息时代的到来，使世界成为“地球村”。作为一种新兴的职业，公共关系越来越为众多的中国人所接受、所重视、所迎迓，公共关系的运作为社会生活的运转添加了润滑剂，广泛的国际交流又为中国的公共关系拓展了更为深远、更为宽阔的视野。

自1985年我国高校第一个公共关系专业在深圳特区设立，公共关系渐次步入数百所高校，数以千计的教育工作者、理论工作者把目光投向公共关系，人们的书架上出现了上百种用汉字印刷的公共关系学文论与著述。社会实践的深入呼唤着理论研究的突破，理论研究的突破又反过来推动着社会实践的深入。两年前，第二个公关十年开始在即，人们完全有理由对过去十年间我国公共关系的理论研究和实务运作作出中肯的总结，对公共关系学提出进一步科学化、系统化、规范化的要求。正是基于此，我们十多所高校联起手来,集各家公关学科带头人和主讲教师之所长,在国家教委有关部门的指导下,在安徽人民出版社的积极支持下,决定编写《公共关系学》和《公共关系案例》这两本全国通用教材。

我们希望在广泛研究和系统总结现有公共关系理论成果和实践经验的基础上,多方比较,仔细推敲,承前启后,多元统一。《公共关系学》以"组织形象"为贯穿全书的主线,在集大成的基础上自成体系,既不遗漏重大理论问题,又使现有理论得以进一步深化;《公共关系案例》以中国案例为主,兼及国外著名案例,既与《公共关系学》有内在思路的契合与联系,又独立成书,注重案例的典型性、规范性以及广泛的实用性。《公共关系学》与《公共关系案例》互为"姐妹篇",相得益彰,理论与实践并重,成为一套适合于高校学生、管理干部、公共工作者学习与参考的系统教材。

公共关系学还是一门处于不断完善之中的学科,其理论研究和实践总结都有待于人们进一步关注。《公共关系学》和《公共关系案例》从编写到出版,恰巧跨在中国头十年和新十年之间,恰巧横在 90 年代的门槛上。它们是对我国过去十年众多公关学人研究成果和公关从业者创造性劳动的继承,又为未来公共关系实务和公共关系学的拓展提供了新的起点。

放眼前望,我们期待着新的超越。

1990 年 7 月

目　录

第一章

公共关系的基本问题

公共关系学作为一门独立完整的学科，有其特定的概念、要素和特征，这些问题不但使这门学科有其存在和研究的必要，而且决定了该学科的总体构架。这里，我们首先来讨论公共关系学的最基本的理论问题。

第一节　公共关系的含义

公共关系的定义，是公共关系学研究中首先面临的问题，也是公共关系理论中的核心内容之一，更是学术界争论不休的课题。我们将通过对既有理论观点的综合考察，确定核心概念，然后再来勾勒出公共关系的具体含义。

一、对历史上各种公共关系定义的综合考察

历史上关于公共关系含义的表述非常多，在某种意义上可以说，有多少公共关系学家便可以产生多少种公共关系的定义。在众多的公共关系含义表述中，有一些表述是很有代表性的。在这里，我们先来研究一下以往对公共关系学的发展产生过重要影响的公共关系定义，并对这些表述进行分析。

我们把历史上各种公共关系定义分为如下五种类型:

(一)管理职能论

持这种观点的研究者认为,公共关系是一种管理职能。

国际公共关系协会曾给公共关系作过如下定义:公共关系是一种管理功能。它具有连续性和计划性。通过公共关系,公立的和私人的组织、机构试图赢得同他们有关的人们的理解、同情和支持——借助对舆论的估价,以尽可能地协调他们自己的政策和做法,依靠有计划的、广泛的信息传播,赢得更有效的合作,更好地实现他们的共同利益。

这个定义非常鲜明地强调了公共关系的管理职能,其活动形式是“有计划的、广泛的信息传播”,结果是“更好地实现他们的共同利益”。

美国人莱克斯·哈罗(Rex Harlow)博士对公共关系所下的定义更为细致。他认为:公共关系是一种特殊的管理职能。它帮助一个组织建立并保持与公众之间的交流、理解、认可与合作;它参与处理各种问题与事件;它帮助管理部门了解民意,并对之作出反应;它确定并强调企业为公众利益服务的责任;它作为社会趋势的监视者,帮助企业保持与社会变动同步;它使用有效的传播技能与研究方法作为基本工具。

管理职能论在我国也很有市场,不少学者也持这一观点。

(二)传播沟通论

持这种观点的研究者更多地是从公共关系的运作特点上来考虑,认为公共关系是社会组织与公众的一种传播沟通方式。

英国人弗兰克·杰夫金斯(Frank Jefkins)认为:公共关系是由为达到与相互理解有关的特定目标而进行的各种有计划的沟通联络所组成的,这种沟通联络处于组织与公众之间,既是向内的,也是向外的。

无疑,杰夫金斯特别强调公共关系是由“各种有计划的沟通联络所组成的”，强调了公共关系在运作方式和手段上依赖沟通联络的特点。

美国人约翰·马斯顿(John Marston)讲得更为坦率：公共关系就是运用有说服力的传播去影响重要的公众。

1981年出版的《不列颠百科全书》将公共关系定义为：旨在传递有关个人、公司、政府机构或其他组织的信息，并改善公众对于其态度的种种政策或行动。

这一类定义强调的是公共关系的手段，认为公共关系不能离开传播沟通。在我国也有大量研究者持这种观点，以至于与上述管理职能论构成势均力敌的管理学派和传播学派两大体系。

(三)社会关系论

持这类观点的研究者避开了管理职能论倾向于公共关系的目标、传播沟通论偏重于公共关系的手段的争论，认为公共关系是社会关系的一种，必须从此入手来把握公共关系的实质。

美国普林斯顿大学的希尔兹(H. L. Chils)认为：公共关系是我们所从事的各种活动、所发生的各种关系的通称，这些活动与关系都是公众性的，并且都有社会意义。

希尔兹的定义比较抽象化，更多地是从公共关系的本质属性上去思考问题的。

英国公共关系学会对公共关系所作的定义为：公共关系的实施是一种积极的、有计划的以及持久的努力，以建立及维护一个机构与其公众之间的相互了解。

这一类定义往往比较笼统而抽象，理论色彩浓厚。

(四)现象描述论

持这一类观点的研究者往往倾向于公共关系实务。与社会关系论偏重学理、抽象正好相反，现象描述论则倾向于直观形象和浅显明了。他们通常抓住公共关系的某一功能或某种现象进行描述，非常具体实在。

美国公共关系协会征询了两千多名公共关系专家的意见，从中选出的四种公共关系定义，都带有很浓的现象描述色彩：

——公共关系是企业管理机构经过自我检讨与改进后，将其态度公诸社会，借以获得顾客、员工及社会的好感和了解的经常不断的工作。

——首先，公共关系是一个人或一个组织为获取大众的信任与好感，借以迎合大众的兴趣而调整其政策与服务方针的一种经常不断的工作。其次，公共关系是对此种已调整的政策与服务方针加以说明，以获取大众了解与欢迎的一种工作。

——公共关系是一种技术，此种技术在于激发大众对于任何一个人或一个组织的了解并产生信任。

——公共关系是工商管理机构用以测验大众态度、检查本企业的政策与服务方针是否得到大众的了解与欢迎的一种职能。

以上四种公共关系定义非常形象生动。还有一些定义就更为具体直观了：

——公共关系是百分之九十靠自己做得对，百分之十靠宣传。

——公共关系即通过良好的人际关系来辅助事业成功。

——公共关系就是促进善意。

——公共关系是信与爱的运动。

——公共关系不是一台打字机可以买到，也不是一张订货单可以延期。它是一种生活方式——时时刻刻表露在各种态度与行动中，对于工作人员、顾客以及整个社会都有影响。

——公共关系就是争取对你有用的朋友。

——公共关系使公司得到的，就是那些被称为礼貌与德性的修养。

——公共关系是说服和左右社会大众的技术。

——公共关系是创造风气的技术。

——广告是要大家买我，公共关系是要大家爱我。

——公共关系就是讨公众喜欢。

这一类定义对于宣传公共关系是很有用的。它们简洁明了，生动形象，便于记忆。不过，它们只是揭示了公共关系的部分含义，从总体上讲不够全面、准确。

(五)表征综合论

持这一类观点的研究者采用将公共关系的各种表征综合起来的办法来解决问题。

1978年8月，在墨西哥城召开的世界公共关系协会大会上，代表们对公共关系的含义形成了共识：公共关系是一门艺术和社会科学。公共关系的实施是分析趋势，预测后果，向机构领导人提供意见，履行一连串有计划的行动，以服务于本机构和公众利益。

这个定义目前在国际上有一定的代表性和权威性。

美国《公共关系季刊》将公共关系的表征综合为十四个要点：

第一，公共关系是一个完整的职能，目的在于增进公司利益和达到其他整体目标；

第二，公共关系并不制订政策，但是可以帮助管理当局表白公司政策；

第三，对于受公司措施影响的人们，公共关系人员注意他们的印象与可能反应，重大的措施虽然表面上与公共关系无关，但也应在出台前先向公共关系部门咨询；

第四，行动比空言有力，所有信誉都建立在行动而非语言文字之上，但如果要让他人知悉并了解公司的行动，就得借助于语言文字；

第五，公共关系虽然是管理部门的职责，但也必须配备适当的预算及人员，其任务必须限于公共关系范围以内；

第六，公共关系人人有责，公共关系部门的最终目标是使人人了解传播对于良好管理是必要而不可分割的；

第七，公司的形象是相对的，依某种公众对于公司的具体要求

和兴趣而定,例如股东、金融界、政府、教育家及舆论界,就各有各的看法;

第八,人们经常根据不完全的证据形成对公司的印象,例如公司的名称,与某一位员工通信或偶然的会晤,虽然这些都是小事,但应尽力去注意为公司争取良好的印象;

第九,因为公司是在舆论所形成的环境下营运发展的,因此,对于任何人士所具有的访问权利均应尊重;

第十,人们通常对于了解最少的事物感到厌恶、恐惧或猜疑,如果不提出理由并加以解释,人们就会自行想像,因此,透露、传播资料信息不要吝惜;

第十一,不可歪曲和夸大事实,公共关系的主旨在于陈述事实,以便他人对于公司能公平评估,引起公众兴趣,进而对公众产生影响;

第十二,少做做得好,比多做做不好要强;

第十三,在观念的领域中,要引起特别的注意,其间竞争非常激烈,公共关系的一项基本任务就是要引起别人对于公司的好感和兴趣;

第十四,公共关系艺术成分多于科学成分,这种艺术一定要以社会科学的崭新知识为基础,对于公众对象的组成及态度要作科学的评估,对于公司本身要有透彻的认识。

历史上关于公共关系的定义十分繁多,上述五类有着相当强的代表性和影响力。

对于诸多关于公共关系含义的表述,我们认为可以作出如下评价:

首先,公共关系定义的多样性源于公共关系含义的多维性,我们不必立即强求有一个统一定义。公共关系学的研究对象相对来说是比较确定的,只要我们从总体上把握住公共关系的实质,形成共识,就能对学科理论作深入研究。

其次,历史上形成的各种定义各具特色,各有优缺点。不少有代表性的定义,对推动公共关系的理论研究和实务活动产生了积极影响。也有一些定义具有相当大的片面性,导致了观念的偏差和行动的失误,有待于清理。

最后,公共关系的定义尚需进一步完善。随着公共关系实践和理论的发展,有必要也有可能进一步对公共关系作出更为科学的定义。为此,我们可以从核心概念入手,作为思考的起点和共识的基础。

二、公共关系理论的核心概念

核心概念是学科的理论基石,并作为一条主线贯穿于整个学科的各个方面。

我们认为,组织形象是公共关系理论的核心概念。

组织是人们依照一定的规范和目的所进行的社会组合。组织包括三个因素:第一,组织是社会成员的组合,即组织是群体的一种,须有一定数量的人员;第二,组织是依照一定规范组合起来的,即组织不是随机的杂乱无章的组合,而是以一定的规范为基础的;第三,组织具有一定的目的,是为实现或达到某一目标进行的组合。

形象是公众对于社会组织的总体评价,是主客体的统一。展开来说,第一,形象是一种总体评价,这种总体评价当然是各种具体评价的总和。具体评价构成局部形象,总体评价组合成总体形象。第二,形象确定者是公众,公众是形象的评定者。第三,形象源于社会组织的表现,即公众对于社会组织的印象不是凭空产生的,而是基于社会组织的表现。

所谓组织形象就是公众对于社会组织的总体评价,是社会组织的表现与特征在公众心目中的反映。

(一)组织形象的构成

组织形象的构成主要有以下三个方面:

1. 组织的总体特征与风格

组织的总体特征指组织最为显著的能代表整体情况的一些特点,是公众对组织及其行为的概括性认识。组织的总体特征与其他形象要素相比,具有如下特点:组织总体特征的形成,需要较长的时间;比较抽象、概括,能比较全面地反映组织的情况;信息适用面比较广泛,一般不强调针对具体的某类公众;它具有更大的稳定性,对公众的影响力也更持久一些;具有相对独立性,即一旦形成以后,可以相对地脱离其他形象要素而存在,并产生作用。

组织的总体特征可以分为两大类:一类是内在总体特征和风格,另一类是外在总体特征和风格。

组织的内在总体特征和风格,是构成组织形象的"软件",包括:

组织精神和风格。比如自强、自立、开拓进取精神,实事求是、精诚合作的精神,大庆的"三老四严"精神,日本一些企业的团结合作精神,等等。

组织的凝聚力。组织内部具有共同的价值观,员工有着较强的归属感,等等。

组织的实力。资金的实力,技术的实力,人才的实力,企业的等级等。

办事的效率。组织机构及工作人员办事认真,讲求效率。

服务对象的选择和风格的选择。根据公众的层次和本组织的情况,选择、确定合适的服务对象和风格。像松下电器公司追求充任"家电之王",三洋公司奉行"薄利多销"的方针。

组织的外在总体特征和风格,是组织形象的"硬件"部分,它包括:

组织建筑的布局,房屋的装饰,技术设备的状况,卫生及环境保护、美化的状况,员工的仪表、着装、态度,办公用品及设施中独特的色彩与标志,工厂的厂旗、厂徽、厂歌,特有的产品包装装潢,等等。外在特征可以使人一目了然,在大脑中产生鲜明的形象。

内在的特征与风格和外在的特征与风格是一对范畴。内在特征、风格是外在特征、风格的支柱和根据,它决定了外在特征、风格的取向,但它比较含蓄。外在特征与风格是内在特征与风格的直接表现,很直观,易造成第一印象,使公众迅速了解组织的特色。因此,塑造组织形象时,两者不可偏废。

2. 认知度、美誉度与和谐度

认知度、美誉度与和谐度,是评价组织形象的三个基本指标,是在原来"知名度、美誉度"两度指标基础上的一个升华。

"认知",英文为 Cognition,是 20 世纪 50 年代兴起的认知心理学的核心概念,该心理学流派主要是从信息加工的角度来研究认知或认识活动,如此,"认知"即认识知晓之意。由"认知"转换过来而为公共关系目标之一的"认知度",表述的是一个社会组织被社会公众所认识、知晓的程度,其包含被认识的深度、被知晓的广度两个方面。如,一个企业的企业名称、产品商标、行业归属、历史沿革、主要产品、产品特征、经营状况、法人代表等诸多具体信息在多大范围内被公众所知晓,在多深的程度上被公众所认识,合起来则为这个企业的认知度。

"美誉度",即一个社会组织获得公众赞美、称誉的程度,是组织形象受公众给予美丑、好坏评价的舆论倾向性指标。美誉度与认知度不同的是:认知度是中性的,不存在道德价值的判断;而美誉度则是褒贬倾向性的统计指标,是对组织道德价值的判断,不同的社会组织,其美誉度的体现有不同的内容。如企业的美誉度与政府的美誉度其衡量的角度就不尽相同,而生产性企业与服务性企业的美誉度也有不同的要求。

与美誉度一样,"和谐度"也属对于组织道德价值判断的范畴,但却是美誉度在目标公众中的延伸。即一个社会组织在发展运行过程中,获得目标公众态度认可、情感亲和、言语宣传、行为合作的程度，是组织从目标公众出发、开展公共关系工作获得回报的指标。在客观世界，关系无所不在，而关系的最佳境界就是和谐。爱因斯坦认为，统一、联系、和谐、协调是自然界的普遍性质。人与人构成的社会关系，和平共处、和谐发展，同样也是处理各种各样关系最基本的准则。而公共关系学本身，便正是求取组织与公众关系的和谐应运而生的。

3. 组织形象定位

组织形象定位是组织在公众心目中确定自身形象的特定位置。这个特定位置通常是特定组织与同类组织相比较而确定的。因此，组织形象定位总是根据组织的自身特点、同类组织的情况和目标公众的情况三个要素来实行的。

(二)组织形象的特性

1. 组织形象的主客观两重性

组织形象作为组织在公众心目中的印象，必然会受到公众自身价值观、思维方式、道德标准、审美取向以及性格差异等主观因素的影响。因此，一个组织在不同的公众心目中会产生有差别的形象。

但是，从公众对组织的总体评价看，还是具有客观性的。公众心中的组织形象不是从天上掉下来的，也不是他们头脑中固有的，它是组织自身行为及形象在他们心灵上的投影。根据统计学上的“大数定律”，评价的人多了，主观偏见自然就会减少。因而，可以获得比较客观、比较真实的评价。

2. 组织形象的多维性

由于组织自身构成具有多维性，它必然会向社会发出各种各样的信息。从形象构成的要素分析看，比如从时间、空间上，人员素质、设施配备上，内在精神和外在风格上，都能反映出一个组织的形象。哪一个方面出现失误，都会使组织形象受损。

3. 组织形象的相对性

由于组织形象具有主客观两重性和多维性，所以组织形象就不能不具有相对性。

首先，一个组织整体形象如何，它的实力的强与弱，认知度、美誉度、和谐度的高与低，以及自身的特色、设备的先进程度，等等，都是与一定的参照物相比较而显现的。

其次，因为组织形象的美与丑、好与坏受主客观两方面因素的影响，任何一个因素的变化都会对组织形象产生作用。因而，组织形象只能是相对的，不可能一成不变。

4. 组织形象的相对稳定性

虽然由于诸多原因使组织形象不能不处在一个动态变化过程之中，不能不具有一定的相对性，但是，一个组织的形象一旦形成，就会具有一定的稳定性。形象的变化不会是不可捉摸、瞬间即逝的。像中国的“老字号”企业和商店，几十年乃至几百年前塑造起来的形象至今还令人难以忘怀。不论是作为“硬件”的外在形象、建筑风格、特殊标志，还是作为“软件”的组织精神、传统风格，往往会伴随着一个组织生命的全过程，并会在一定的时空条件下，在一定的公众之中形成一些概念化的东西，造成一种心理定势。我们必须十分珍惜这种无形的财富。

对组织形象的分析、了解，使我们有理由进一步确认它在公共关系理论和实务中的地位。

(三)组织形象是公共关系学的理论核心

组织形象问题是公共关系理论的核心问题，组织形象概念是整个公共关系理论概念群中的核心概念。这一认识是基于它在公共关系历史、理论和实务中的地位得来的。

1. 从历史的角度来考察

纵观公共关系发展的历史，我们不难发现，这是一部以塑造组织形象为主导的发展史。

(1)组织形象的塑造由自发走向自觉

有不少学者认为,古代有许多争取民心的活动就是公共关系实务。当然,更多的研究者对此持否定意见,而认为美国人艾维·李才是“公共关系之父”。故以1903年为界,将公共关系发展的历史分成“准公共关系时期”(或“前公共关系时期”)和“公共关系时期”,或称之为“古代公共关系时期”和“现代公共关系时期”。

古代的准公共关系活动从形式上看与现代公共关系运作确实非常相似。但是,从根本上讲,这些活动是建立在公众主体性意识缺乏之上的,即公众的自主意识比较模糊,而公共关系活动者则更多地带有收买、操纵人心的色彩。换句话说,主体对自身组织形象的塑造比较盲目,带有很强的自发性。组织形象意识只是到了现代才越来越明晰。

(2)组织形象的塑造由被动走向主动

现代公共关系的早期代表人物艾维·李提出“公众必须被告知”。对于公众的重视以及关注公众对组织形象的评价,无疑是出于无奈的,这是历史发展到一定阶段后社会所提出的客观要求。即使到了爱德华·伯内斯时期提出“投公众所好”的口号,比艾维·李显得自觉,但还是出于迫不得已,其利己的功利色彩十分明显。到后来,卡特利普和森特提出“双向对称公共关系模式”,才开始真正主动地考虑组织在公众心目中的形象,组织形象的塑造从此由被动走向主动。

(3)组织形象的塑造由单一走向全面

早期公共关系活动手段非常单一,或是直接的人际沟通,或是通过新闻媒介作简单解释、宣传。第二次世界大战以后,公共关系运作水平有了相当大的提高,从方式方法上讲完全得益于塑造组织形象的手段不断改进,现代化的传播技术被广泛应用。从中我们不难发现,塑造组织形象手段发展的轨迹决定了公共关系运作发展的轨迹。

2. 从概念涵盖面的角度来考察

能够对公共关系的理论触角全方位涵盖的，目前只有组织形象这一概念。为了说明这一点，我们将对关系、传播、公众等一些公共关系的基本概念作进一步分析。

(1)关系

公共关系是关系的一种，但并不能因此说公共关系就是“搞关系”、“拉关系”。“关系”这一概念的内涵非常复杂，因此，如果将关系作为公共关系理论的核心概念，一方面显得极为空泛，另一方面也无法真正反映公共关系活动的本质特征，从而给公共关系理论和实践造成一定的混乱。

(2)传播

传播是公共关系活动的手段。在公共关系运作中，传播发挥着不可替代的重要作用。但是，传播毕竟只是公共关系运作所必须借助的手段而已。如果将公共关系学对于传播的研究和传播学对于传播的研究相比较，就会发现，公共关系学对于传播的研究带有强烈的目的性和选择性，更加关注传播对于组织形象塑造的功用等。传播无疑是传播学的核心概念而非公共关系学的核心概念。

(3)公众

公众无疑是公共关系理论中的重要概念。公众是构成公共关系的要素之一。但如果将公众作为公共关系理论的核心概念，整个理论立足点将偏向于公共关系的客体方面，这显然重视了“标”而忽视了“本”，与公共关系理论的本意不符。

所以，从概念涵盖面的角度来考察，选用组织形象作为公共关系理论的核心概念是妥当的。

3. 从职能的角度来考察

公共关系有许多社会职能，比如搜集信息、决策咨询、协调关系、解决危机，等等。在这些职能中，塑造组织形象的职能最为重要。

公共关系活动可以为社会组织塑造良好的形象。一个社会组织有了良好的形象,可以赢得公众的理解和合作,从而促进组织的发展。

通过以上三个方面的分析,我们认为,组织形象应当也必然成为公共关系理论的基石。这一核心概念的确立,不但可以使公共关系含义的界定有了基础,而且还可以将公共关系活动、公共关系学同其他社会活动和相关学科区分开来,并可以作为一条主线,构建公共关系学的学科理论体系。

三、公共关系的含义分析

确定了公共关系理论的核心概念和公共关系实务的核心问题之后,我们便可以对公共关系的含义作具体分析了。

(一)公共关系含义的多种指代

"公共关系"一词源于英文 Public Relations,简称 PR,也可以译作"公众关系"。在英文原意中,有多种指代,其中最常见的有公共关系状态、公共关系活动和公共关系学科三种意思。

1. 公共关系状态

公共关系状态是社会组织的现实形象状态,即社会组织在公众心目中形象的总和。比如:在公众心目中的认知度是否高,美誉度、和谐度怎么样,相互间的关系是否亲密,是相互合作还是彼此对抗,等等。

公共关系状态虽是无形的,却是客观的,不以社会组织的主观设想为转移。

一般来说,我们从良好或不良、自觉或自然两种角度剖析组织的公共关系状态。

(1)良好的公共关系状态和不良的公共关系状态

良好的公共关系状态指社会组织拥有良好的组织形象,处于被公众支持和信赖的状态。这是社会组织存在和发展的环境基础,是无形的财富。

相反，不良的公共关系状态指社会组织形象欠佳，不被社会公众支持和信赖。这种公共关系状态不但使社会组织无法取得“人和”之便利，而且还使社会组织处于潜在危机之中，一旦产生某种契机，便会对社会组织造成危害。

(2)自觉的公共关系状态和自然的公共关系状态

自觉的公共关系状态指社会组织通过开展有意识的公共关系活动之后所拥有的组织形象。

自然的公共关系状态则是社会组织在无为的情况下自然而然地获得的组织形象。

2. 公共关系活动

公共关系活动是社会组织为了塑造自身的良好组织形象而从事的各种实务。其中主要包括协调、沟通和传播等活动。通常情况下，我们从以下三方面对公共关系活动进行具体分析和把握：

(1)自觉的公共关系活动和自发的公共关系活动

自觉的公共关系活动是有直接明确的目的，在一定的公共关系理论指导之下，经过周密计划和科学组织所进行的公共关系活动。

自发的公共关系活动则是目的比较模糊，缺乏明确的公共关系理论指导，没有科学组织和系统计划的公共关系行为。

(2)兼及的公共关系活动和专门的公共关系活动

兼及的公共关系活动并非由公共关系部门和公共关系从业人员所从事，只是在组织日常事务中，兼顾了公共关系活动。

专门的公共关系活动是由专门的公共关系机构和公共关系专业人员所策划和从事的公共关系活动。

(3)单一的公共关系活动和系列的公共关系活动

单一的公共关系活动指目标单一、运作方式独立、规模较小的公共关系活动，一般由组织内部的公共关系部门完成。

系列的公共关系活动指一组系统的公共关系活动，它们互相配合,往往由几个部门甚至几家公共关系公司介入组织、实施。

3. 公共关系学科

作为一门应用性很强的学科,公共关系学有着完整的研究对象、任务和方法。

(1)公共关系学的研究对象

公共关系学笼统地说是研究公共关系理论与运作过程的学科。主要包括如下内容:

一般理论研究。公共关系学研究公共关系的概念,公共关系的功能、机构、人员、公众、手段等。这些是公共关系学科赖以建立的理论基石。

相关理论研究。即研究公共关系学在学科群中的地位以及学科间的相互渗透问题。

发展历史研究。研究公共关系理论与运作的发生、发展和逐步完善的过程。

实际运作研究。即研究公共关系的具体运作。

分类研究。即研究不同社会组织或同一社会组织面对不同公众开展公共关系活动的特定方式与方法。

(2)公共关系学的任务

公共关系学的研究,是为了弄清理论、指导实践、培养人才、服务社会。

(3)公共关系学的研究方法

公共关系学的研究,从方法论角度讲,主要有经验的方法、实验的方法和测验的方法三种。通过这些方法来总结概括理论,探讨公共关系活动内在规律。

(二)公共关系含义的表述

公共关系是社会组织为了塑造组织形象,通过传播、沟通手段来影响公众的科学与艺术。

具体来说,这一表述包含下列三个方面的意思:

第一，公共关系活动的根本目的就是塑造组织形象。组织形象是公共关系理论的核心概念，是贯穿公共关系理论与运作的一条主线。

第二，社会组织通过传播、沟通手段影响公众。公共关系的主体是社会组织，客体是公众，手段是传播、沟通。换言之，社会组织、传播沟通、公众是构成公共关系的三大要素。

第三，公共关系既是一门科学又是一种艺术。从理论上讲，公共关系是一门科学；从运作上讲，公共关系又是一种艺术。它是科学与艺术的统一体。

第二节 公共关系的要素

学科的要素是依据特定的分类方式来框定学科内涵的基本构成，从而更为清晰明了地认识学科的内在结构。

研究和认定公共关系理论内在结构的构成因子，必须以要素分析作起点才具有根本的意义。公共关系是关系的一种，认识公共关系就必须从“关系”这一公共关系要素的分析起点出发，从而把握住公共关系的内在结构。

一、关系是公共关系要素分析的起点

（一）关系的性质

“关系”从词义上分析，是指事物之间相互作用、相互影响的状态，也表示人与人或人与事物之间的某种性质的联系。但在现实生活中，人们在运用“关系”一词时，远远超出这里对“关系”一词的简单理解。可以这样说，“关系”一词是用得最多、最广、最乱的词汇中的一个，似乎一切有灵性的词汇都可以与“关系”一词构成新的专用术语。如果缺乏对“关系”一词的科学分析，就不可能对它有准确的理解。

从关系的性质而言，关系是对人而言的，离开了人的存在和介

入,它就没有任何意义。正如马克思所指出的:"动物不对什么东西发生'关系',而且根本没有'关系';对于动物说来,它对他物的关系不是作为关系存在的。"动物虽与外界环境发生联系,但动物只是凭借其本能去适应环境,它与自然只是一种联系,而不产生一种"关系"。人则不同,他在与外界发生联系时,并不是被动地去适应环境,服从自然的"权力"。人一方面要遵循自然规律,依赖于外在生存环境;另一方面,人也将发挥自己的主观能动性和创造性。人们改造自然、改造现存环境,使其更能适应人的生存需要。人与环境是相互作用的关系。这就是人与动物在与自然发生联系时的区别所在。离开人的存在和介入,笼统地谈关系是空泛的。

人不仅与自然发生关系,也与社会、与他人发生关系。马克思在谈到人的多种关系时说:"人们在生产中不仅仅同自然界发生关系。他们如果不以一定方式结合起来共同活动和互相交换其活动,便不能进行生产。为了进行生产,人们便发生一定的联系和关系;只有在这些社会联系和社会关系的范围内,才会有他们对自然界的关系,才会有生产。"马克思在这里一方面指出了人不仅同自然界发生关系,而且还要同社会、同人发生关系;另外,他还从人类的生产关系论述到人类社会关系的产生,把社会生产关系作为决定其他一切社会关系的基本的、原始的关系。这两点都是十分重要的。

由于社会生产关系决定着其他各种社会关系,当社会生产关系由简单变为复杂时,其他社会关系也变得更为丰富和复杂,人们的相互依赖性也变得更为明显。随着现代社会大工业生产的出现和各种社会因素的变化,社会组织日益复杂化,人与外界的关系也变得更为复杂和多样。即便如此,关系的性质并没有改变,关系对人对社会的影响力并没有削弱,相反,关系的性质表现得更为充分,关系对人对社会的影响力大大加强了。

(二)公共关系是特定的社会关系

尽管学术界对于公共关系在社会关系中的地位和角度并没有

形成统一的认识，但所有公共关系研究者都承认公共关系是关系中的一种，并由此认为：关系的性质决定了公共关系的性质，对公共关系本质的把握，取决于对关系性质的把握，研究公共关系首先要从关系分析入手，这样关系分析便成了公共关系理论研究的起点。

二、关系的评价及其标准

既然关系分析是公共关系理论研究的起点，那么，我们应该首先对关系有一个准确的评价。

（一）对关系的错误认识

现实生活中，对关系的错误认识主要有如下三种：

1. 关系庸俗论

许多从事公共关系活动的人都被误认为“拉关系、走后门”专家，人们对之非常蔑视。原因是不少人认为关系是庸俗的，“搞关系”是不光彩的。其实，任何人都在关系中出生，在关系中成长，在关系中取得成功，处于关系的包裹之中。用庸俗和不庸俗来划分关系缺乏科学性。

2. 关系万能论

与上述观点正好相反，一切以关系为上，不讲原则，不讲规范，有关系便有一切，认为关系是万能的。殊不知没有原则、没有基础的关系是靠不住的。

3. 关系模糊论

持这类观点的人认为关系问题太复杂，谁都说不清。关系本来就模糊，不必去把它搞清楚。这种观点当然也不足取。

（二）对关系的确认

对关系的确认应当承认关系的三个特性：

1. 关系的客观性

关系是不以人的意志为转移的客观存在。当然，关系的客观性同自然的客观性有所区别。关系的存在，必须以人类的存在为先决条件。因此,关系的客观属性表现为这样的双重性:一方面,它以人的存在为先决条件,有了人、有了社会才会产生关系;另一方面,关系一旦因人的存在而存在,便又超越了人的意志,成为人的外在对象物,影响和制约着人的行为,要想摆脱它是不可能的。

我们承认关系的客观性,并不意味着人在各种关系面前无能为力。恰恰相反,了解关系的客观属性是为了充分发挥人的主观能动性和创造性,更好地正视关系,正确地运用关系,更自觉地改善关系。

2. 关系的效能性

任何关系都会有其效能。不承认这一点,是难以阐述关系存在价值的。

3. 关系的时代性

关系的时代性指不同的时代,有不同的关系特征和形式。古代社会由于生产力水平低下,社会互动尚处于简单原始状态,关系自然比较简单。而现代社会的关系已复杂到必须建立许多学科来作深入分析的程度。

(三)判断关系正当与否的标准

1. 法律标准

法律是每个公民都应当遵循的最基本的行为规范,具有绝对的强制性和权威性。任何社会交往活动,只要触犯了法律,理所当然应受到法律的制裁。比如,行贿、受贿、走私等等,一经查获,即应给予法律制裁。

2. 纪律标准

虽然纪律的制约强度不如法律,但也对人形成约束力。有些不正当关系活动虽不犯法,但违纪,因此,纪律的作用不容忽视。

3. 伦理标准

伦理标准是人们所应遵循的共同的道德准则和道德规范。它既不同于强制性的法律制裁,也不同于行政性的纪律约束,它是良心和道德的制约,它的适应面最广。在日常社会生活中,道德的力量对谴责、控制那些不正当的关系活动起很大的作用。

上述三种标准共同构成一个划分正当关系与不正当关系的标准系统。

三、公共关系的三大构成要素

(一)公共关系三大构成要素

关系的构成要素是主体、媒介、客体,公共关系三大构成要素分别为社会组织、传播、公众。

1. 社会组织

社会组织是构成宏观大社会的个人的特定集合。这种集合的特定性包括其有计划、有领导,成员间有明确的分工和职责范围,有一套运行制度等。

社会组织有一定的目标,而公共关系的目标便是社会组织目标中的子目标、分目标。公共关系活动必须紧紧围绕着社会组织的总体目标来制订自身的特定目标。

社会组织的运行是在一定的现实条件和环境下进行的,在运行过程中必然要涉及多方面的因素。社会组织必须妥善处理同各个方面的关系,使社会组织获得各方支持,处于良性运转之中。

2. 传播

人与人、人群与人群通过传播形成关系。公共关系作为关系的一种,自然也是通过传播来传递信息、协调公众行为、塑造良好的组织形象。

3. 公众

任何关系都由主客体双方构成。

公共关系活动的客体是公众。

不同的社会组织有不同的公众。随着社会的发展,公众对社会组织的影响和制约越来越大。

上述三大要素构成了公共关系,缺一不可。本章只作一个概括性的介绍。详细的分析,将在后面几章展开。

(二)公共关系三大要素的协调

1. 社会组织的主导性

社会组织作为公共关系的主体决定了公共关系状态和主宰着公共关系活动。社会组织的任何运作,都会通过传播来影响公众。尤其是在当今信息社会,社会组织的任何运作很快就会引起公众的反响。

2. 传播的效能性

公共关系之所以能够产生作用,得益于传播沟通手段。因此,社会组织的各种良好的行为要转化为实际公共关系中的认知度、美誉度、和谐度,必须充分依靠传播、沟通。在现代社会,“做了还要说”,“做得好加上说得好”,是非常重要的。

3. 公众的权威性

虽然公众在公共关系活动中处于被影响、被作用的地位,但是公众绝不是消极的被愚弄的对象。“凡宣传皆好事”的观点在公共关系历史上早已臭不可闻。社会组织越来越认识到自身的每一步发展、每一项成就都离不开公众。公众的支持是无形的财富和成功的决定性因素。因此,在现代公共关系的三大要素中,公众的权威性已日益被公认了。

4. 主体、传播、客体的统一协调

构成公共关系的三大要素,存在着多种多样的组合。一切公共关系活动所追求的都是这三大要素的最优状态和优化组合。然而,最优状态和优化组合总是相对的,即协调是相对的,不协调则是绝对的。公共关系从业人员的职责是使之尽量趋向协调。

要取得三者的协调,必须充分重视三大要素的方方面面,切不可偏重一方而忽视其他。

第三节　公共关系的特征

如果说核心概念揭示的是公共关系的本质,基本要素揭示的是公共关系的内在架构的话,那么,基本特征则是揭示公共关系的外在特点,这些外在特点是核心概念的外化,也是基本要素的延伸。

一、以事实为依据

(一)真实是公共关系活动的绝对前提

无论是形象塑造还是关系协调,公共关系工作都必须坚持实事求是地反映情况、真实地传递信息。这一点是一切公共关系活动的前提,也是每一个公共关系人员和公共关系组织都必须无条件遵循的法则。

有人误以为公共关系就是为企业及其他社会组织乔装打扮从而欺骗公众,把本来不完美的宣传为完美的,把本来大的问题化为小问题,以此给社会组织带来实惠。这一种观点是绝对错误的。事实上,虚假的、伪善的宣传只能一时迷惑公众,一旦被人们所识破,组织的形象便会彻底毁掉,组织将为此付出惨重的代价。

因此,无论从哪一方面来讲,都应事实在先,公共关系在后,公共关系立足于事实而发挥作用。

(二)公共关系活动从掌握事实开始

在一切公共关系实务活动中,对客观事实全面、完整、公正的了解是第一步工作。无论是内部关系调解、外部公众协调、形象修正完善、危机关系处理,都从调查研究掌握事实开始。没有调查就没有发言权。在没有充分掌握事实之前进行所谓的策划、出主意,只能是无的放矢或混淆是非,这一点是必须清楚认识的。

我们在公共关系理论研究和实务运作中,往往比较强调公共关系策划的价值。毫无疑问,公共关系策划是公共关系活动中最精彩最闪光的部分。但公共关系策划并不是凭空产生的,也不是光靠聪明的脑袋就可以解决问题的。策划必须建立在扎实的调查研究基础之上,是调查研究的自然延续。事实上,公共关系实务中调查研究所占的时间和所消耗的经费往往是相当多的。

(三)真诚是公共关系人员的信条

世界上有影响的公共关系从业人员行为准则都对从业人员有着关于真诚方面的品德约束,这是为人的重要品格,更是公共关系人员必不可少的信条。

公共关系从业人员作为社会组织形象的直接代表,其真诚品质代表着社会组织对公众负责的崇高社会责任心。只有时时处处真诚待人,真诚传播信息,才能得到广大公众的信任与认同,才有可能赢得良好的社会评价。

二、以沟通为手段

(一)认清沟通的公众对象

公共关系是指一定的社会组织与其相关的社会公众之间的相互关系。如果说,人际关系以个人为支点,是个人之间的关系的话,那么,公共关系则以组织为支点,是组织与其公众结成的关系。公共关系发展如何、良好与否,直接影响社会组织的生存和发展。也就是说,社会组织必须坚持着眼于自己的公众,才能生存和发展。公共关系活动的策划者和实施者必须始终将公众作为自己的"上帝"。

因此,公共关系活动的重要方式就是与公众对象的沟通。为了有效地进行沟通,必须对公众对象的特性作具体细分,用心去体察公众对象的各不相同的心态和行为动机,从而达到最佳的沟通效果。

(二)明确沟通的主要目标

在公众之中树立组织的美好形象是公共关系活动的根本目的。如果说搞好人际关系的目的是为了个人的生存和发展,那么搞好公共关系的目的是为了使组织拥有良好的声誉，以利于组织的生存和发展。塑造形象是公共关系的核心问题。组织形象的美化，是公共关系活动追求的效果。美誉，即美好的组织形象，是社会组织所向往的。

因此，公共关系活动中的沟通并不是一般的情感交流，而是为组织形象而进行的有目的的社会活动。公共关系活动中的沟通与其他职能部门所进行的沟通相比，最明显的区别就在于其运作目标上的差异。

（三）立足于长远的沟通

社会组织与公众建立起良好的关系、获得美好的声誉、与环境的和谐发展、让公众获益，所有这一切，都不是一日之功所能及的，必须经过长期的艰苦的努力。如果说，广告和推销大量地考虑到眼前效果的话，那么，公共关系则主要着眼于长远效果。

所以，公共关系活动中的沟通要防止过分急功近利，要注意情感的价值与力量。事实上，目的性过于明确的利益化的沟通也往往带来不好的效果，难以履行公共关系的职责。

三、以互惠为原则

（一）公共关系明确认定利益目标

我们尽管强调情感与真诚，但作为服务于特定社会组织的公共关系，对其利益目标是不会含糊的，而是公开认定自身公共关系活动的利己特点。而且，情感、真诚与利益目标不但不矛盾，反而是缺一不可的。

有些人认为强调利益目标就会损害公共关系形象，其实不然。对于现代社会组织来说，没有利益目标的公共关系是虚伪的、不存在的，公开的利益目标态度只会使利益目标更趋合理。

（二）公共关系的道德是“大家都赢”

公共关系对利益目标的强调与坑蒙拐骗对利益目标的追逐截然相反。坑蒙拐骗之流在追逐利益目标时是不惜损害公众对象甚至有意损害公众对象的，其利益目标的实现恰恰是以掠取公众对象的利益为手段，所以其形象自然是极为糟糕，为人们所不齿。相反，公共关系所追求的利益目标是合理的利益目标，是通过为公众对象提供利益服务而取得的，是被社会道德规范认同和支持的。

最好的公共关系状态便是公共关系主体与公众对象在道德规范下的利益目标的共同实现，这不是“我赢你输”或“你赢我输”，而是“大家都赢”，即互惠互利。

以上三个特征最为明确地勾画出公共关系运作的外在特点，从而使公共关系活动区别于其他社会活动。

思考与练习

1．你对历史上各种公共关系定义有什么看法？

2．组织形象是什么？它包括哪些内容？

3．为什么要对关系作正确的认识？公共关系与“拉关系、走后门”的区别何在？

4．如何认识公共关系三大构成要素之间的关系？

5．为什么要强调公共关系以事实为依据这一特征？

6．如何理解公共关系主体与公众对象在利益目标上“大家都赢”的原则？

第二章

公共关系的历史沿革

公共关系作为一种客观存在的社会关系和社会现象有其久远的历史。不过，作为一种专门化的社会职业，形成为一门较为系统和完善的学科体系，却不过近百年的时间。我们追溯公共关系的源流，了解其发生与发展的历史过程，把握国内外公共关系的现状，剖析公共关系形成和发展的诸多社会历史条件，对全面、准确和科学地把握公共关系的思想与理论，开拓适合我国社会情况的公共关系事业，具有重要意义。

第一节　公共关系的前史

同任何一门学科一样，公共关系学也有其产生和发展的历史过程。在这一历史过程中，虽然作为一种职业和一门学科的现代公共关系只是19世纪末、20世纪初才产生和发展起来的，但公共关系作为一种客观存在的社会关系和一种思想与活动方式却源远流长。所不同的是，由于社会历史条件的限制，在此之前人们没有也不可能系统认识和把握这种客观的尚待进一步发展和暴露的公共关系状态及其变化的一般规律，因而人类早期还没有严格意义上的公共关系思想和活动,只是在人们的各种社会活动中表现出一定的公共关系意识和趋向。因此,就其性质来讲,它是一种类似于公共关系的“准公共关系”;就其历史归属来讲,它可以是公共关系的前史或“前公共关系”。正是早期的这种“准公共关系”或“前公共关系”,为现代公共关系思想的产生奠定了坚实的基础,并为现代公共关系事业的发展创造了必要的社会历史条件。

一、公共关系产生的一般社会历史条件

如果说公共关系是人们相互交往与沟通的有效手段之一,那么,它的产生和发展就有赖于人类进入特定的社会历史阶段。

在人类的远古时代,原始先民之间发生的关系虽然十分单一,但他们为了生存不得不结成一定规模和形式的社会群体,共同劳动、共同生活。人们不仅要在思想上和情感上相互沟通,而且还必须在意志和行为上相互协调一致。否则,他们就无法适应那种对他们来说十分恶劣的生存环境,更谈不上让环境来适应自己了。这说明原始先民在其劳动过程中有某种思想互动、情感互动和行为互动,人们的行为具有一定的目的性、自觉性、协调性和一致性。这种原始的协作关系既是人类各种社会关系赖以发生发展的社会基础,又是公共关系这种特殊的社会关系得以形成和进一步发展的必要的社会条件。

奴隶社会较之于原始社会,其生产力有了划时代的发展,社会生产已从原始的单一形态逐渐变得更为复杂多样。特别是几大社会分工的不断出现,即农业与畜牧业、农业与手工业、手工业与商业以及脑力劳动与体力劳动的相互分离,不仅使人们在生活资料上的交换成为必要和可能,而且也使生产资料的交换更加迫切和必要。于是,随着产品交换的不断发展,商业交往也不断繁荣,与此相适应的经济活动中的古代的公共关系意识、思想以及活动和活动的技巧与方法也得以产生并发展。

生产力的不断发展以及与此相应的社会分工的出现,使得原始社会中的那种简单的社会群体也不断分化，社会的组织化程度进一步得到提高。到了此时，由于人们可能从事不同的社会劳动，承担不同的社会角色或职能，参与不同的社会团体或组织，因而就使人们失去原始状态下进行思想、情感相互交流与协调的天然条件和机会。从一定意义上讲，这造成了人与人之间的疏远与隔离，但同时也使得人们之间的相互沟通与协调更加迫切和必要。与此同时，随着社会组织化程度的不断提高，在各种社会团体和组织不断分化和产生的基础上，不仅不同的社会组织和团体自身的运行机制与功能日益特别化和专门化，而且组织与组织、团体与团体之间的相互交往、沟通和协调的职能也日益专门化。这样一来，社会的正常运转就有赖于人们在思想、情感、意志和行为上更加广泛而深刻地交流、沟通与协调，从而要求社会组织和群体之间的交流与沟通在思想、行为和方法手段上具有更加明确的自觉性、目的性、计划性、针对性和有效性。在古代，由于只有政治斗争以及与此相应的各种社会组织得到了比较充分的发展，统治阶级或集团为了达到一定的政治目的，他们在高压统治之下有时也会视不同情况并在不同程度上自觉地运用各种手段和方法来"取信于民"，以求人们最大限度地"理解"、"信任"和"支持"。因此，表现在当时的政治生活中，类似于公共关系活动并带有某种公共关系意识的政治活动，以及与此相应的各种交往、沟通和劝说的方法、手段和技巧就得到较为集中的发展和体现。

社会生产力的发展不仅引起人们经济关系和政治关系的复杂多样化，而且为公共关系在古代的萌生创造了经济上和政治上的基本条件。人们为了更有效地参与各种经济活动、政治活动及其他社会活动，就必须适应更加复杂的社会环境，协调更加复杂的社会关系。唯其如此，人们才会求得相互理解、相互信任和相互支持与合作。

总之，公共关系的萌芽和产生，有赖于社会生产力的进步以及社会的政治、经济和各种社会关系与思想文化等条件的不断形成和发展。随着这些社会条件的不断发展和成熟,公共关系无论作为一种思想、观念或者人们的一种行为方式和技巧,在人类历史的不同时期或发展阶段都得到了不同程度的发展,从而为现代公共关系的产生和发展打下了坚实的基础。

二、人类早期的公共关系

虽然“公共关系”这个名词20多年前对许多人来说可能比较新鲜或陌生,但它作为人类的一种实践活动,或者在人们行为中曾经出现过的类似公共关系的思想和现象,却早已有之。事实上,早在2300年前,古希腊著名学者亚里士多德在其《修辞学》一书中就强调指出传播者的可信性,认为要使用动感情的呼吁影响听众,并把修辞看做是争取和影响听众思想与行为的艺术。为此,西方的一些公共关系学者视亚里士多德的《修辞学》为人类历史上最早的公共关系著作。这种说法固然有其偏颇之处,但却在一定程度上说明公共关系作为一种客观的社会现象或人们的思想观念,一开始就是人类文明的一缕曙光,放射出自己灿烂的光芒。

其实,对历史的追溯使我们不难发现,在古代,特别是奴隶社会和封建社会这一时期,近似于公共关系的社会行为和思想不仅在当时人们的政治生活和经济生活中得到相当程度的发展,而且在人们的日常交往中也得到较为集中的体现。

首先,在政治生活中,当时的一些比较开明的帝王、统治者或政治活动家,已经懂得如何运用诱导、劝说、宣传等手段来影响民众的态度和社会舆论,尽可能地在民众当中树立自己良好的形象,以便稳固和延缓自己的统治,或者达到自己特定的政治目的。

在古希腊,整个社会都必须推崇沟通技术,一些深谙沟通技巧的演说家往往就因此而被推选为首领。据记载,古罗马的独裁统治者儒略·恺撒就是一位沟通技巧的精通者。面对即将来临的战争,他通过散发各种传单来开展大规模的宣传活动,以便获得民众的支持。他为了标榜和宣传自己,甚至还专门写了一本记载他的功绩的纪实性著作——《高卢战记》。这本书曾被西方一些著名的公共关系专家称为"第一流的公共关系著作"。

在中国,这种带有公共关系意识的典型事例更是不胜枚举。尤其到了春秋战国时期,由于诸侯之间不断发生兼并战争,阶级分化复杂,经济制度变革,各个统治集团为了巩固政权,争当霸主,纷纷雇佣专职人员四处游说,宣传各自的主张。这些专司游说宣传职责的"唇枪舌剑"者,就是当时所谓的"士"。这些"士"似乎就是当时的公共关系从业人员,因为他们的主要职责就是树立各国君主的形象,协调各诸侯国之间的关系,为其主谋求本国军事和政治的发展和壮大。比如,战国时洛阳人苏秦,周游列国,宣传自己政治上的"合纵"主张,使当时的赵、齐、楚、魏、韩、燕六国结成同盟。而魏国人张仪则凭借自己的雄辩口才,宣传自己的"连横"主张,对东方六国采取各个击破的政策,瓦解了六国"合纵"的政治军事同盟。无疑,苏秦和张仪所从事的那种"国际间"的游说、宣传、劝说和沟通工作,就十分类似于公共关系活动。又如,战国时期的齐国,冯谖为了巩固孟尝君的政治地位,采取了"焚券"和"市义"的策略,从而使孟尝君"为相数十年,无纤介之祸"。除此之外,子产不毁乡校的故事,商鞅变法"令出必行"的故事,诸葛亮七擒七纵孟获的故事等都说明公共关系技巧在人类早期历史阶段的政治生活中就发挥着重要的作用。

其次,在经济生活中,尤其是在商业活动中,人们也都自觉和不自觉地运用各种传播手段和沟通技巧来宣传自己,树立自己的良好声誉和形象,以便招徕顾客或者实现自己的经济目标。汉代张骞通西域,这是人类的一次冒险活动,它开辟了中西文化交流的一个新纪元。实际上,这可以说是中国古代一次规模宏大的、艰苦卓绝的、富有成效的国际公共关系活动。而明代郑和下西洋也是典型的古代的国际公共关系活动。郑和 7 次远航下西洋,历时 28

年，途经30余国。他率领船队，每到一地都以瓷器、丝绸等物品与当地的产品进行交换，并与亚非各国加强了经济和文化上的联系。这无疑在世界公共关系史上占有十分重要的地位。而像中国古时酒店门前的招牌，就曾被《元曲·后庭苑》写得入木三分，“酒店门前三尺布，过来过往寻主顾”。那些“百年老店”、“如假包换”、“童叟无欺”等五花八门的招牌，则更具有公共关系色彩，广为流传的“和气生财”的古代经商准则，更集中地体现了公共关系基本原则在古代商业交往活动中的运用。

再次，在人们的日常交往中，公共关系意识和思想也得到一定程度的体现。孔子在《论语》中说：“有朋自远方来，不亦乐乎！”这里的以交友为乐，主要是指从与朋友的交往中，获取了信息和知识。孟子说：“天时不如地利，地利不如人和。”这里所说的“人和”，是指人与人之间的协调关系。孟子把追求“人和”，创造一个良好的人事环境与组织环境放在首要地位，恰恰同现代公共关系活动遵循的基本原则和追求的美好目标相一致。正因为如此，有的人把公共关系称为一种追求“人和”的艺术。

当然，从严格的意义上讲，无论古代中国或者外国，都只有类似于现代公共关系的某些思想或活动。

概括来说，人类早期的公共关系具有如下两个基本特点：首先，从自觉程度来看，当时人们所开展的各种沟通、协调活动带有明显的自发性和盲目性。其次，从其发挥作用的社会领域和范围来看，由于当时社会生产力相对低下，经济还相当落后，人与人之间的经济关系还比较简单，人类早期的公共关系活动主要发生在政治领域，带有强烈的政治色彩和伦理色彩。这是因为，在当时的社会历史条件下，只有社会政治组织以及人们的政治关系和人际关系得到了一定程度的发展。此后，随着社会的不断发展，公共关系思想和活动才逐渐得到丰富和发展，公共关系所发挥的社会作用才日益明显。

第二节　现代公共关系的产生与发展

公共关系作为一种全新的思想，一种科学而系统的理论，一种新型的职业，发端于19世纪末、20世纪初的美国。此后，随着资本主义的经济、政治、思想、文化及其他社会历史条件的不断发展和变化，公共关系的发展也经历了不同的历史时期，并呈现出新的发展趋势。

一、现代公共关系的起源与发展

现代意义上的公共关系起源于美国，而美国的公共关系则起源于美国的独立战争。当时，美国的贵族爱国者与资产阶级保守党之间存在着严重的分歧和斗争，为了压倒对方，对立的两派想方设法争取公众的支持。以亚历山大·汉密尔顿为首的商业界、金融界和以杰佛逊为首的种植园主、农民集团之间的斗争是这样，以杰克逊为首的边疆垦荒者同以尼古拉斯、比德尔财团为中心的政治团伙之间的斗争也是这样。特别是在美国内战期间，南北双方的政治集团和军事集团也都把争取公众作为自己工作的重中之重。

同时，利用宣传来筹措资金，促进事业的发展，助长商业冒险，出售土地，以及为名人捧场等，在美国也有较长的历史。较为典型的是哈佛大学首先倡议“用系统的努力来筹集资金”。当时，哈佛大学成立刚5年，由于经费拮据，派了由3个牧师组成的“乞求使团”外出活动。为了使乞求游说便于开展，就印制了一本名叫《新英格兰的第一个成果》的小册子散发，以至于现在还有人把公共关系人员说成是“带着哈佛回音的人”。

严格来说，这时美国产生的公共关系活动在内容上较之公共关系的史前期还没有发生根本性的变化，但它较之于公共关系的史前时期却具有不同的意义和作用。这是因为，它所取得的成功，成为现代公共关系在美国产生和发展的直接原因。此后，公共关系经历了不同的历史阶段,并得到长足发展。

(一)巴纳姆时期

有组织的公共关系活动发端于19世纪中叶在美国风行一时的报刊宣传代理活动。19世纪30年代,美国报刊史上出现了以大众读者为对象,大量印发通俗化报刊的"便士报"时期。当时,不少公司和财团雇佣专门人员炮制煽动性新闻,为自己作夸大和虚假的宣传。而报刊为了迎合下层读者的心理,也乐于接受发表。这种配合,便出现了当时的报刊宣传代理活动。菲尔斯·巴纳姆(Phines T·Barnum)是这一时期最有代表性的报刊代表人,因制造舆论宣传、推动马戏演出而闻名于世。他是一个马戏团的老板,利用报纸为自己的马戏团制造过不少神话。诸如:马戏团里有一位黑人女奴,曾在100年前养育过美国第一位总统乔治·华盛顿;马戏团有一个矮小的汤姆将军,他当年曾率领一群侏儒,赶着矮种马拉的车去觐见维多利亚女王,等等。于是,人们抱着好奇心纷纷到马戏团一探究竟,结果马戏团的票房收入猛增。当这种骗局被揭穿之后,报刊宣传活动就受到了人们的批评。只是到后来,人们才逐渐认识到,这种报刊宣传活动在促进公共关系发展成为一种有组织的活动方面具有积极意义。但从总体上看,这一时期的报刊宣传活动却具有如下两个致命的弱点:其一是这种宣传对公众的利益全然不予考虑;其二是几乎所有的报刊宣传员都以获得免费的报纸版面为满足,并为此而不择手段地为自己制造神话,欺骗公众,这在根本上与公共关系的宗旨背道而驰。因此,这就使整个巴纳姆时期在公共关系的历史上成为一个不光彩的时期,有人称之为"公众受愚弄的时期"、"反公共关系的时期"或"公共关系的黑暗时期"。后来,人们以此为鉴,明确了在公共关系活动中必须奉行诚实、公正和维护公众利益的原则和精神。

1882年,美国律师、文官制度倡导者多尔曼·伊顿在耶鲁大学法学院发表题为《公共关系与法律职业的责任》的演讲。在这篇演讲中,他首次使用了“公共关系”这一概念。1897年,美国铁路协会编的《铁路文献年鉴》也第一次正式使用了“公共关系”这一名词。

总之,这一时期的公共关系活动已带有一定的组织性和较为明确的目的性。这就是说,公共关系已经不再局限于政治活动和思想宣传活动,而是逐渐与谋利愿望紧密地结合在一起,为公共关系在其后的迅猛发展奠定了基础。

(二)艾维·李时期

1903年,美国著名记者艾维·李(Ivy. Lee)在美国开办了一家正式的公共关系事务所,标志着现代公共关系的问世。从此,公共关系事业进入了一个前所未有的现代发展时期。

到了19世纪末,美国已进入垄断资本主义时期,垄断财团占有着社会的绝大部分财富。这一时期成为资本主义巨商和垄断资本家横行的时代。他们不择手段地榨取剩余价值,肆无忌惮地搜刮民脂民膏。为攫取最大利润,他们全然不顾广大民众的利益和最起码的社会道德准则。由于经济危机频频爆发,不仅广大劳动人民的生活极度艰难,一大批中小企业和资本家也在垄断财团的疯狂兼并活动中惶惶不可终日。于是,整个社会的阶级矛盾日益激化,各个阶层和集团之间的利益冲突也日益尖锐,整个社会都充满了对工商寡头的敌意。在此情况下,终于爆发了以揭露工商企业的丑闻和阴暗面为主题的新闻揭丑运动,史称“扒粪运动”。当时,新闻界的一些作家和记者愤然以笔代枪,掀起了揭丑运动的高潮。在近10年的时间里,各种报刊杂志上发表的此类文章达2000多篇,从而使许多大企业和资本家声名狼藉。垄断财团最初试图使用高压手段来平息舆论。起先,他们对新闻界进行恫吓,提出要起诉,说新闻界犯了诽谤罪;继而,又以不在参与揭丑运动的报刊上刊登广告相威胁。当这些都未奏效时,他们又变换手法,以贿赂为武器。一些大财团和大公司公开雇佣记者创办自己的报刊，仿效19世纪报刊宣传活动的手法，杜撰有利于工商巨子们的耸人听闻的神话和“新闻”，遮掩自己公司和企业中出现的种种问题。结果适得其反，公众对垄断财团的敌意反而与日俱增，于是，以“说真话”、“讲实情”来获得公众信任的主张被提了出来，并越来越得到工商界一些开明人士的赞同。艾维·李就是“说真话”的社会思潮的主要代表人物。

艾维·李曾是《纽约日报》、《纽约时报》和《纽约世界报》的记者。他审时度势，针对巴纳姆式宣传活动的局限性，提出了“说真话”的宣传思想。他认为，一个企业、一个组织要获得良好的声誉，不是依靠向公众封锁消息或者以欺骗来愚弄公众，而是必须把真实情况披露于世，把与公众利益相关的所有情况都告诉公众，以此来争取公众对组织的信任。一旦披露真情确实对组织不利的话，那就应该调整公司或组织的行为，而不是去极力遮盖真实情况。通常情况下，一个企业与员工或其他社会组织处于紧张的摩擦状态，这往往是由于这个企业的管理者不注重与公众的沟通所造成的。因此，要想建立良好的公共关系，创造最佳的生存发展环境，其最根本的信条是：说真话！

1903年，艾维·李开办了一家正式的宣传咨询事务所，从而成为向客户提供公共关系咨询并收取费用的第一位职业公共关系人员。1906年，他又向新闻界发表了阐述其活动宗旨的《原则宣言》。他指出：“我们的责任，是代表企业单位及公众组织，就公众关心并与公众利益相关的问题，向新闻界和公众提供迅速而真实的消息。”这一《原则宣言》成为反映他的基本思想的重要文献。在实际工作中，他落实了自己的思想，做得很出色。他在洛克菲勒财团面临公共关系极端恶化而声名狼藉时，为其提供了成功的公共关系咨询，建议洛克菲勒财团邀请劳工领袖协商解决劳资纠纷，广泛进行慈善捐赠，改变自己在公众心目中的不良形象；他在处理宾夕法尼亚州铁路公司发生的人员伤亡事故时，果断采取公布事故真相、向死难者家属提供赔偿、为受伤者支付治疗费、向社会各方诚恳道歉等措施，取得了良好的效果。从此，他成为蜚声社会的公共关系专家，被人们誉为“公共关系之父”。

当然，艾维·李的公共关系咨询工作还存在许多不足。比如，他从未进行过公众舆论的科学调查，而只是凭经验、凭直觉来进行工作。尽管如此，他在公共关系发展史上仍占据着重要的地位。正是由于他的努力，公共关系不仅成为一种独立的社会职业，而且也朝着科学化的方向迅速发展。

(三)伯内斯时期

艾维·李是现代公共关系的创始人，但他的公共关系实践却被认为“只有艺术而无科学”。这就是说，他虽然有丰富的公共关系实践经验，但没有提出系统而科学的公共关系理论。真正为公共关系奠定理论基础，使现代公共关系科学化的，是另一位现代公共关系的先驱，美国著名的公共关系顾问爱德华·伯内斯。

艾维·李之后，美国的公共关系事业得到长足发展。1913 年，伯内斯受聘于美国福特汽车公司，担任该公司的公共关系经理。第一次世界大战期间，他又在威尔逊总统成立的官方公共关系机构“克里尔委员会”担任委员，专门负责向国外的新闻媒介提供有关美国参战情况的背景和解释性材料。第一次世界大战结束后，他和夫人在纽约开办了公共关系公司。1923 年，他出版了论述公共关系理论的著作《舆论明鉴》，成为公共关系学的第一部经典性著作。同年，他在纽约大学首次讲授公共关系课程。之后，他又于 1925 年写了教科书《公共关系学》，1928 年写了《舆论》，从而使公共关系的基本理论和方法形成为一个较为完整的体系。

伯内斯对于公共关系的职业化和科学化都作出了极为突出的贡献。他不仅撰写了第一本关于公共关系的专著并率先在大学开设了公共关系课程，而且还以其理论上的阐释，提高了公共关系的实践和理论水平。他在《舆论明鉴》一书中第一次提出了“公共关系咨询”的概念,并对它的作用作了详细的解释。在他看来,“公共关系咨询有两种作用:其一是向工商业组织推荐它们应采纳的政策,这种政策的实施可以保证工商业组织的行为符合社会利益;其二是把工商业组织执行的合理政策、采取的有益社会行为向社会广为宣传,帮助工商企业组织赢得公众的好感、信任和支持。”实质上,伯内斯的这一思想和主张,明确肯定了公共关系的重要职责之一是要向组织提供政策咨询,而不是仅仅向社会作宣传。正是基于这一思想,他提出公共关系的整个活动过程,应当包括从计划到反馈最后到重新评估等 8 个基本程序。

伯内斯公共关系思想的一个重要组成部分就是他提出的“投公众所好”的主张。他认为,在一定科学理论指导下的劝说活动有着巨大的威力,因而他非常注重运用各门社会科学的研究成果。总之,伯内斯在理论上作出的贡献,对于公共关系学科的形成和进一步发展具有划时代的意义和里程碑的作用。从此,公共关系才作为一门科学得到蓬勃发展。

此外,在 1924 年,美国的《芝加哥论坛报》发表社论强调指出,公共关系已成为一种专门职业,它既是一种管理艺术,也是一门科学,社会各界都必须重视公共关系。因此,有人认为,这一社论的发表既是公共关系科学化的标志,也是现代公共关系理论和实践系统化的标志。

(四)现代时期

20 世纪 50 年代以来,公共关系的实践和理论研究进入了一个全新的现代发展时期。

1955 年,国际公共关系协会(简称 IPRA)在英国伦敦成立,现总部在瑞士日内瓦,有会员逾千人,遍布欧、美、亚、非各大洲 60 多个国家和地区。国际公关协会的诞生标志着公共关系作为一门世界性的行业而独立存在。

这一时期,以斯科特·卡特利普、艾伦·森特、詹姆斯·格鲁尼格和萨姆·布莱克为代表的一大批公共关系专家和大师,通过对半个多世纪公共关系实践和理论探索的总结,把公共关系这门学科推向了一个新的历史发展阶段。

美国著名公共关系专家卡特利普和森特合著的《有效公共关系》是这一时期出现的一部集公共关系理论研究成果之大成的代表作,它首版于1952年,其后30多年中,共出过5个修订版,1985年第6版增加了一位新作者格伦·布鲁姆,1994年问世了第7版。不断充实新的研究成果、完善已有的理论体系和修订有关的事实及数据,使这本书保持了永久的生命力,有"公关圣经"之称。卡特利普和森特在该书首版和2版中首次完整地概括和描述的公共关系"四步工作法",现已为广大公共关系理论和实践工作者认可和接受,这是他们对公共关系研究的一大贡献。该书第6版由于布鲁姆的加盟,增加了重要的一章,即第八章《调整与适应——公共关系的理论模式》。在这一章里,布鲁姆沿用和扩展了该书首版作者采用的"生态学"概念,从系统论的角度提出了"调整与适应"这一面向开放系统的公共关系理论模式,从而促使了人们更深刻地理解组织与其公众在开放的社会环境中的动态关系,以及公共关系在协调这种关系时的积极主动作用。国外学者在评价这一理论模式价值时指出,这一模式对公共关系主动性的描述,为公共关系发挥它在帮助实现组织总体目标作用方面,提供了更广阔的空间;另外,这一模式提出了公共关系实践的系统论研究方法,揭示了未来公共关系研究的方向。该书对公共关系职业化问题也有着精彩的论述,作者概括了公共关系职业化的主要标志,明确指出公共关系是一个发展中的职业。

格鲁尼格是另一位美国公关界的大师级人物,是研究公共关系学和传播学的著名学者。1984年出版的《公共关系管理》是他的代表作。在该书中,作者提出了不少独到和新颖的观点,其中最有影响的就是公共关系实践的四种模式。作者通过对公共关系实践历史的细心观察和深入研究，发现了这样四种模式：第一种，新闻代理型模式。这种模式旨在通过新闻宣传制造轰动效应，以吸引公众的注意力，传播性质为单向。第二种，公共信息型模式。它偏重于经常性地对外发布信息，传播组织的真实情况，以便公众了解组织，传播性质也为单向。第三种，双向非对称型模式。这种模式目的在于通过科学方法，诱导和劝服公众接受组织的有关观点，并进而支持组织的行为方式。此模式传播性质虽为双向，但其在组织和公众之间的效果并不平衡，它相对来说只有利于组织，公共关系人员作为信息提供者吸收公众的反馈意见仅为提高诱导劝服工作的有效性。第四种，双向对称型模式。它强调对话，注重坦诚、完整、准确的双向交流，目的是促进相互理解。其传播性质属双向性的，且在组织和公众之间的传播效果是平衡的，因为公众能够像组织改变公众的态度和行为一样，促使组织改变其行为。国外学者的评论指出，虽然这四种模式在当今公共关系实践中都不同程度存在着，但双向对称型模式的提出，展示了公共关系实践发展的方向，这一模式真正体现了公共关系的本质。

布莱克教授是英国公关界的杰出代表人物，作为英国公共关系协会和国际公共关系协会的创始人之一，他一生致力于公共关系事业的发展。伯内斯曾评价他说："萨姆·布莱克这个名字是对公共关系职业深刻理解的同义词。"在长达半个多世纪的公共关系生涯中，他先后主编过英国公共关系协会的《公共关系》杂志和国际公共关系协会的《国际公共关系评论》，撰写过10多本公共关系著作，其中较有影响的有《展览与会议指南》、《基础公共关系学》和《国际公共关系案例研究》。1982年，他在就任国际公共关系协会主席期间，主持编写了国际公共关系协会第四号"金皮书"——《职业公共关系教育的模式》，对全球公共关系教育的发展起到了导向性的重要作用。

弗兰克·杰夫金斯是英国著名的公共关系专家，他是英国公共关系协会顾问、英国公共关系学院教授。他早年主攻经济学，曾在伦托基尔公司从事公共关系工作，主要负责处理科技公共关系。自 1968 年后，他在英国开办了公共关系学校，讲授公共关系、广告和市场等方面的课程，从而成为一位出色的公共关系教育家。他著述甚丰，主要有：《广告学》、《广告学概论》、《市场学、广告学和公共关系学词典》、《有效的市场战略》、《有效的公共关系设计》、《市场学和公共关系媒介设计》、《公共关系学》、《公共关系与市场管理》、《公共关系与成功企业管理》等。他的思想丰富和发展了公共关系学的理论，促进了当代公共关系事业的发展。

与此同时，公共关系的实务活动在全世界不同国家和地区也得到突飞猛进的发展。各种公共关系协会、顾问公司等雨后春笋般地蓬勃成长起来。各国公共关系事业的不断发展，也促进了国际公共关系事业的繁荣。

二次大战以后，国际间的经济、技术和劳务合作日趋频繁和紧密。但由于不同民族和国家之间在交往过程中存在语言文字、思想文化、社会制度和风俗习惯等方面的障碍，客观上要求必须有一批国际公共关系的专业人员从中进行有效的沟通与协调。正如美国的一本《公共关系手册》指出的："打算进入外国市场的美国商人发现，他们的当务之急是公共关系问题。"因为"对外关系的交恶，十有八九不是出于利益的冲突，而是语言、文化、传统等方面的隔阂"。于是，以美国为总部的各跨国公司纷纷增设国际公共关系机构。之后，其他西方国家也相继仿效。

资本主义经济的国际化，加速了商品销售，促进了国际贸易的发展。因此，在各行各业中，国际公共关系事业都得到长足发展，出现了像博雅公司和伟达公司这样的国际性公共关系巨型企业。

随着公关事业的发展，公共关系也逐渐引进和运用了最新科学技术手段，在工作方法上有了新的变化。比如大型电子计算机、通讯卫星等，都为公共关系工作提供了现代化的有效手段和方法。

公共关系也开始吸收传播学、行为科学和心理学等学科的知识，研究公众心理和公众舆论，策划公共关系工程，协调组织的内外部关系，使公共关系日益发挥出更加重要的社会作用。

这期间，公共关系教育事业也有了蓬勃发展。随着公共关系向广度和纵深发展，社会不仅对公共关系人员数量的需求急剧增加，而且对其专业水平和素质的要求也越来越高。至今为止，全美已有 300 多所大学开设公共关系课程，其中有几十所大学培养具有博士、硕士、学士学位的公共关系专业人才。

总之，公共关系在其历史发展过程中，由巴纳姆、艾维·李、伯内斯到卡特利普、森特和杰夫金斯、格鲁尼格和布莱克，是一个日趋成熟和不断完善的过程。严格来说，20 世纪 50 年代以后，公共关系的面貌才发生了巨大的变化，从而才真正走上科学化、职业化、规范化的发展道路。

二、现代公共关系产生与发展的基本条件

现代公共关系产生于本世纪初期的美国并不是偶然的，它是当时美国及资本主义社会的基本矛盾以及经济、政治、科学技术和文化等社会历史条件发展到一定阶段的必然产物。为了真正全面而深刻地把握和理解现代公共关系的精髓，我们有必要联系社会历史条件进行具体分析。

（一）社会组织的高度分化以及在此基础上形成的相互协调、融通和整合的发展趋势是公共关系赖以产生和发展的社会基石

纵观人类历史的发展过程，人类社会的进步史在某种意义上来说就是一部社会组织不断分化和发展的历史。生产的发展以及与此相适应的各种社会分工的出现，推动着人们生活于其中的社会组织不断发生分化，从而使人们所处的社会环境更加复杂多样，人与人之间的社会关系也逐渐由单一变得更加多元化。这样一来，一方面人们不得不扮演特定的社会角色，从事专门的社会职业，因而局限了人们的视野，缩小了人们的生存空间，人与人处于

一种更加隔离的状态之中。另一方面,由于社会组织的分化,社会关系更加复杂多样,人们要适应这种社会环境,就必须更加自觉地去协调人与人以及组织与组织之间的相互关系。社会组织的分化和组织化程度的提高,不仅在社会经济领域,而且在社会的政治、思想文化和科学技术等领域都得到深刻的体现,以至于人们不在各种社会领域内进行自觉的、有目的的、有计划的协调、沟通和合作,社会的经济、政治、思想文化和科学技术就无法得到发展,整个社会就无法正常运转。公共关系正是适应了这一历史发展的客观需要,因而它一产生就得到了突飞猛进的发展。

20 世纪初以来,特别是 20 世纪 50 年代以来,科技革命和产业革命不仅使每一个国家的政治、经济乃至整个社会发生了划时代的变化,而且也使整个世界的经济格局、政治格局和人们的思想观念都发生了重大变化。总的来说,社会发展的趋势表现为:一方面,社会日益走向多元化与多极化;另一方面,各种社会矛盾和对立又日趋融通和缓和。这就使得任何一个社会组织只有加强与其他社会组织和公众的相互沟通、协调与合作,才能得以生存和发展。因此,社会组织与其相关团体和公众的自觉的、有目的、有计划的相互沟通与联系就变得更加迫切和必要。公共关系正是这一社会客观环境的必然产物。所以,公共关系作为一种全新的思想观念和社会职业,从产生之日起就顺应这一历史发展的基本趋向,在社会生活的各个领域发挥日益重要的作用。

(二)公共关系产生与发展的社会经济条件

市场经济的出现是公共关系产生与发展的社会经济条件。在市场经济条件下,整个生产活动都是社会化的,人们生产的产品主要用来交换以实现其价值。市场交换实现后,人们生产的产品和劳动才能得到社会承认。于是,无论是个人或者社会组织,只有通过自觉的努力才能得到社会的认可和支持,才能为自己创造一个良好的生存和发展环境。具体来说,这是因为:

第一，在现代社会中，商品交换关系的畅通与稳定，对于一个社会组织来说具有生死攸关的作用。这在客观上要求有另一种良好的社会关系和条件来保护或者改善这种交换关系。公共关系就是应运而生的、旨在为各种社会组织与公众通过沟通与交流来建立相互信任、相互合作的良好关系，建立一种社会"保健"机制和活动系统。

第二，随着市场经济的发展，特别是当资本主义由自由竞争过渡到垄断时期，在商品流通和交换中出现了由卖方市场向买方市场的重大转变。为了适应这种新的转变，工商企业客观上需要一种良好的公共关系作为保障，从而最大限度地争取广大消费者和社会公众的理解、信任、支持与合作。

第三，市场经济的高度发展，使商品的供给大大丰富起来，消费者的消费水平也在不断提高，消费者的消费也开始从满足基本需要为主转向以满足选择性的需要为主。因此，一方面，商品生产者即企业和社会组织只有通过各种有效手段在公众中树立自己良好的形象，以赢得广大公众的信任和支持，才能在日益激烈的竞争中立于不败之地；另一方面，商品的生产者和消费者的相互沟通和了解也变得更加迫切和必要，双方都需要通过良好的公共关系来适应这种深刻的变化。

第四，市场经济的发展又会促使社会分工的深化，各种生产部门、服务部门和管理部门的专业化程度也越来越高。特别是现代经济格局的出现，客观上要求企业放弃那种带有浓厚自然经济色彩的"小而全"或"家族式"的经营思想和经营模式，在不断提高本企业专业化程度的同时，建立跨行业和跨地区的横向经济联系，从而在相互合作、相互促进中求得共同发展和繁荣。而这样一种相互联系与合作的关系，必须通过一种现代公共关系的经营管理方法来建立和维持。所以说，公共关系的产生和进一步发展有赖于市场经济的高度发展，市场经济的进一步发展也同样需要不断发展着的现代公共关系为其作保障。

(三)公共关系产生与发展的社会政治条件

社会政治生活的民主化是公共关系赖以产生和发展的政治条件。从封建社会进入资本主义社会是人类社会民主化进程中的一个重要里程碑。资产阶级民主政治固然有其虚伪性和欺骗性的一面,但它相对于封建专制却是一次深刻的历史进步。因为在封建专制统治下,君主是当然的统治者,以血缘关系为基础的封建宗法关系成为人们政治生活中起主导作用的支配关系。老百姓只是任人宰割的"草民",根本谈不上与统治者建立一种平等互利的公共关系。资产阶级民主政治的建立,破除了君主主权神圣不可侵犯的信条,把政府的合法性奠定在公民认可的基础之上,从而就迫使统治者不得不注重自己的施政方针被公众信任和支持的程度,改善与公众的关系。为此,政府和社会组织就必须及时了解舆情民意,根据民意来制定或调整自己的内外政策,并通过各种传播媒介向公众宣传解释政策,争取公众的理解和支持。

(四)公共关系产生与发展的物质技术条件

传播手段和通讯技术的进步是现代公共关系产生与发展的物质技术条件。20世纪初,科学技术有了长足的进步,尤其是交通工具和传播手段的现代化,为现代公共关系的产生和进一步发展提供了物质技术保障。

在农业社会中,生产规模极其狭小,人们几乎处在一种封闭、半封闭的与世隔绝的自然状态之中,由于落后的自然经济本质上不要求进行广泛的人与人之间的相互沟通与联系,加之当时还要受到落后的交通工具和信息传播手段的限制,因而人们没有也不可能发生广泛而深刻的社会联系和交往。而在工业社会中,商品经济日益发达,科学技术日新月异,促进了运输和信息传播手段的飞速发展,从火车、汽车、飞机、人造卫星的出现到电报、电话、广播、电视以及光导通讯的相继推广和应用,使人们相互之间更加广泛而深刻的社会交往不仅是迫切的和必要的，而且也具有现实的可能性。于是，人们终于发现，运用现代化的传播手段通过对内协调，对外宣传，扩大本组织或企业的社会影响，提高组织的认知度、美誉度与和谐度，完善组织在公众心目中的形象，为企业和组织的生存与发展创造良好的舆论环境和社会环境，对一个社会组织获得巨大的发展极为有益。

(五)公共关系产生与发展的社会文化心理因素

到了 20 世纪初，随着工业化进程的推进，在社会政治领域，资产阶级民主政治已基本确立，统治阶级和集团的统治思想和管理思想也随之发生了重大的转变，即开始从过去的强权压制转向争取民众的信任与支持。在社会经济领域，科学技术的进步和生产力的高度发展，使得劳动开始从体力密集型向智能密集型转化，这迫使企业主不得不考虑公众和员工的态度和心理因素，从而最大限度地调动他们的生产积极性，这导致了企业经营管理思想的重大转变。一些有识之士开始认识到，顺应民众的社会文化心理，满足他们更加广泛的物质需求和精神需求，比采取以往的对抗手段来压制他们，更有利于消除社会组织与公众之间以及劳资之间的隔阂与冲突，所以，必须在社会组织和公众之间建立一种类似于人际情感的良好关系。正如美国电话电报公司董事长韦尔说的："我们已经发现，大众的最好利益也就是我们的最好利益，我们相信我们能有如此成就，是由于我们的经营方针一直遵循这一原则。"人们的经营管理思想和观念的这种深刻的转变，为现代公共关系的产生和发展奠定了思想基础。

三、现代公共关系发展的基本趋势

20 世纪七八十年代，公共关系事业在全世界范围内获得了突飞猛进的发展。美国汤姆生公司总裁预测，在未来的年代里，国际公共关系和广告业将成为全世界范围内发展最快的产业之一。之所以会如此，主要是由现代公共关系发展的基本趋势及其进一步发展的社会历史条件的形成决定的。

(一)现代公共关系发展的基本趋势

随着世界范围内新技术革命的兴起和经济、政治及文化生活的一体化程度的不断提高,公共关系从20世纪60年代起有了世界性的大发展。概括起来讲,公共关系在这一发展过程中大致呈现如下几种趋势:

第一,职业化程度日益提高。自从1903年艾维·李创办世界上第一个公共关系事务所以来,公共关系作为一种全新而独特的社会职业已得到很大发展。由于它在社会各个行业和领域中发挥着重要作用,因而逐渐从其他经营管理职能和行业中分化出来,成为一种越来越受人们尊重和向往的独立的社会职业。例如在美国,公共关系从业人员的数量迅猛增长,职业公共关系人员从1950年到1985年增长了6.5倍,达15万人之多。另外,据一项调查报道,美国的公共关系从业人员认为自己的职业地位不低于物理学家、律师、工程师和大学教授,甚至还高于飞机驾驶员、新闻记者、广告设计师和商品推销员。实质上,这表明公共关系职业已成为具有社会公认的实践技术、技巧和范围的独立领域,因而越来越成为一种不可缺少的独立的职业,成为社会必不可少的重要职能部门。

第二,国际化趋势的日益增强。由于世界政治、经济和科学文化一体化的趋势日益加剧,要求不同的国家和民族必须不断加强相互之间在政治、经济和文化等各个领域中的沟通和联系,从而也就促进了国际公共关系事业的蓬勃发展。目前,发达国家和发展中国家,资本主义国家和社会主义国家,都普遍对公共关系给予高度的重视。国际性的公共关系公司和国际性的公共关系协会纷纷建立,国际公共关系业务往来也在不断增多。公共关系在各种国际事务中发挥着越来越重要的作用。

第三,技术手段日益现代化。随着现代科学技术的迅速发展,公共关系作为一种智力密集型的新职业,其工作手段也不断现代化。尤其在一些发达的国家,公共关系人员竞相运用电子技术、通讯卫星等现代化大众传播媒介和信息传播手段,使用电脑贮存、分析调查资料,进行市场和环境预测,从而大大提高了工作的科学性和有效性。

第四,社会管理功能多元化。公共关系作为一种专门的职业最早产生于美国的工商企业界,因而它最先在经济领域发挥其重要的管理功能。随着公共关系自身的发展以及社会对其客观需求的不断增长,它已在越来越多的各种类型的社会组织中发挥其广泛而具体的管理作用。如今,公共关系已不再局限于工商企业等各种形式的营利性社会组织,它已经在社会的其他领域和各种非营利性组织中发挥着重要的作用。因此,现在不仅有企业公共关系和服务行业公共关系,而且还有政府公共关系、宗教公共关系、科技公共关系、教育公共关系以及国际公共关系,等等。这一切不仅增强了公共关系工作的针对性和有效性,而且也使公共关系在整个社会中发挥的作用愈加普遍和广泛。

第五,理论的科学化和系统化。自从伯内斯开辟公共关系的理论化和科学化道路以来,在半个多世纪的历史发展过程中,公共关系理论已日臻成熟和完善。这主要表现在:一方面,公共关系理论在吸收其他各门具体科学成果的基础上逐渐实现自身的科学化,尤其是各门具体社会科学和人文科学的相关知识和理论为公共关系理论奠定了坚实的思想基础,诸如社会学、心理学、人类学、民族学、经济学、传播学、管理学和哲学等,都是现代公共关系理论赖以建立的科学基础;另一方面,公共关系理论在吸收其他科学理论的同时,已逐渐形成一个较为完整的理论体系,从而使自身的多学科性、交叉性和边缘性建立在整体系统性的基础之上。这一切最终都增强了公共关系理论的实际指导作用。

第六,民族化和公共关系意识的普及化。任何理论只有为人们所掌握,才会变成巨大的物质力量。而一种理论要为人们所掌握,就必须具有能为特定对象所接受的理论内涵和形式。由于不同的民族有其独特的文化传统、价值观念、风俗习惯以及特殊的社会心理,因此公共关系理论只有汲取不同民族文化精华并构建与此相应的理论形式,才能最终发挥自己对实际的指导作用。事实证明,公共关系作为一种思想理论之所以能在全世界范围内发挥重要的作用,就是因为它在与不同民族的思想文化发生相互作用的过程中能够实现民族化。与此同时,由于公共关系理论民族化趋势的增强,公共关系理论和思想为人们所接受的范围在扩大,因而公共关系意识也出现了普及化的趋势。没有公共关系理论的民族化,就不可能使公共关系意识普及化,因而就更谈不上公共关系理论对人们的各种社会行为的实际指导。公共关系事业和公共关系理论的发展,有赖于不断实现公共关系的民族化和公共关系意识的普及化。

第七,规模日趋扩大,影响进一步加深。在近 20 年的时间里,公共关系活动和事业的规模都在不断扩大。由于公共关系事业的发展,对公共关系人员的能力和素质的要求越来越高,因而公共关系人员的培养和教育事业也得到长足发展。20 世纪 80 年代初,美国的公共关系公司就有近 2000 家之多。美国政府不惜工本,每年雇佣公共关系人员 12000 多人,经费开支近 10 亿美元。与此同时,欧美其他各国及第三世界的许多发展中国家,也都纷纷掀起了公共关系的热潮。公共关系不仅在工商企业界,而且在诸如工会、大学、宗教组织、政府机构乃至立法和司法机关等,都得到广泛的关注和应用。

通过上述分析我们不难发现,公共关系事业正方兴未艾,具有广阔的发展前景。

(二)公共关系进一步发展的社会条件

从公共关系发展的基本趋势来看,它必将在未来的社会发展中开辟出更加广阔的前景,并占领更加广阔的市场。这主要是因为,当前世界范围内存在着诸多有利于公共关系事业大力发展的各种客观条件。把握这些客观条件,对于我们更加具体地了解和认识现代公共关系发展的主流,从而推动公共关系事业的顺利发展,无疑具有十分重要的现实意义。具体来说,保障公共关系进一步发展的社会条件主要有以下几个方面:

首先,世界范围内的新技术革命对公共关系的进一步发展产生巨大的促进作用。这是因为,一方面,新技术革命带来社会的产业革命,劳动生产率极大提高,世界各国尤其是发达国家的经济发展速度进一步加快,市场竞争更加激烈,因而整个社会也就对公共关系的进一步发展提出更高更多的需求;另一方面,新技术革命带来了社会的信息化,信息成为另一种更加重要的社会资源,它对于一个企业或社会组织能否在日益激烈的社会竞争中赢得胜利起着重要的决定性作用。这为专事信息收集、传递、加工和沟通等工作的公共关系事业提供了大力发展的有利条件和内在推动力。

其次,当今世界的又一显著特征是不同民族、不同国家和不同地区之间在经济、政治和思想文化领域开展更加频繁而广泛的交流,从而使得人们的交往关系更加复杂多样化。因此,任何一个社会组织要想求得生存与发展,就必须更加自觉地协调、疏导和改善这些关系。这就为公共关系在广度和深度上的进一步发展创造了良好的条件。

此外,新技术革命也带来了信息传播媒介和通讯手段的现代化,这就为公共关系的进一步发展提供了更加充分的物质技术条件。公共关系不仅在其活动的领域和内容上要发生重大变化,而且必将改变自己的活动方式,改善自己的活动技巧,提高活动效率。

总之,随着社会的进步以及人们思想观念的不断更新,公共关系事业必将具有更加广阔的发展前景。

第三节　公共关系在中国

公共关系步入中国大地，并在理论上被认可、在实践中被加以系统运用，迄今不过20多年的历史。随着我国改革开放的不断深入，特别是社会主义市场经济的不断发展，公共关系就像一股清新空气涌动在祖国大地，并在短短的几年间掀起了一股学习公共关系、研究公共关系和从业于公共关系的热潮。公共关系在中国一开始就出现了生机勃勃旺盛发展的好势头，受到人们的普遍关注和重视。与此同时，公共关系在中国的进一步发展还面临着众多的矛盾、形形色色的问题以及这样那样的束缚。要使公共关系在当代中国社会的政治、经济和文化生活中发挥其特有的功能，使之成为促进两个文明建设的健康力量，就必须在全面了解中国公共关系现状的基础上，正视各种矛盾，解决各种问题，排除各种干扰和束缚。我们必须在系统掌握和借鉴国外公共关系理论与研究成果的基础上，从中国的具体实际出发，大力开拓中国的公共关系事业，建设适合我国政治、经济和人们思想文化心理的公共关系理论。

一、公共关系在中国的传播与发展

公共关系作为一种全新的思想理论和社会职业，是伴随着我国对外开放大门的打开而步入中国大地的。在此之前，大约20世纪60年代，随着我国台湾和香港地区经济的迅速发展，现代公共关系也开始传入台湾、香港地区，并得到较快的发展。特别是在香港地区，首先是一些跨国公司在那里设立的分公司，内部建起公共关系部，聘用受过专业训练的公共关系人员从事公共关系工作，使得公共关系一开始就具有较高的发展水平。此后，各类型的企业、酒店和宾馆也都纷纷设立了自己的公共关系机构，公共关系从业人员日渐增多，公共关系人员的教育、培训以及公共关系的理论研究水平也不断得到提高,使得公共关系的社会影响和实际作用越来越大。事实上,这为公共关系在其后及时传入祖国大陆创造了良好的条件。

20 世纪 80 年代初,公共关系首先作为一种新的经营管理方法和技术,由南向北,从东到西,在中国的大江南北迅速传播。虽然中国当代公共关系事业起步较晚,但它一旦萌发,就立即受到人们的普遍重视,得到较快的发展。概括来讲,近年来我国公共关系事业的发展成就主要表现在如下几个方面:

首先,我国的公共关系实务得到了较快的发展。由于东南沿海地区经济比较发达,加之它又是我国对外开放的窗口和门户,所以公共关系在我国的传播与发展也就呈现出由南向北和由东向西的发展格局。我国当代的公共关系最初发端于沿海地区的宾馆、饭店和旅游业。最早在深圳和广州一些中外合资企业,特别是合资的宾馆、饭店,出于工作的需要,率先依照国外现代企业的模式设立了公共关系机构,开办起公共关系业务。继深圳、广州之后,北京、上海等地的一些中外合资或独资的宾馆、饭店,也都相继建立了公共关系部,并着手开展公共关系业务。因此,从一定意义上说,开创我国当代公共关系事业的先头兵是国内一批具有较高管理和经营水平的宾馆和饭店。

这些旅游宾馆卓有成效的公共关系活动对企业的生存和发展显示出巨大的促进作用,因而在短短的几年时间里,公共关系也开始为一些国营大中企业所重视和采用,并在实际中显示出相当大的威力。特别值得一提的是,广州白云山制药厂于 1984 年率先在国营企业中设立公共关系部,为我国企业公共关系实务活动积累了宝贵的经验,作出了突出的成绩。这是我国公共关系事业发展过程中的一个重要突破。

1984 年底,《经济日报》发表了题为《如虎添翼——记广州白云山制药厂的公共关系工作》的通讯,并配发社论《认真研究社会主义公共关系》,这是我国全国性媒介首次发表有关公共关系的专题社论和通讯报道。在此之后,中央电视台、中央人民广播电台、《人民日报》、《光明日报》以及全国不少地方的新闻媒介,都以不同形式介绍、报道和评论了我国公共关系事业的发展。这些报道和评论阐述了公共关系在当代中国兴起与发展的必然性和紧迫性,分析了我国新兴的公共关系事业发展中存在的问题,对扩大公共关系的社会影响,推动公共关系的发展,产生了积极作用。

20 世纪 80 年代中期以后,不仅一大批大型企业先后设立了公共关系部,而且一些较先进的中小企业也设立了自己的公共关系机构,开展了卓有成效的公共关系工作。还有一些企业,虽然没有设立专门的公共关系机构,但却增强了公共关系意识,采取了切实可行的公共关系措施,开展着各种富有特色的公共关系活动,为寻求中国公共关系实务活动开展的最佳途径和方法积累了宝贵的经验。

从此,我国的公共关系事业进入了一个蓬勃发展的新时期。自 20 世纪 80 年代初至今,公共关系不仅开始从服务行业进入了各种形式的企业和经济实体,而且也逐渐扩展到其他各种社会组织和行业,诸如社会团体、科研机构、机关、学校乃至军队和党政部门,都越来越重视并运用公共关系手段来保障和促进自身的发展。

为了适应日益发展的公共关系事业的需要,各种公共关系组织相继建立起来。在国际上影响很大的美国博雅公共关系公司、希尔－诺顿公共关系公司相继在中国设立办事机构,我国的多种公共关系公司像雨后春笋般发展起来。

其次,我国公共关系人员的教育培训已初具规模,并逐渐向规范化和系统化的正规教育过渡。这是因为,公共关系实务在我国的进一步发展,客观上要求提高公共关系工作水平。要做到这一点,就必须提高公共关系工作人员的素质和水平,因而,就必须重视公共关系的教育和培训工作。

1985年以来,全国各地分别采取不同的形式,开展了丰富多彩的公共关系教育培训工作,培养出不同层次和多种类型的公共关系工作人员,为我国公共关系事业的健康顺利发展作出了重大贡献。具体来说,我国公共关系教育培训具有如下特点和发展趋势:

一是在公共关系传入的初期,主要采取短期培训的方式,使很多工作人员了解和把握了公共关系的基本知识和精神。在南方,深圳市总工会于1985年1月最先创办了公共关系培训班,开我国公共关系培训事业之先河;在北方,北京大学研究生院于1985年6月率先举办公共关系讲座,为公共关系的及时传播和普及作出了重要贡献。此后几年间,全国各地的大专院校、企事业单位以及各种社会团体,都相继在不同地区和不同范围内举办了各种形式的培训班。

二是对广大的在职人员进行系统的公共关系专业教育,使广大在职人员既能较系统全面地掌握公共关系的基本理论和知识,又能紧密结合各自的工作实际学以致用。诸如深圳大学举办的公共关系专业函授、中国公共关系专业委员会举办的公共关系函授、兰州大学举办的新闻与公共关系专业函授和夜大学设立的公共关系专业以及其他地区和单位举办的各种专业函授教育,都是根据我国公共关系事业发展的需要以及公共关系工作人员的具体特点开展的行之有效的教育。

三是我国公共关系高级专门人才的培养已开始起步。要适应当代公共关系发展的趋势,提高公共关系的工作效率,消除我国公共关系活动中存在的许多障碍和面临的许多问题,培养高水平的公共关系专门人才,优化现有公共关系人员队伍,是行之有效的根本途径。自1985年始,公共关系学被正式列入我国大学课程。在以后的几年中,深圳大学、复旦大学、中山大学、杭州大学、国际关系学院、南京大学、兰州大学等百余所大学相继开设了公共关系课程，有的还创办了专科公共关系专业和本科公共关系（方向）专业。1994 年底，国家教委正式审定批准中山大学创办我国第一个本科公共关系专业，这对于我国公共关系正规教育的发展有着十分重要的意义。我国的公共关系教育事业现正朝着正规化、高层次的方向健康发展。

再次，我国公共关系的科学研究也进入一个繁荣发展的新时期。20 世纪 80 年代中后期，随着我国公共关系实践和教育事业的迅速发展，一大批有识之士开始结合中国政治、经济和思想文化的特点来探索中国公共关系的一些重大理论问题，从而在我国学术界掀起了一股研究公共关系的热潮。1988 年 1 月，我国第一份公共关系专业报纸——《公共关系报》在杭州创办。迄今为止我国已有各类内部发行和公开出版的公关报刊多种。公开出版的有《公共关系》杂志、《公关世界》杂志等。这些公共关系专业期刊在传播公共关系知识、交流公共关系工作经验、深入进行公共关系研究等方面，起到了很好的作用。另外，国内在 1986 年 11 月出版了第一本公共关系著作——《塑造形象的艺术——公共关系学概论》。在迄今 20 多年的时间里，已有几百本各种类型的公共关系著作问世，出书速度之快，品种之多，非其他新学科所能比拟。

此外，随着公共关系的研究、教学和实务工作的广泛开展，各种公共关系社会团体和学术团体也纷纷成立。1986 年 1 月，中山大学在广州成立了中国第一个公共关系研究会。1987 年 5 月，经国家有关部门批准，中国公共关系协会在北京成立。1991 年 4 月，中国国际公共关系协会也在北京诞生。此后，各省及各大中城市也相继成立了公共关系学术团体。这些学术团体为社会提供公共关系咨询和服务，培养公共关系人才，开展公共关系理论研究以及介绍公共关系知识和发展动态，在我国公共关系知识广泛传播过程中起着重要作用，为促进我国公共关系事业的顺利发展作出了突出贡献。

总之,随着改革开放的不断深入,我国的公共关系事业无论在实践活动方面、理论研究方面或者公共关系从业人员素质的提高方面,都取得了重大进展,公共关系在我国社会生活中发挥着越来越大的作用。

二、中国公共关系前瞻

从1984年中国引入公共关系,到现在已经经历了20年的发展历程。在这20年中,中国公共关系经历了"起、承、转、合"几个阶段,从最初的突然热起,到被人们误解、不屑,到公关界展开大讨论,到面向世界寻求国际化的发展道路,中国的公共关系从外面走来,历经磨难,终于又向外敞开了胸怀。如果让我们预测中国公共关系下一阶段的发展,那么最突出的特点就是国际化的趋势越来越明显。

(一)中国公共关系的理念向国际化发展

随着世界政治、经济、科学文化全方位一体化发展,中国与世界各国之间的交往、联系不断增加。无论是政府间还是企业间,沟通被放到了第一位。这在客观上要求公共关系事业必须迅速发展,而公共关系事业的发展从根本上依赖公共关系理念的发展。公共关系在初入中国之时,在社会上引起了巨大的波澜,有人认为公共关系是"矮脚鸡婆"——飞不高。在议论声中,中国公共关系的学者和专家在大量引入外国资料的同时,用本国的语言和方式向人们展示着真正的公共关系,而公共关系在实践中的运用更使人们不断地了解了其真正的涵义。公共关系民族化发展使人们逐渐接受并认可了公共关系存在的巨大作用和意义,公共关系的意识也逐渐普及到每个公民的生活之中。而随着公共关系公司和公共关系协会纷纷建立,公共关系业务往来不断增多,公共关系理念渗入国家生活。2001年7月13日,北京申奥成功,获权举办2008年奥运会,在这次北京申奥的过程中,几大公共关系公司都直接参与了本次竞争的策划与执行,为北京在莫斯科申奥最后表决中获得胜利提供了多方面的帮助。2002 年上海申博以及上海磁悬浮列车的运转也都邀请了公共关系人士的参加。可以说,公共关系在国家、社会生活中的广泛运用使公共关系理念不断得到加强,而与国际的沟通联系又使这种理念向国际化发展。理念上的转变标志着中国公共关系在本质上与国际接轨。

(二)中国公共关系所运用的技术和方法也日趋国际化

公共关系引入中国之时,几乎没人认为公共关系是一门科学性极强的工作,公共关系被表面化、片面化理解。而随着中国与世界各国的联系日益增多,国际常用的公共关系的技术和方法逐渐传入中国,并被吸收消化,人们对公共系随意地、片面地理解逐渐改变,公共关系还原到它本真的颜色,成为一项科学性和社会性都极强的工作。中国公共关系技术与方法的日益国际化一方面是由于国外的影响与渗透,另一方面,中国科学技术的进步也为公共关系向科学化发展提供了必要条件。目前,电子技术、通讯卫星等现代化大众传播媒介和信息传播手段在公共关系事业中都得到了广泛地应用,公共关系从业人员运用电子技术进行资料贮存、分析调查、市场和环境预测等工作,从而大大提高了工作的科学性和有效性。

(三)中国公共关系职业化程度日益提高,与国际接轨

20 世纪 90 年代中期,国家劳动人事部确立公共关系作为全国劳动人事职业序列,并且设立了公共关系师的考评,这标志着公共关系被纳入国家人事规范之内。经过数以万计的公共关系从业人员的努力,公共关系已经成为一种不可缺少的独立的职业,公共关系公司和公共关系部门也成为社会必不可少的重要职能部门。公共关系也已不再局限于工商企业等各种形式的营利性社会组织,它在社会的各个领域都发挥着越来越重要的作用。在中国的公共关系向职业化、国际化发展的进程中,中国公共关系的专家和学者们都作出了巨大的贡献和努力,并得到了国际范围的认可。

与此同时，中国公共关系教育也有了长足进步，到目前为止，已出版300多种公共关系教材。2002年，中国公共关系学界的精英汇聚一堂，出版了《中国公共关系大百科全书》。这些都直接推动着中国公共关系的快速发展。

21世纪，中国加入WTO，国际化发展的脚步越来越迅猛，整个中国面临着机遇与挑战。新世纪之初，刚刚发展起来的中国公共关系事业，面对的是激烈的国际竞争，但同时也蕴藏着诱人的机遇。对于一个只有20年历史的学科来说，要建设既适合中国国情又有国际化特征的公共关系体系，是一项十分艰巨也十分激动人心的事业，我们必须为此付出更多的努力。

练习与思考

1. 为什么说人类早期的“公共关系”只有类似于现代公共关系的特性？试举例说明？

2. 现代公共关系的发展经历了哪几个历史时期？各个历史时期的主要特点是什么？

3. 现代公共关系兴起的主要原因是什么？

4. 试述中国公共关系的现状。

第三章

公共关系的功能

公共关系功能是指公共关系对社会组织及其社会环境所发挥的积极、独特的作用与影响。公共关系的功能经历了一个不断演变、发展的历史过程。最初它只是一种简单宣传活动,发展到今天已成为一个多元化、多层次的功能体系。研究公共关系的独特功能,对于进一步了解公共关系的实质,了解它在社会组织以及整个社会生活中的地位,从而有目的、有计划地开展公共关系工作有着重要意义。

第一节　公共关系对组织的功能

社会组织是社会分工体系不断发展的产物。构成组织环境的现代社会本身就是一个功能高度分化、各个结构要素之间存在着一种互为条件、互为因果的功能耦合关系的大系统。在这个大系统中,任何社会组织的生存和发展,都须以满足其他结构要素需求、并同其建立功能耦合关系为前提。因此,不管社会组织领导人意识到与否,其组织存在与发展本身就蕴含了它与社会,包括与政府、与消费者、与内部员工、与社区等公众的依赖关系。只有与公众建立了相适应的关系，组织才会被社会所认可、所接纳，才会获得存在的必要性与合法性。公共关系对社会组织的作用正是表现在它帮助组织与公众之间建立这种相适应的关系。具体说来，它通过以下几个方面实现这一积极作用：

一、监测环境

所谓监测环境，指观察与预测影响组织生存与发展的公众情况和其他环境变化情况。

组织环境是由它的公众以及其他影响组织生存、发展的社会政治、经济、文化等因素组成的。组织环境是不断变化的，组织要适应这种环境，首先就必须严密地观察环境，对环境变化作出科学的预测。公共关系担负着这种任务。它向组织提供环境信息，并对组织所处环境进行分析和研究，然后在此基础上对环境的变化作出科学的评价与预测，使组织对环境保持清醒的头脑和敏锐感觉，从而合理地制订或调整本组织目标。

(一)搜集信息

公共关系对组织环境的把握是从搜集环境的信息开始的。信息是现代社会组织赖以生存的基础。组织环境的信息既包括组织所面临的自然环境情况，亦包括组织所处的人文环境情况；既包括组织外部的公众情况，亦包括组织内部的公众情况。

组织自然环境信息包括组织所处地理位置、自然资源、生态环境、道路交通等方面的情况。相对组织的人文环境来说，自然环境一般比较稳定，较易掌握。人文环境则往往瞬息万变，错综复杂。组织公共关系工作主要是关于人文环境的工作，它包括与组织利益相关的公众的态度、意见及其变化，包括国内外政治、经济、文化等方面的动态。这些信息主要有：

1. 公众需求信息

公众需求是公众态度与意见的基本出发点，组织要与公众建立良好的关系，不了解公众的需求是难以成功的。公众需求一方面是组织生存和发展的依据和动力,另一方面只是公众利益和兴趣之所在。只有重视公众的需求并做到尽可能满足,才会赢得公众。

公众需求是多方面的:既有物质方面需求,也有精神方面需求;既有眼前需求,也有将来需求。满足公众的精神需求也许不会直接给组织带来利益,因而常常不被组织所重视,但它却可以联络组织与公众的情感。另外,公众的将来需求也不容忽视,它是组织开发新产品、提供新服务、增强竞争能力的最可靠的信息源泉。美国国际商用机器公司能够预测未来 5~10 年内它的用户将要面临的问题和需要的装备,这不能不说是它成功的一个秘诀。

2. 公众关于产品形象的信息

产品形象是一个组织的产品或服务在公众,尤其在顾客公众心目中的印象和评价。产品形象是组织生存与发展的关键。如果谁都不愿意买某个组织的产品或不愿意接受某个组织所提供的服务,那么这个组织就失去了存在的意义。公众对产品的反映和评价是多方面的,比如质量、性能、用途、价格、装潢,与同类型不同品牌产品的比较,售后服务,等等。收集这方面信息的最好途径就是公共关系人员直接与顾客或消费者接触,听取他们对本组织产品的各种反映。通过和用户直接接触的方法,了解用户对产品的意见和建议,并根据这些意见和建议,不断改进产品或开发新产品。

3. 公众对组织形象评价的信息

产品形象是构成组织形象的基本要素,但不是唯一要素。在激烈竞争的社会里,组织单靠产品的优势还不足以赢得公众,有些生产优质产品的企业仍然倒闭了,主要原因之一就在于他们忽略了组织形象等要素的构建。组织形象不仅影响企业的盈亏,还直接影响企业的资金筹措、人才招聘、原材料采购、产品销售、市场占领以及政府对企业的态度等。

组织形象包括公众对组织工作效率、经营管理水平、人员素质、服务质量、履行社会职责等的反映与评价。公众往往把组织看成一个整体,组织的服务宗旨、专业素质等常常成为他们信任其产品与否的重要依据。

4. 公众其他信息

除了与企业直接相关的公众信息外,另外还有一些有关他的自身状况的信息亦应予以关注。这些信息往往是公众对组织态度与意见的背景材料。组织内部公众是组织得以运转的基本前提,他们的心理个性、家庭状况,公共关系部门应该掌握。组织外部公众中的关键人物及其心理个性、家庭状况等亦应掌握。另外,组织外部公众的动向、竞争者的动态、合作者的态度、新闻界的动态等情况,也应详细了解。

5. 其他社会信息

国内外政治、经济、文化、科技等方面的重要变化,可能直接、间接地影响到组织的生存与发展;社会时尚潮流、大众心理趋势的变化,亦会对组织的产品或服务产生作用。组织应从宏观上把握各种动态,审时度势。

(二)研究信息

公共关系工作绝非只是把搜集的信息提供给组织决策机构后了事。要科学地监测组织环境,还须对搜集来的信息进行深入的分析与研究,作出科学的解释和评价,并找出组织目前存在的和将来要面临的问题,从而提出相应的建议。国外对信息的研究极其重视。因为它可使组织不仅能掌握公众有什么想法和意见,还能掌握公众为什么有这种想法和意见;不仅能了解组织现有的问题和机会;还能了解组织潜在的问题和机会;不仅能知道国内外政治、经济等的变化情况,还能知道这些变化会给公众态度以及组织与公众关系所带来的影响,从而帮助组织制订易于为公众所接受的政策。

公共关系对信息的研究,不仅是对上述公众需求信息、产品形象信息等的研究,还包括对组织公共关系活动效果的研究,即分析和检测公共关系活动对公众态度、公众行为、社会舆论的影响及其产生的变化。不仅要对公众进行整体的分析与研究，还要将公众进行分门别类（如对员工、顾客、供应商、社区等各种公众）独立地进行研究。信息的搜集与研究常常不是分开来进行的，而是交汇在一起，通过对搜集来的信息的研究发现问题，然后针对这一问题，又进一步地搜集有关方面的信息。

二、帮助决策

组织决策是组织针对存在的问题，确定解决问题的行动方案的过程。由于组织环境和公众在组织生存与发展中所起作用的加强，公众是否会接受一个已经提出的政策，是当今社会组织决策时应考虑的重要因素。因此，公共关系部门必须就有关组织环境问题、公众关系问题向组织决策机构提供咨询，参与组织决策的全过程。只有当公共关系成为最高管理层进行决策的一部分时，公共关系活动才能最有效。因此，决不可把公共关系当做只是在政策、方案形成后报道或发布信息的工作。

公共关系部门参与组织决策通常分为四个环节：

第一，公共关系部门为组织决策提供有关环境的信息。一方面，公共关系部门利用它与外部各界的广泛联系，为决策开辟广泛的外源信息渠道，提供第一手的准确信息；另一方面，公共关系部门利用它在组织内部的沟通渠道，为决策提供内源信息，促进决策科学化、民主化。

第二，公共关系部门帮助组织确定决策目标。现代企业决策的日益专门化，整体决策目标往往被分解为各个职能部门的专门决策目标，比如生产决策目标、技术开发决策目标、财务决策目标、市场营销决策目标，等等。各职能部门的专家或管理人员往往将决策的焦点高度凝聚于本部门的职能目标，难以从全局和社会的角度去考虑整体决策目标。因此，亟须公共关系部门站在公众和社会的立场上，对各职能部门的决策目标进行综合评价，敦促有关部门或决策当局，依据公众需求和社会价值及时修正可能导致不良社会后果的决策目标,使组织决策目标既反映组织发展的要求,也反映社会公众的需求。也就是说,协调组织与公众利益,把组织引向利益交汇点,而不是引向组织利益和其他公众利益的冲突点。

第三,公共关系部门帮助组织拟订决策方案。决策方案是保证决策目标得以实现的各种措施的总和。决策方案的拟订实际上包含了两个环节,设计方案环节和选择方案环节。

在设计方案这一环节,公共关系部门力促公共关系目标在方案中得到落实,以保障公众的利益。同时,还应提醒设计者考虑各类公众情况的变化,考虑实施方案时会遇到的各种可能性,包括向好和向坏两个方面发展的可能性,从而制订灵活的应变措施。

在选择方案这一环节,公共关系部门力主把公共关系原则放进方案标准中,把公众当做最有权威的评议者。

第四,公共关系部门帮助组织实施决策方案。公共关系部门不仅作为组织的智囊部门为组织提供咨询、建议,同时,它也作为组织的执行部门,具体帮助组织实施决策方案。公共关系部门一方面要协助组织把决策方案传达到各个部门甚至每一个员工那里,帮助他们理解决策方案;另一方面又需要对其实施效果进行观察、分析、评价,并及时反馈给决策部门,以便对原决策作出必要的调整,或为新的决策活动提供信息。

三、宣传引导

公共关系活动的目的在于为组织树立良好形象,以赢得有利于组织生存与发展的环境。组织的良好形象必须建立在组织自身做得好的基础上。同时,还要大力宣传组织作出的成绩,从而影响或引导公众舆论,使之有利于自己。

国外公共关系工作极为重视公众舆论,并有较深入的研究。在英文里,公众舆论就是 public opinion,直译过来就是“公众的意见”。公众对组织的评价和意见,既是组织在公众心目中的形象,亦是组织所面临的舆论环境。公共关系工作不仅要向组织提供和解释公众对组织的评价和意见,而且还要通过有说服力的宣传,影响或引导公众的评价和意见。从这个意义上来说,公共关系就是分析和影响公共舆论的工作。因此,作为公共关系人员,了解舆论的形成和舆论影响的过程是做好公共关系工作的基础。

组织所面临的舆论环境是复杂多变的,处于不同舆论环境下,公共关系宣传引导的侧重点、内容都不一样。一般来说,当一个组织刚刚创建时,或推出某种新产品、新服务时,公共关系部门要负责为其大力宣传,制造舆论,从零开始建立这个组织或某个新产品、新服务的良好声誉。当一个组织顺利发展时期,即指组织运转正常、信誉已经建立的时期,公共关系部门就应致力于保持和维持对组织有利的舆论,同时又不断寻找宣传的契机,进一步扩大组织的影响。当一个组织处于逆境时,即指组织运转面临困境甚至危机、组织形象遭到损害时,公共关系部门就应促进或强化有利舆论,争取独立舆论,扭转或反击不利舆论。譬如,某个组织发生了意外事故,在公众中造成不良影响,这时的公共关系工作一方面应就事件的真相,包括它的起因和后果向公众和新闻媒介进行诚实的沟通,切记不要封锁事实、制造假象。另一方面积极协助组织制订和实施事故处理措施,包括承担责任和补救的方法、行动。同时还要大力宣传组织对这一事件的积极处理措施和行动,发挥舆论导向作用,引导公众客观地、全面地、公正地评价组织,避免公众舆论的情绪化、片面化。

要做好舆论的宣传与引导工作,得到舆论领袖的支持很重要。舆论领袖亦称为"意见领袖",指那些能左右群体意见,在公众中有相当大影响力的人。如果能使他们与你的观点一致的话,那么再去影响其他更多的公众就会相当容易了。

四、沟通协调

在现代社会,组织是一个开放系统,它必须和周围环境建立广泛的联系。宣传引导是这种联系的重要内容。此外,公共关系部门还应通过其他一些日常交往活动，如座谈会、联谊会、研讨会、节庆活动、参观拜访、社会服务、社会赞助等，与公众进行有效的沟通，培养公众对组织的感情，赢得他们对组织的理解和支持。如果说宣传引导侧重于从组织到公众的定向影响、着眼于对公众认识的引导的话，那么沟通协调则侧重于组织与公众之间双向对称交流，着眼于组织与公众情感的联络。

组织内部沟通是让管理部门和员工彼此之间了解对方的想法和意图，协调好管理部门与员工、管理部门与股东、管理部门之间的关系。实践证明，企业内部关系紧张，员工抱怨较多，很多都是源于内部沟通不够。成功的组织必然有一个高效的信息沟通网络，保证上下左右全方位信息交流的顺利畅通，从而形成一个充满信任、团结合作气氛的良好内部环境。

组织外部沟通是组织与其外部各类公众之间进行的信息交流。这种信息交流能避免或减少组织与其外部环境间的摩擦和冲突，即便发生了冲突，也能在沟通基础上迅速予以协调。组织作为社会的一员，对社会福利、卫生、教育、市政建设和文化生活的发展负有社会责任。同时，组织也只有在一个健全的社会里，才能求得生存与繁荣。组织对社会的赞助，帮助解决社会问题，可以在社区、媒介、顾客、员工等公众心目中树立社会责任感强的良好形象，赢得公众的好感。1983 年，美国波士顿大学理切·罗厄瑞教授的调查研究结果表明，那些给公众社会责任感强的印象的公司，往往也是赢利多的公司。因此，社会赞助是一项既对公众有利也对组织有利的活动。我国企业在加强这方面认识的同时还须建立健全审批、管理社会赞助的机制，使社会赞助成为企业经营活动的一部分。

五、全员教育

公共关系是全体成员的公共关系。从创优质产品、提供优质服务到宣传引导公众舆论，都离不开组织全体成员共同和持久的努力。要使这种努力变成一种自觉的、主动的甚至习惯的行为，必须增强组织全体成员的公共关系意识，使组织从最高领导到一般办事人员都养成自觉珍惜组织良好形象和声誉的职业素质。即便是一个电话、一封回信，都应考虑到对组织形象和声誉的影响。同时，公共关系人员在帮助组织管理部门了解大众媒介是如何工作的以及它们在社会中所扮演的角色等方面，也具有重要的教育作用。

第二节 公共关系对社会的作用

公共关系对社会的积极作用表现在它通过强调社会组织的社会责任，并督促组织履行这种社会责任，帮助组织适应社会的发展，因而促进了社会环境的整体优化。

一、社会互动环境的优化

社会互动是社会学的术语。在社会学中，它指社会的横向关系，指社会上人与人、群体与群体之间的交往和相互作用。公共关系学以在社会互动中占有重要地位的群体互动为研究对象，涉及到群体与群体、群体与个人之间的互动，同时，还间接涉及社会人际互动。

公共关系对社会互动环境的优化通过沟通社会信息、协调社会行为、净化社会风气来实现。

(一)沟通社会信息

沟通社会信息是社会互动的一个基本内容。可以说，没有沟通，也就没有社会互动。公共关系不仅为社会提供了沟通的渠道，而且为社会沟通创造了良好的氛围。

(二)协调社会行为

社会互动不仅是双方信息的沟通，同时也是双方行为的交往。社会是一个由各部门组成的整体，其组成部分自然有着各自的利益、各自的追求。然而，社会毕竟又是一个整体，它需要团结合作、协调行动。

公共关系协调社会行为，是通过向社会灌输强烈的环境意识、高度的责任感、增进社会交往、促进团体合作等来实现的。

(三)净化社会风气

在社会互动过程中，互动双方一方面影响着社会风气，另一方面又直接受社会风气所影响。社会风气好坏可以通过社会互动反映出来。

公共关系引导社会树立新观念，将公正、透明、信誉、互惠引进互动，净化了社会风气。

二、社会心理环境的优化

西方一位心理学家曾说过：进入 20 世纪后，对人类威胁最大的不是洪水，不是战争，而是一种心理疾病。现代西方工业社会一方面是高科技的飞速发展，另一方面却是人类美好情感和个性的严重丧失，造成人们心理巨大的不平衡。

公共关系在一定程度上有助于克服这种病态的社会心理，培养健全的社会心理。美国著名心理学家马斯洛认为：心理病态的人就是从来也没学会跟他人建立良好的人际关系的人。这种人在与他人的关系中得不到尊敬与承认，得不到爱与帮助。任何个人都有合群的需要、情感的需要、交往的需要，如果这些需要得不到满足，就会导致个人心理失调。公共关系虽不等于人际关系，但它却涉及人际关系问题，它所强调的组织与公众间交往的真诚、平等、互利等，带给人们一种良好的关系氛围。它帮助人们走出自我封闭的心理，摆脱孤独和隔阂、恐惧和忧虑，适应现代开放社会，从而使社会心理环境得到优化。

三、社会经济环境的优化

经济繁荣是一个社会现代化的基础。经济环境是社会环境的主要方面。公共关系有助于营利性组织争取最好的经济效益，从而促使整个社会经济繁荣。

优化经济环境不只是表现在促使经济增长方面，它还体现在促使所有社会成员消除贫困，使广大人民的教育、医疗、卫生、社会福利等条件不断得到改善。公共关系沟通了社会各部门、各团体之间的联系，促使它们齐心合力承担各种社会义务，改善经济条件，清除经济环境中薄弱、落后的部分。

四、社会政治环境的优化

社会政治环境是耸立于社会经济基础之上的上层建筑，其中最重要的就是它的政治制度。社会现代化的发展，要求政治制度向民主化发展。公共关系是民主政治的产物，反过来又促进民主政治的建设。

公共关系主要从两个方面促进民主政治的建设：一是树立“民本位”思想，增强社会管理人员的公仆意识和人民群众的主人翁意识。二是满足人民群众参与社会公共事务决策和管理的愿望。

公共关系强调“公众至上”，主张社会组织的一切行为都应立足于满足社会成员的各种需求，热忱为他们提供各种优质服务。这种主张甚至成为组织的一种信念，一种经营哲学，从而培养了社会管理人员强烈的公仆意识，使他们自觉地深入民众之中，关心他们的欲望，倾听他们的呼声，帮助他们解决问题。同时，社会成员看到自己的欲望得到重视，自己的问题有人关心，所提的建议能被采纳，强烈的主人翁意识被唤起，激发出一种参与社会事务管理和决策的极大热情。这些对政治环境的优化是十分有益的。

思考与练习

1. 如何理解公共关系对组织和社会所发挥的作用？
2. 公共关系对环境研究的意义和内容是什么？
3. 如何理解公共关系在市场营销中的作用？
4. 公共关系优化社会环境体现在哪些方面？

第四章

公共关系的组织机构

公共关系事业的迅速发展,重要表现是各种类型的公共关系组织如雨后春笋般涌现出来。根据公共关系的历史与实践,可以将公共关系组织机构分为三类,即组织内部的公共关系部、社会上的公共关系公司和各种公共关系社团。

第一节　公共关系部

公共关系部指组织内部针对一定的目标,为开展公共关系工作而设立的专业职能机构。也有的叫公共事务部、公共信息部、公关广告部、社区关系部等。

公共关系本身的职能,客观上要求有与其相适应的组织机构来执行。采集信息、监测环境、咨询建议、参谋决策、社会交往、协调关系——这些工作必须由专门的公共关系机构来承担。

公共关系部的组建是由组织自身状况和公众的特点以及组织与公众之间联系的状况所决定的。工业生产企业的公众主要是用户(或供应商、批发商),商业经营企业在商品买卖过程中面临的公众是顾客,宾馆、饭店、服务业的公众是宾客,等等。这些组织与公众时时刻刻都有着密切的利益关系、协作关系或感情关系。通过公共关系部,可以协调组织与公众的关系,在公众中树立良好的组织形象,筑起组织与公众之间感情的桥梁和沟通的渠道。

组建公共关系部是有效地开展公共关系工作的组织保证。公共关系工作开展得好的单位,都有一个显著的特点:公共关系机构健全且能很好地发挥作用。

一、公共关系部的地位与职能

社会组织各类职能机构的设置,都是依据社会生产和社会进步的需要而定的。每一机构的设置,都是特定社会需要的产物。

公共关系部与组织内部的人事部门、计划部门、业务部门、财务部门一样,是重要的职能部门。公共关系部在组织内充当的角色为:

(一)公共关系部是组织的信息情报部

公共关系的首要职能就是采集信息,任何关系到组织生存、发展的信息都是公共关系机构搜集的对象。组织通过对这些信息的收集和整理,了解现状,预测趋势,适应变化。公共关系部在这方面要做的主要工作有:了解内部公众对组织的意见和建议;了解社会政治、经济、文化的现状及变化,并预测其未来趋势;了解外部公众对本组织方针、政策、行为的反映,等等。公共关系部着意建立广泛的社会联系和通畅的信息网络系统,发挥着组织"耳目"的作用。

(二)公共关系部是组织的决策参谋部

由于公共关系工作关系到组织的信誉和形象,关系到与公众的沟通,关系到组织战略目标的实现,因而它不是一般的管理部门,而是组织的"智囊团"、"思想库"。公共关系部不是一线指挥和最后决策部门,而是在采集、整理、分析信息的基础上,提供可供选择的决策方案,协助决策层进行决策。在现代社会,任何一个组织不能不考虑决策可能带来的社会后果,公共关系部就是要站在组织目标和社会需要的立场上,综合评价各职能部门的活动已经或可能引起的社会效果,维持组织与外部环境的动态平衡。就一个企业而言,如果说总工程师是企业的技术参谋,总经济师和总会计师是经济参谋,那么,公共关系人员就是企业的社会决策参谋。公共关系部在这方面的具体职能是:为协调组织与环境(公众)的关系制订可供选择的行动方案,协助决策者分析和权衡各种方案的利弊得失,预测组织行为将产生的社会影响及后果,敦促和提醒决策者及时修正会导致不良结果的政策与行动。为了保证公共关系部这一职能的发挥,不仅要求组织决策的民主化和科学化,而且在可能条件下,要求组织的决策者亲自领导这一部门或担任这一部门的负责人。

(三)公共关系部是组织的宣传、外交部

一个组织要获得公众的了解、理解和信任,取得公众的支持与合作,需要不断地向公众宣传组织的政策,解释组织的行为,增加组织的透明度。随着组织与外界交往日益密切,对外联络和应酬交际的任务越来越重。同时,组织与外部的各种摩擦和纠纷也随之增多,需要进行协调,公共关系部作为一个组织的对外机构就担负着这些工作。在一定意义上说,公共关系部是组织的"喉舌"、"外交官"。

二、组建公共关系部的原则

组建公共关系部是组织内部机构建设的重要内容,应当根据社会环境和自身的需要统筹考虑。

(一)精简的原则

这就是在公共关系组织结构、规模符合公共关系工作需要的前提下,将人员减少到最低限度。精简的关键是精,即工作效率要高,应变能力要强,能够在较短的时间里,用最少的人力去完成任务。精简的主要标志有:配备的人员数量与所承担的任务相适应,机构内部分工粗细适当,职责明确并有足够的工作量。

(二)自动调节的原则

公共关系部具有相对的独立性,能够在确定的范围内自主地履行职责,并能适应客观环境的变化。在公共关系部内部也要给各工作环节一定的灵活性,使其能够在不断变化的客观环境中主动地处理问题。当然,这种灵活性是以实现总目标为前提的。

(三)专业性原则

公共关系部是专门开展公共关系工作的组织机构,它的每一项工作都涉及组织的声誉和影响。因此,在组织上和工作内容上都要保证其正规性。如果把与公共关系无关的事务性工作都交给公共关系部去办理,势必会影响其正常工作。在公共关系工作内容专业化的同时,还应做到队伍的专业化,即公共关系部的全体人员应具有强烈的公共关系意识、受到一定的专业训练、具有一定的专业水准和能力、具有开拓创新精神等。

(四)协同性原则

在实现公共关系目标时,公共关系部要依靠其他部门的配合。公共关系部主要起沟通、协调、组织的作用。同时,要考虑到公共关系部与其他职能部门的关系。通过公共关系部协调多方面、多层次错综复杂的关系。对外起到主动沟通的作用,这是组建公共关系部的目的之一;对内能够维系组织各方面关系的平衡,这是实现公共关系目标的必要条件。

(五)服务性原则

公共关系部接受组织最高领导层的领导,并对其负责。它不是领导部门,也不是直接的经营管理部门,在指导思想上必须明确公共关系部服务的性质,否则,工作就会偏离正确的轨道。

(六)针对性原则

在组建公共关系部时,要根据不同的工作性质和组织面对不同的公众来设置机构,安排人员,不一定用一个固定的模式。只有这样,才能使机构富有特色,更加有效和实用。

(七)权力与责任相适应的原则

公共关系部及其人员均应有在规定的范围内从事某项工作的权力,同时承担一定的责任。责任是权力的基础,权力是责任的保障。责任与权力不相适应,工作则不能正常进行。

三、公共关系部的一般模式

(一)公共关系部的一般模式

1. 按照公共关系的工作特点来考虑

(1)按公共关系工作手段设置

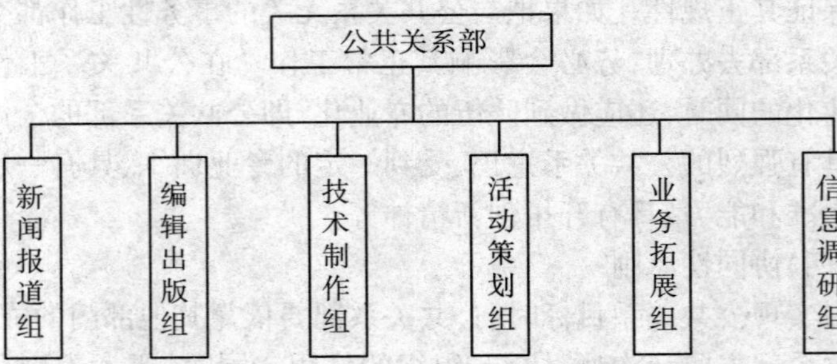

图 4－1 按工作手段设置的公共关系部

(2)按公共关系工作对象设置

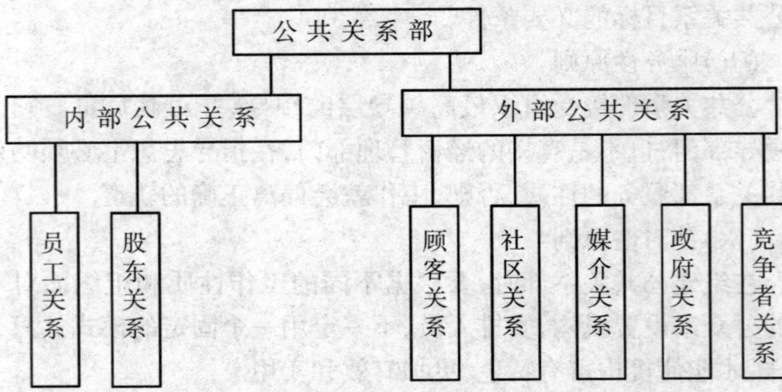

图 4－2 按工作对象设置的公共关系部

(3)按公共关系工作区域设置

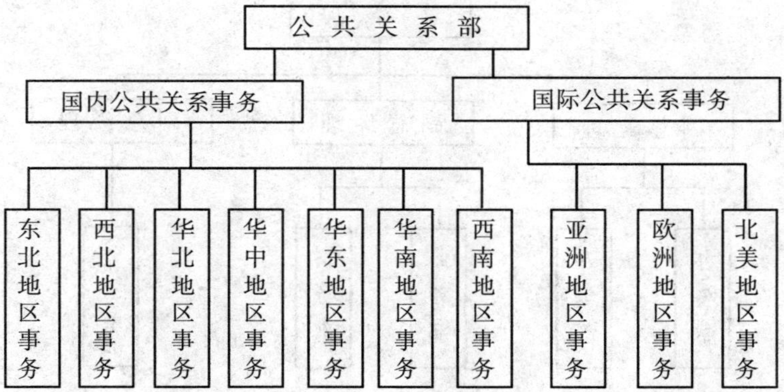

图4－3　按工作区域设置的公共关系部

2. 按公共关系部的隶属关系来考虑

(1)总经理直接负责型

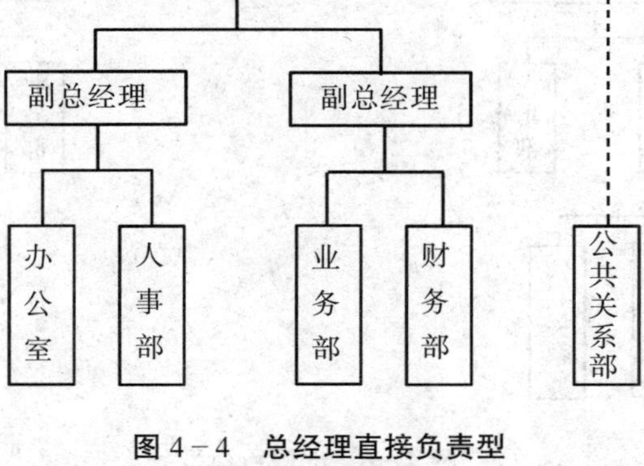

图4－4　总经理直接负责型

(2)部门并列型

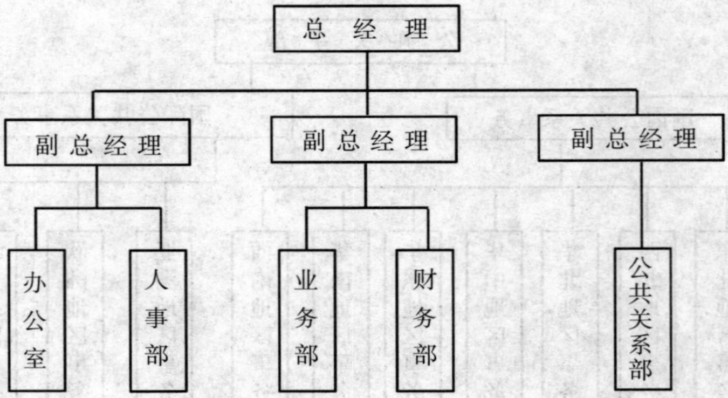

图 4－5 部门并列型

(3)部门所属型

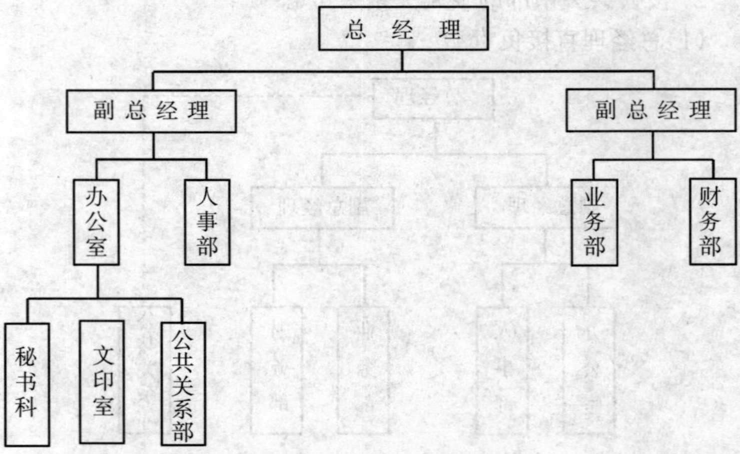

图 4－6 部门所属型

上述三种类型中,总经理直接负责型是较为理想的模式。公共关系部单独设置，直接接受总经理的领导，在组织形式上明确地表明公共关系工作的重要地位。部门并列型表明公共关系部与其他职能部门一样有自己的专门工作内容，同时表明它还是总经理直接负责型的一种特殊形式。

(二)公共关系部与其他机构的关系

公共关系部与组织内部的其他部门有着密切的联系。公共关系部的各项工作都要得到其他部门的配合，既有分工又有合作，才能充分实施公共关系计划。

公共关系部要发展良好的员工关系，就必须取得工会、人事部门的支持。向职工普及公共关系知识、进行职业教育，由公共关系部门负责，人事录用、人事管理等是人事部门的工作。公共关系部和人事等部门一起为实现内部的团结，共同做好员工工作。

公共关系部要向公众宣传组织的形象，推销产品及服务，离不开广告、宣传部门。一个企业的广告宣传主要为了扩大销售，争取用户和客源。而如何向公众解释企业的政策，宣传企业的优点，赢得公众对企业和产品的信任，则主要由公共关系部策划、实施。

公共关系部实现公共关系计划，需要一定的费用。在编制预算时，既要征求财务部门的意见，又要与财务部门通力合作，求得他们对公共关系工作的理解和支持。

总之，公共关系部与组织内部其他职能部门之间的关系是相互促进、相互协作的关系。

四、公共关系部的规模及内部分工

(一)公共关系部的规模

确定组织内部公共关系部规模的主要依据是：

1．组织规模的大小

一个组织的规模越大，内部的人员、部门越多，与外部联系、需要协调的关系也越多，客观上要求有与其规模相适应的公共关系机构。比如，大中型企业可以单独组建公共关系部，小型企业则没有这个必要,可任命专职的公共关系人员或聘请顾问来做部分公共关系工作。在美国,年产值超过10亿美元的巨型企业,公共关系部的工作人员平均为44人,一般的大中型企业平均为10人,其他文教、医疗等非营利性组织平均为6~7人。

2. 组织的最高决策者对公共关系价值的认定程度

公共关系部的地位及规模,在一定程度上取决于决策者对公共关系了解、理解、相信的程度。一个公共关系意识强烈、重视公众工作的领导者,会将公共关系工作放在重要地位,并赋予相应的权力,充分发挥其作用。公共关系专家普遍认为,推动公共关系工作的动力应始于组织的最高层。

3. 组织对公共关系的需求程度

不同的行业和部门,由于外部环境以及组织内部的运行机制不同,对公共关系的需要程度也各异。处于买方市场条件下的企业与处于卖方市场条件下的企业,对公共关系需求的紧迫性是不同的。

(二)公共关系部的内部分工

公共关系部的内部分工,一般可分成对内关系、对外关系、专业技术制作三个方面。

对内关系:公共关系部需要与人事部门、经营和财务部门合作,共同处理员工关系、股东关系、部门关系。处理这些关系主要运用编印刊物、年度报告、员工调查、双向沟通等方法、手段,增强员工和股东的归属感、自豪感,调动员工的积极性,使全体员工精诚团结。

对外关系:公共关系部需要设专人处理与顾客、社区、政府部门、新闻媒介等单位和部门的关系,以巩固和改善组织与外界各方面的关系,广结良缘,为组织树立良好的社会形象。

专业技术制作:公共关系工作有许多专门的技术方法,比如写作、编辑印刷、新闻发布、广告制作、组织专题活动等,公共关系部内部按工作手段和技巧进行分工,有助于提高技术水平。

第二节 公共关系公司

公共关系公司，又称公共关系咨询公司、公共关系顾问公司，它是由各具专长的公共关系专家组成，运用专门知识、技能和经验，受客户委托，专门从事公共关系活动和咨询的服务性机构。由于公共关系公司在开展公共关系工作时影响广泛，效果显著，很多客户的公共关系业务委托公共关系公司代理。

公共关系公司是随着公共关系作为一种职业的出现而产生和发展起来的。它诞生于20世纪初的美国。被后人称为“现代公共关系之父”的艾维·李于1903年首创了具有公共关系公司性质的事务所。1920年，N·W·艾尔正式开办了公共关系公司。由于公共关系公司在克服美国20世纪30年代经济危机中所发挥的作用，它在社会（特别是在工商企业）中的地位被确立。在美国，大约有2000家公共关系公司。在英国，有600多个公共关系咨询机构。在香港地区，有20余家公共关系公司。

公共关系公司的出现决非偶然。在商品经济发达和市场竞争激烈的社会里，不同的社会组织客观上都需要开展公共关系工作。但因组织的类型、行业的特点、单位的规模不同，需要不同类型的公共关系机构。规模较大、资金雄厚的企事业单位有条件组建组织内部的公共关系机构，而规模较小的社会组织无力也无必要专门建立公共关系部门。即便是组织内部设有公共关系部的机构，它们也往往需要在某一个专门问题上求助于同行专家。这就为公共关系公司的出现提供了可能和条件。社会上需要有专门的人员、专门的机构从事专门的公共关系服务，公共关系公司适应并能满足这种需要。

一、公共关系公司的特点和职能

（一）公共关系公司的特点

公共关系公司已在全球成为一种新兴的、蓬勃发展的组织。

国外许多企业不仅在内部设置公共关系部，而且还聘用公共关系公司的专家作为顾问。在美国，1/3 工商企业的公共关系活动由公共关系公司代理。随着公共关系公司信誉和策划水平的提高，服务项目不断扩大，它在社会生活中发挥着愈来愈大的作用。

公共关系公司从事或代理公共关系业务有如下特点：

1. 观察分析问题具有客观性

由于公司与委托办理业务的组织单位没有直接的利益关系，公共关系公司的人员不是客户的员工，因而可以从外部冷静地观察问题，实事求是地分析问题，对问题作出客观的估价。

2. 提出的建议和方案具有权威性

公共关系公司是由各具专长的专家们组成的，这些专家有着丰富的公共关系实务经验，所以，他们提出的建议和方案更具说服力，容易受到决策者的高度重视。

3. 信息来源的广泛性和渠道的网络性

公共关系公司长期从事公共关系实务，已经建立起一套较为完善的信息网络，同政府部门、社会团体、新闻媒介等有密切联系。信息来源广泛，渠道通畅，客户可以充分地利用有关信息作为决策的依据。

4. 公共关系活动整体规划的经济性

这一点主要是对中小企事业单位而言的。组织内部设置公共关系部，必然会增加人员，从经济的角度考虑，并非是最佳选择。针对组织的目标和计划，开展专业性强、规模较大的公共关系活动，整体规划之后，如果经济上合算，也可委托公共关系公司代理。

由于公共关系公司不隶属于某一组织，故对客户的情况了解不多，同时，公司与客户之间还存在着沟通的困难、障碍，因而，也有一些劣势。这在一定程度上影响了公司业务的拓展。

(二)公共关系公司的职能

按照客户对公共关系公司的特定要求，公共关系公司的主要工作是：

1. 确立目标，调查研究

根据客户所要实现的公共关系目标，通过市场调查、民意测验等手段，调查研究影响公共关系目标实现的因素，分析公共关系现状，提出解决问题的办法。

2. 制订和实施计划

在调查研究的基础上，帮助客户制订出有效的公共关系计划，经过可行性研究后，逐项落实实施。

3. 提供咨询服务，作为决策参考根据

针对客户要求，有针对性地提供咨询服务，向委托单位提出解决问题的具体方案。

4. 代理公共关系业务

为客户进行公共关系策划，代理专门的公共关系业务，帮助客户树立信誉，塑造形象。

5. 提供全面公共关系服务

为客户全面规划实施公共关系工作。

公共关系公司的工作程序如图 4－7 所示。

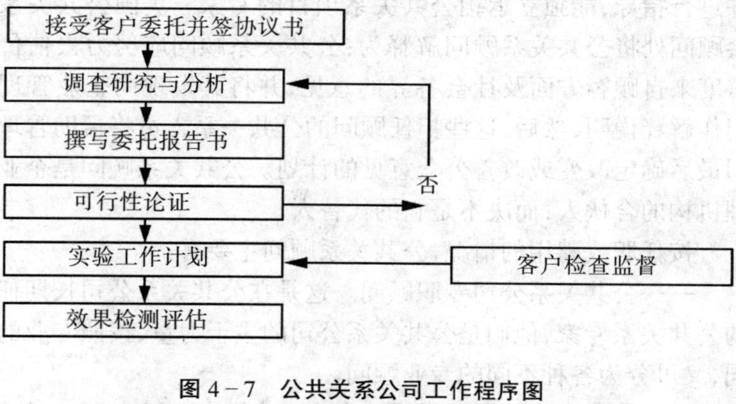

图 4－7　公共关系公司工作程序图

需要特别指出的是：一个专业公共关系公司一定要避免超越

自己的特定职能，不能从事直接的、具体商品贸易或开办自己的生产企业，否则，就会在公众中失去能够向大家奉献无私服务的形象，成为狭隘的利益集团。

二、公共关系公司的种类

公共关系公司的结构模式是多种多样的，从不同的角度观察，可划分为不同的类型。从工作范围划分，公共关系公司有跨地区、跨国度经营的大公司，也有局限于一个地区、小范围的小公司；从业务内容区分，有可以承办数项乃至数十项业务的公司，也有承办单项业务的公司；从服务对象区分，有为各行业服务的综合性公司，也有为特定行业服务的专业公司，等等。

下面我们重点介绍按规模分类的公共关系公司的情况。

按规模分类可以将公共关系公司分为单一型和集团型公司。

(一)单一型

单一型包括公共关系顾问和公共关系顾问公司。

1. 公共关系顾问

公共关系顾问是指为委托人(客户)提供公共关系方面的咨询并进行指导，能独立承担公共关系项目的专家。美国公共关系协会顾问处将公共关系顾问解释为：公共关系顾问应努力去估价和审度来自顾客方面及社会各界的意见，并将其发现向企业管理部门作解释说明，然后，这些担任顾问的公共关系人员将帮助管理部门最后确定改变或改善公众意见的计划。公共关系顾问是企业管理机构的合伙人，而决不是它的代替人。

按任职或聘用的情况，公共关系顾问主要有：

——公共关系公司专职顾问。这是在公共关系公司长期任职的公共关系专家，他们是公共关系公司的主干力量，按照专业的不同，又可分为各种不同的专业顾问。

——公共关系公司兼职顾问。某人在公共关系方面具有一定声誉或专业特长，可不在公共关系公司任职，公司方面聘任其为兼职顾问。

——企业或其他组织直接聘用的顾问。企业或其他组织,有的设立了公共关系部,有的未设公共关系部,因工作需要,他们直接向大学、研究所或公共关系协会聘请有理论水平、有较高声望、有丰富经验的公共关系专家,作为本组织的公共关系顾问。

——荣誉性顾问。这是由在公共关系事业或公共关系学术理论研究方面有突出贡献,并有相当社会影响的学者、专家及知名人士担任的。

《有效公共关系》一书中列出了一些组织(包括那些设有公共关系部的组织)聘用外部顾问或公司的六条原因:①管理者缺乏制订公共关系活动方案的经验,同时也缺乏指导实施这一方案的经验。②总部远离信息与金融中心。③这些组织希望通过公共关系公司与外界保持广泛的联系。④外部咨询公司能够提供经验丰富的专家。⑤企业内部的公共关系部门可能不具备提供综合性服务的能力。⑥涉及组织的重要对外政策问题需要具有一定超脱性的局外人的评判。

公共关系顾问所能提供的帮助将根据具体情况而有不同变化。在某些情况下,公共关系顾问不仅要提出自己的见解,而且还要负责整个行动计划的实施工作,运用自己的经验和专业技巧对受聘单位作出贡献。

公共关系顾问在受聘为组织工作时,需要客户从以下几个方面进行合作:①双向的沟通。要让公共关系顾问能及时得到组织内部的各种信息,以保证工作的开展。②有效的协作。在一定程度上,公共关系顾问的工作质量取决于聘用组织对他提供的鼓励和给予的协作。③合理的期望。公共关系顾问不是万能专家,有些工作他能够做到,有些非公共关系本身的工作,比如使低质量产品畅销、扭转供过于求局面等,则不是公共关系顾问能够做到的。

2. 公共关系顾问公司

公共关系顾问公司之所以也是单一组织形式,是因为它要独立地确定工作目标和工作范围,并且要依靠自身的能力来保证各项公共关系工作的完整性。与公共关系顾问相比,公共关系公司可以显示出服务质量、工作效率和完善的组织系统的优势。

(二)集团型

集团型公共关系公司一方面是指公共关系组织自身的集团性,从整体上说,集团公司与单一公司没有本质差别,其明显的特征是机构的集团性,它们触角多、影响大;另一方面是公共关系组织所在机构的集团性,比如某一个跨国公司,除总部设立公共关系部门之外,它在各地的分部也设立相应的公共关系部门。

三、公共关系公司的工作原则

公共关系公司所从事的工作,一方面涉及委托单位或个人的信誉和形象,另一方面要对社会公众负责。因此,公司在工作中应自觉遵守如下原则:

(一)自觉遵守国家法律、法令和有关方针政策

公共关系公司既是服务性机构,又是一个经济实体,公共关系公司的首要任务是为社会服务,而不能将贸易开发、商品经营作为主营项目。公司的一切行为都要在国家方针、政策的指导之下,以遵纪守法和高质量的服务赢得公司的信誉。

(二)为客户保密

公司在代理委托单位的公共关系业务过程中,为保证实现公共关系目标,时常要了解一些委托单位的机密,公司应严格为其保守秘密。特别是在双方合作结束之后,更应强化自我约束,不干涉客户内务,不损害客户利益。

(三)一切为客户着想

公司的宗旨是信誉第一,服务第一,客户至上。尽全力为客户办好事、办实事,并站在客户的立场上考虑费用预算,事先向客户介绍清楚服务项目、收费标准等,尽可能为客户节省开支。

四、公共关系公司的收费方式

公共关系公司通过为社会提供有偿服务,满足客户需求,取得

一定利润。

公共关系公司的收费方式(同时也是客户的付费方式)主要有:

(一)项目收费

公共关系公司接受客户委托,办理某个具体项目,为保证这一项目的顺利完成所必须收取的费用。项目收费主要包括:(1)项目劳务费,包括项目实施期间工作人员的工资和有关的管理人员、顾问或专家的报酬。(2)行政管理费,按项目总费用的一定比例提取,用于公司行政管理和办公开支。(3)咨询服务费,因项目需要,由公司专家的委托人提供咨询并给予指导所需的费用。(4)项目活动经费,在项目完成的整个过程中,需开展一系列公共关系活动,按活动计划和需要确定费用金额。这种收费方式的优点是专款专用,有利于保证公共关系项目的质量,便于考核和管理。

(二)综合收费

双方根据业务需要,协商确定费用的总金额。这种费用一般在业务开始时由客户支付。它有利于根据有限的资金统筹安排,合理使用,缺点是客户难以对费用的使用情况进行监督。

(三)按项目需要分次收费

这是综合收费的变通形式。客户不愿采用综合收费,也可按项目实际需要分次逐项付款。作为公司可将此视为项目收费,作为客户,可以监督公司代理业务的质量,如不满,其他业务可考虑选择其他公共关系公司。

(四)项目成果分成

即公共关系公司和项目委托人(单位)共同承担风险,共同受益。项目最终取得收益时,按一定比例分成。公共关系公司的收费没有固定的、统一的标准。要根据公司的声誉、公共关系人员的资历、具体业务的难易程度等,同时参照同类公司的收费标准和供求关系的变化,做出具体的规定。

五、客户选择公共关系公司的标准

企业或组织在选择公共关系公司代理业务之前,都依照若干标准来评价公共关系公司。公共关系公司与它的客户有相互选择的权力。

客户选择公共关系公司的主要标准是:

(一)公司的信誉情况

公司成立时间、规模,在公共关系界是否有权威,可以提供哪些服务项目,组织开展过哪些著名的公共关系活动,有多大影响,等等,这些问题,都是客户要考虑的因素。

(二)公共关系人员的素质

在该公司从业的人员是否受过专门训练,个人专业技术水平如何,能否与客户的要求相一致并努力去满足他们的需求,在时间上能否保证按时完成工作,等等。公共关系人员的素质决定了公司的服务水准。

(三)公司客户情况

该公司现在有哪些客户,这些客户社会地位如何,客户对公司的服务满意度有多高。

(四)收费标准情况

一家信誉良好的公司也可能是收费较高的公司,因此,客户选择和评价公司实际上是将其信任度、服务质量同收费标准进行比较。任何一家单位都希望花较少的钱,取得较好的效果。

第三节 公共关系社团

公共关系社团泛指为实现组织目标而自发组织起来的从事公共关系理论研究和实务活动的群众团体。主要包括公共关系协会、学会、研究会、俱乐部、联谊会等。

一、公共关系社团的特征

公共关系社团作为非营利性的群众组织或社会团体,其自身的性质决定了它具有以下特征：

(一)人员组成的广泛性

公共关系社团的成员，由热心于公共关系事业的各行各业人士组成，既包括其所在地区的企业、新闻、科技、文教、法律、党政机关等单位的人士，又包括社团所属行业中有代表性的单位，具有行业分布的广泛性和人员构成多层次、职业的差异性等特点。通过这种组织，可以形成四通八达、纵横交错的信息联络网，广采信息，广交朋友，广辟渠道，广泛合作。

(二)组织结构的松散性

现在公共关系社团没有统一的组织模式。组织之间也非隶属关系，组织内部结构根据组织自身需要而灵活设置，其成员都是因对公共关系有共同兴趣而聚。

(三)工作内容的服务性

公共关系社团集聚了一批有理论、有实践的专家学者和实践工作者，利用这一优势，可以为社会提供信息咨询服务。服务是公共关系社团的宗旨，一切活动都应以服务为指导思想和行业准则，服务的质量是其生命力所在。通过提供及时、实用、优质、高效的服务，既可满足社会对公共关系的需求，又可提高社团的知名度、信誉度和权威性。

(四)非盈利性

公共关系社团本身不是一个经济实体，不应以盈利为目的。它不能直接从事贸易活动。否则，就变成了一个狭隘的利益团体，破坏和失去了自身的形象。

二、公共关系社团的类型

自20世纪80年代以来，适应我国改革开放和市场经济不断发展的新形势，各地区、各行业成立了多种多样的公共关系社团。我们在此介绍几种。

(一)综合型社团

主要指不同地域范围的公共关系协会。如中国公共关系协会、中国国际公共关系协会,北京、上海、天津公共关系协会等。这种类型的社团多为自筹活动经费,有的是民办官(政府部门)助。其职能多是服务、指导、协调、监督。

(二)学术型社团

主要包括公共关系学会、研究会、研究所等学术团体。通过举办理论研讨会、学术交流会,总结公共关系的经验,研究公共关系的理论问题,把握公共关系的发展趋势,引导公共关系事业的发展方向,对公共关系实践进行理论指导。

(三)行业型社团

这是一种行业公共关系组织。由于行业的不同,公共关系工作的特点也有所不同。公共关系组织的行业化,在国际上已成为一种发展趋势,现在我国有了煤炭公共关系专业委员会、浙江省新闻界公共关系学会等。行业型社团在组织上保证了公共关系事业得以在某一行业深入发展,是一种很有潜力、大有前途的公关社团组织形式。

(四)联谊型社团

这种类型的公共关系社团形式松散,一般没有固定的活动方式,没有严格的会员条例,组织名称各异,如公共关系俱乐部、公关沙龙、公关联谊会等。其主要作用是在成员之间沟通信息,联络感情,建立良好的人际关系。广东地区公共关系俱乐部就是这种联谊型的公共关系社团。

(五)媒介型社团

即通过创办报纸、刊物等传播媒介,并以此为依托组建起来的公共关系社团。这类社团,直接利用媒介探讨公共关系理论,普及公共关系知识,交流公共关系经验,传播公共关系信息,树立公共关系形象。目前我国公共关系主要报刊有 20 多家,其中《公共关系报》、《公共关系导报》、《公共关系》、《公关世界》等报刊在公关界具有一定影响。

三、公共关系社团的工作内容

(一)联络会员

每一社团都有自己的会员(或成员),社团与他们建立经常性的联系,把社团办成“会员之家”;同时与其他公共关系社团建立起横向联系,形成网络系统,建立合作关系。这项工作通常由社团内的会员工作部或外联部承担。

(二)制订规范

制订、宣传公共关系从业人员职业道德行为准则并检查执行情况是社团的一项基础性工作,这也是衡量公共关系社团正规化的重要标准。世界各国的公共关系社团都十分重视会员的道德行为。美国、英国等国家的公共关系协会都制订了明确的公共关系人员职业道德准则。

(三)专业培训

公共关系社团将专业培训作为一项经常性的工作,有的公共关系社团本身就是一所培训学校。英国公共关系协会经常举行CAM证书和文凭两个层次的考核。

(四)普及知识

公共关系社团有义务向公众宣传和介绍公共关系的基本知识,并且为会员和公众提供公共关系技巧和管理方面深造的机会。

(五)编辑印制出版物

编辑出版公共关系方面的书籍、报刊,是宣传公共关系知识的重要手段。在美国,主要出版物有:《国际公共关系评论》、《公共关系新闻》、《公共关系季刊》、《公共关系杂志》等。在英国主要有:《公共关系》、《公共关系简报》、《公共关系年鉴》、《国际公共关系协会评论》等。

四、公共关系社团的发展趋势

随着社会主义市场经济的发展,生产的社会化和社会分工的细化,客观上要求公共关系社团在组织建设、服务项目等方面有一个较大的转变,以适应市场经济的发展和深化改革、扩大开放形势的需要。

(一)公共关系社团的地域局限性向社团的协同性转化

任何一个成功的公共关系社团,都必须与其他机构密切配合,取得通力合作。单独作战是不可能获得整体效应的。公共关系事业的发展,要求公共关系社团必须突破地域的界限,在更宽阔的天地里发挥自身的作用。一次大型研讨会的组织与召开,一套公共关系丛书的编辑与出版,推出一项大型的公共关系活动,都需要公共关系社团在保持自身组织独立运行的同时,走联合之路。

(二)公共关系社团工作职能的单一性向多元化发展

这要求突破仅从狭义上理解公共关系社团职能的观念。公共关系社团把工作职能、服务项目向社会各个领域拓展,向发展市场经济的各种活动渗透,使咨询服务、教育培训、策划活动、编辑出版、理论研讨、对外交流等职能得以充分地发挥,公共关系社团才更有生命力。

(三)从社会事业型向兼服务经营型转化

公共关系社团本身不是盈利组织,要讲社会效益,同时也要讲一定的经济效益。公共关系社团有了一定的经济效益,有利于增加社会效益。在优质服务的指导思想下,开展有偿服务,既可发挥公共关系社团的作用,又可弥补经费的不足,为自身组织的发展增强实力。

思考与练习

1. 试比较分析公共关系部与公共关系公司各自的优势与不足?

2. 怎样理解公共关系部在一个社会组织中的地位?

3. 简述公共关系公司的工作程序。

4. 公共关系社团应如何发挥自身的作用?

5. 假如你是某公司的公共关系部经理,你将如何制订公共关系部的工作计划?

第五章

公共关系从业人员

公共关系作为一个新行业,走职业化的道路是发展的必然趋势之一。现在,世界上许多国家已有了相当数量的一批公共关系从业人员。据不完全统计,在公共关系职业化程度最高的美国,现已有公共关系从业人员17万人之多。我国对此虽未有精确的统计,但据有关人士估计,目前国内的公共关系从业人员也有数十万人。无疑,我国社会主义市场经济体制的逐步建立和改革开放事业的不断深入,将会使我国公共关系事业的发展进入一个崭新阶段,公共关系职业化的程度也会进一步提高。为此,我们将需要越来越多的合格的公共关系从业人员。

第一节　公共关系从业人员的基本素质

公共关系从业人员是公共关系职业活动的主体核心。如果我们把公共关系活动看成是围绕塑造组织形象、提高组织信誉而开展的各项工作,那么,这些工作需要有人去做,公共关系人员就是做这些工作的最佳人选。但是,公共关系工作能否有效地开展,是否具有创造性活力,这在很大程度上取决于公共关系人员的素质条件。

素质是什么呢？科学的理解，素质是人的心理发展的生理条件。这里既有先天因素，也有后天因素，且两者是互为因果的。从这个意义上说，素质的培养应该在考虑先天因素的基础上，进而予以有选择、有目标、有阶段的努力和发展。

所谓公共关系从业人员的素质，首先应该是一种现代人的全面发展的素质。例如，具有现代人的思维方式、现代人的知识和能力结构、现代人的观念意识等。其次，结合公共关系职业的特性，它专指以公共关系意识为核心，以自信、热情、开放的职业心理为基础，配之以公共关系专业知识结构和能力结构的一种整体职业素质。这一节中我们所探讨的问题，仅局限于公共关系人员的这种职业素质。

一、公共关系从业人员的公共关系意识

所谓公共关系意识，它属于一种现代经营管理思想、观念和原则，是公共关系实践在人们思维中的反映，且由感性认识上升为理性认识。这里需要强调，它作为公共关系实践活动的反映不是一种表层的被动反映，而是实践为理论所概括且演化为公共关系原理、规律、原则的一种深层的能动反映。它一旦形成，就会成为制约人们公共关系行为的一种力量。自然，公共关系意识不可能是先天获得的，而是需要通过学习逐步培养的。

公共关系意识是公共关系从业人员应该具备的基本素质的核心。这是因为公共关系意识作为一种深层次的思想，引导着一切公共关系行为。没有公共关系意识的人，即使有再好的心理条件，他也许能从事别的行业的工作，但干不了公共关系工作。没有公共关系意识的公共关系人员，即使有很好的公共关系专业知识和能力结构，他也不可能是一个合格的公共关系人员。也许他能在别人思想的引导下，干一些实施性的工作，或机械地模仿别人的某些做法，即使是做这些工作，他也可能因缺乏公共关系意识而“走

入误区”,更不要说创造性地完成实施性的工作。

反过来说,具有公共关系意识的公共关系人员才是真正合格的公共关系人员。这是因为良好的公共关系意识能促使他让自己的公共关系行为永远处在自觉化的状态,使他对环境变化适应和协调,有一种能动、开放、创造性的机制,以至既能很好地从事公共关系策划工作,也能创造性地完成公共关系实施任务。

公共关系意识是一种综合性的职业意识,它大致由以下几个方面的内容构成。

(一)塑造形象的意识

塑造形象的意识是公共关系意识的核心。公共关系思想中,最重要的是珍惜信誉、重视形象的思想。现代企业都十分重视企业形象。良好的企业形象,是一个企业的无形资产和无价之宝。国内外公共关系学者给公共关系下的定义有许许多多,侧重点各有不同。但异中求同,我们会发现,绝大多数公共关系定义都强调公共关系工作的一个重要目的,即塑造组织的良好形象,或指出公共关系工作与塑造组织的良好形象有直接的关系。

在这里有一点需要说明,那就是:组织的形象必须是真实的,而非虚假的;组织的良好形象,必须以组织的良好行为和优质产品或服务为基础,而非编造出来的。虚假、编造的形象,也许可能会存在于一时一刻,但不可能长存。说到底,这是自毁形象的做法,而非塑造形象的做法;这是缺乏塑造形象的意识,而非具有塑造形象的意识。

具有塑造形象意识的人,清醒地懂得认知度、美誉度、和谐度对自己组织的生存和发展的价值。他们会时时刻刻像保护眼睛一样维护自身的形象,甚至视其为自己组织的生命。

(二)服务公众的意识

形象是为组织的特定对象所塑造的,这些特定对象必然与组织有着某种联系,他们是组织的公众。离开了公众,孤立的组织形象是毫无意义的,忽视了公众,组织的生存就会受到威胁,自然也就更谈不上组织的进一步发展了。

任何组织的公共关系工作都必须着眼于公众。当组织利益与公众利益发生冲突时,满足公众利益应该是第一位的。现代公共关系教育的先驱、美国著名公共关系学者爱德华·伯内斯早在1923年就指出:公共关系工作是为了“赢得公众的赞同”,“公共关系应首先服务于公众利益”。20世纪70年代和80年代,国外企业普遍强调企业的社会责任,这实际上也是服务公众的意识在新的历史时期的表现。

具有服务公众意识的人,能时时处处为公众利益着想,利用条件,创造条件,为公众服务,努力满足公众方方面面的要求。这样的人,实际上明确地了解公共关系工作的方向。

(三)真诚互惠的意识

真诚互惠的意识是公共关系的功利意识。否认公共关系工作的功利性,这是自欺欺人。一个处在当今竞争社会中的组织,需要有一种竞争态势,但这种竞争不一定是“你死我活”或“大鱼吃小鱼”,而应是既竞争又合作,共同发展,共同前进。

任何组织都想塑造自己的良好形象,但这种形象的塑造,必须建立在真实、透明、真诚的基础上,而非建立在弄虚作假的基础上。任何组织也都想通过公共关系工作,追求自身经济效益和社会效益的最佳统一。但这种追求,必须建立在彼此尊重、平等合作、互惠互利的基础上,而非建立在欺骗他人、坑害公众的基础上。

(四)沟通交流的意识

沟通交流的意识,实际上可以说是一种信息意识。组织为了塑造良好形象,更好地为公众服务,以实现其目标,就必须构架一个信息交流的网络来掌握环境的变化,保护组织的生存,促进组织的发展。

从更高的层次说,沟通交流的意识属于现代社会的民主意识。

公共关系活动是一种具有民主性的经营和管理活动。组织为了塑造能为公众所接纳的良好形象,以求得公众对组织的支持,就必须倾听公众对组织的各种建议和批评;组织为了推销自身的良好形象,提高知名度和美誉度,就必须运用交流的技巧,将自身所作所为宣传出去。而这一切都必须依赖于一种民主精神、民主意识。

(五)创新审美的意识

塑造组织良好形象是一个创新审美的过程。组织的良好形象一旦塑造起来,就需要相对稳定。但相对稳定并不等于一成不变,它应是一种积极的稳定,即在稳定中孕育发展,包含发展。只有在发展的基础上才能实现真正的稳定,同样,也只有在稳定的前提下才会有真正的发展。既然组织的良好形象需要发展,那么,就必须有创新、有突破、有超越,既超越自己,又超越其他组织。

至于组织良好形象塑造过程中的每一个公共关系活动,其策划与设计也需要有创新。我们说公共关系是一门科学和技术,指的是它有客观规律可循,有相对稳定的操作程序;而我们说公共关系是一门艺术,指的是它有突破固定程式、追求无重复的创造的特点。唯有创新,才能塑造具有个性的组织形象;唯有创新,才能使组织的良好形象在竞争的社会中永远立于不败之地。

既然我们承认公共关系是一门具有创造性的艺术,那么,它必然具有审美的形象,才能为人们所欣赏、所接受;唯有美的活动,才能为人们所参与、所投入。广州中国大酒店在庆祝酒店开业一周年时,策划全体员工共拍“中”字像,后又制成明信片广为传播,这就是一种审美活动。因为公共关系人员从中享受到了使理想变为现实的成功的美,员工从中体会到了自己作为酒店一员的自豪的美,客人从中感受到了酒店全心全意为客人服务的形象的美。

具有创新审美的人,透彻地体会到了塑造形象的奥妙与乐趣。

(六)立足长远的意识

塑造组织良好形象,不是立竿见影的事,而是需要通过长期努力，不断积累，才能取得成功。公共关系活动与广告或推销不同，如果说后者更多地着眼于眼前，注重较为直接的效益，那么，前者从根本上来说，立足于长远，追求长期的效益。任何急功近利，只关注短期效益的做法，都是与公共关系思想不相符的。

二、公共关系从业人员的心理素质

公共关系从业人员的心理素质是公共关系人员基本素质的基础。许多公共关系方面著作在论述公共关系人员的心理素质时，常喜欢从人的性格的角度来分析，比如强调外向型性格的人适合于公共关系工作，内向型性格的人不适合此类工作。其实，所谓外向型性格和内向型性格，其内在含义与心理学中外倾和内倾概念的含义是相一致的。世上还没有一个人有绝对完美的性格。心理学研究表明，典型外倾者善交际，喜聚会，有许多朋友；他易激动，行动常碰运气，凭一时冲动而不假思索；他爱活动，闲不住，容易粗心大意，多变化；他有攻击性，容易发脾气。由此我们发现，外向型性格的人善交际，有许多朋友，从事公共关系工作是有利的。但其行动前不假思索，粗心大意，容易发脾气，这对公共关系工作是非常不利的。

内向型性格的人又是怎样的呢？心理学研究表明，典型内倾者安静、退居、自省；不善交际，除密友外与别人常保持一定的距离，朋友不多；做事深思熟虑，有周密的计划，很少轻举妄动；不爱激动，喜欢用谨慎、严肃的态度处理事务；很少以攻击性的方式行事，极少发脾气，能够控制自己的感情。具有这种性格的人，一般来说从事具体的实施性的公共关系工作是不合适的。但做事深思熟虑，能控制自己的感情这个优点，对公共关系工作又是非常有利的。

通过上述分析，我们可以得出这样的结论：简单地从人的性格的角度来探讨公共关系人员的心理素质是不全面的。既然是探讨公共关系人员的心理素质，我们还是应该从公共关系职业对人的心理要求这个角度入手。概括起来说，对公共关系人员的职业心

理要求大致有以下三个方面:

(一)自信的心理

自信,这是对公共关系人员职业心理的最基本的要求。一个人有了自信,才会产生自信力,并进而激发出极大的勇气和毅力,最终创造出奇迹。

公共关系工作不是一种简单的机械操作。公共关系人员虽然能在一定程度上预测到工作的结果,但还是需要冒一定的风险,这就需要有自信。当然,这种自信是建立在周密的调查研究、全面了解情况的基础之上,而非盲目自信。当一个组织遇到危机时,缺乏自信的公共关系人员通常会显得手足无措,一片慌乱,即使有很好的转机,这样的公共关系人员也难以把握;而充满自信的公共关系人员,面对这种情况,则会以稳健的姿态,凭借智慧,依靠耐心和毅力,通过艰辛的努力,使组织转危为安。正如法国哲学家卢梭所说的,"自信心对于事业简直是奇迹,有了它你的才智可以取之不尽,用之不竭。一个没有自信力的人,无论他有多大才能,也不会有成功的机会。"

(二)热情的心理

从事公共关系工作的人员应有一种热情的心理。公共关系工作不是一种整天吃吃喝喝、玩玩乐乐的轻松的工作,而是一种需要人们付出大量智力和体力劳动的艰辛的工作。很多公共关系人员脑中几乎都没有8小时工作制的概念,他们有的只是加班加点超负荷工作习惯。没有极大的热情,没有全身心的投入,是干不好公共关系工作的。

热情的心理,能使公共关系人员兴趣广泛,对事物的变化有一种敏感,且充满想像力和创造力。一个对什么都没兴趣、对一切都很漠然的人,是无法胜任公共关系工作的。这样的人即使做公共关系工作,也只能是被动式的,而非主动式的,其工作效果十分有限。

公共关系人员也需要凭借热情的心理,来与各种各样的人打交道，结交众多的朋友，拓展工作的渠道。缺乏热情的人，既不可能接受别人，也不可能为别人所接受。

(三)开放的心理

公共关系工作是一种开放型的工作，从事这种工作的人需要有一种开放的心理。

公共关系工作是一种创造性很强的工作，这种工作要求人们以开放的心理，不断接受新的事物、新的知识、新的观念，在工作中敢于大胆创新，作出突出的贡献。

具有开放心理的人，能宽容、接受各种各样与自己性格不同、风格不同的人，并能“异中求同”，与各种类型的人建立良好的关系，这是公共关系工作十分需要的。

公共关系人员有开放的心理，就能在很多方面表现出一种高姿态，冷静地对待和处理工作中所遇到的困难和挫折，而不会斤斤计较一时一事的得失。

三、公共关系从业人员的知识结构和能力结构

公共关系人员是否具备良好的专业知识结构和能力结构，直接关系到他们心理素质的发挥和整体职业素质的提高。一个人缺乏公共关系的专业知识和公共关系工作的能力，即使他有适合从事公共关系工作的良好的心理素质，也难以得到很好的发挥。另外，若公共关系人员的知识结构和能力结构不完整、有缺陷，那么，他的工作水平就直接受影响，他的整体职业素质的提高也会受影响。因而，公共关系人员的知识结构和能力结构是公共关系人员基本素质的重要组成部分。

(一)公共关系从业人员的知识结构

知识结构是知识体系在求知者头脑中的内化，也就是客观知识世界经过求知者有选择的输入、储存、加工，在头脑中形成的由智力联系起来的多元素、多系列、多层次的动态综合体。

从上述定义中，我们可以看到，知识结构源于知识体系，而知识体系的重要特征是系统性。同时,我们也会注意到,知识结构不等同于知识体系,因为这里还有一个知识体系内在转化的过程,而在这个过程中,个人的有目的的选择和智力因素将起很重要的作用。更具体地说,求知者为使自己有一种良好的知识结构,必须运用个人的智力对所吸收的各种知识进行加工处理,以使其成系统,并加速其内化。无系统的杂乱无章的知识组合,不能形成知识体系,更无法内化为知识结构。

公共关系人员的知识结构是公共关系知识体系在公共关系人员头脑中的内化。所谓的公共关系知识体系,指的是职业公共关系人员从事公共关系工作所需的专业知识以及由有关知识构成的专业知识系统。这些公共关系专业知识不同于公共关系业余爱好者所掌握的某种公共关系的基础知识。但专业知识与基础知识有联系,因为专业知识是基础知识的深化和提高。

公共关系知识体系作为一个系统,它由三个子系统构成:

其一,公共关系的基本理论和实务知识;其二,与公共关系密切相关的学科知识;其三,有关组织的知识和开展特定公共关系工作所需的专业知识。

这里有一点需要说明,这三个子系统不是并列的,而是有层次差别的。公共关系的基本理论和实务知识是公共关系知识体系的核心层内容,与公共关系密切相关的学科知识是公共关系知识体系的中间层内容,有关组织的知识和开展特定公共关系工作所需的专业知识是公共关系知识体系的外围层内容。

1. 公共关系的基本理论和实务知识

(1)公共关系的基本理论知识

从事公共关系实践需要有理论的指导。公共关系的基本理论知识包括:公共关系的基本概念,公共关系的由来和历史沿革,公共关系的职能,公共关系活动的基本原则,公共关系的三大要素——社会组织、公众和传播的概念和类型,不同类型公共关系工作机构的构建原则和工作内容,公共关系工作的基本程序,等等。

(2)公共关系的基本实务知识

公共关系的一大特点是实务性强。公共关系人员除了需要精通公共关系的基本理论知识,还需要熟悉公共关系的基本实务知识。公共关系的基本实务知识包括:公共关系调研的知识,公共关系活动策划知识,公共关系活动实施和评估的知识,公众分析的知识,与各类公众打交道的知识,社交礼仪知识,等等。

2. 与公共关系密切相关的学科知识

公共关系作为一门新学科,具有多学科交叉的特点。与公共关系联系最密切、交叉最多的有这几大类学科:管理学类学科,包括管理学、行为科学、市场学、营销学等;传播学类学科,包括传播学、新闻学、广告学等;社会学和心理学类学科,包括社会学、心理学、社会心理学等。

公共关系活动在某种意义上说是一种管理活动。从管理的角度看待公共关系工作的地位和作用,把公共关系工作视作一种管理行为、管理过程和管理方式,将有助于我们充分认识公共关系的本质。因而,公共关系人员非常有必要了解管理学方面的知识。

公共关系工作采用的技术目前绝大部分是传播技术。无论何种类型的公共关系工作,都需要大量运用人际传播、大众传播甚至跨文化传播的技术。因而,公共关系人员也有必要了解传播学的知识。

公共关系工作直接面向社会,面对人。为此,公共关系人员需要研究社会中的人的心理、态度和行为。因而,公共关系人员还有必要了解社会学和心理学方面的基础知识。

另外,市场学、营销学、新闻学、广告学等学科也与公共关系密切相关。因而,公共关系人员应根据工作需要,对这些学科进行广泛涉猎。

3. 有关组织的知识和开展特定公共关系工作所需要的专业

知识

公共关系人员无论是为自己的组织工作,还是为别的组织服务,都需要对组织情况有充分的了解。组织的情况包括:组织的性质、特点、任务、目的和目标,组织过去的历史、目前所处的环境、现有的竞争对手、员工的精神面貌和未来的发展前景,等等。对组织的情况知之不多或知之甚少,公共关系人员就无法结合组织的实际情况,开展组织所需要的公共关系工作。只有全面掌握组织情况,工作起来才能得心应手。

另外,公共关系人员有时也会根据特定的需要,开展某些特定的公共关系工作。譬如,企业的产品由内销转为外销,组织需要开展国际公共关系工作,这时,公共关系人员就有必要了解国际关系、国际市场营销、国际公共关系等方面的专业知识和有关国家的政治、经济情况。

我们还需要强调一点,公共关系人员的知识结构应该是一种动态、开放的结构,它能够随时吸收新的知识,不断丰富和发展自己。静态、封闭的知识结构是没有发展前途的,它会因跟不上时代前进的步伐而被淘汰。

(二)公共关系从业人员的能力结构

公共关系人员的能力结构与公共关系人员的知识结构一样,是一个系统,由一系列彼此关联的能力所构成。公共关系人员的能力主要指工作能力。

美国公共关系学者斯科特·卡特利普、艾伦·森特和格伦·布罗姆在他们所著的经典性公共关系著作《有效公共关系》中,曾将公共关系工作概括为这样十个大类:写作,编辑,与新闻媒介的联络,特殊事件的组织与筹备,演讲,制作,调研,策划与咨询,培训,管理。

从上述美国学者对公共关系工作的描述,我们发现,这些公共关系工作对公共关系人员的能力有着较高的要求。当然,这并不意味着每一个公共关系人员都要十全十美,什么能力都具备。公共关系工作是一种群体工作,实际的情况往往是一个公共关系人员只从事一部分公共关系工作,而非承担全部公共关系工作。因而,对大多数公共关系人员来说,他们只需具备从事公共关系工作的一些基本能力就可以了,只有少数公共关系人员才需具备某些专门技能。

公共关系人员的基本能力有以下几个方面:

1. 较强的文字和口头表达能力

能写会说是公共关系工作对公共关系人员的最基本要求。公共关系人员与新闻媒介联络,要写新闻稿;公共关系人员组织演讲活动,要写演讲稿;公共关系人员进行特殊事件的组织与筹备,要写活动计划方案;公共关系人员参与组织管理,要写年度报告或工作总结,等等。大部分公共关系工作都要求公共关系人员有扎实的笔墨功夫、较强的文字表达能力。

公共关系人员干任何一项公共关系工作,都要与人交往,因而,口头表达能力对他们十分重要。公共关系人员有较强的口头表达能力,可以清晰、简洁、明了地表达思想,发布信息,且吸引人、打动人、说服人,从而收到良好的效果。

2. 良好的组织能力

公共关系人员搞任何一个公共关系活动,要有章法、有条理。公共关系计划、方案的实施,工作千头万绪、具体繁杂,没有良好的组织能力是很难顺利做好工作的。

3. 健全的思维和谋划能力

公共关系活动有时是一种智力活动。这一点在公共关系的策划和咨询工作中,尤为明显。公共关系人员要对零乱的事物、现象进行综合的分析和思考,以找出事物的本质,确定组织公共关系问题的症结所在,等等,因而,健全的思维和判断能力,对公共关系人员来说十分重要。

当公共关系人员发现了组织中存在的公共关系问题,或预见到了组织将会发生的公共关系问题,为了解决这些问题或防患于未然,他们还需在创新意识的引导下,发挥自己的想像力,进行公共关系活动的全面策划和设计。古人云:"人可以谋人,可以谋事,亦可以谋天,亦可以谋地。谋则变,不谋则不得变;谋则成,不谋则不得成。"可见,事成于谋。公共关系人员也必须具备健全的谋划能力。

4.敏锐的观察能力

公共关系工作是深入实际的工作,公共关系人员要经常对组织的情况进行调查研究,以把握组织和公众各方面的变化,这就要求公共关系人员必须具备敏锐的观察能力。具备这种能力的人,往往善于从普通的资料、数据或新闻报道中看出问题,从平静的表象中发现潜在的变化。

5.很好的自制自控和灵活应变的能力

公共关系工作包括繁重的日常事务和各种重大事件的处理,工作量很大。公共关系人员要想干好这一切工作,必须有耐心,有毅力,有很好的自制自控能力。这种能力不仅需要反映在公共关系人员的心理上,而且需要体现在公共关系人员的工作方式上。那种性急烦躁,遇事就急,动不动就发火的人,是无法干好公共关系工作的。

人们常说,公共关系人员在与他人打交道时,要有一种忍让的精神,但这绝不意味着可以放弃原则。要想做到既忍让又不失原则,就必须要有一种很好的灵活应变能力。缺乏这种能力的公共关系人员,在处理一些错综复杂的情况时,往往会以思想和行动上的不知所措而告终。

6.善于与他人交往的能力

衡量一个公共关系人员能否适应现代社会需求的标准之一,是看他是否具备善于与他人交往的能力。一个缺乏这种能力的人,往往人为地在自己与社会、自己与周围环境、自己与他人之间设置一道心理屏障。这样的公共关系人员,不可能有效地完成自己所承担的公共关系工作。从某种意义上说,公共关系人员是社会活动家,他们无疑应具备与各种各样的人交往的能力。

7.掌握政策、理论的能力

公共关系人员做公共关系工作不是凭感情、直觉行事,而是需要在掌握政策和理论的前提下,从事自己的一切业务活动。在当今瞬息万变的信息时代,一个人不善于掌握政策,不勤奋学习理论,没有较高的政策和理论水平,其工作水平就会停留在一般层次上,而无法有所提高。

第二节　公共关系从业人员的职业准则

由于职业的特点和社会的需要,不同的职业对从事该职业的人员有着不同的职业道德要求。而当这些职业道德要求被人们规范化、条理化、系统化地处理后,就成为职业团体的规章、守则,就变成了对职业从业人员的行为有一定调节作用和约束力且相对稳定的职业准则。

一、公共关系从业人员的职业道德

正如医生要讲究医德,教师要讲究师德一样,公共关系人员塑造组织良好形象并维护这种形象,更要讲究公共关系工作的职业道德。

公共关系工作的职业道德,是在实践中逐渐形成的对职业行为的道德要求。这些由公共关系职业特性所决定的道德要求,从某种角度上说,要比其他一些职业对从业人员的道德要求更高一些。这是因为:第一,公共关系是要通过塑造组织的良好形象,扩大组织的认知度、美誉度、和谐度,来追求组织效益和社会效益的最佳统一,因而,从事这一职业的人需要有高尚的道德品行。第二,从事公共关系职业的个人主要代表某一组织,其公共关系工作中反映出的道德好坏不只是影响个人,更重要的是影响整个组织,因而,这一职业的道德标准要更高一些。

公共关系工作职业道德主要包括:

(一)恪尽职守,真诚老实

塑造组织的良好形象,为组织的生存和发展创造良好的环境,对公共关系事业的发展作出贡献,是公共关系人员的基本工作和根本任务。因此,衡量一个公共关系人员是否具有职业道德,最重要的是看他对公共关系事业是否尽心尽责,对公共关系工作是否恪尽职守。尽心尽责,恪尽职守,要求公共关系人员热爱本职工作,对工作极端地负责任,有强烈的职业责任感,能充分履行本职工作的社会责任、经济责任和道德责任;不能从事任何与履行职责无关或相悖的事务,不能违背国家和政府的法纪和规章制度,不能泄露组织的机密或做有损于组织形象、信誉的事。那些玩忽职守、自由散漫、无组织无纪律的思想和行为,都是不道德的。

另外,公共关系人员在对待职业的态度上要体现出客观真实的原则。"真实"是公共关系的生命所在。缺乏"真实",就不能取得公众的信任和支持,就不能有效地开展公共关系工作。公共关系的真实性原则要求公共关系人员真诚老实,讲真话,讲实话,注重透明,注重公开,不可弄虚作假,欺上瞒下,欺里瞒外。公共关系人员说话、办事、做人都要表里如一,实事求是,不可投机取巧,他们的一切行为都要经得起检查和考验。

(二)努力学习,有效工作

公共关系是实干的事业。因此,公共关系人员职业道德水平如何,不但要看有无自觉履行职责的愿望,而且还要看有无出色履行职责的过硬本领。公共关系人员干好公共关系工作凭实力,凭真才实学,凭对公共关系理论和实务知识的全面掌握和熟练、灵活的运用。公共关系人员只有积极钻研业务,努力勤奋学习,才能维持工作的高水准。那种不学无术,碌碌无为,工作中常出差错,以致给公众、组织乃至整个社会带来损失,都是不道德的表现。

(三)廉洁奉公,不谋私利

公共关系工作是服务于公众、服务于组织、服务于社会的工作,每个公共关系人员只有为公众、组织、国家谋利益的义务,而没有谋个人私利的权力。公共关系的工作性质和特点,决定了公共关系人员拥有较多的社会关系,且掌握着一定的权力。这些关系和权力,不仅对组织有利,而且对个人也有用。因而,廉洁奉公,不谋私利,对公共关系人员来说十分重要。公共关系人员必须始终把国家利益、公众利益、组织利益放在首位,在任何时候都不自私自利。那种利用职权营私舞弊、损公肥私、假公济私、贪污受贿、以业谋私、欺诈勒索,都属不道德的行为。

(四)公道正派,谦虚团结

公共关系事业是高尚的事业。献身于这一事业的公共关系人员应有高尚的品德。他们要为人正直、处事公道、作风正派、公私分明、不拿原则作交易。那种吹吹拍拍、投机钻营、圆滑虚伪、趋炎附势、傲慢自大、个人第一、夸夸其谈、浮躁狭隘、争功夺利、妒贤嫉能,都是背离公共关系职业道德的思想行为。

另外,公共关系工作是一种群体工作,合作、互助、团结、友爱、互相信任和互相尊重,是工作顺利、事业成功的可靠保证。公共关系人员在待人接物上,应表现出耐心、尊严、谦虚和节制,举止、言谈、衣着都应得体有分寸,应作风民主、平等待人,气度宽宏、容人之短,学而不厌、诲人不倦,闻过则喜、知错必改。

二、公共关系从业人员的职业准则

有关公共关系职业道德问题的探讨,可以称得上是公共关系职业发展中的一个热点。几乎在每一次国际性重大公共关系研讨会上,都有关于公共关系职业道德的论题。国际公共关系协会为推动公共关系职业化进程,自 1973 年开始出版和发行该协会“金皮书”,其中第1号“金皮书”就是《公共关系实践的标准与道德》。至1993年该协会出版的9本“金皮书”中,有关公共关系职业道德问题的有两本,另一本是1991年出版的第8号“金皮书”,即《公共关系活动中的道德问题》。长期以来,各国和国际公共关系组织为公共关系职业道德的系统化、正规化、制度化作出了巨大的努力,其主要成果便是作为公共关系职业化一大标志的众多“职业准则”的诞生。

在众多公共关系组织制订的职业准则中,要数《国际公共关系道德准则》影响最大。正如英国公共关系协会前主席赫伯特·劳埃德所说的,很多国家的公共关系组织都采用该准则,或以此作为范例稍作变动,以适应自己国家的需要。除了《国际公共关系道德准则》,《英国公共关系协会职业行为准则》和《美国公共关系协会职业标准准则》也影响很大。

(一)国际公共关系道德准则

《国际公共关系道德准则》由国际公共关系协会名誉会员、法国人卢亚恩·马特拉特起草,于1965年5月12日在雅典召开的国际公共关系协会大会上通过,所以又称《雅典准则》。1968年4月17日国际公共关系协会德黑兰会议对该文件进行了修改。

《国际公共关系道德准则》共有如下条款:

应该努力做到

1. 为建设应有的道德、文化条件,保证人类可以享受《联合国人权宣言》所规定的诸种不可剥夺的权利作贡献。

2. 建立各种传播网络与渠道以促进基本信息自由流通,使社会的每一成员都有被告知感,从而产生归属感、责任感、与社会合一感。

3. 牢记由于职业与公众的密切关系,个人的行为——即使是私人方面的——也会对事业的声誉产生影响。

4. 在自己的职业活动中尊重《联合国人权宣言》的道德原则

与规定。

5. 尊重并维护人类的尊严,确认各人均有自己作判断的权利。

6. 促使为真正进行思想交流所必需的道德、心理、智能条件的形成,确认参与的各方都有申诉情况与表达意见的权利。

应该保证做到

7. 在任何时候任何场面,自己的行为都应赢得有关方面的信赖。

8. 在任何场合,自己均应在行动中表现出对他所服务的机构和公众双方的正当权益的尊重。

9. 忠于职守,避免使用含糊可能引起误解的语言,对目前及以往的客户或雇主都始终忠诚如一。

应该避免

10. 因某种需要而违背真理。

11. 传播没有确凿依据的信息。

12. 不参与任何冒险行动或承揽不道德、不忠实、有损于人类尊严与诚实的业务。

13. 不使用任何操纵性方法与技术来引发对方无法以其意志控制因而也无法对之负责的潜意识动机。

(二)英国公共关系协会职业行为准则

《英国公共关系协会职业行为准则》是一份诞生较早、影响较大的职业准则。根据它 1991 年的版本,共有 17 条款,英国公共关系协会对每一条款都提供注释性说明,以供公共关系从业人员理解和实施。该职业行为准则的前 6 条为:

1. 职业行为标准

各会员应在其职业活动中维持高标准,并在任何时候都忠诚、公正地对待他目前及以往的客户、雇主与雇员、其他会员、传播媒介与公众。

2. 传播媒介

各会员不得参与任何意在败坏传播媒介诚实性的活动。

3. 秘密利益

各会员应保证他职业活动所涉及的任何组织都公开其真正利益。

4. 给在公职者报酬

各会员不得有悖公众利益而为其私人利益(或其客户、雇主的利益)给在公职者以报酬。

5. 信息传播

各会员应在任何时候都尊重事实,不得有意或不顾后果地散布虚假或误导的信息,并注意避免不慎犯此错误。

6. 信息保密

各会员在未得到对方同意之前,不得为个人目的而公开(除非因法庭裁判)或利用从他目前以及以往的雇主或客户获悉的信息。

(三)美国公共关系协会职业标准准则

《美国公共关系协会职业标准准则》于 1954 年为美国公共关系协会正式通过。它主要由原则宣言和条例两部分内容构成,另附有关解释。

截至 1991 年,该职业标准准则已充实修订过 6 次,据其 1988 年的最新版本,条例部分共有 17 条款,它们的内容与《英国公共关系协会职业行为准则》的内容大体相近,略有不同的是该职业标准准则明确指出:“协会成员履行其业务应符合公众利益。”美国公共关系协会对此的正式解释是:“公众利益在这里的主要定义是:对于美国宪法所保障的公民权利的尊重以及权利的实施。”另外,它还规定:“协会成员应为现在及过去的客户保守秘密,并为那些因建立业务关系而与已有过交往的人或团体保守秘密;协会成员不得应聘将牵涉泄露或利用这些秘密而有损现在、过去或潜在客户或雇主利益的公司职务。”美国公共关系协会对此的正式解释是:

"本条款并不禁止知道客户或雇主的非法活动的美国公共关系协会成员认为应根据法律要求向有关当局揭露这些行为。"《英国公共关系协会职业行为准则》只规定因法庭裁判所需可公开有关雇主或客户的情况。

严格来说,任何职业准则都仅对认可准则的人士有一定的约束作用,如国际公共关系协会、英国公共关系协会和美国公共关系协会在其会员入会时,均要求他们首先认可协会制订的职业准则。相对其他职业准则,《美国公共关系协会职业标准准则》是一份比较活跃的职业准则,它不仅对美国公共关系协会会员有约束作用,而且还对未加入该协会的美国公共关系从业人员有很大的影响力。究其原因是该职业标准准则确实对美国公共关系从业人员的职业行为产生了规范和导向作用。美国公共关系协会为了加强对该职业准则实施的监督管理,于 1962 年专门成立了申诉委员会。当有美国公共关系协会成员违背这一准则时,人们可以向该申诉委员会提出投诉,控告犯规者。20 世纪 70 年代该申诉委员会共受理投诉 46 件。根据美国公共关系协会 1991 年的报告,从 1954 年至 1985 年,因违反该职业准则,美国公共关系协会中至少有 10 人受到开除出协会、停职、训斥或警告等处分。

(四)中国公共关系职业道德准则

为了矫正国内公关界出现的某些不正确的公共关系行为,同时使公共关系人员有章可循,以推动中国公共关系事业健康、有序、规范地发展,1989 年 9 月全国省市公共关系组织第二次联席会议提出了《〈中国公共关系职业道德准则〉草拟及实施方案》,该准则经修订在 1991 年 5 月全国省市公共关系组织第四次联席会议上正式通过。

《中国公共关系职业道德准则》,以我国社会公认的道德规范和我国公共关系实际为出发点,并借鉴了《雅典准则》、《威尼斯准则》以及国外一些有参考价值的文件,它的诞生无疑是中国公共关系事业发展史上的一件大事,也是中国公共关系走向职业化的一个重要步骤。

这里,我们将该职业道德准则全文转引如下:

总则

中国公共关系事业的发展,是中国改革开放的必然趋势,它以新型的管理科学,协调社会各方面关系,密切党和广大人民群众的联系,调动各种积极因素,维护安定团结,促进社会主义建设。因此,公共关系工作者肩负着时代的使命,公共关系工作者必须具有高尚的职业道德作为完善自身形象的行为准则。

条款

1. 公共关系工作者应当坚持社会主义方向,自觉地遵守我国的宪法、法律和社会道德规范。

2. 公共关系工作者开展公关活动首先要注重社会效益,努力维护公关职业的整体形象。

3. 公共关系工作者在公共关系活动中,应当力求真实、准确、公正和对公众负责。

4. 公共关系工作者应努力提高自己的政治水平、文化修养和公关的专业技能。

5. 公共关系工作者应当将公关理论联系中国的实际,以严肃认真、诚实的态度来从事公共关系学教育。

6. 公共关系工作者应当注意传播信息的真实性和准确性,防止和避免使人误解的信息。

7. 公共关系工作者不能有意损害其他公关工作者的信誉和公关实务。对不道德、不守法的公关组织及个人予以制止并通过有关组织采取相应的措施。

8. 公共关系工作者应当对公关事业具有高度的责任感。不得利用贿赂或其他不正当手段影响传播媒介人员进行真实、客观的报道。

9. 公共关系工作者在国内外公共关系实务中应该严守国家和各自组织的有关机密。

第三节 公共关系从业人员的群体组合

公共关系是一种群体关系,公共关系活动也是一种群体活动。公共关系人员要想干好公共关系工作,光凭借个人的努力和能量是远远不够的,而必须依靠群体组合所产生的综合力量。公共关系人员优化的群体组合能使有限的公共关系人员综合产生出最大限度的群体能量,以使他们所从事的公共关系工作获得最佳的效果。另外,它也有助于公共关系人员相互学习,彼此补充,共同提高。

公共关系人员的群体组合大体有两种类型:其一是组织内、外公共关系人员的群体组合,其二是组织自身公共关系人员的群体组合。

一、组织内、外公共关系从业人员的群体组合

公共关系工作是面向社会、服务公众的工作,这工作涉及到方方面面的关系。组织公共关系人员有时既要搞好同有关的社会公众的关系,又要借助他们的力量,依靠与他们的合作来做好公共关系工作。这里就有一个组织内、外公共关系人员群体组合的问题。这种类型的群体组合最明显地表现在一个组织内部公共关系部人员与外部公共关系公司人员的工作合作,以及组织公共关系人员与政府部门、新闻媒介和有关专业人士的工作配合。政府部门、新闻媒介虽然不属于专门的公共关系工作机构,它们的人员也不是职业的公共关系人员,但是由于工作的需要,它们往往会配合性地参与一些组织的公共关系活动,并在其中扮演一种重要的角色。这时,这些具体参与者也就成了某种特殊意义上的公共关系人员。

1. 组织内部公共关系部人员与外部公共关系公司人员的工作合作

所谓组织内部公共关系人员与外部公共关系公司人员的工作

合作的问题,实际上是一个双重性的问题。这里面既有组织内部公共关系部人员怎样与外部公共关系公司人员进行工作合作的问题,又有公共关系公司人员怎样与其服务的组织的内部公共关系人员进行工作合作的问题。

公共关系部和公共关系公司的特点决定了组织的许多公共关系工作必须依靠双方的密切合作,共同努力,才能有效地进行。国外的一些大公司虽然自己有公共关系部,但往往还聘请公共关系公司的工作人员担任公司的公共关系顾问,并且是某些公共关系公司的固定客户。比如美国运通公司、杜邦公司、通用汽车公司、可口可乐公司、约翰逊联营公司就是博雅公共关系公司的固定客户,百事可乐公司、通用电力公司、柯达公司、美孚石油公司就是伟达公共关系公司的固定客户。

1983年3月,美国公共关系协会向约翰逊联营公司和博雅公共关系公司授予协会最高奖——银钻奖,以表彰他们恰当处理"泰莱诺尔"危机事件的成绩。"泰莱诺尔"中毒事件得以成功解决的一个重要因素,是约翰逊联营公司的公共关系人员与博雅公共关系公司人员的密切合作。约翰逊联营公司虽然有自己的公共关系人员,但中毒事件发生后,它还是立刻寻求博雅公共关系公司人员的帮助。在处理危机的第二阶段,博雅公共关系公司人员设计、策划并帮助约翰逊联营公司实施了具有历史意义的卫星转播电视记者招待会,成功地使"泰莱诺尔"新包装药品在中毒事件发生后不久即重返市场,在相当程度上挽回了约翰逊联营公司因这一事件所遭受的损失。像这样一个被称之为有史以来"难度最大的"记者招待会,光靠约翰逊联营公司公共关系人员的力量,是无法举行的。从这一例子中,我们可以充分意识到组织内部公共关系部人员与外部公共关系公司人员合作的重要意义。

为使公共关系部人员与公共关系公司人员的群体组合产生最佳的效应,这样一些问题应当注意:首先,一个组织的公共关系部人员要根据组织的性质、工作的特点和活动的需求来选择某一公共关系公司作为自己相对固定的合作伙伴。当然,公共关系公司人员也应根据自己的条件,精心选择自己服务的客户。其次,公共关系部人员要与公共关系公司人员经常通气,彼此交流,沟通信息,互相熟悉,形成默契,以免在工作合作时,因某一方缺乏对另一方的了解,而出现合作失误。另外,公共关系部人员与公共关系公司人员还要通过工作合作,相互学习,取长补短,共同提高业务水平。

2. 组织公共关系人员与政府部门、新闻媒介和有关专业人士的工作配合

政府部门、新闻媒介和有关专业人士,一般拥有较好的信誉度,能为广大社会公众所信任。因而,组织公共关系人员在开展公共关系活动时,寻求他们的支持与配合,一定程度上借助于他们的力量,往往能取得事半功倍的效果。但是这种群体组合的前提条件是组织必须与这些外部公众有一种良好的关系,组织公共关系人员必须了解这些外部公众特殊的工作规律。

约翰逊联营公司成功处理"泰莱诺尔"危机事件,除得力于博雅公共关系公司的合作,还得力于不少社会机构的配合,这些社会机构中就有一个政府部门——美国食品与医药管理局。该机构的新闻办公室在事件发生后的一周内,与约翰逊联营公司的公共关系人员密切配合,帮助该公司每天对外发布事件处理进程的最新消息,逐步稳定了社会公众的情绪,创造了一个有利于约翰逊联营公司解决这一危机事件的氛围。

相反,美国专家在评述 20 世纪 80 年代美国最差公共关系案例——埃克森公司原油泄露事件时指出,该公司在事件发生后,未能积极寻求政府部门和新闻媒介的配合,是该公司公共关系失败的主要原因之一。事件发生后,加拿大和美国的政府官员开始还只是敦促埃克森公司尽快采取有效措施,但该公司仗着财大气粗,傲慢自负,没把各位官员放在眼里,结果导致了官方态度转向批评

和完全反对埃克森公司。同样，新闻媒介开始也没有一下子站到公司的对立面，但由于埃克森公司对新闻媒介不理不睬，结果导致世界各地的电视台、电台、报纸、杂志甚至新闻电影制片厂，像打一场战争似地向埃克森公司发起进攻，形成了对其十分不利的一面倒的公众舆论。

从上述这两个正反例子，我们可以清楚地看到组织公共关系人员与政府部门、新闻媒介互相配合的重要意义。至于组织公共关系人员与有关专业人士的配合，也十分重要。当公共关系人员需要处理涉及法律或金融方面的公共关系问题时，往往要寻求法律或金融专业人士的配合，没有这些专业人士支持，公共关系人员可能寸步难行。

二、组织自身公共关系从业人员的群体组合

组织内、外公共关系人员的群体组合无疑十分重要，但要使这种组合产生最佳的效应，先决条件之一是组织自身公共关系人员的群体组合要理想。这里，组织自身公共关系人员可指某组织内部公共关系部的人员，也可指某公共关系公司的人员。

组织自身公共关系人员的优化的群体组合，涉及因素很多，其中经验、知识、智能和专业是最主要的几个因素。

1. 经验因素

一个公共关系部或一家公共关系公司的人员最好能各自具备不同的经验，比如有的人具备管理经验，有的人具备外事经验，有的人具备媒介经验。当一个组织组建公共关系部时，考虑把组织旧人员与调入新人员相结合，这就是将有不同经验的人互相组合在一起。一般来说，组织旧人员对组织的环境、习惯采用的经营方式、各种人际关系比较熟悉，能较快进入工作角色，但是这样的人由于经验、态度等方面的原因，对旧的一套可能很留恋，缺乏开拓创新的意识；而从组织外部调入的新人员有公共关系工作经验，不受组织内部各种错综复杂的人际关系的影响，但是这样的人一般不熟悉组织情况，进入工作角色需要一段时间。若把这两类人组合起来，就能在经验等方面取长补短，更好地发挥他们各自的长处。另外，组织自身公共关系人员有年龄上的差异，比如老中青相结合，实际上也是不同经验的互补。

2. 知识因素

公共关系工作需要多种知识，但一个公共关系人员不可能具备所有知识。为此，一个组织自身的公共关系人员最好能各自具备不同的知识，以有利于优化群体组合，比如有的人懂经济管理，有的人懂政府事务，有的人懂外语，有的人懂广告，等等。这样的一些人组合在一起，会构成一个充满活力的群体。

组织自身公共关系人员也并非个个知识水平越高越好。一个公共关系部里人人都是硕士、博士毕业生，并不见得是一件好事。因为公共关系部的工作有不同的层次，既有复杂的公共关系活动策划，也有简单的日常接待。所以，组织自身公共关系人员的群体组合，在知识水平上可有一定程度的差异。

3. 智能因素

所谓智能，指人的认识和实践能力，其中包括人的观察能力、思维能力、实践能力。组织自身公共关系人员的智能发展最好是能力各异。比如有的人观察能力超群，感觉、直觉好；有的人富有很好的思维能力，分析问题有条理，把握问题准，善于在不同的知识和实践领域进行创造性的思考；有的人策划能力强，擅长进行各种类型的公共关系策划；有的人实践能力、动手能力强。由这样的一些人构成的群体，多姿多彩，总体智能高，公共关系工作水平也高。

组织自身公共关系人员群体组合中的智能结构切忌单一化。若一家公共关系公司由清一色策划能力强的公共关系人员组成，而缺乏实践能力强的公共关系人员，其结果很可能是人人都指手画脚，最终却一事无成。

4.专业因素

这里的专业因素，主要指专业技能。公共关系工作面很广，它需要各种具有专业技能、特长的人。理想的情况是，一个组织自身的公共关系人员都能一专多能，人人有专长，人人又多能，这样的一些人的组合，专业结构较为合理，有利于各项公共关系工作的开展。

第四节　公共关系从业人员的培养与考评

我们探讨公共关系人员的培养与考评，重点是从公共关系教育的角度考察和研究公共关系人员的培养途径和方法，以及与之相联系的公共关系人员的从业资格考评与审查。

一、公共关系从业人员的培养途径和方法

从公共关系教育的角度看，公共关系人员的培养途径主要有院校教育和社会教育。

(一)院校教育

作为公共关系人员培养途径之一的院校教育属正规教育，它通常有系统和严格的教学计划、教学大纲、专业师资和专业教材，有明确的培养方向和目标，教学要求很高。公共关系院校教育，尤其是在高等院校开设公共关系专业，也是公共关系职业化的一个标志。从中外公共关系教育的历史和现状来看，院校教育大致有两种情况。

1.在高等院校开设公共关系课程

国内外不少大学的新闻系（专业）、商业系（专业）和管理系（专业）都开有 1~2 门公共关系课程，供学生学习。这种公共关系课一般属概论性质或以概论为主稍带些实务。时间不长，多为一学期。

这种课程对新闻、商业、管理系（专业）的学生来说，属应掌握的专业知识的一部分。学习公共关系的理论与实务，有助于完善这些

学生的专业知识结构。当然,这些学生毕业后若从事公共关系工作,光凭这点公共关系知识是不够的,还需进一步系统地学习公共关系方面的知识,并通过大量的公共关系实践活动来进行锻炼。

2. 在高等院校设置公共关系专业

国外有不少大学开办公共关系专业,且多半在新闻、传播学院(系)里,它们大多培养公共关系学士、硕士,个别培养博士。国内现在也有不少大学开设公共关系专业并招收公关专业方面的硕士、博士生。

公共关系专业主要培养从事公共关系工作的专门人才,其课程设置有很强的科学性和系统性。通常,公共关系专业的课程可以划分为三大部分:

其一,大学教育中社会科学的基础课程。

其二,与公共关系学相关的课程,如管理学类学科、传播学类学科和社会学类学科方面的课程。

其三,公共关系学的专业课,如公共关系学原理、公共关系实务(或称公共关系实用技巧)、公共关系案例分析和公共关系战略及管理等课程。

公共关系专业毕业的学生,由于全面地掌握了公共关系的有关知识,一般能直接从事公共关系工作。不过,国外对于这样的毕业生,还要进行严格的公共关系人员资格考评,以确认他们的从业资格。

(二)社会教育

公共关系社会教育作为另一种公共关系人员的培养途径,属非学历的继续教育。它主要有普及型和提高型两种类型。普及型的公共关系社会教育重点是向非公共关系专业人员普及公共关系知识。它在各国公共关系发展的初级阶段显得尤为重要。非公共关系专业人员在接受公共关系知识后,再经过进一步的学习深造和实践锻炼,有可能成为公共关系专业人员。提高型的公共关系社会教育侧重对现有公共关系人员进行集中培训，以提高他们的理论和业务水平。目前在公共关系职业化程度较高的发达国家，公共关系社会教育均以提高型为主，公共关系的普及则依赖于面向社会的宣传。总的来说，公共关系社会教育是公共关系院校教育的有益补充。

公共关系社会教育形式多种多样，没有一个特别固定的模式，较常见的有长、短期培训班，函授教育等。

1. 长、短期公共关系培训班和公共关系函授教育

公共关系培训班，有的长达数月，也有的短短几天，时间上没有统一规定，伸缩性很大。由于培训时间长短不同，讲课者和学员的情形又差别很大，各种公共关系培训班的教学内容不尽相同。一般来说，在公共关系培训班里，讲课者多为高等院校的教师和从事公共关系实践的专家。他们以讲座的形式，浓缩地向学员介绍公共关系学的基本理论和基础知识，交流公共关系工作的实际经验，或传播公共关系界的一些动态信息，探讨某些有争议的问题。由于理论知识和现实实践结合较紧，学员本身又具有一定的社会工作经历，因而，公共关系培训班对于社会在职人员了解公共关系学的基本内容，获知公共关系研究和实践的最新成果，提高公共关系工作水平，有一种“短、平、快”效果。

至于公共关系面授教育，则是公共关系院校教育的社会化。所不同的是，函授教育的时间比院校的时间短，通常为 1～2 年，其课程相对集中。此外，函授教育要求学员有很强的自学能力。

无论是长、短期公共关系培训班，还是公共关系函授教育，它们对于培养公共关系人员都有着不可低估的积极作用。

2. 公共关系知识宣传

大众传播媒介对公共关系知识的宣传是公共关系社会教育的更广泛形式。从传播学的角度说，这也是大众传播教育功能的一种体现。

向社会广泛宣传公共关系知识，塑造公共关系职业的自身形象，是公共关系行业组织——公共关系协会的一个基本职责。作为公共关系职业化一大标志的国际、地区和各国公共关系协会的成立，使得做“公关的公关”的职业知识宣传有了很大的发展。现在国际公共关系协会和许多国家的公共关系协会都有自己的公开出版物，其中在国际上影响较大的有：国际公共关系协会的《国际公共关系评论》、美国公共关系协会的《公共关系月刊》和英国的《公共关系》杂志等。除此之外，不少国家的公共关系协会还经常安排公关界的知名人士上电台和电视台，接受记者采访，或给面向社会大众的各家报刊提供普及公共关系知识的文章。当然，一些公共关系职业机构出于工作需要，同样也很注重向社会进行公共关系知识的宣传。据英国公共关系协会的统计，近年来几乎每周都有 3~4 篇介绍公共关系的文章刊登在英国的大小报刊上，其中绝大部分出自公共关系职业机构人士之手。另外，大量出版公共关系著作也为公共关系知识的普及起到了积极的作用。作为公共关系职业化又一标志的大量公共关系专业文献的出现，为广大社会公众了解公共关系知识提供了很好的条件。

（三）可资借鉴的国际公共关系教育经验

不断加速的公共关系职业化进程使得世界各国公关界都十分重视发展公共关系教育，由此也积累了一些成功的经验。为了进一步推动全球公共关系教育的发展，国际公共关系协会于 1980 年组织部分专家对一些国家的公共关系教育现状进行了系统、深入的研究，并于 1982 年 1 月出版和发行了专家们的研究报告，即国际公共关系协会第 4 号“金皮书”《职业公共关系教育的模式》。该“金皮书”在 20 世纪 80 年代成了世界许多国家引进和开展公共关系教育的指导性文件。经修订和补充，国际公共关系协会又于 1990 年 9 月出版和发行了第 7 号“金皮书”《公共关系教育——建议与标准》，这一新“金皮书”分析了公共关系发展给公共关系教育带来的新挑战，总结了不同国家的公共关系教育经验，对公共关系教育提出了一系列新的建议和标准。这里，我们将该"金皮书"结论部分内容全文转引如下：

1. 建议在重点大专院校里开设全日制公共关系学士学位、硕士学位和博士学位的课程。这些学历教育将能使毕业后的学生满足各种层次公共关系工作的需求。

2. 建议公共关系教育应重视公共关系学的跨学科特性，应理论与实践并重。

3，建议公共关系课程应由那些既有丰富实际经验又有相当学术造诣的教员来讲授。

4. 建议开设公共关系专业的大学应有很强的师资力量，且有合适的教学设置和图书馆等。

5. 建议重视对学生和从业人员的职业道德培养，以使他们能对公共关系职业有一个正确的态度，并保持高职业水准。

6. 建议公共关系教育要考虑各国文化、宗教以及当地其他的特殊情况，公共关系教育的模式要因地而异。

7. 建议对公共关系从业人员开展继续教育和提高业务水平的培训活动，这些教育应涉及与公共关系学相关的学科。

8. 建议不断出版新教材，尤其是那些涉及特殊公共关系实践和研究领域的教材；鼓励各种合适的电子教学材料的制作。

9. 建议各大学的公共关系系（或专业）应考虑与他们国家的公共关系协会在举办不同层次的公共关系短期培训班上进行合作。

10. 建议要求联合国教科文组织继续支持国际公共关系协会在世界各地组织公共关系教育工作者会议，这对推动公共关系教育的进一步发展有着重要的作用。

11. 建议国际公共关系协会的理事们以及各国家和地区公共关系协会的代表们应积极与大学进行对话，以加强公共关系教员与从业人员的密切关系。

12. 建议国际公共关系协会应成为公共关系团体与大学机构进行信息交换的场所。

13. 建议努力促进公共关系从业人员与教员之间的对话，这对双方都是有益的。

14. 建议在公共关系教学和实践活动中加强纯学术和应用研究。

15. 建议推广旨在提高公共关系从业人员业务水平的培训活动。

16. 建议各国从事公共关系教育的人员应互通信息，这可以通过国际公共关系协会组织的世界大会、教育工作者会议，也可以通过专业报刊和直接接触。

17. 建议给予欧洲公共关系联盟教育委员会，以及印度、拉美、北美、非洲和其他地区的公共关系教育基金会或协会以支持。

18. 建议进一步努力使公共关系课程进入大学商学院的管理教育中，这些课程应由那些合格的教员或有经验的公共关系从业人员来讲授。

二、公共关系从业人员的考评

对公共关系人员进行考评，是确保公共关系人员队伍的质量、激励公共关系人员不断上进的一种方法。其形式多为与公共关系教育（主要是提高型的公共关系社会教育）相联系的从业资格考评与审查，这类活动一般由公共关系协会这样的公共关系专业组织来主持。

公共关系人员的考评目前尚无国际通用的模式。各国的公共关系专业组织在这方面都做了不少工作，其中最突出的要数美国公共关系协会组织的任职资格考试和英国公共关系协会参与主持的 CAM 考试（CAM 为英国传播、广告及市场营销教育基金会的缩写）。这里，我们侧重介绍一下英国的 CAM 考试。

1991—1992 年度的英国 CAM 考试共分两个等级，第一等级考试有 6 门课程，即：市场营销、广告、公共关系、媒介、促销与直效行销、调研与行为研究。公共关系、广告和市场营销人员通过全部

6门课程的考试，就可获CAM传播学习证书。CAM第二等级考试有8门课程，即：管理与战略、公共关系管理、公共关系实务、消费品广告、工业产品广告、国际广告、促销管理、促销实务。凡通过与自己专业有关的两门课程和管理与战略课程考试者，可获相关专业的CAM文凭；获CAM文凭者，可在其有关证件上注明所获文凭符号。现在，由英国CAM考试所认定的从业人员资格，已为英国各界所普遍承认。

1993年，中国公共关系协会试行推出中国的"公共关系专业资格证书"培训活动，在国内引起较大的反响。1998年，国家劳动人事部委托中国国际公共关系协会组织进行公关从业人员职业考核，社会反映强烈。业内外不少人士认为，这一举动有助于促进中国公共关系从业人员任职资格的规范化，它对于提高中国公共关系从业人员的职业素质，优化现有公共关系人员队伍，有着十分积极的作用。

思考与练习

1. 什么是公共关系意识？它包括哪些内容？
2. 公共关系从业人员应具备怎样的心理素质？
3. 公共关系从业人员应掌握哪些专业知识？具备哪些职业能力？
4. 公共关系从业人员的职业道德包括哪些内容？
5. 公共关系从业人员群体组合有哪两种类型？
6. 组织内部公共关系从业人员的群体组合应考虑哪些因素？

第六章

公共关系的对象构成分析

公共关系也称作“公众关系”,因为公共关系的工作对象就是公众。要做好公共关系工作,就必须了解和研究公众。本章主要介绍公众的基本含义和特征、公众分类的方法及意义、基本公众的构成分析。

第一节　公众的含义和特征

“公众(public)”是公共关系学中的一个基本概念。正确理解这个概念对于把握公共关系的真谛至关重要。

一、公众的含义

所谓公众,即与特定的公共关系主体相互联系及相互作用的个人、群体或组织的总和,是公共关系传播沟通对象的总称。

在日常生活中,“公众”与“人民”、“群众”、“人群”几个概念容易相混淆。我们应适当注意它们之间的区别。“人民(people)”作为一个政治哲学及社会历史范畴,量的方面泛指居民中的大多数,质的方面指一切推动社会历史前进的人们,其中包括劳动群众,也包括具有剥削性但又促进社会历史发展的其他阶级、阶层或集团。

“群众(mass)”与“人民”相比,其内涵大,外延小,就是说,本质含义很大程度上是一致的。从范围上看,群众包含于人民之中,但其内涵更具体、稳定。“人民”是个流动概念,在不同的历史时期有不同的内容,但其主体和稳定的部分始终是从事物质资料和精神资料生产的劳动者,这部分人就是群众。

“人群(crowd)”作为社会学用语,在量上指居民中的某一部分,在质上,人群是个松散的结构,不一定需要合群的整体意识和相互联结的牢固纽带,凡是人聚在一起均可称之为“群”。

“公众(public)”作为公共关系学的概念,特指公共关系主体交流信息的对象,它与公共关系主体有相关的利益。公众与公共关系活动密切相关。

二、公众的特征

“公众”虽然与“人民”、“群众”、“人群”一样同是由一定数量的人们构成的,但其概念的含义及应用有着特殊的规定和意义。我们可以从五个方面来认识:

第一,整体性。公众不是单一的群体,而是与某一组织运行有关的整体环境。任何组织的生存和发展都离不开一定的公众环境。公众环境与自然环境、地理环境不同,是指组织运行过程中必须面对的社会关系和社会舆论的总和。这些社会关系和社会舆论范围很广,涉及组织内部和外部,社会方方面面,而且相互关联,构成复杂。比如一家企业,既有内部的职工公众、股东公众,又有外部的社会公众,不仅包括市场上的顾客、销售商,还包括社区、政府、新闻界、文化界、体育界等有关的团体、组织或个人。公共关系工作不可只注意其中某一类公众,而忽略其他公众。对其中任何一种公众的疏忽,都可能致使整个公众环境的恶化。公众环境恶化必然影响组织的生存和发展。因此,首先应该将组织面对的公众视作一个完整的环境,要用全面、系统的观点来分析自己面临的公众。

第二，共同性。公众不是一盘散沙，而是具有某种内在共同性的群体。当某一群人、某一社会阶层、某些社会团体因为某种共同性而发生内在联系时，便成为一类公众。这种共同性即相互之间的某种共同点，比如共同的利益、共同的需求、共同的目的、共同的问题、共同的意向、共同的兴趣、共同的背景，等等。这样一些共同点，使一群人或一些团体和组织具有相同或类似的态度和行为，构成组织所面临的一类公众。比如，表面上看相互间并没有联系的许多个人或团体，因为同处一个社区，都面临着某家工厂的污染威胁，从而使他们的态度和行为具有内在联系，不约而同地或者有组织地针对该家工厂构成一定的公众压力、舆论压力。因此，了解和分析自己的公众，必须了解和分析其内在的共同性，内在的联系，这样才可能化混沌为清晰，从公众整体中区分出不同的对象来。

第三，多样性。公众的存在形式不是单一的，而是复杂多样的。"公众"仅是个统称，具体的公众形式可以是个人，可以是群体，也可以是团体或组织，日常的公共关系工作对象，包括各种各样的个人关系、群体关系、团体关系、组织关系，等等。即便是同一类的公众，也可以有不同的存在形式。比如消费者公众，可以是松散的个体，也可以是特殊的利益团体（如消费者委员会），也可以是一个严密的组织（如使用产品的其他公司乃至政府）等。公众形式的多样性，决定了沟通方式和传播媒介的多样性。

第四，变化性。公众不是封闭僵化、一成不变的对象，而是一个开放的系统，处于不断变化发展的过程之中。任何组织面临的公众，其性质、形式、数量、范围等均会随着主体条件、客观环境的变化而变化：有的关系产生了，有的关系消失了；有的关系不断扩大，有的关系又可能缩小；有的关系越来越稳固，有的关系越来越动荡；有的关系甚至发生性质上的变化——竞争关系转化成协作关系、友好关系转变成敌对关系，等等。公众环境的变化，必将导致公共关系工作目标、方针、策略、手段的变化。反过来，组织自身的变化也会导致公众环境的变化，如组织的政策、行为、产品的变化使公众的意见、评价、态度或行为发生相应的变化，这种变化的结果又可能倒过来对组织产生影响、制约作用。可口可乐公司决定生产新型(带甜味)可乐，在顾客群中引起了强烈不满，这种公众舆论立即迫使可乐公司慎重考虑其决策，以免导致公众环境的剧变。可见，必须以发展的眼光来认识自己的公众。

第五，相关性。公众不是抽象的、各组织"通用"的，而是具体的，与特定的组织相关的。公众总是相对一定的公共关系行为主体(组织或个人)而存在的。一群人之所以成为某一组织的公众，是因为他们与该组织具有一定的相关性、互动性。即他们的意见、观点、态度和行为对该组织的目标和发展具有实际或潜在的影响力、制约力，甚至决定组织的成败；同样，该组织的决策和行为也对这些公众具有实际或潜在的影响力、作用力，制约着他们利益的实现、需求的满足、问题的解决，等等。这种相关性是组织与公众形成公共关系的关键。寻找公众、确定公众很重要的就是寻找和确定这种相关性，并把它们具体的担心揭示出来，分析清楚，从而确定自己的工作目标。

从整体性、共同性、多样性、变化性、相关性五个方面来把握公众的特定含义，可以帮助我们理解这一概念与人民、人群，特别是群众这几个概念之间的区别。我们传统的工作方法中有走群众路线、做群众工作，从群众中来、到群众中去的经验，公共关系工作在一定意义上是与其一致的。比如一家企业要处理好职工关系，协调好社区的居民关系，与做群众工作是一致的。除此之外，比如，要处理好与股东的关系、与新闻界关系等，这些关系对象难以简单划入群众的范畴之中。它们均是组织的特定公众，是公共关系工作的特定对象，我们将它们称为"股东公众"、"媒介公众"等，而不称作"股东群众"、"媒介群众"，等等。

第二节 公众的分类

公众分类是公共关系理论中的重要部分。其方法论意义是很明显的:没有区别就没有政策,从而也就没有方法。公共关系政策的制定和公共关系方法的运用,都有赖于科学地区别不同的公众。这一节我们先讨论划分公众的不同标准和方法,下一节再分别讨论一些基本公众的特点和意义。

一、不同的组织有不同的公众

不同的组织,由于目标和利益不同、性质和内容不同、价值准则和管理观念不同、人员结构和运作方式不同、历史背景和环境条件不同,等等,必然面对着不同的公众。

社会组织是非常复杂的。对组织进行分类本身就是个异常复杂的问题,可以采取各种不同的划分标准,其意义主要取决于划分者的目的和需要。我们这里提出问题的目的在于使读者了解:公众的分类首先取决于组织的分类。我们不准备详细讨论组织学的分类体系,只列出几种以便说明上述观点。

最通常的是按照组织的社会职能来划分,这样可以将社会组织区分为经济组织、政治组织、文化组织,等等。经济组织如各类从事生产、流通、交换、分配的工商企业,政治组织如政党、政府、法律、公安、监察等政治行政机关,文化组织如教育、文艺、出版、体育等组织机构。组织的社会职能不同,接触的公众就不一样。比如政府公共关系工作所面对的公众,比其他任何组织的公众都要广泛得多,面对社会的各个阶层、各种组织,面对着整个公众舆论,其所要承受的公众压力比其他任何组织都要大得多,与各类公众沟通的方法也就复杂得多。

就同一类职能的组织(如经济组织)来说,还可以根据其生产或经营品种的特点,根据其经营管理方式等,划分为重工企业、轻工企业、商业企业、服务企业、公用事业单位,等等。由于产品不同、服务方式不同,其公众也有区别。其中要算公用事业单位的公众最为广泛,如供电公司、自来水公司、公共交通部门等单位,经营着城市居民最基本的必需品和设施。这些单位大都为国有企业,对其经营的必需品和设施有一定的独占性,享有某些服务特权,往往又有政府保证其营业区域和规定其收费标准,虽然缺乏足够的利润刺激,但盈利比较稳固,其经营不完全受市场规律支配,而很大程度受政府的控制,一般来说,缺乏竞争的压力,等等。这些特点使公用事业单位虽然牵涉的公众面很广,但却容易忽视公众的要求,容易受到各方的指责,成为舆论攻击的目标。其公共关系工作不仅难度大,而且工作好坏直接影响到政府的形象。

实际上,组织类型对于公共关系行为方式及公众类型区分影响比较大的因素主要有两个方面:一个是营利还是非营利,一个是竞争性还是独占性。以这两项标准来划分,大致上可将社会组织划分为四类:

	非营利性	营利性
竞争性	Ⅱ. 竞争性非营利组织	Ⅰ. 竞争性营利组织
独占性	Ⅲ. 独占性非营利组织	Ⅳ. 独占性营利组织

一般来说,公共关系与营利性的商业活动以及竞争性的社会活动联系比较密切,这是现代公共关系活动的一般规律。

第一类组织:竞争性营利组织。这类组织为了自己的经济利益,为了在市场竞争中争取顾客,一般都有比较自觉的公共关系行为,主动地争取公众支持。但比较容易偏重与市场活动直接相关的公众,其公共关系行为的营利性质也较为明显。

第二类组织:竞争性非营利组织。这种组织没有经济动机,但由于需要在竞争中赢得舆论的理解和公众的支持,因此,也会十分重视自己的公共关系工作，尽可能广泛地去建立和发展自己的公众关系。

第三类组织：独占性非营利组织。由于缺乏自身利益的驱动，缺乏竞争的压力，往往容易忽略自己的公众，或“脱离自己的公众”，公众关系管理工作一般比较薄弱。

第四类组织：独占性营利组织。由于对产品或服务具有独占性，由于管理机制上不容易输入公众的信息，而又有营利的动机，因此，容易产生违反公众利益的行为，容易陷入公众舆论的压力之中。

这种分析仅考虑了两种比较直接的因素，没有结合其他社会条件，只能作为一种参考，实际情况可能要复杂得多。但起码我们可以明白，对公众的分析首先离不开对组织的分析，公众的形成和发展，是与组织自身的性质、特点、行为方式直接相关的。

二、同一个组织有不同的公众

任何一个组织都不会只面对着一种公众，因为利益的相关点不同，需求或问题的性质、层次不同，一个组织会面对着不同类型的公众，也就会有不同的公共关系对策和传播方法，所以，对同一组织的公众整体必须细分为不同性质、不同类型的目标对象。比如一家企业，由于内部管理和外部经营的复杂性，由于其专业职能的分化和经营范围的变动，所涉及到的公众异常复杂。比如发达国家企业的公众，比较主要的就可以列出 24 种：

①股东关系 (stockholder relations)

②雇员关系 (employee relations)

③主顾关系 (customer relations)

④社区关系 (community relations)

⑤一般公众关系 (general public relations)

⑥消费者关系 (consumer relations)

⑦竞争者关系 (competitor relations)

⑧原料供应者关系　(supplier relations)

⑨批发商关系　(wholesaler relations)

⑩代销商关系　(dealer relations)

⑪经销商关系　(reatailer relations)

⑫公务员关系　(official relations)

⑬金融机构关系　(financial relations)

⑭报界关系　(press relations)

⑮慈善团体关系　(charity relations)

⑯宗教团体关系　(religions relations)

⑰劳工关系　(labor relations)

⑱工会关系　(labor union relations)

⑲学校关系　(school relations)

⑳政治团体关系　(political relations)

㉑政府关系　(government relations)

㉒公共服务团体关系　(public service relations)

㉓同业团体关系　(trade group relations)

㉔工业界关系　(industry relations)

这些公众,一般都是要求从某个企业得到某些利益、获得某些信息的个人、群体或组织,并对该企业的生存和发展具有实际或潜在的影响力和制约力。企业的公共关系人员必须充分地了解他们,熟悉他们,并根据他们的利益、需求或问题引申出公共关系工作的具体目标,制订具体对策。

在我国社会条件下对公众的划分,虽然与上述划分不完全雷同,但大体上也不下23种。主要区分为内部关系和外部关系两大类。外部关系中又主要区分为市场关系和非市场关系两大类。对于其中的主要关系成分,我们将在第三节作些分析。

其他任何一种组织,在分析自己的公众时,都需要根据实际情况对公众进行细分。

三、同一种公众有不同的分类

不同的组织有不同的公众,同一组织有不同的公众;而同一种公众又可以根据不同的标准作不同的区分,例如:

根据关系的重要程度,可区分为首要公众和次要公众。

首要公众即关系到组织生死存亡、决定组织成败的那部分公众。比如酒店、宾馆宾客关系中的VIP(Very Important Person),就是首要公众的概念。里根在长城饭店宴请,英国女王下榻白天鹅宾馆,对这些重要人物必须置于重要位置,接待、安排稍有差错便会造成重大影响。对这类关系对象必须投入大量的人力、物力与时间。

次要公众指那些对组织的生存和发展有一定影响、但没有决定性意义的公众。当然,这种首要和次要之间的划分只是相对的,而且两者之间也可能存在着转化关系。次要公众也不能完全放弃。公共关系的投资总是有限的,从投入产出的比率来看,我们应清醒地认识到,有时虽然首要公众只占公众绝对量的20%,但他们给组织带来的效益却可能达到80%以上,因此,对此类公众总投入量(活动的人力、物力、财力等)应多作安排。次要公众从表面数量上看可能相当多,但由于影响力比较弱,即使投入很大的力量,也只可能收到较少的效益。因此,应该将力量集中在刀刃上。可见,所谓"首要"、"次要"的划分,要从投入产出的效果来考虑,保证首要公众,兼顾次要公众。

根据公众对组织的态度,可将公众区分为顺意公众、逆意公众、边缘公众三类。

顺意公众指那些对组织的政策、行为和产品持赞成意向和支持态度的公众。逆意公众则是指对组织持中间态度、观点和意向不明朗的公众。一个组织首先应该将顺意公众当做同舟共济的伙伴,细心维持和不断加强与他们的关系。其次要注意做好逆意公众的转化工作,改变其敌对的态度,即使不能将其转为顺意公众,也应争取其成为边缘公众。“多交友,少树敌”,是公共关系的一项基本政策。值得注意的是顺意公众和逆意公众往往只占少数,多数是无动于衷的中间派边缘公众。公共关系工作中大量精力是做边缘公众的沟通工作,争取他们对组织的了解和好感,引导他们成为顺意公众,防止他们成为逆意公众。这种“争取大多数”的工作往往是最艰巨的公共关系工作。

根据公众构成的稳定性程度,可区分为临时公众、周期公众、稳定公众。

临时公众是因某一临时因素、偶发事件或专题活动而形成的公众,比如因为飞机航班误点而滞留机场的旅客、足球场闹事的球迷、上街游行示威的队伍,等等。每个组织都难以事先完全预测到某些突发事件的产生,往往遭受一些临时公众构成的额外压力,这时需要公共关系部门进行紧急应付。现代组织的公共关系部门必须具备应付临时公众的能力。当然,这种临时公众有时也可能是因为组织事先的计划不周而造成的,特别是在举办一些大型专题活动的时候可能会出预料之外的事情。

周期公众是指按一定规律和周期出现的公众,比如逢节假日出现的游客,招生时节的考生及家长。周期公众的出现是有规律的,可以预测的。有条件事先制订公共关系活动计划,作好必要的准备,对于某些季节性强的行业来说,周期公众的节律是与行业自身的节律同步的,如旅游业及酒店业,其中一部分周期公众就可能转化成稳定公众。

稳定公众即具有稳定结构和稳定关系的公众,比如老主顾、常客、社区人士等。稳定公众是组织的基本公众,甚至具有“准自家人”的性质,融合为组织的一部分。组织往往对稳定公众采取额外的优惠政策和特殊的保证措施,以示关系的亲密。稳定公众的多寡可以作为考察组织公共关系成熟性的一个标志。临时公众、周期公众和稳定公众的划分,是制订公共关系的临时对策、周期性政策和稳定策略的依据。

根据组织的价值判断,又可以将公众区分为受欢迎的公众、不受欢迎的公众和被追求的公众。

受欢迎的公众是完全迎合组织的需要并主动对组织表示兴趣和交往意向的公众。对于组织来说,这是一种两厢情愿、一拍即合的关系。如自愿的投资者、慕名前来的顾客、为组织采写正面宣传文章的记者,等等。这种关系因双方均采取主动的姿态,不存在传播的障碍,沟通的结果一般来说对双方都有利。

不受欢迎的公众指违背组织的利益和意愿,对组织构成潜在或现实威胁的公众。对于组织来说,这是一些"入侵者"。他们对组织表示出一种不友好的意向和交往行为,或者对组织抱有过分的要求从而构成组织的负担。前者如持不友好态度的记者,后者如反复纠缠索取赞助的团体或个人,这均是组织力图躲避、不愿接触的公众。这种关系只是公众一方采取主动姿态,但由于交往结果对组织不利甚至有害,因此,组织往往有意设置障碍,制造困难,将其拒之门外,以减少对组织的威胁。

被追求的公众指很符合组织的利益和需要,但对组织却不感兴趣、缺乏交往意愿的公众。对于组织来说,这是一种求之不得、难以如愿的关系。比如,对于许多组织来说,著名的记者、社会名流均可能是被追求的公众。组织希望与他们建立关系来扩大影响,可要与他们建立起密切关系却是件很不容易的事,要想方设法建立沟通的渠道,要讲究交往的艺术、把握传播的时机。

根据公众发展过程不同阶段的特点,可以将公众分成四类:非公众、潜在公众、知晓公众、行动公众。

非公众是公共关系学的特殊概念,社会学中没有这个概念。非公众指处在某组织的影响范围之中,但却与该组织无关,其观点、态度和行为不受该组织的影响,也不对该组织产生作用的公众。这样的公众被视为该组织的非公众。划分出自己的非公众是有意义的，可以帮助我们减少公共关系工作的盲目性，将非公众排除在公共关系活动范围之外，避免不必要的浪费。

潜在公众主要指由于潜在的公共关系问题而形成的潜伏公众、隐患公众、隐蔽公众或未来公众。即某一社会群体面临着组织行为或环境引起的某个潜在问题，由于这个潜在问题尚未充分显露，这些公众本身还未意识到问题的存在，因此，他们与组织的关系尚处于潜伏状态。这需要公共关系人员未雨绸缪，加强预测，密切监视势态的发展，分析各种可能出现的后果，制订多种应付的方案，积极引导事情向好的后果发展；当事情不可避免要变糟时，采取必要的预防措施，防患于未然，将问题解决在萌芽状态，避免酿成更大的麻烦。应当承认，遇到这类公共关系问题要妥善处理是有相当难度的。但现代组织面临这种复杂情况的可能性越来越大，这促使公共关系活动策划者日益重视公共关系预测功能、参谋功能。这也是 20 世纪 70 年代末以来国际公共关系界重视“问题管理”的原因。

知晓公众是潜在公众逻辑发展的结果，即公众已经知晓自己的处境，明确意识到自己面临的问题与特定组织有关，迫切需要进一步了解与该问题有关的所有信息，甚至开始向组织提出有关的权益要求。这时，潜在的公众已发展成现实的公众，构成组织不可能回避的沟通对象。因此，对组织来说，采取积极主动的公共关系姿态，及时沟通，主动传播，满足公众要求被告知的心情，使公众对组织产生信赖感，这对于主动控制舆论局势非常重要。因为知晓公众如果不能从有关组织那里获得必要的信息，便会转向其他信息渠道，各种不准确的小道消息将会流传开来，局势的演变将难以控制，事后的解释将事倍功半。尼克松处理水门事件时，由于没有正视知晓公众的要求，失去了引导公众舆论的时机，使自己越来越被动，最后只好辞职下台。事后，尼克松在总结水门事件的经验教训时认为，这完全是“公共关系的失策”。

行动公众自然就是知晓公众发展的结果。在这个阶段,公众已不仅仅表达意见,而是采取实际行动,对组织构成压力,迫使组织必须采取相应的行动。无论公众的行动是积极的还是消极的,组织的反应也不能仅停留于语言、文字上,还必须有实际的行为。也就是说,行动公众必然促成公共关系行为的发生。面对着行动公众,除了采取相应的行动别无选择。当然,高超的公共关系行动方案,必将使行动公众的压力转变为动力,转变为对组织有利的合力,这是公共关系人员神往的最佳结果。

把公众划分为非公众、潜在公众、知晓公众和行动公众是一种纵向的分类方法,其意义是把公众理解为一个连续的发展过程。

公众分类的方法还可以举出一些,包括最常用的按人口学结构进行分类的方法。公众分类的研究成果为实际从事公共关系活动的人员认识和分析自己的公众提供理论上的指导。

四、公众分类的意义

我们在列举每一种公众分类方法的时候,都谈到了它的意义。这里我们再总结一下:

第一,科学的公众分类为公共关系的调查研究和组织形象评估确定范围。

公共关系工作是从调查研究开始的。通过调查研究客观地评估组织形象,确定公共关系问题,寻找形象差距,这是公共关系工作的第一步。而这一步要走好,就必须首先正确地确定自己的公众,通过确定公众来确定调查的对象和研究的范围,通过确定公众来找到客观评估组织形象的一面镜子。因为反映组织形象的镜子就是公众舆论,公共关系的调查研究很重要的是作民意分析。要了解公众的看法和态度,首先就必须研究公众,分析公众。

第二,科学的公众分类为制订公共关系政策、设计公共关系方案明确方向。

正确的政策和成功的方案是公共关系活动的灵魂。制订公共关系政策和策划公共关系方案是公共关系活动过程中第二个重要步骤。决策和策划的水平将决定着整个公共关系工作的层次和水平。而科学的决策和周密的策划是建立在对实际情况了解基础之上的,特别是对公众的了解和分析是至关重要的。前面我们就指出:没有区别就没有政策、从而就没有方法。通过对公众的分析,区分出亲疏远近、轻重缓急,把握住公众发展的脉络,为制订不同的政策、策划针对性的方案提供依据,指明方向。

第三,科学的公众分类为公共关系活动的组织和运行打下基础。

运用各种传播媒介、开发多种沟通渠道去"说"和"做",是公共关系运行过程的第三步。公共关系工作成功与否,要通过实际的公共关系活动来体现,即"说"得精彩,"做"得成功。实际传播沟通活动的许多环节,都离不开对公众的研究和分析。通过对公众的分类研究和分析,为选择传播媒介和沟通渠道提供可靠依据,从而使"说"和"做"具有更强的针对性。

第四,科学的公众分类为科学评审公共关系工作的效果提供依据。

公共关系工作过程的最后一步是科学地检测和评审公共关系工作的成效。公共关系工作成效的评审是多层次、多视角的,比如,信息的传递范围和效率,感情的建立和深化,公众态度的形成和改变,公众行为的支持与配合等。这些效果的评审都直接与公众的研究有关。需要分门别类地考察各类不同的公众,了解他们是否接收到了与他们有关的信息,他们的情感、态度和行为有什么变化,预期的形象效果与他们的实际评价还存在什么差距,等等。科学的公众分类,为评审公共关系工作效果提供了重要依据。

第三节　基本的目标公众分析

分析公众的基本构成只能以公共关系应用最普遍的企业组织

为主。我们列举分析的企业公众的基本构成包括员工关系、股东关系、顾客关系、社区关系、媒介关系、名流关系、国际公众关系。这些均是企业公共关系工作最基本的目标公众。而且对于其他类型的组织来说,了解企业组织的公众,也可以触类旁通、举一反三。我们在分析过程中会注意适当兼顾这些关系对象在不同组织中的意义。

一、员工关系对象

员工关系指在企业内部管理过程中形成的人事关系。其具体对象包括全体职员、工人、管理干部,员工是企业内部公众,是内部团结的首要对象。任何一种组织都会有自己的内部公众,都需要首先处理好自己的内部关系。由于员工是企业组织的成员,因此,从内部公共关系的角度看是对象,从外部公共关系的角度看又成了主体。这是一种与公共关系最密切的公众。

建立良好员工关系的目的,是培养组织成员的认同感和归属感,形成向心力和凝聚力。其意义可以归纳为两个方面:

第一,组织需要通过员工的认可和支持来增强内聚力。

一个组织的存在价值和整体形象在取得社会的认可以前,首先要得到自己成员的认可;组织的目标和任务在赢得社会支持之前,首先要赢得自己成员的配合与支持。否则,企业的价值和目标将会落空,组织将无法作为一个整体面对外部社会公众。每一个员工都是企业组织的细胞,他们对企业有机体认同和依附,是这个有机体得以存在的基础。因此,企业组织的内部公共关系工作首先要增强内聚力,使员工组合成为一个有机的整体,与企业组织凝结在一起。

要争取员工的理解与支持,就需要将员工视作传播沟通的首要对象。这一点恰恰容易被忘记。有了什么消息,公共关系人员不会忘记告诉记者,不会忽略及时对外传播,但偏偏忘记了自己人,忽略了需要告知员工。不少组织的员工对本组织的信息并没有了解的优先权，内部的信息往往是“出口转内销”以后才知晓，甚至于外部社会早已纷纷扬扬了，自己的员工还蒙在鼓里。我们不是说所有消息都必须首先告知自己的员工，但事关本组织的许多事情总是外人比自己的员工先知道，外人比自己的员工更清楚，那么就不可能期望员工有很强烈的“自己人”意识，不可能要求员工对组织有自发或自觉的向心力、归属感。当自己的员工总是在外人面前说“我不知道”的时候，他可能感到已被冷落，也可能表示出一种麻木不仁，还可能感到羞耻和愤怒。由于忽略了内部的沟通与传播，组织与员工之间也就缺乏最基本的相互了解与信任。在这样的气氛下，组织的政策和行为便很难得到自己员工的理解和支持。

因此，从公共关系的角度说，协调内部员工关系的首要任务就是重视内部传播，将员工视作公共关系沟通的首要对象，尊重员工分享信息的优先权，使员工在信息分享中与组织融为一体，形成信任与和谐的内部气氛。广州市某厂在厂门口宣传栏办了一份新闻墙报《每日新闻》，每日早晨8时半前贴出，除厂休和节假日外从不中断。职工每天进厂先花5分钟看看《每日新闻》，就能及时了解全厂重要的动态和信息，内容从生产到生活样样齐备，消息短快新，看了很解渴。由于大家的信任，职工及各部门的许多问题都反映到编辑部，及时通过新闻墙报上情下达，下情上达，多向联系，分享信息，有效地改进了工作，缓解了各种矛盾，理顺了人际关系。职工们评价：“比开会更有用，比报纸还吸引人。一天不看就不舒服。”现在，看《每日新闻》已经成为职工生活中不可缺少的一部分。有一次责任编辑迟贴出15分钟，编辑部就接到了好几个质询的电话。一份小小的新闻墙报，有效地将全体职工凝聚在一起，这就是内部公共关系传播的魅力。

第二，组织需要通过全员公共关系来增强外张力。

公共关系对外树立组织形象、扩大社会影响的工作，有赖于组织全体成员的努力与配合。因为每一个员工都是企业与外部公众接触的触角，都处在对外公共关系的第一线，企业组织的形象必须通过他们在生产、服务岗位上的实际行动具体体现出来。电话总机的接线员，服务台、问询处、接待室的工作人员，直接与顾客打交道的售货员、服务员、业务员、推销员，等等，都是兼职的公共关系人员，他们的一言一行都代表着企业的形象。即使是生产线上的工人，也都有自己的亲属、朋友和社会圈子，都可能在频繁的接触和交往中给外界留下或好或坏的印象。可见，员工在对外交往中是非常重要的公共关系行为主体，这种主体性能否充分调动和发挥，就看他们对企业组织有多大程度的认同感和归属感，有多强的向心力和凝聚力。一个企业组织如果希望员工能时时处处自觉地去维护企业的形象，就应该时时处处善待员工、尊重员工，将员工作为重要的公共关系对象，注意协调好员工关系，努力培养员工对企业的认同感、归属感，不断增强员工对企业的向心力、凝聚力。

从管理哲学的角度看，公共关系工作要处理好团体价值与个体价值之间的矛盾。从公共关系工作的目标来说，它追求的首先是团体价值，即塑造本组织良好的整体形象，提高本组织的社会地位，争取较高的认知度、美誉度和和谐度。而从公共关系工作的实际着眼点来说，又要从确立个体价值入手，使团体中的每个成员（以及与这个团体有关的所有个人）都能在团体的环境中追求和实现个人的价值。当你创造了这样一种团体环境：在这个环境中个体能充分展示自己的个性和追求自己的价值，那么这个团体就具备了足够的凝聚力，并且使团体价值通过许许多多的个体活动得以充实和体现。也就是说，追求团体价值的公共关系工作，首先应该从尊重个体价值做起，必须将个体价值与团体价值辩证地、有机地结合为一体。

二、顾客关系对象

顾客关系即企业与本企业产品或服务的购买者、消费者之间的关系。在现代社会,顾客关系的对象是广义的,泛指一切物质产品、文化产品及服务的购买者、消费者。比如工业企业的用户,酒店的客人,电影院的观众,报社的读者,等等。其中包括个人消费者和社团组织用户。顾客是与企业具有直接利害关系的外部公众,也是企业市场关系的具体对象。

协调顾客关系的目的,是促使顾客形成对企业及其产品的良好印象和评价,提高企业及其产品在市场上的认知度、美誉度和和谐度,为企业争取顾客、开拓和稳定市场关系。建立良好顾客关系的意义主要是:

第一,良好的顾客关系能够为企业带来直接的利益。

公共关系所讲的顾客关系不同于市场经营中的销售关系。其活动方式不是产品和货币之间的直接交易,而是在企业与顾客之间建立良好的信息交流关系和协作关系。虽然公共关系所讲的顾客关系不是直接的买卖关系(买卖关系应该是市场部门、营业部门的事),但顾客的确是企业公共关系对象中利益关系最直接的外部公众。在现代商品经济的条件下,顾客就是市场,有了顾客就有了市场,有了市场,企业的经济效益就有可能实现。因此,所谓市场导向就是顾客导向,顾客关系是企业市场经营的生命线。良好的顾客关系给企业带来的是直接的利益。

企业与顾客的联系不仅仅是商品和货币的交换关系,还包括广泛的信息交流关系,感情沟通关系。没有正常的信息联络,没有融洽的感情沟通,经济利益关系难以建立,更难以稳定和持久;良好的信息交流和感情沟通,必然有助于巩固和发展商业性的交易关系。公共关系为市场销售服务的功能首先集中体现在顾客关系上。公共关系部门当然不是代替销售部门直接去推销产品,而是配合运用各种传播、沟通的方法疏通渠道,理顺关系,清除障碍,创造机会,为产品的销售营造一个良好的气氛和环境。

第二,建立良好的顾客关系能够帮助企业树立正确的经营思想。

认真做好对顾客的公共关系工作,更重要的是帮助企业树立起“顾客就是上帝”的经营思想,即企业的一切政策和行为都必须以顾客的利益和要求为导向。所有成功的企业,都实践了这一思想。认真做好顾客的公共关系工作正是这一思想的具体体现。

“利润第一”还是“顾客第一”,这是从商品经济产生直到今天一直存在的两种对立的经营观念。毫无疑问,追求利润是商品经济条件下企业发展的基本动因。但是深想一层,企业怎样才能实现自己的利润目标?最根本的,就是企业所生产的产品或提供的服务必须得到市场的认可与接受,也就是必须有顾客需要,有顾客喜欢,有顾客购买和使用。企业必须通过满足顾客和社会的需求来换取自己所希望的利润。利润不应该是企业贪婪的追求,而应该是顾客重视和赞赏企业产品及服务所投的信任票。只有赢得顾客信任与好感的企业,才可能较好地获得自己的利润。所以,从企业的政策和行为的基本导向来说,应该把顾客放在第一位。正如美国企业公共关系专家加瑞特(Paul Carrett)所说的:“无论大小企业都必须永远按照下述信念来计划自己的方向,这个信念就是:企业要为消费者所有,为消费者所治,为消费者所享。”

公共关系部门应该运用各种传播方式,在企业经营管理的各个环节去培养和树立上述经营思想,并将这一经营思想转化为全体员工的实际行动。占有世界计算机设备市场 40% 份额的 IBM 公司,为了树立“为顾客提供最佳服务”的市场形象,专门挑选一批优秀的业务人员担任为期 3 年的主管助理。在 3 年之中,他们唯一的任务就是:对任何顾客的抱怨和疑难必须在 24 小时之内给予解决。有一次,美国佐治亚州亚特兰大市一家公司使用的 IBM 计算机出了故障。在几个小时之内,IBM 公司就派出 8 位专家去维修检查。其中 4 位来自欧洲,1 位来自南美洲,还有 1 位来自加拿大。为了使顾客满意,他们不计成本,不惜一切。IBM 公司因此成功地树立起“IBM 意味着最佳服务”的良好企业形象。

第三,建立良好的顾客关系,能够引导和培养积极、健康的消费者意识,形成稳定的消费者系列。

认真做好顾客公共关系工作还有一层容易被忽略的意义,即培养具有现代消费意识、自觉维护消费者权利的消费者公众,也就是为现代社会营造一个健康、良好、稳定的消费者公众环境。企业离开了这样一个环境,就像植物离开了优质肥沃的土壤,是无法良好发育、生长的。试想一下,企业遵循"顾客就是上帝"的宗旨,但"上帝"却缺乏"上帝意识",幼稚无知或丧失理智,淡漠无情或反复无常……在这样的"上帝"面前,企业再有本事也会感到难以应付,在市场上会感到处处被动。为了建立良好的市场秩序,稳定企业的市场关系,有眼光的企业就应该主动通过顾客公共关系工作,去引导和培养与现代企业、现代市场相适应的现代消费者公众。

所谓现代消费者,指凭着自觉的消费需求,清醒的消费判断,去购买自己必需的而且质量良好的商品,拒购不必要的和质劣的商品,具有健康、自觉的消费行为的社会人。由这样的人构成的群体就是现代的消费者公众(或顾客公众)。现代自觉的消费者起码应该明确自己的基本权利。20 世纪 60 年代初,美国前总统肯尼迪在给国会的报告中概括了消费者的四项基本权利:安全的权利、知晓的权利、陈述的权利、选择的权利。引导消费者认识、理解和运用自己的这些权利,尊重和维护消费者的这些权利,应该成为顾客公共关系工作的任务。

顾客公共关系在这方面的意义,比较突出地体现在"消费管理"这个概念上。所谓消费管理,就是对消费者进行消费教育、消费引导,组织消费者的系列化。与生产管理、技术管理、财务管理、内部人事管理相比,消费管理更加直接地面对消费者公众,更加强调运用信息沟通、传播的办法,更加强调管理的社会效益,因此,应该划入公共关系的职责范围。

消费教育是消费管理的基本途径。比如:为顾客和公众编辑印发指导性的手册和刊物；举办操作表演会或实物展览会，帮助顾客认识和熟悉新产品的性能、技术等；举办培训班，让商品销售人员和顾客掌握使用、维修和保养某类产品的基本知识；开设陈列室、咨询台，回答公众的问题；向报纸、杂志、电台、电视台提供有关新产品的介绍性资料……总之，为公众提供免费的介绍、示范、指导、咨询、培训等，通过这些工作，满足公众的知晓欲望。

消费教育的目的在于消费引导。引导消费者接受新的消费意识，形成科学的消费行为。日立公司根据公共关系的原理，提出了自己的消费者教育的指导思想："指导人们妥善地利用电气化所得到的闲暇时间，是以电气化家庭为使命的日立公司的社会责任。"该公司在本国内设立了7个"日立家庭中心"，专门指导日立的消费者如何利用闲暇时间，帮助消费者设计生活、美化生活。比如设在东京的"日立家庭中心"，专门设有"妇女俱乐部"，特聘名师指导讲授烹饪、缝纫手艺、日本舞蹈和芭蕾舞等，并举办电影、音乐、话剧等欣赏会和其他康乐活动。

消费教育与引导是一种长期的公共关系战略，必须有耐心和长远的眼光。鸟眼公司20世纪60年代为了推广冷冻食品，首先致力于在食品零售商中开展使用冷冻设备方面的教育引导。他们为食品零售商免费举办技术培训，请专家编写冷冻食品的烹饪食谱和制作方法的书籍、刊物，举办冷冻食品营养成分的研讨会和鉴定会，定期召开记者招待会，在报纸上开辟有关的专栏，用广告宣传使用冷冻设备及冷冻食品的优势，经过15年的努力，引导食品零售商普遍使用了冷冻设备，从而为该公司推广冷冻食品打下了永久性的基础。可见，消费教育不一定是立竿见影、马上见效的，需要坚持不懈，锲而不舍。

长期坚持消费教育和消费引导的结果便是形成消费者的系列化，也称为消费者的组织化。即在公众中培养起本企业产品和服务的爱用者、崇拜者，形成企业对消费者的凝聚力（表现为本企业产品在市场上有较高的“商标指名率”和“商标统一率”)。日本实现消费者系列化比较成功的是经营化妆品的资生堂。20 世纪 60 年代初,资生堂的消费者俱乐部“花椿会”就有 500 多万会员。这就形同“在鱼池中养鱼”。商品竞争的汪洋大海有太多的风险和未知因素,资生堂不是盲目地去撒网、捕捞,而是先投资开挖鱼塘,建造水库,将 500 万尾“鱼”(花椿会员)引导到稳定的消费序列中来,做长期的买卖,从而形成了一支稳定的消费大军,构成了一个稳固的市场。

可以说,消费管理是顾客公共关系活动的较高层次。过去,“厂商便是上帝”,企业生产什么,顾客就购买什么。现在,“顾客就是上帝”,顾客需要什么,厂家便生产什么。将来,可能是“厂商与顾客同享繁荣”,企业扮演起消费者的教育者、引导者、组织者的角色,与“顾客上帝”一起设计生活、美化生活,从而构成相互依赖、相互推动、互惠互利的亲密友好关系。

三、媒介关系对象

媒介关系也称作“新闻界关系”,即与新闻传播机构(包括报社、杂志社、广播电台和电视台)以及新闻界人士(记者、编辑等)的关系。新闻界公众是公共关系工作对象中最敏感、最重要的一部分。这种关系具有明显的两重性:一方面,新闻媒介是组织与公众实现广泛、有效沟通的必经渠道,具有工具性;另一方面,新闻媒介人员又是组织必须特别重视的公众,具有对象性。媒介与公众的合一,决定了新闻界关系是一种传播性质最强、公共关系操作意义最大的关系。因此,从对外公共关系实务工作层次来看,新闻界关系往往被摆在显著的位置,或被称之为“对外传播的首要公众”。不管哪一种类型的组织均不例外。

与新闻界建立关系的目的就是争取新闻界对本组织的了解、理解和支持,以便形成对本组织有利的舆论气氛;通过新闻界实现与广大公众的沟通,密切组织与社会公众之间的联系。其意义可

以从两个方面加强认识:

第一,好的媒介关系等于好的舆论关系。

虽然不是绝对的,但几乎每一个与新闻界保持良好关系的个人或组织,都容易获得良好的公众舆论;而几乎每一个与新闻界交恶的个人或组织,都会在公众舆论中遇到麻烦。因此,建立和保持良好的新闻界关系,对于营造良好的公众舆论气氛是个关键。媒介关系与公众舆论关系几乎是等价的。只要了解新闻界在现代信息社会、传播时代的特殊功能,就可以理解这一点。

在现代信息社会,新闻界是社会信息流通过程中的"把关人",他们决定着哪些信息应该中转、疏导、传播,哪些信息应该中止、抑制、封闭。公众每天所接触到的信息,大部分是经过层层把关人的精心筛选以后报道出来的。一个组织、一个人物、一个事件或一件产品,一旦被新闻界选中,成为集中连续报道的热点,便立即会成为广大公众讨论的中心,成为具有公众影响力的舆论话题,这就是新闻界所谓"确定议程"的社会功能,即确定公众舆论的中心议题。从另一个角度说,一个组织、一个人物、一个事件或一件产品,等等,一旦能够成为公众的话题、舆论的热点,也就自然地获得较高的社会知名度,被赋予较重要的社会地位,这就是新闻传播界所具有的"授予地位"的功能,即能够授予被传播者特殊的社会地位。"把关人"、"确定议程"、"授予地位"这些特殊的功能,便使新闻界在公共关系沟通中具有极重要的地位。

公共关系工作的一项重要任务就是为组织创造良好的公众舆论,争取公众舆论的理解和支持。这项任务是否能够完成好,很大程度上取决于与媒介的关系。与"把关人"(记者、编辑、总编等)的关系好,组织的信息就容易通过传播渠道中的层层关口,就能有更多的机会被确定在公众生活的"议事日程"上,从而吸引公众的注意力,获得公众舆论的认可,被授予显赫的社会地位,树立起良好的组织形象。这是一个传播的连锁反应。所以,我们说,好的媒介关系等于好的舆论关系。在大众传播时代，建立和保持良好的新闻界关系被称为公共关系工作的“第一要务”并不过分。

第二，建立良好的媒介关系是运用大众传播手段的前提。

组织与公众只有很少的一部分是可以直接面对面的，大部分公众是没有机会直接接触的，不少公众是远距离的、大范围的。实现远距离、大范围沟通的最好途径就是运用大众传播。大众传播借助于现代印刷、电子等传播技术，大量地、高速度地复制信息，传送给分散、匿名的大众。大众传播是现代公共关系绝对不可缺少的手段。

但是，与其他传播手段不一样，大众传播媒介一般不是由组织内的公共关系人员直接掌握和控制的。组织的有关消息能否被大众媒介所报道，以及报道的时机、频率、角度，等等，决定权不在组织的公共关系机构，而在专业的传播界人士如记者、编辑、总编那里。除非花钱做广告，直接购买大众媒介的使用权（如报纸的版面、电视的播出时间），否则，公共关系对大众媒介的使用必须通过新闻界人士的协助才有可能办到。特别是新闻宣传这种“免费传播”形式，完全是借记者、编辑的口和笔来进行传播，这种传播没有良好的新闻界关系作基础是不可想像的。因此，与新闻界人士建立广泛、良好的关系，是成功运用大众传播媒介的必要前提。与新闻界关系越多，组织有关信息的见报率、上镜率就越高；与新闻界关系越好，有利的报道就越多。

媒介关系的这种中介性质即公关效用性之强，恐怕是其他任何一种公众所不能比拟的。虽然我们不应该采取纯功利主义态度来对待媒介关系，而应该首先将新闻界人士列为必须特别厚待的公众，诚心诚意为新闻界人士提供服务，以争取理解和友谊。但是，在实际工作中，公共关系人员与新闻界人士总是相互需要，互相依赖，互为中介的。一方面，公共关系人员需要通过记者、编辑将组织的信息传递给大众，因此，记者、编辑成为组织与大众沟通的中介;另一方面,新闻界人士需要通过公共关系人员了解有关组织的信息,请公共关系人员协助提供各种有新闻价值的材料,因此,公共关系人员也成为新闻界与组织之间的中介人。美国报纸头版新闻中有30%来自公共关系人员,此情况还有继续上升的趋势。没有公共关系人员的帮助,新闻工作人员的采访、编辑工作难以涵盖大量发生的事件和素材。可见,新闻界关系的这种中立性、公共关系效用性不是单向的,而是双向的。

不过,由于需要和角度不同,新闻界人士与公共关系人员互为中介打交道时,动机常常不一样,新闻界人士可能喜欢寻找问题和内幕,公共关系人员则倾向于提供好消息。这往往酝酿着相互间的对立和摩擦。许多记者热衷于报道事情的阴暗面,用"问题新闻"去吸引读者,美国著名企业家亚科卡在谈到这一点时幽默地说道:"当某一个人因某事遭到谴责时,新闻界立即予以公布。但当同一个人后来被澄清是无辜的时候,新闻界的报道很迟缓。对人们的起诉似乎总在头版见报,而对于他们被判无罪的消息却登在第26页上,仅仅排在寻人广告前面。"这说明新闻界人士与组织公共关系人员的立场、需要和动机是存在差距的。构建良好的新闻界关系应设法缩小或跨越这种差距。不缩小或跨越这种差距,公共关系人员就很难从正面的、积极的意义上去利用大众传播,或者根本不可能通过大众传播媒介向公众传递信息。

关于这一点,亚科卡有几点经验之谈:①善于与新闻界接近,无论是在顺境中还是在窘境中;②坚持每季度召开记者招待会公布生产经营结果,无论是好的结果还是坏的结果;③讲真话,坦率诚实地对待新闻界人士;④对于有意刁难的记者不必恼怒和驳斥,故意不理睬他就够了,比如,在记者招待会上,如果有谁故意找碴,就可以让他周围的其他人提各种问题,等轮到他提问题时,便适时地宣布会议到此为止;⑤当记者陷入困境需要帮助时,给他提供真心实意的帮助,如连夜为记者提供图片和新闻资料等。由于亚科卡善于处理媒介关系，因此，他总能赢得新闻界80%的好评。

总之，应该清醒地认识到，虽然公共关系人员与新闻界人士之间具有“血缘的”、内在的联系，但他们之间不可能总是融洽、一致的，也会有不愉快乃至对抗的时候。公共关系人员必须记住，其他关系对象可能是变动不定的，唯有新闻界关系是伴随终身的——除非不再从事公共关系工作。作为一个公共关系人员，与新闻界人士交恶是所有愚蠢行为中最愚蠢的。一个得不到新闻界“把关人”的信任与好感的公共关系人员，对任何组织都毫无用处；一个被新闻界人士讨厌的公共关系人员，对于组织来说就是有害的了。如果能够得到记者、编辑的信赖，这将是一个公共关系人员所拥有的最重要的财富，是他的职业“本钱”。因为，只有新闻界关系才会给组织带来大众传播的机会和好处。

四、政府关系对象

政府关系指社会组织与政府之间的沟通关系，其对象包括政府的各级官员、行政助理、各职能部门的工作人员。任何组织都必须面对和接受政府的管理和约束，需要与政府的各种管理职能部门打交道，如工商、人事、财政、税收、审计、市政、交通、治安、法院、海关、商检、卫检、环保等行政机构。这些行政机构代表社会公众最普遍的、共同的利益来行使社会管理的权力。因此，政府关系对象是任何组织的公共关系对象中最具社会权威性的对象。

与政府保持良好沟通的目的，是争取政府及各职能部门对本组织的了解、信任和支持，从而为组织的生存和发展争取良好的政策环境、法律保障、行政支持和社会政治条件。具体分析政府关系的意义主要有两点：

第一，政府的认可和支持是具有高度权威性和影响力的认可和支持。

政府掌握着制订政策、执行法律、管理社会等权力，具有强大的宏观调控力量，代表公众的意志来协调各种社会关系。政府的意见和态度会对整个社会舆论产生全面的影响。一个组织的政策、行为、人物或产品如果得到政府的关注、认可和支持，无疑会成为一种强有力的社会背景而引起整个社会的关注和重视，从而处于有利的社会位置。

为此，应该把握一切有利时机，扩大本组织在政府官方及有关部门中的影响和声誉，让政府及时了解本组织对社会、对国家的贡献和成就，争取获得官方的良好评价和支持。比如，企业可以利用新厂房落成、新生产线投产、新产品问世或企业庆典活动等机会，邀请政府主管部门的官员出席企业的重要活动，主持奠基仪式或落成剪彩，参观新设备、新产品，通过各种现场活动，增进政府官员对企业的了解和好感，提高政府部门对企业的信心和重视程度。

当政府的有关管理部门对企业行使管理职权时，企业方面应主动配合，积极支持，提供方便。如武汉一家汽车厂知道税务部门对企业的生产成本比较关注，因为这关系到利润的真实情况，于是每到年终盘点都主动邀请税务部门参加，并且按时交税，与税务部门建立了良好的工作关系，取得了税务部门的信任和支持。因此，当这家工厂要批量生产一项新产品而缺乏资金时，税务部门便主动提供帮助排忧解难，出面为他们筹集了 15 万元资金，又请银行为他们调剂了 30 万美元外汇用于进口零部件。结果，政府部门的信任和支持迅速转化成企业良好的社会声誉和影响，使他们更加容易获得社会各界的支持与合作。

第二，良好的政府关系能够为组织赢得良好的政策条件、法律保障和社会管理环境。

政府的政策、法律、管理条例是任何一个企事业单位和社会团体的决策和活动必须遵守的基本准则和规范，组织的一切行为都必须保持在政策法令许可的范围之内。良好的政策条件、法律保障和社会管理环境，是一个组织生存和发展不可缺少的。因此，与制订政策法规和实施管理的政府部门保持良好的沟通十分重要。

一方面,通过有效的政府沟通渠道,及时、准确地了解政府有关方针、政策的变化,随时按照这种变化去调整本组织的政策和活动,把握政策变化给组织带来的有利时机和避免政策变化给组织带来的不良影响。另一方面,通过良好的政府沟通关系,将本组织的实际状况和特殊问题上传政府主管部门和官员,主动地提出新的政策建议和方案,争取政策性的优惠和支持;或者通过适当的游说工作,在有关本组织的政策方案进入法律程序和决策之前充分地反映情况,表达意见,使制订出来的政策法规更加符合实际情况,更加有利于本组织的发展。通过这种双向沟通,使政府的有关政策信息和组织的有关情报信息能够及时地相互传递,良好循环,主动调整和相互适应。

此外,在与政府沟通的过程中,必须熟悉政府职能部门的内部分工、职责范围、办事层次和运作程序,并与各个主管部门不同层次的具体工作人员保持良好的工作关系,以避免因为不了解正确的工作程序或者越出规定的工作范围,摸错门、找错人而碰钉子、走弯路,减少人为造成的"公文旅行"或"踢皮球"的现象,减少人为造成的行政摩擦和行政纠纷。良好的政府公共关系能够提高行政效率和办事效率。

五、社区关系对象

社区关系对象指本组织所在地的区域关系对象,包括当地的权力管理部门、地方团体组织、左邻右舍的居民百姓,等等。社区关系亦称作"区域关系"、"地方关系"、"睦邻关系"。社区在地理上与组织密不可分,是组织的生存空间和根基;社区公众与组织有着共同的生存背景,与组织的关系千丝万缕,是一种"准自家人"的关系。

发展良好的社区关系是为了争取社区公众对组织的了解、理解和支持,为组织创造一个稳定的生存环境;同时体现组织对社区的责任和义务,通过社区关系扩大组织的区域性影响。与社区公众建立良好关系的公关意义是：

第一，社区关系直接影响着组织的生存环境，搞好社区关系是组织生存的需要。

社区如同组织扎根的土壤，没有良好的社区关系，组织就会失去立足之地。组织与社区公众之间这种地缘关系，直接影响着组织各方面的关系和组织的正常运转。首先，社区为组织提供所需的人力，如一个企业中的大多数员工，一般均是当地的居民。企业与社区的关系直接影响到员工及其家属之间的关系。其次，社区为组织提供各种所需的能源和资源，如供电、供水、供热，等等。离开了社区的支持，企业的生产活动甚至会瘫痪。再次，社区为组织提供各种必要的社会服务，如治安、交通、卫生、邮政、电信、商业，等等，组织的日常运转也离不开社区的这些服务。再其次，组织受到所在地政法权力机关的管辖，必须与当地的公安、法律及其他社会管理部门保持沟通，争取支持。还有，社区公众对于一家商业机构来说，又是最稳定的顾客，是组织的衣食父母，社区关系又直接影响到企业组织的顾客关系、消费者关系。总之，组织的利益与社区的利益息息相关，组织生存在一个具体社区环境中，要讲究睦邻之道，与前后左右善结良缘，为组织的生存和发展营造“人和”的气氛。

第二，社区关系直接影响着组织的公众形象，搞好社区关系能够直接获得良好的口碑。

社区公众实际上涉及社区中各个不同的方面和阶层，性质、类型各异的社区公众客观上与组织维系着性质和程度各不相同的关系，因此，对组织存在着各种不同的感受、评价和要求。由于处于同一社区，在空间上有着自然而密切的联系，因此，社区公众对组织的某一种评价和看法又极为容易经过口头传播，形成区域性的影响。这种区域性影响一旦为社区的公众媒介机构关注和报道，又会远播到外地，形成更大范围的影响。某著名化工厂生产的产品畅销海外市场，但由于其长期忽略废气、废料的妥善处理，其生产污染在当地社区居民中造成了一种奇特的慢性病,终于引起当地舆论的关注,引起法律官司,事件被广为报道后,其产品在各地市场开始被抵制,公众形象越来越恶劣。可见,一个组织如果不能处理好左邻右舍的关系,就很难在社会上获得良好的名声。

认识到社区口碑的重要性,就要很注重组织在社区中的一言一行,为自己树立一个“合格公民”的形象。特别是工商机构,要善于运用自己的人力、财力和物力,参与社区事务,主动承担必要的社会责任与义务,以实际行动去争取社区公众的好感。美国安塞公司在自己的员工中提倡对社区公共事务的热心态度和服务精神,由员工自愿组成“抢救队”,24 小时随时出动,无报酬地为社区提供救灾抢险等各种服务。二十多年来,这个社区抢救队平均每日收到 1 次救援的请求,使企业深受社区居民的爱戴和依赖,成为社区的中坚力量。

组织与本社区的公众同处于一个生活空间,应该与社区公众保持一种“准自家人关系”。为此,组织应该尽可能向社区开放,以增进了解、联络感情。美国通用汽车公司为开放工厂专门编印了一本指导手册,详细列举了开放工厂的意义、注意事项和具体做法,共 11 款。其中第 11 款《计划与准备》就包括 6 项 21 条,其细致程度无可挑剔。美国通用电器公司则推行一项“社区企业环境改善计划”,规定 8 项目标,为地方解决不少棘手问题。例如改善市容、公路、房舍、公园及游乐设施、交通情况、环境卫生乃至地方教师的待遇等,从而赢得当地社区的高度赞誉。总之,组织作为一个社区成员,应该像爱护自己的家业一样爱护社区,努力为社区造福,为人民造福,这是一种利人利己之道,是一个组织在社会上得人心、受欢迎的公关之道。

六、名流关系对象

名流关系对象指那些对于公众舆论和社会生活具有显著的影响力和号召力的社会名人,如政界、工商界的首脑人物,科学、教育、学术界的权威人士,文化、艺术、影视、歌坛和体育方面的明星,新闻出版界的舆论领袖,等等。这类关系对象的数量有限,但社会能量很大,对公众的影响力很强,能够在社会舆论中迅速"聚焦"。通过社会名流进行公众传播工作,具有事半功倍的效果。

与社会名流建立良好关系的目的在于借助社会名流的社会知名度,扩大本组织对公众的影响力和号召力,强化组织的良好形象。具体分析其意义和作用包括:

第一,借助社会名流的知识和特长。

与社会名流建立良好的关系,便于充分借鉴和利用他们的特殊经验、知识和特长,为组织的经营管理决策和处理各种复杂的社会问题提供咨询意见。特别是著名的专家权威,以及资深的政界、金融界、舆论界的首脑人物,他们的专业知识和丰富经验是一笔无形财富,借用他们的知识和经验等于借用"外脑",能够提高决策的思维层次和拓宽处理问题的思路。

许多企业组织的领导和管理人员整天忙于应付各种经营管理的事务,观察问题和处理问题容易形成一定的思维定势和行为惯性,自觉不自觉地用僵化、固定的模式去处理种种发展和变化中的问题。但如果能够经常和各类不同的专家学者以及各界名流打交道,就能够借助新的眼光和角度来"激活"僵化的思维,保持经营管理的活力和反应能力。广东一家乡镇企业的总经理,虽然只有初中毕业的文化程度,但很善于通过结交各方面的专家学者来充实自己。他每月至少与专家名流座谈一次,诚恳请教经营管理中遇到的各种问题,几年下来,与他交往的专家学者都感到他越来越成熟、精明,"聊天"的层次越来越高,驾驭多种复杂问题的能力也越来越强。可见,"外脑"对这位乡镇企业家发生了"激活"的作用,可谓"近智者智"。多与智者名流交朋友,能使人越发地聪明起来。

第二,借助社会名流的关系网络。

与社会名流保持良好的关系,能够介入社会名流的社会网络,进入更广泛或高层的社交圈子，建立更重要的沟通渠道，为组织的生存和发展创造更多的机会。有许多社会名流虽然不能直接为本组织提供专业技术方面的信息和帮助，但由于他们在社会上的显赫地位和声誉，能够在高层社交范围或专门的社会领域发挥影响力，组织与他们建立特殊关系后，便为进入高层或专门的社会关系领域打开了绿灯，建立了通道。

第三，借助社会名流的社会认知度。

"名人效应"是一种特殊的公关效应，这种效应是建立在良好的名流关系的基础上的。一个组织与社会名流建立起良好的关系，就能借助于名流的知名度"光环"，利用公众崇拜名流的社会心理，扩大本组织的社会影响，强化本组织的公众形象。

知名度的形成起码需要两个条件，一是本身能够引起公众关注、吸引公众兴趣的实际内容（如人的显赫成就、产品的突出功效等），二是足够大的传播规模和积累，从而形成公众舆论的热点、大众传媒的焦点。名人之所以功成名就，除了在事业等方面确实有过人之处，总离不开大众传播的宣传或人际传播的口碑，使其名气不断积累和膨胀，逐渐成为一种个人的无形财富。组织借助名人的知名度，实际上是利用名人个人长期积累起来的传播资本与无形财富，来增强本组织对大众传媒和公众的吸引力。而这一点既可以成为一种商业广告活动（名人广告），也可以用公关的形式来表现。广东一家经营进口汽车配件与维修业务的企业，聘请了一百多位文化艺术界的名人作为企业的顾问或名誉职工，积极支持与参与文化艺术活动，在文化艺术界赢得了良好的声誉；这种声誉又通过文化艺术界名流的社会活动得到广泛的传播，不断提高了这家企业的社会认知度。可见，良好的名流关系能够发挥良好的社会传播效益。

七、国际公众对象

国际公众对象主要指组织在国际性活动中面对不同国度和不

同文化背景的公众对象,包括对象国的政府、媒介、消费者,等等。国际公众是一种跨文化传播与沟通的对象,涉及到与公关主体所在国不同的语言、文字、历史、风俗、社会制度和公众心理。任何跨国组织的公共关系,都具有这种跨文化的特征。

发展良好的国际公共关系是为了争取国际公众和国际舆论的了解、理解和支持,为组织的国际活动创造良好的国际声誉和国际环境。

首先,发展良好的国际公共关系,是我国对外开放政策的需要。

实行对外开放政策就必须加强双向的国际沟通,一方面努力地了解外部世界,另一方面努力地使世界了解中国,使中国走向世界。我们在政治、经济、文化等领域与国际间的交流与合作不断增加,无论官方或是民间,都必须十分重视国际公众关系的问题。比如,发展外向型经济,与国际市场接轨,参与国际竞争,就要求我们的企业掌握国际公共关系的手段。一方面及时、准确地了解国际市场动向,了解对象国的政治、经济、文化、社会的特征,了解国外投资者、合作者或客户的信息;另一方面有效地向国际市场、向对象国的公众传递自己的信息,介绍自己的产品和服务,提高自己的国际知名度和国际声誉。对外开放,国门一开,无论是请进来,还是走出去,都需要良好的公共关系。每一次的涉外接待或出访活动,都会在不同的层面给国外公众对象留下或好或坏的印象。因此,让参与国际交往活动的各类组织都充分重视和运用公共关系,对于全面促进对外开放的健康发展具有重要意义。

其次,只有做好国际公共关系工作,才可能赢得国际公众的理解和支持。

无论参与哪个领域的国际活动,都应设法争取舆论、争取朋友,努力塑造在国际上受欢迎的良好形象。这就需要在国际公共关系工作中,注意研究有关对象国的社会文化差异,尊重对象国的社会制度和宗教信仰,适应对象国的文化传统和风俗习惯,在信息传播和对外交往方面注意与国际惯例接轨,尽可能采用对象国公众易于和乐于接受的方式去进行沟通与传播,从而使我们国际性的政治、经济、文化活动开展得更加顺利、成功。

八、其他公众对象

除了上述的基本公众对象之外,还有若干种公众对象亦是比较重要的:

(一)股东关系对象

指企业与投资者之间的关系,主要对象包括:董事会和董事局,广大的股民,金融舆论专家。对于股份制企业来说,良好的股东关系是企业的生命线,因为这种关系直接涉及到企业的"财源"和"权源"。建立良好的股东关系,加强企业与股东之间的沟通,能够争取已有股东和潜在投资者的了解和信任,能够创造良好的投资气氛,稳定股东队伍,吸引新的投资者,最大限度地扩大企业的社会财源。

(二)金融关系对象

主要指企业与银行的关系。没有银行的支持,企业的信贷业务就会瘫痪,生产经营就要停顿。因此,企业必须与银行、信用社保持密切的沟通和稳定的关系。

(三)商业关系对象

主要指生产性企业与经销商、批发商、零售商之间的关系。没有良好的商业网络,企业的产品就无法占领市场,利润就无法实现。这是一种共兴衰、同进退的伙伴关系。

(四)竞争关系对象

指工商企业与自己的竞争对手之间的关系。竞争者之间需要在公平的机会和条件下进行良性的竞争,遵守一定的商业道德规范,并且在竞争中保持一定的协作关系,争取在竞争中共同发展。这种竞争中的公共关系是现代企业风范中不可缺少的。

此外,还有供应关系对象、学校与科研关系对象、行业关系对象,等等。认识上述基本关系对象的性质、内容、特点和公关意义,能够帮助我们从客体、对象的角度进一步理解公共关系的现象和本质。

思考与练习

1. 如何正确理解"公众"这个概念?
2. 联系实际思考各种公众分类方法的作用和意义。
3. 建立良好的员工关系对树立企业整体形象有什么作用?
4. 如何理解新闻媒介关系是传播性质最强的一种关系?
5. 建立良好的政府关系的意义是什么?
6. 为什么要成为社区的"好公民"?
7. 如何认识"名流公关"与"名人效应"?
8. 什么是"国际公众"?
9. 联系实际列举和分析本组织的目标公众对象。

第七章

内部公共关系

构建良好的内部公共关系，是每一个社会组织塑造良好形象的基础与起点。为了卓有成效地实施公共关系活动，必须充分认识内部公共关系工作的重要性和必要性，自觉领会内部公共关系的一般运作机理，掌握各类内部公共关系工作的基本方法及其操作思路。

第一节　组织内部的公共关系解析

一、内部公共关系是塑造组织形象的起点

所谓内部公共关系，是一个社会组织内部横向的公众关系与纵向的公众关系的总称。组织内部纵向的公众关系包括一个组织机构里上下级之间的关系，组织内部横向的公众关系包括一个组织机构中各个职能部门、科室、班组之间和内部员工之间的关系。内部公共关系是组织公共关系的重要组成部分，又是组织开展各类公共关系活动的基础。内部公共关系状态如何，直接关系到组织公共关系目标的实现和组织形象的塑造，这就要求我们对内部公共关系的必要性与重要性有足够的认识和重视。

在现代社会,一个组织要想生存发展,必须具备高度的竞争能力。而健全的运行机制、高效的工作成绩以及全体员工的精诚合作乃是一个组织富有竞争能力的基本保证。基于现代社会组织是一个由相互联系、相互依存的若干要素组成的缜密系统,组织内部的职能部门之间和员工之间是否配合默契、彼此步调一致,广大员工是否心情舒畅、团结一致、士气高昂,决定着这个组织能否充满生机和活力。一个组织的公共关系目标是要获得各界公众的信任、支持与合作,这里必须首先取得组织内部公众的真诚理解与鼎力支持。团结组织内部的全体员工,协调组织内部各个部门科室之间、各类员工之间的合作关系,使组织内部上下左右各方共同为组织的目标而奋斗出力,这是内部公共关系工作的根本任务和宗旨,它本身也就表明了内部公共关系工作的必要性和重要性。

在形形色色的现代社会活动中,任何组织都不可能成为独立于社会关系网络之外的一个封闭系统。因此,如何协调组织自身与各界公众的关系,减少各类矛盾摩擦,进而达到"内求团结,外求发展"的目标,是每一个社会组织必然面临的公共关系问题。在我国,公共关系是随着改革开放和商品经济的繁荣发展而出现的新事物,人们对它还缺乏科学的认识和全面的理解。相当多的人认为,公共关系仅仅是对外联络,常常把公共关系看成是"企业外交"、"机关外交"。一提起公共关系活动,许多人会不约而同地"向外看",首先想到的是组织如何处理好同外界的关系,几乎把公共关系同外界关系画上了等号,这其实是一种误解。

在欧美各国,专家们曾给公共关系下了这样一个通俗的定义:"PR = do good(做好) + tell them(告诉人们)"。很明显,现代公共关系首先是促使组织把自身的工作做得更好,然后才是开展各种与外界的交往活动,并在社会公众心目中树立自身良好的形象。美国著名公共关系专家亨得利·拉尔特(J·Handly Wright)明确指出:公共关系90%靠自己做,10%才靠宣传。良好的组织形象和卓越的事业成就，来自组织全体员工的共同努力和不懈奋斗，来自组织内部良好的公共关系。

组织形象是指在一定时期和一定环境下，公众对组织及其日常行为所产生的各种感知、印象、看法、感情和认识评价的综合体现。以企业形象为例，用户或顾客通过产品与服务的质量、性能、价格和外表，形成对企业的基本看法；政府机关通过考察企业是否遵章纳税和信守法规、政策，建立对企业的印象；社区居民或其他公众通过厂容、厂貌，了解企业的文明程度；企业职工通过对劳动工资、奖金和福利的高低比较，以及观察经营管理水平的优劣，就更有切身的感受。不同的公众从不同的角度来认识企业面貌，产生各种感受和认识、看法，这就形成了企业的形象。

一个组织的形象是通过其内在精神和外显事物显现出来的。内在精神是指组织的精神风貌、经营管理特色、创新与开拓精神、员工的思想意识和工作态度等，外显事物则表现为组织的名称、注册商标、产品特色、系列服务、店容厂貌、名片格式、办公信笺等因素。在市场经济条件下，要赢得“天时、地利、人和”的生存发展环境，企业组织的一项首要工作就是团结广大员工，培养集体凝聚力。正是从这一点来说，内部公共关系是塑造组织形象的起点。

二、内部公共关系的构成要素

要做好组织内部的公共关系工作，创建和塑造优秀的组织形象，必须认真分析和考察构成组织内部公众关系的诸要素。一般来说，一个社会组织内部的公众关系网络由员工、团体和领导者三个基本因素组成。

(一)员工公众分析

协调组织内部的员工公众关系，是组织开展公共关系工作的首要任务。组织内部公共关系工作就是要考察不同员工不同层次的需求结构，有针对性地引导员工的行为，最大限度地调动每个员工的积极性、主动性和创造性，使所有员工和衷共济协力塑造好组织形象。员工的积极性和员工的言行举止,是由动机所支配的,而他的动机又是以需要为基础的。所以,内部公共关系工作的一项重要任务就是认真分析研究员工公众的各种需要。根据我国现阶段的实际情况,企业和组织内部员工的需求大致分为劳动的需求、物质的需求、精神的需求和社会的需求等。其中,劳动需求和物质需求是最基本的,精神需求和社会需求则是高层次的。内部公共关系活动只有不断满足员工不同层次、不同内容的心理需求,才能激发全体员工公众的干劲,引发员工的自觉行为。

在内部公共关系工作中,分析员工公众要素时,还必须注意考察三种员工关系:

1. 管理人员关系

组织的管理人员是指组织内部各级业务部门(如车间)主管人员和各个职能部门(如科室)的主管人员。在企业等组织中,管理人员对各个部门来说都是权威,他们的言行举止在职工中很有影响力。管理人员与企业、组织集体之间日常的沟通最为频繁密切,有关组织内情外情资料也比一般员工了解得多,同时他们又是组织内部正式信息渠道的必经环节,因此,对于整个组织内部公共关系活动的开展具有举足轻重的作用。管理人员又往往是组织领导人的后备队伍,他们的自我期望比较高,对企业、组织的前途与利益更为关心,对自身形象和组织形象比其他职工更为敏感。总之,管理人员关系是员工公众关系中的一个重要方面。

2. 技术人员关系

各类企业组织的技术人员和专业人员分布在供、产、销各个环节,遍及组织运行和日常工作的每个活动过程之中。因此,专业技术人员是现代企业组织求生存图发展的重要生力军,离开了技术人才或技术人员,就等于失去了竞争的优势和实力后盾。杭州中药二厂公共关系工作成功经验中重要一条就是重视企业的知识分子和专业技术人才。该厂组织成立了由全厂170多位科技专家和技术人员参加的"知识联谊会",从日常工作、学习进修和生活安排各方面关心他们,经常开展工作野餐、学术沙龙、周末聚会等丰富多彩的活动,认真听取他们对企业的经营管理、科研项目、新产品开发的建议和要求,使广大知识分子能心情舒畅,献计献策。一般来说,专业技术人员具有相当高的文化知识素养,他们从事比较艰苦的脑力劳动和复杂劳动。与普通员工相比,他们更希望组织提供宽松的人事环境和融洽的家庭式气氛,他们的自尊心、自我控制能力和自我发展能力都比较强。在内部公共关系工作中,妥善协调处理与技术人员的关系,是一个必须认真对待的问题。

3.操作人员关系

操作人员处于组织业务活动的日常工作的第一线,是产品或服务的直接创造者,在人数上占了员工公众的大多数,他们的劳动直接关系到组织的声誉和形象。操作人员关系对于整个内部公共关系具有最直接的影响。如果与操作人员关系不佳,彼此之间经常发生摩擦,合作常常中断,就会影响到组织的效益和工作效率,影响产品质量和服务质量,组织形象也会受到损害;与操作人员关系融洽,配合默契,开展内部公共关系工作塑造良好的组织形象就有了可靠而坚实的基础。操作人员关系是组织内部员工公众关系的基础层次。由于操作人员数量众多,情况复杂,因而在内部公共关系工作中,处理好操作人员关系所需要的时间、精力也最多。

(二)团体公众分析

组织内部的团体,是介于组织集体与员工个人之间的社会群体。团体成员互相影响、互相依存,具有相同或相近的行为规范和工作目标。组织内部的团体既包括车间、班组、科室、工会等正式团体,又包括其他如文娱沙龙、兴趣小组、业余爱好聚会、群众结社等非正式团体。在各种内部公共关系活动中,通过发挥组织内正式团体与非正式团体的作用,协调组织内部员工之间的关系,是不可忽视的一个环节。

不论正式团体还是非正式团体，都具备完成组织下达的任务与满足员工的心理需要两大功能。它能够在某些方面弥补组织的不足，组织在开展内部公共关系活动时，应该普遍重视发挥正式团体和非正式团体的作用。有时，激发团体的创造力和积极性要比刺激员工个人更为有效。日本的一些企业往往全力推行一整套正式团体参与管理的制度，同时，还大力提倡非正式团体的活动。比如丰田汽车公司除了有质量管理小组、车间自主管理制度之外，还在公司内组织大量的非正式团体，有体育俱乐部 32 个，文娱协会 45 个，还有大量社团、同乡会、同学会等，有助于企业内部发展良好公共关系。

（三）领导者公众分析

领导者是指组织的最高决策指挥层，它是各类组织的代表。他们在内部公共关系中处于独特的地位，发挥着不可替代的特殊作用。大量公共关系活动实例表明，在那些取得成功的组织中，员工心情舒畅，士气高昂，工作积极主动，其中一个重要的原因是领导者具有强烈的公共关系意识，动员员工参与民主管理，增加决策的透明度，实行“玻璃窗式”的领导方法，从而使组织内部形成一种良好的环境和气氛，调动了广大员工和各类团体的积极性，保证本组织在激烈的竞争中占据优势，取得主动。浙江省总工会曾对不同行业的 15000 名职工进行调查，得出的结果是企业领导者关心职工，重视公共关系工作，生产效率和职工积极性就高；领导者只抓生产，不问其他，企业的效益就降低。领导者善于抓内部协调，听取群众意见，关心职工疾苦，与各方常来常往，企业就蒸蒸日上；反之，企业则没有活力，职工缺乏积极性。

三、内部公共关系的分类

组织并不是一种分散的个体的偶然集合，而是具有一定的组织规模和严密的组织程序、组织纪律、组织规范，并具有独立法人地位的社会机构。任何一个企业或其他组织，都必然存在着三个方面的运转机制。从我国的实际来看,其一是业务运转机制:职工⇌产品或服务⇌市场;其二是行政管理机制:党委⇌行政⇌工会;其三是人际关系机制:个体⇌群体⇌组织。

开发组织内部的公共关系,必须对组织内部的各类公众关系进行客观分类和评价。组织内部的公众关系丰富而复杂,有纵向的和横向的关系;有自然状态的(如原材料、机器设备)和社会状态的关系;也有个体之间、群体之间的关系,以及个体、群体与组织之间的诸多关系。

(一)人际关系

人际关系是一个组织内部最普遍最常见的一种关系。在组织内部,领导者与被领导者、脑力劳动者与体力劳动者、第一线职工与后勤工作人员、不同年龄层次和不同文化程度的职员之间等,构成一般的人际交往关系。

人际关系是组织内部关系中的一个"特殊类",它产生于每一种社会交往和合作关系之中。人际关系的最重要特征是具有情感基础,组织中的人际关系根源于结合性情感和分离性情感。结合性情感是各种使人们相互接近并且结合的情感,在这种情况下对方是一个使别人愿意与其合作和共同行动的客体,结合性情感使组织内部形成的正式团体或非正式团体更加巩固;分离性情感是使人们互相倾轧、彼此游离的情感,在这种情况下对方是一个使别人不愿与其合作的难以容忍的客体,分离性情感常常导致组织内部人际关系的紧张,影响其他内部关系,从而不利于组织形象的塑造和组织声誉的建立。

(二)权力关系

组织的权力关系不是组织自生的,而是组织内部的公众共同赋予的,一个组织的权力总是通过集中而最终由组织的领导人加以实施执行的。内部公共关系工作的对象不是物,而是人,不同组织有不同的管理体制和不同的领导方式,相应地也会有不同的上下级权力关系。

国外的公共关系专家曾经对不同组织的领导方式所产生的上下级权力关系进行了分类比较。在不同管理体制下，参与式领导方式的上下级关系最为理想，相应地下属公众能自觉参与经营决策，关心组织集体的声誉，具有较高的劳动积极性；专制命令式领导使上下级关系很不理想，上下级之间信息没有沟通，管理者与被管理者之间无法建立良好的关系，导致广大下属工作被动、失去努力工作的积极性。

表 7－1 不同管理体制下的内部公众的权力关系比较

关系＼体制		专制的命令式	温和仁慈的命令式	协商式	参与式
上下级权力关系	信任程度	对下属失去信任，没有信心	具有主仆之间的信赖关系	上下级之间有一定的但不完全的信任	领导者与下属之间完全信任
	交往情况	交往很少或是在不信任中进行	交往在上级指令、下级屈就中进行	适度的交往，并在相当信任的条件下进行	彼此之间的交往是深入的友善的
	沟通程度	上下级之间没有沟通	上下级之间有一定的沟通	上下级之间正常沟通	上下之间左右之间完全沟通

（三）信息关系

在现代社会，不但组织与外部公众存在着复杂而大量的信息交换关系，即使组织内部也充满了互相传递信息的传播沟通活动。

在内部公共关系活动中，组织内部公众之间的信息传递有知识性信息沟通、思想性信息沟通和生活性信息沟通三种。知识性信息沟通是指在组织日常工作中，内部公众之间对新科学、新技术、新工艺、新知识的学习和普及传授活动；思想性信息沟通是组织作为社会细胞和建设精神文明的重要基地，开展的思想教育，包括组织内部上下级之间的意见沟通和同级之间的思想沟通；生活性信息沟通是指组织内部公众之间在风俗习惯、生活方式等方面的互相感染，这种信息沟通能够潜移默化地改变组织内部的公众交往以及组织在社会广大公众心目中的人格形象。

（四）竞争关系

面临激烈的社会竞争，组织的动力主要来源于内部公众的竞争。组织内部公众的竞争关系可以表现为个人间的竞争关系和群体间的竞争关系。事实证明，组织内部公众的竞争机制和竞争关系能够激发工作热情和潜在能力，调动内部公众的积极性。

当然，组织内部公众的竞争也会带来一些不利因素，产生紧张、不安和敌意、妒嫉等。这就需要我们在开展内部公共关系活动中强调内部公众关系的协作性和平等性，使组织内部的公众之间更加友好、互相信赖和亲密无间。

（五）利益关系

组织内部各类公众之间的关系是一种平等互助的交往关系，其实质也是一种利益分配和利益实现的关系。

组织的纵向利益关系就是我们常说的国家、集体与个人之间的利益格局关系。组织是三者利益关系的中介，它既要直接与国家利益发生联系，又要合理分配组织内部员工的个人利益。组织横向的利益关系则是组织内部各个层次不同受益公众的关系，这种利益分配必须以个人的工作能力和实际贡献为依据，实行“各尽所能，按劳分配”原则，同时，兼顾公平与效率的标准。

四、内部公共关系的特点

（一）稳定性

在一定的时间和条件下，某一组织的内部公众关系是相对稳定的。组织内部的成员是与组织关系最为密切、最为直接的一部分公众对象，稳定性是内部公众关系的一大特点。如果组织关心职工,保障职工应有的利益,职工心情愉快,那么,组织内部的员工思想稳定,安心工作,事事处处为组织集体的利益着想,为塑造良好的组织形象出力,这样,公共关系工作面对的内部公众就保持基本稳定。

(二)密切性

组织与某一类公众之间关系的密切程度,可以用它们之间信息传播的频率和信息交流内容的重要性等指标加以衡量。内部公众与组织之间信息交流的频率次数,显然要比其他任何公众要多一些;另一方面,内部公众的利益又同组织的整体利益息息相关,他们的工作效率又直接关系到组织目标的实现。因此,内部公众与组织之间信息交流的内容也是十分重要的。所以,在各类公共关系网络中,组织与内部公众之间关系的密切程度,应当高于其他任何一种公众关系。如果某一组织与内部公众之间关系疏远,矛盾和摩擦不断产生,那么企业或组织的形象塑造会隐藏危机,任其发展下去,这个组织必然面临破产或瓦解的困境。

(三)可控性

与各类外部公众关系相比较,组织的内部公众关系比较易于控制。这是因为,一方面,组织可以利用行政管理关系来控制和调节内部各类公众往来活动,可以很方便地利用正式的管理手段和沟通渠道,对广大员工进行宣传教育,把他们的言行引导到对组织有利的轨道上来;另一方面,员工对组织也有一种上下级之间的服从关系,在广大员工看来,服从组织的领导指挥,参与集体的各项活动,对自身也是有利的,因此,在员工身上也或多或少地有一种自我控制能力,这也是决定内部公众关系具有可控性的一个重要原因。

实质上,内部公众关系的可控性是由内部公众关系的稳定性和密切性决定的。一个组织内部的公众关系,只要是相对稳定的,就易于控制协调;而一个组织内部的公众关系只要是密切的,信息的交流沟通就易于反馈,因而也就易于控制。因此,内部公众关系的稳定性、密切性和可控性三个特点,是相互联系、相互依存的。我们在筹划内部公共关系活动时,应当全面考察,切忌偏颇。

五、内部公共关系的功能

(一)导向功能

内部公共关系活动既然反映了广大职员共同的价值观、共同的追求目标和共同的利益宗旨,它必然对组织内部的全体公众有一种强烈的感召力,把众多员工的言行引导到组织既定的公共关系目标上来。如美国国际商用机器公司(IBM)在长期的内部公共关系实践中,始终强调"提供最佳服务",并以此来教育引导每一个员工的一言一行,在工作中追求尽善尽美,为世界各地的用户尽可能提供满意的产品和服务。广大职员也十分重视把自己的一举一动同公司形象联系在一起,使该公司成为举世注目的信誉一流的优秀企业。在内部公共关系实践中,一个组织一旦确立了自己的价值观念和行为规范,就为组织自身的建设和发展树起了一面旗帜,向全体职工发出一种号召。这种号召一经广大员工认可、接受和拥护,就会产生巨大的导向作用。

(二)规范和约束功能

内部公共关系往往是通过一些无形的、非正式的、非强制性的和不成文的行为准则起作用的,它虽然不见诸文字却由于约定俗成而对每一位员工的思想观念和举止行为起着规范约束的作用。在一个组织特定的环境氛围中,人们由于合乎组织特定准则的行为受到肯定和赞扬而获得身心的平衡与满足;反之,则会产生失落感和挫折感。因此,在内部公共关系活动中,作为组织的一员往往会自觉地服从那些根据组织成员的根本意志和利益愿望制订的行为准则,产生"从众行为"。内部公共关系工作在尊重个人情感的基础上,引导人们为实现组织共同的价值观念进行自我控制、自我约束。

(三)凝聚功能

内部公共关系活动使人们在个人目标与组织目标高度一致的基础上树立一种以组织为中心的群体意识,从而潜意识地对组织集体产生强大的向心力。具有强烈集体观念的各个成员会对本组织所承担的社会责任和发展目标有深刻的理解,组织目标成为强有力的“粘合剂”,把本组织全体成员的意志凝聚在一起。在内部公共关系实践中所确定的价值观念和行为准则,是广大员工共同意愿的集中反映,为大家所认可、理解和接受,使组织内部上下左右各方面“心往一处想,劲往一处使”,成为一个协调和谐、配合默契的高效率的集体。

(四)激励功能

所谓激励就是通过各种形式的外部刺激,使组织内部的个体成员产生一种士气高昂、发奋进取的精神状态。较之物质刺激来说,内部公共关系活动从精神上给员工以激励,它的适应性更广泛,作用力更持久。在一个“人人受到激励,个个得到尊重”的组织环境中,每个成员的进步和贡献都会及时得到领导的赞赏、同事的夸奖和集体的褒扬,从而诱导和刺激人们潜在的热忱与干劲。激励犹如组织活力的“加压泵”,它能向员工输送力量,使他们做出为人称道的不凡业绩。

(五)辐射功能

内部公共关系能够使各类组织的人、财、物诸要素与产、供、销诸环节得到优化组合和合理配置,发挥组织的整体优势和特长。同时,内部公共关系活动也是一种自我表现活动,它向社会展示组织的形象,包括员工的精神面貌、管理风格与特色、经营思想、价值观念和行为准则以及产品、服务、标识,不断向外界广大公众提供有关本组织各方面可靠而真实的信息资料与发展动态,以提高本组织在各界公众心目中的认知度、美誉度和和谐度,给广大公众留下良好的印象。在我国,各类组织不仅是一个生产经营实体,也是一个社会群体和细胞。它不仅是物质财富的生产者,也是精神财富的创造者。在社会主义条件下,生产资料公有制决定了各个组织及其内部各类公众根本利益的一致性。内部公共关系建设不仅要培养组织成员热爱集体、关心组织、积极工作的思想态度,培养相互信赖、互相合作的集体主义精神和融洽亲密的环境气氛,而且要进一步引导组织成员的一言一行,提高他们的思想觉悟和道德素质,既为本组织目标而奋斗,又为国家发展、社会进步做贡献,使人们精神境界升华到更高层次。

第二节　内部公共关系运作机理

每个社会组织都有自身特定的内部公众及其内部公众关系,内部公众在与组织互动过程中必定产生认知、动机、态度和行为,这就是内部公众心理活动的全部过程和全部内容。内部公共关系的运作过程就是通过某种途径,采取一定手段对内部公众的心理活动进行有计划的调节和有意识的引导。

一、增加内部公众的认知

公众对企业、组织的认知,是指公众对企业行为或组织行为的知觉、印象、记忆、想像、判断和理解等。公众对组织的认知,是公众心理活动的开端和基础。在内部公共关系工作中,增加内部公众对组织的认知是一个首要课题。

组织形象实际上就是各界公众对组织的感受和评价,组织形象的好坏固然决定于它自身的行为,但也决定于公众对它的认知程度。在内部公共关系活动中,有效地增加公众对组织的认知,可以从以下几个方面入手:

(一)内部公共关系要重视组织给公众的直接印象

组织给公众的印象有三类:真实的组织形象、想像的组织形象和暗含的组织形象。真实的组织形象存在于公众与组织的直接接触中,想像的组织形象存在于组织的宣传广告活动中,暗含的组织形象存在于组织的某些象征性行为之中。在三类印象中,对于一个企业最为重要的是真实的企业形象,即公众通过直接接触而产生的对组织的感受和评价。组织要以实际行动赢得内部公众的信赖,让其亲身体验和实地了解组织在提高产品或服务质量方面所作出的努力。

(二)要注意内部公众对组织的"第一印象"

从公众的认知规律来看,人们对认知对象的第一印象很重要,即所谓"先入为主"的心理现象。公众对组织有一个好的第一印象,以后就很可能保持这个良好印象;反之,公众对组织的第一印象很差,以后就很难扭转这种不良印象。

新产品推出、新职工报到、新工艺推广、新商场开张、新用户上门都务必认真布置,周密接待,不可草率从事。以接待新职工为例,新职工刚进厂门第一印象的好坏,将对他们产生持久的影响。欢迎新职工的目的是为了使他们尽快熟悉了解本组织,消除新职工与老职工之间的陌生感,使新老职工共处于一种和睦友爱的家庭式气氛之中,让新职工心目中产生对组织深刻而难忘的良好的第一印象。对于已经熟悉组织情况的员工来说,他们最关心组织的"新招数"、"新调子",比如老职工对企业的新产品、新工艺、新技术特别关心。因此,内部公共关系活动要督促组织在各方面不断创新,以便给广大公众留下充满生机的印象。

(三)内部公共关系要培养和强化组织形象的个性特色

根据公众的认知规律,人们对事物的认识具有选择性,而影响认知选择性的一个重要因素就是认知对象本身的个性特色。电影演员靠个性特色来塑造角色,赢得观众。在公共关系活动中,组织也要依靠个性特色来团结内部公众,在激烈竞争中求生存图发展。一个组织越有个性特色,就越能引起公众的注意,越容易为公众所认知,因而,也越能在公众心目中留下难忘的形象。

在内部公共关系活动中，培养和强化组织的个性特色是增加公众认知的一个重要内容，包括产品特色、服务特色、工艺特色、外观特色、人员特色、管理特色等。在实际工作中，组织通过内部广大公众的不懈努力，向社会各界展示其精神面貌和形象特征。

（四）要不断增加组织的透明度

组织的透明度是指组织的管理决策及其日常行为能被公众感知和理解的清晰程度。公众只有对组织看得清，才能看得准，才能在全面认知的基础上与之保持良好的关系。

在内部公共关系工作中，增加组织的透明度，必须提倡"玻璃窗"式的经营管理方法，以便让广大员工更多地了解和认知组织的全貌。通常的做法是：

1.敞门法

为了增进内部公众和外部公众对组织的认知，取得他们的信任和支持，不少企业经常安排职工参观了解企业的现状与最新发展情况。

2.对话法

随着改革开放的不断深入，不少单位广泛开展协商对话活动，并且逐步形成了制度，成效显著。各类企业、组织机构通过与内部公众和外界公众的对话，可以清楚地解释本单位的经营宗旨、决策规划、方针政策及其面临的困境，从而赢得公众的谅解和支持，尤其是争取内部公众对组织集体的信任。

3.安民告示法

内部公共关系工作的一个重要任务就是促使组织内部的信息交流畅通，做到"上情下达"和"下情上达"。在组织内部，可以经常地主动地向广大内部公众发布信息和新闻，通过文件、广播、刊物、布告栏、新闻发布等方式，把组织内部的重要活动、重要事件等信息告诉广大员工，从而有利于组织内部上下左右公众之间的相互了解和密切配合。

二、激励内部公众的动机

动机是指人们满足一定需要的兴趣、意愿、期望和信念等，公众动机是为了满足需要而产生的对组织的一种心理活动。在内部公共关系实施过程中，激励内部公众的动机，可以采用以下几种方法：

（一）民主管理激励

这是社会主义企业组织内部公共关系活动采用的一种激励方式。要激励职工的动机，调动职工的积极性，必须切实保障职工的主人翁地位，真正做到职工当家作主，使广大职工有权参加组织重大事件的决策，对领导者进行监督和质询，以此调动广大职工以及其他内部公众的积极性，建立和发展良好的内部公共关系。

（二）奖惩激励

通过奖励或惩罚，充分肯定内部公众的合理动机和正确行为，使之发扬光大；同时，彻底否定职工的不良行为，使之收敛和消退。在对内部员工实施奖励时，要把物质奖励与精神奖励结合起来，精神鼓励往往具有物质刺激无法替代的作用。有关研究表明，通过物质鼓励只能发挥职工工作能力的60%，而剩下40%的潜在能力只有依靠精神奖赏的方法才能充分激发出来。因此，在奖励先进时，应该坚持物质鼓励和精神鼓励相结合，两者相辅相成，不可偏废。

（三）榜样激励

榜样激励即通常所说的典型示范，以典型带动一般，以先进带动后进。通过树立榜样，会促使先进员工更加严格地要求自己，积极奋发，更上一层楼；同时，榜样对一般员工、后进员工产生触动，促使他们对比先进找出差距，激发广大内部公众的上进心。在树立榜样时要注意其真实性、代表性、可学性，切忌眼光过高，一味追求高、大、全，要注意榜样典型对组织内部各层次的公众都具有说服力和感召力。

（四）领导行为激励

在组织内部，领导者行为对于广大员工下属具有很大的感染、鼓舞和示范效应。领导者的模范行为是一种无声的号召，是广大员工学习效法的榜样。为此，领导者在领导作风、领导水平、领导方法等方面应对自己提出更高要求。领导者要一心为公，甘当服务员和勤务员；要廉洁奉公，正确运用群众赋予的权力，不以权谋私；要发扬民主，经常与下属沟通，深入基层发现问题，认真听取员工的意见、建议，与广大员工真诚相处、平等相待。

（五）情感激励

在内部公共关系活动中，要注重对职工进行感情投资，对职工8小时内外的学习、工作和生活都不断给予关心照顾，从而激发员工的积极性。感情需要是内部公众最基本的心理要求，增强各类内部公众与组织之间感情上的联系，不断密切彼此间的关系，是塑造组织形象的一种宝贵财富。感情投资不受时空条件的限制，与有形的物质联系相比，情感激励产生的作用和内聚效应更为持久。

（六）反馈激励

在内部公共关系工作中，及时地把员工业务成绩和学习效果反馈给本人，同时作出客观的评价和奖赏，这样会更有效地激励内部公众的积极性。比如在企业中，可以通过各种反馈手段来激励员工，逐月公布员工的各项生产活动指标和科研成果，建立和公布职工政治、技术、文化、业务考核统计资料等，给广大职工设置适当的指标，定期公布其完成情况，这会有效地激发内部公众的行为动机。

三、转变内部公众的态度

态度是公众对某类事物所持的一种心理倾向，这种心理倾向包括认识的因素、感情的因素和意向的因素。一个人的态度对他的行为具有指导性和动力性的影响，因为态度通过行为表现自己，行为的动力蕴藏在态度之中；态度影响到公众对客观事物的认识，而对客观事物的认识又强化他的态度。组织内部不同类别的公众,其经历各不相同,除了形成多种不同的个性和不同的需求之外,还形成了不同的态度。例如:有的人对工作认真负责,一丝不苟,有的人却马马虎虎,得过且过;对待同一事物同一问题,有的职工赞成,有的职工反对。因此,公众的态度在很大程度上决定了他的思维方式、生活方式和工作行为。

公众的态度不是天生的,而是在社会环境及其日常生活中经过学习而逐渐形成的。内部公共关系工作的一项极其重要的任务是通过各种形式的宣传、教育和沟通活动,端正职工的工作态度,改变消极的态度,使广大员工形成一种符合社会规范和组织要求的正确态度。

组织机构应善于利用各种媒介和途径有针对性地向广大员工进行深入细致的宣传教育。这些内部公共关系活动表面上看起来只是一种信息传播和沟通活动,但其最终目的是为了使内部公众强化一种态度或改变一种态度。我们可以用内部公众态度变化的方向和程度来考核评价内部公共关系工作的成效。

实施各种内部公共关系活动,改变或强化内部公众的态度,一般必须依次经历服从→认同→同化三个不同的阶段:

(一)服从阶段

这是从表面上转变观点和态度的时期,也是公众态度转变的第一个阶段,处在这个阶段的公众只是被迫表现出一些顺从的态度和言行,其内心并非心甘情愿,他并不完全相信某种情况。

(二)认同阶段

在认同阶段,公众不是被迫而是自愿接受他人的观点、信念和态度,并努力使自己的态度与他人的态度相接近。如加入某组织集体的人,经过一段时间之后,认识到作为组织的一个成员,必须遵守组织的行为规范和价值标准,于是他便能够自觉地执行各种规章制度,并将此作为一种自己恪守的信念和态度。认同阶段不同于服从阶段，它不在外界压力下转变态度，而是自觉自愿地改变自身的态度。

(三)同化阶段

在态度转变过程的同化阶段，公众真正从内心深处相信并接受他人的观点，从而彻底地改变自己原来的态度。

在实际工作中，为了更有效地转变内部公众的态度，提高内部公共关系活动的效率，我们必须重视利用和发挥"名片效应"与"自己人效应"。

所谓"名片效应"，就是指在公共关系宣传沟通活动中，宣传者在论述自己的基本观点之前，先表明自己在许多问题上与受众有一致的意见。亮出这张"名片"的目的是为了削弱受众在态度转变过程中的对立情绪，避免受众对宣传者所倡导的观点持挑剔态度，使受众认为他们彼此之间有许多共同的观点和见解，从而提高内部公共关系工作的实际效果。

所谓"自己人效应"，则是前一种"名片效应"的进一步发展，即宣传者在论述自己的基本观点之前，不仅表明自己在许多问题上与宣传对象有一致的意见，而且指出自己与宣传对象在其他方面也有不少相似之处，如共同的职业、习惯、风俗、民族、乡土、兴趣、个性特质等。这种亮相会进一步缩短宣传者与受众之间的心理距离，消除彼此的陌生感、隔阂感，使受众从双方相似之处引出认同感，从而把宣传者看成"自己人"，愿意接受宣传者提供的信息和观点，改变自己的态度。

四、引导内部公众的行为

内部公共关系活动的最终目标是引导和控制内部公众的行为。一个组织要有良好的劳动秩序、生产秩序和工作秩序，就要对广大内部公众的日常行为进行引导和控制，以制止越轨行为的出现、蔓延，鼓励积极行为发扬光大，保持个人目标与组织目标的基本一致，使由诸多职工个人行为构成的组织行为系统产生最大的功效。

内部公众行为的引导和控制，一般要经历三个不同的时期、阶段：

第一阶段，解冻期。解冻就是公众破坏原有的价值标准与传统的处世习惯，接受新的行为方式。当一个人觉得再也不能按老样子下去了，非改变原先的行为不可时，就可以说他开始进入解冻期了，加速解冻的办法是增加公众改变行为的内驱力和减少反抗改变的遏止力，这时要注意使愿意改变的行为与奖赏结合起来，把不愿改变的行为与处罚联系起来，从而促使解冻加速。

第二阶段，消融期。当一个人已经被激励去改变态度或行为时，他便能接受新的行为方式。在行为改变的消融期间，公众所期望的新的行为方式越来越多，原来的行为方式越来越少。这时，公众行为是一种努力接近新的行为模式的认同行为，也是一种“非新式行为就不行”的公众内化行为。在消融期里，有效改变公众行为必须努力激发他们对新行为的认识与同化。当旧的行为方式越来越少而新的方式越来越多并已成为主导方式时，就开始进入了一个新的阶段。

第三阶段，冻结期。冻结期是指将公众新的行为方式固定成为一个模式行为，并使之持久、巩固的阶段。这时必须对内部公众行为进行有效的定向强化与定向控制。连续的强化控制是对被改变的公众每次从事新的行为时都给予肯定、表扬和赞赏，每当他出现一次积极的表现就给予一次强化。继续的强化控制是按照公众预定的行为反应次数或间隔时间而施行强化，它可以保证公众改变行为的积极性。

在各类公共关系实务活动中，积极引导和控制内部公众的行为，可以采取以下不同的方式和手段。

(一)思想控制

内部公众的思想状态如何，对于提高内部公共关系工作的效率具有决定性的意义。在社会主义条件下,思想控制是以正确的世界观为前提的。用正确的思想指导公众日常行为,保证公众行为的目的性和方向性。在内部公共关系工作中,借助思想引导和控制可以使其他领导和管理方法更好地发挥作用。唯有思想引导和控制才能在一个相当长的时间内收到成效。

(二)纪律控制

在内部公共关系工作中,思想教育和必要的纪律是相辅相成的。内部公共关系的协调沟通不仅是口头上的说服,也包括纪律约束这种强制的形式。利用纪律手段对内部公众的行为进行引导控制,是内部公共关系活动不可缺少的内容。在加强思想教育的基础上,对于违背纪律的部分职员,应当给予必要的处分。

(三)道德控制

道德控制是通过信念的力量来约束公众的行为。在内部公共关系工作中要特别重视运用职业道德来引导、规范和控制内部公众的言行举止。职业道德是促进人们热爱职业、献身职业的内在力量源泉,一个人的职业道德水平如何,直接影响他所从事工作的职业效绩。社会主义的职业道德也是协调内部公众相互关系的有力手段。在一个组织内部,矛盾无时不在,无处不有,许多问题的解决需要利用职业道德规范。如产品质量问题、服务态度问题等,只有用良好的道德意识和道德规范,才能有效地约束内部公众的个人行为及其组织行为。

(四)经济控制

经济控制是围绕物质利益这个中心,从不同内部公众的不同经济效益出发,把组织和职工个人的物质利益联系起来,利用工资、奖金杠杆来有效地激发内部公众的积极性。

(五)心理控制

心理控制是公众内心愿望和外界要求互相一致的情况下所产生的自生性控制形式。利用调节心理的方式对内部公众的行为进行引导和控制,能最大限度地发挥内部公众的主动性和积极性。

(六)舆论控制

在内部公共关系活动中,舆论控制是依靠社会舆论的力量,对组织内部的公众行为进行规范和约束。一般来说,社会舆论客观而且公正,因而对于内部公众行为的引导和控制更具广泛适用性和持久性。

第三节 内部公共关系沟通目标与渠道

一、内部公共关系的沟通目标

(一)造就员工良好的价值观念

一个能够取得卓越成就,并能长久保持光荣的企业,究竟靠的是什么法宝?许多一流的中外企业家和潜心钻研其成功经验的学者们普遍认为,个中的重要因素是极为重视和开展内部公共关系活动,并把培养广大员工积极向上的价值观念作为日常工作的关键一环,以维系、动员和激励整个企业的活力。

我国近代著名实业家范旭东、侯德榜在天津创办经营的久大精盐厂、永利碱厂和黄海化学工业研究社,在当时极端恶劣的外部环境下能够生存下来并且得以发展兴旺,成为功勋卓著、蜚声中外的企业群,就是依靠了体现近代民族实业家社会责任感与企业存在价值的员工精神信念,即"我们在原则上绝对相信科学,在事业上积极发展实业,在行动上宁愿牺牲个人而顾全团体,在精神上以服务社会为莫大光荣。"闻名中外的杭州著名药店"胡庆余堂",在日常业务活动和经营管理过程中制订的店员信条是"戒欺",强调"药业关系性命,尤为万不可欺",进而要求药店及其员工的所有行为必须遵循"采办务真,研制务精"的价值准则,提高了企业的认知度、美誉度和和谐度,其产品在海内外市场的辐射力和竞争力不断增强,使这家百年老店至今仍盛而不衰。

美国国际商用机器公司(IBM)的总经理小沃森提出该公司所有员工应有的价值观念有三项内容:尊重公司内部每一个人的尊严和权利;提供全世界所有同类公司中最佳的服务给广大用户;相信本公司的每一项目标任务是以卓越的方法完成实施的。经过几十年长期不懈的努力,“IBM公司意味着最佳服务”这句口号已真正成为公司全体员工追求的目标。正是这一精神上的优势,促使IBM公司能够在创业道路上硕果累累。

在内部公共关系实践活动中,日本松下公司的宗旨是:“认清我们身负的责任和使命,追求进步,促进社会文明,致力于世界文化的长远发展”。他们提出的员工信条是:“唯有本公司每一位成员齐心协力,才能促成进步与发展。因此,我们每一个人都要时时刻刻记住这一信条,努力促使本公司的不断进步。”他们在内部公共关系活动中还制订了“松下精神”,即产业报国的精神,光明正大的精神,和亲一致的精神,力争向上的精神,礼节谦让的精神,顺应同化的精神,感谢报恩的精神。松下公司是日本第一家有公司歌曲和价值规范的厂家,企业在日常经营管理中给予员工两种训练,一种是基本的生产技术训练,另一种是独特的“松下精神”的学习教育。每隔一个月,员工们至少要在他所属的群体中进行10分钟的演讲,说明本公司的精神价值观念,以及公司与社会、个人之间的相互关系。松下公司的价值观念不仅成为松下公司成功的保障和内源动力,在一定意义上甚至成为日本经济起飞的象征。

根据大量中外企业组织成功的经验分析,组织成功应具备七个基本要素,即“7S”:组织结构(structure)、经营战略(strategy)、组织系统(system)、组织班子(staff)、组织作风(style)、实务技能(skills)与员工共有的价值观念(sharedvalue)。而其中的员工价值观念是“7S”中的核心要素,它是企业成功的法宝,也是内部公共关系工作的一个主要目标。在组织内部开展公共关系活动时,一个首要任务是造就和培养一个共同的员工价值观念,以达到团结广大内部员工,使内部公众协调一致的目的。

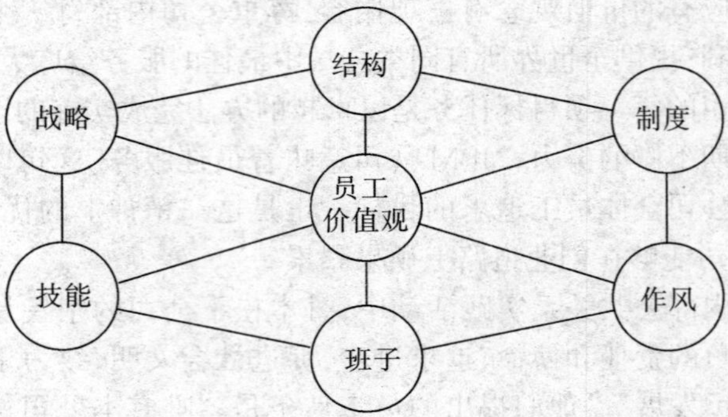

图 7-1 七要素关系图

在内部公共关系工作中,培养员工的价值观念对于组织形象的塑造和组织的生存发展具有重要作用。首先它赋予内部公众的日常工作以崇高的意义。人们总是希望在自己的业务岗位上建立个人与社会组织的认同关系,获得归属感和荣誉感,并且希望在特定的工作环境中以自己的才干和实绩赢得他人和社会的承认与尊敬。因此,在公共关系活动中正确地揭示每个员工的工作价值,把他们的日常工作与高层次的价值目标联系起来,能够使员工超脱低层次的狭隘眼界,获得精神动力,动员广大员工团结一致为共同的目标和任务精诚合作。其次,员工的价值观念赋予企业、组织以重大的社会责任。一个正确选定的价值观念和价值目标,同时要求企业、组织从文明进步和社会责任的角度出发,来指导和校正自己的行为,不仅仅强调组织自身的局部利益。再次,价值观念为广大员工提供了日常行为的指南。在激烈的竞争面前,一个组织要求生存、图发展,必然要求上至领导者,下到普通员工,共同拥有一个积极上进、团结协作的价值观念,并以此作为自己日常一言一行的行为准则和思想规范,促使上下左右各类员工围绕共同的价值准绳作"向心运动",将组织全体内部公众在目标一致、利益一致的基础上紧密地结合为一个有机整体，自觉地调节局部利益与整体利益、目前利益与长远利益之间的关系，保持员工思想言行的正确方向和组织运行发展的健康协调。

(二)协调和改善组织内部的人群关系

从内部公共关系的角度来看，一个组织、企业能否取得成功，关键在于组织与个人之间目标是否一致，即组织内部各类公众的人群关系，领导者与职工之间以及职工个人之间的交往协作关系是否紧密融洽。如果组织能够从自己的实际情况出发，满足内部公众各个层次的不同需要，那么，这个组织内部的人群关系必然是良好的，这样必定有助于组织提高工作效率，有助于本组织实现既定的目标和任务。一个组织的公共关系人员有责任通过内部公共关系活动，使广大职员形成和获得方向感、信任感、成就感、温暖感、舒适感、实惠感，从而不断改善组织内部的人群关系。

方向感指的是员工对组织的近期发展目标和远期发展方向是否了解，是否寄予希望；员工对个人的职位、职务和工作前途是否感到乐观满意。如果广大员工的方向感良好，那么就会对组织产生较强的归属感和依附感，甘愿为组织的前途和个人的发展付出不懈的努力。

信任感就是指组织内部各类公众之间的互相信赖和互相配合的程度。广大员工充分信任本组织的领导人和其他管理人员，领导和管理者也充分相信职工。这种相互信任感的建立会使内部员工自觉以主人翁的态度来关心组织，以主人的身份对待各自的工作。因此，培养内部公众的信任感是建立组织内部和谐人群关系的基础。

温暖感指的是广大员工把组织看成是自己的“家”，是一个“扩大了的家庭”。组织中上下左右之间关系融洽，气氛亲切和谐，上级主动为下级排忧解难，下级自觉体谅上级的难处。身处这样的组织里边，每个人都会感到亲切和温暖。

实惠感指的是组织关心员工的切身利益,能够帮助解决广大员工的实际问题,报酬合理,奖惩得当,职工的衣、食、住、行等得到妥善安排,基本的物质需求得到满足,使员工们感到本人的物质利益满足程度与组织的成长兴旺是密切联系在一起的。

舒适感指的是组织为自己的员工创造和提供良好的工作环境、劳动条件,重视劳动保护,合理安排劳动强度,使员工们在 8 小时之内和 8 小时之外都感到舒畅适宜。

成就感指的是每一位员工都认识到个人的每一项劳动都与组织的成就、组织的荣誉和组织形象的塑造息息相关。组织努力创造各种条件尽可能使每个员工取得更大的成就和更快的进步,而员工们则把个人的工作成绩与组织的成就联系在一起,正确认识自己的工作价值与社会职责,并且激励自己不断进取。

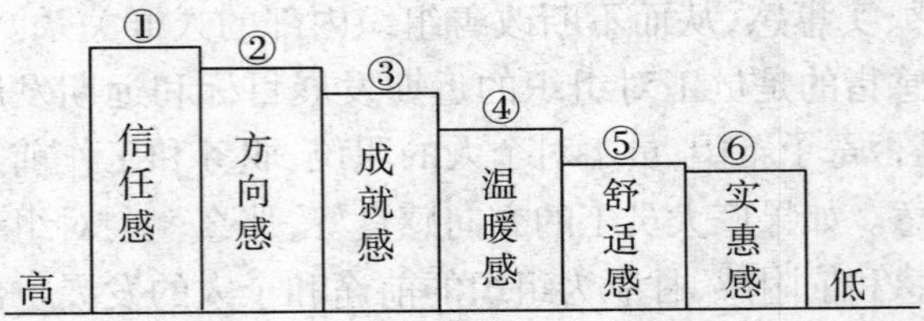

图 7-2 六项指标图

有关部门曾经利用内部公众的方向感、信任感、温暖感、实惠感、舒适感和成就感六项指标,对上海 1600 家企业的经营管理水平和人际关系状况进行了测评。结果表明,接受调查的职工都把精神性需求,比如信任感、方向感排在前列,而将物质性需求,如实惠感等放在后面。得分排列由高到低依次为信任感、方向感、成就感、温暖感、舒适感、实惠感。

这次调查给我们一个启迪,就是组织内部的人际关系状况对于该组织的兴衰成败是至关重要的。开展内部公共关系工作的目标之一,就是促进组织内部公众之间的相互沟通、相互理解、相互信任、相互关心、相互尊重。

（三）培养组织内部“家庭式氛围”

组织内部的公共关系工作应包括对生产经营和日常组织活动内、外的各个方面给予积极的关心，使员工感到置身于组织集体之中犹如置身于自己的家庭之中。每一个组织成员都有经济的、社会的、心理的、精神的不同方面不同层次的内在需求，只有员工们的种种需求在组织内部得到基本满足，才能促使他们努力劳动、勤奋工作。因此，照顾好每个员工的工作、生活是组织应尽的责任。那些获得卓越成就的公司，都十分重视关心员工，培养企业内部和谐融洽的人事环境和“家庭式氛围”，他们总是把企业和公司看成是一个扩大了的家庭。例如，美国著名的德尔塔航空公司，就大力提倡和培植广大职员的“家庭情感”，并把“家庭观念”融入了各项管理制度之中。在内部公共关系工作中，他们把培养“家庭情感”看得比眼前利益或成本投资更为重要，这就是他们获得成功的“德尔塔之路”。

每一位在组织供职的员工，不仅希望自己从事的工作富有价值和意义，在事业上有希望有奔头，而且希望自己的组织是一个充满人情味和温馨感的“大家庭”。只有在融洽的家庭式气氛中，员工们在日常工作中碰到的焦虑和压力才能得到缓解、消除，同时，这种家庭式的情感需求的满足必然促使广大员工形成强大的工作动力和为事业献身的奋斗精神，从而把组织造就成为一个坚强团结的集体，以卓越的事业成就去赢得社会各界公众的信任和大力支持。

二、内部公共关系的沟通形式

社会组织的内部沟通，是内部公共关系活动的重要内容。组织内部沟通工作包括有关组织运行情况的信息沟通，以及有关组织内部员工状况的信息沟通，目的在于协调各类内部公众关系，增加组织的内聚力和外引力。组织内部的沟通形式是多种多样的，可以作如下几种划分：

(一)正式沟通与非正式沟通

正式沟通是指在组织系统内，依据一定的组织层次所进行的信息传递与交流活动，它是按照组织明文规定的渠道进行的信息沟通。组织内部规定的汇报制度，定期或不定期的会议制度，上级的指示命令按组织系统逐渐向下传达，下级的情况逐级向上级领导反映，等等，都属于正式沟通方式。

正式沟通的优点是沟通效果比较好，比较严肃，约束力强，易于保密，可以使内部公共关系工作保持权威性。重要的信息和文件的传达、组织的决策一般都采用正式沟通的渠道。其缺点是各层次层层传递，显得刻板而缺乏灵活性，沟通的速度比较缓慢。

非正式沟通是在正式沟通渠道以外进行的信息传递和交流，它不受组织监督，自由选择沟通渠道。例如，企业职工私下交换意见，朋友聚会议论某人某事以及传播小道消息等，都属于非正式沟通。内部公共关系必须重视研究非正式的沟通活动，因为广大内部职员真实的思想和动机往往是在非正式的沟通中表露出来的。同正式沟通相比，非正式沟通往往能更灵活迅速地适应组织内部信息传播，省略许多繁琐的程序，并且常常能够提供大量的通过正式沟通渠道难以获得的信息，更全面更准确更真实地反映职员的思想、态度和动机，为组织管理和公共关系决策提供可靠的依据。

非正式沟通的优点是沟通方便，直接明了，信息沟通速度快，容易及时了解到一些来自内部公众的“内幕新闻”。其缺点是非正式沟通渠道难于控制，传递的信息容易扭曲失真，传播一些马路消息和流言蜚语，它可能导致小集团小圈子形成，影响内部公众的人心稳定和组织团体的凝聚力。在现代公共关系活动中，不少组织开通了“高度的非正式沟通”，利用各种场合和各种渠道排除拘束感和谨慎感，以保持内部公众之间经常不断的信息交流，从而在一个组织系统内部形成一个开放的信息沟通网络。国外的一些公共关系专家在这方面动了不少脑筋。美国华特·迪斯尼公司上至董事长下至一般员工都佩戴一个只有各自姓名的统一标记,让大家彼此直呼其名,以减少在交往时因身份不同而造成的等级感,便于形成富有人情味的家庭式气氛。

(二)单向沟通与双向沟通

所谓单向沟通,指的是信息发送者以命令方式面向接受公众,一方只发送信息,另一方只接受信息,双方无论在语言上还是情感上都不需要信息反馈。如发指示、下命令、作报告等都属于单向的信息沟通。所谓双向沟通,指的是信息的发送者以协商和讨论的姿态面对接受公众。信息发出以后还需及时听取反馈意见,必要时发送者与接受者还要进行多次重复商议交流,直到双方共同明确和基本满意为止。比如与职工谈心、召开座谈会、听取情况汇报、协议双方谈判等都属于双向信息沟通。

单向沟通与双向沟通各有利弊,这具体表现在:

第一,单向沟通主要是上级发指令、下级执行,因此,在解决一般问题或处理紧急情况时,它比双向沟通快捷、迅速。而双向沟通因为要听取反馈意见,有可能受到接受公众质询和挑剔,因此,传递信息的速度较慢。

第二,单向沟通在传播信息时,发送者和接受者之间没有讨论的余地,上级下达指示命令,下级无论理解还是不理解都必须执行。所以,单向沟通得到的信息往往不那么准确,把握性不大。而双向沟通在接受者和发送者之间有反馈机会,可以重复讨论,多次商议,易于准确把握信息。

第三,单向沟通比较严肃呆板,往往是一个人或少数人说了算,因此,当接受者不愿听取意见时,易产生抗拒对立情绪。而双向沟通则比较灵活自由,接受者有表达自己观点、建议的机会,产生平等感和参与感,增强自信心和责任心,而且有利于双方互相理解,形成融洽的人际交往关系。

第四,对信息的传递者来说,双向沟通的压力比单向沟通要大,这是因为双向沟通不仅要在发送信息前做好多方面的准备工作,而且要解答受众提出的各种问题,因而比单向沟通的心理压力大一些。

在组织内部的公共关系活动中,究竟采取何种沟通方式为好,应当因人因事因时因场合而异。为了使工作快速和维持组织正常的秩序,宜用单向沟通;例行公事的指示命令的传达,可用单向沟通。如果要求工作踏实有效,重视组织成员的人际关系,宜用双向沟通;处理重大的、复杂的或陌生的问题,宜用双向沟通。总的说来,内部公共关系工作要十分重视双向的信息传递和沟通。实践表明,要达成双向沟通并不是一件容易的事情。它一方面要缩小内部公众之间的心理上的差距,特别是组织内部上下级之间的交往,往往会出现心理差距,下级不敢畅所欲言;另一方面,对不同意见的容忍程度也是影响双向沟通效果的一个因素。

(三)横向沟通与纵向沟通

在内部公共关系活动中,横向沟通又叫平行沟通,它指的是在组织系统中层次相当的个人或团体之间所进行的信息传递和交流。组织机构内部的横向沟通又可以划分为三种不同情形:一是组织决策层或者高层管理人员之间的信息沟通(如厂长与党委书记之间互相交换意见),二是组织内中层各部门、团体之间的信息沟通,三是一般员工在工作上思想上的相互沟通。横向沟通具有很多优点,它可以使组织内各部门、各团体之间互相了解,克服本位主义倾向,培养员工的整体观念和团结协作精神;其缺点是横向沟通头绪过多,易于造成信息散乱和疏漏,有时员工个体之间的横向沟通也可能成为发牢骚、讲怪话的途径,造成涣散士气的消极影响。

组织内部的纵向信息沟通又可分为下行沟通与上行沟通。下行沟通是指管理者对员工所进行的自上而下的信息沟通。如将组织目标、计划方案、政策措施传达给基层群众,发布组织新闻消息,对组织面临的一些具体问题提出处理意见等。下行沟通的优点是可以使下级部门和团体成员及时了解组织目标和领导意图,增强员工对所在团体的向心力和归属感,它也可以协调组织内部各个层次的活动,加强组织纪律。下行沟通的缺点是:如果管理决策层使用下行渠道过多,会在下属中造成高高在上、脱离群众、独裁专横的形象,使下属产生消极对抗情绪。此外,由于来自组织最高决策层的信息需要经过层层传递,容易延误时间。

上行沟通主要是指团体成员和基层公众通过一定的渠道与管理决策层所进行的自下而上的信息交流。它有两种表现形式:一是层层传递,即依据一定的组织原则和组织程序逐级向上级反映,例如基层单位的信息通报就是从班组开始,经过车间、分厂再到总厂逐级向上反映的;二是越级反映,它指的是减少中间层次,让最高决策者和领导者与一般员工直接对话。例如员工在“厂长接待日”直接向厂长反映情况;或是把有关意见建议直接投入“厂长意见箱”。上行沟通的优点是管理者便于全面及时了解组织近况和广大员工的思想动态,员工可以直接向上级反映意见,提出建议,从而使上下级之间密切彼此关系,提高组织的凝聚力和和谐度。上行沟通的缺点是:下属因级别不同造成双方沟通上的隔阂感和心理上的距离感,还有的人因害怕“穿小鞋”而不愿如实反映情况,某些信息在自下而上的层层过滤中也可能会出现失真现象。

三、内部公共关系的沟通网络

内部公共关系的沟通是在组织内部的公众之间进行的信息交流和传递。当公共关系人员为解决某个问题和协调某一方面而在明确规定的组织系统内进行沟通时,就会选择和组建组织内部不同的信息沟通网络。这些沟通网络既可以影响团体公众的工作效率,也可以影响团体成员的心理和组织的气氛。

(一)链式沟通网络

在一个组织系统中,它相当于一个纵向沟通网络,在链式网络中的信息按高低层次逐级传递,信息可以自上而下或自下而上地交流。在这个网络模式中,居于两端的公众只能与内侧的一个成员相联系,居中的则可以分别与上下互通信息。各个信息传递者所接受的信息差异较大,不同公众的平均满意程度也有较大差距。在内部公共关系管理中,如果某一组织系统的内部机构过于庞大,需要实行分层授权控制,此时利用链式的信息沟通网络是一种行之有效的方法。

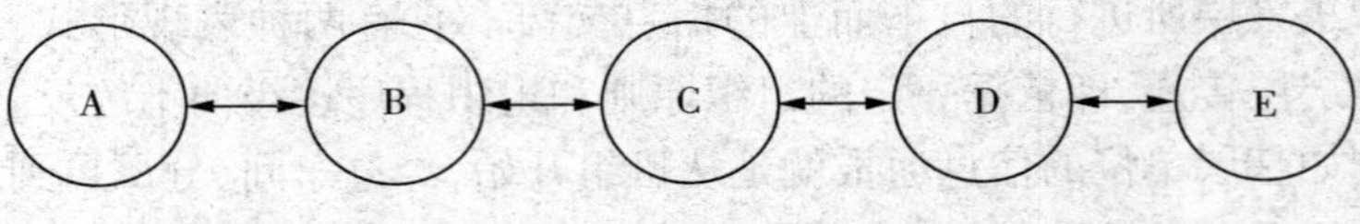

图 7－3　链式沟通网络

(二)圈式沟通网络

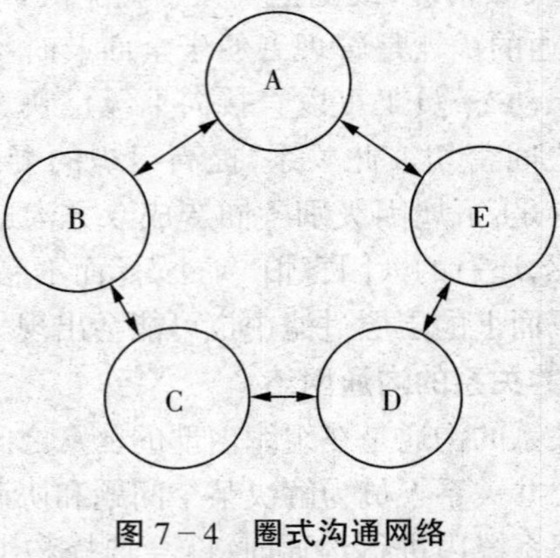

图 7－4　圈式沟通网络

这种组织内部的信息沟通是指不同公众之间依次联络沟通,这种网络结构可能产生于一个多层次的组织系统之中。第一级主管人员对第二级建立纵向联系,第二级主管人员再与底层建立联系,底层工作人员之间或底层主管人员之间建立横向的沟通联系。在实施内部公共关系时,如果需要在组织中创造出一种高昂的士气,彼此共同实现组织既定的目标,那么,采用圈式沟通网络较为合适。

(三)Y式沟通网络

这是一个组织内部的纵向沟通网络,其中只有一个成员位于沟通活动的中心,成为中间媒介与中间环节。在一般企业、公司机构中,这一网络大体相当于企业领导、秘书班子再到基层部门或一般员工之间的纵向沟通关系。这种沟通模式集中化程度高,解决问题的速度快,有助于对整个组织运行及其内部公众行为实行有效的控制。

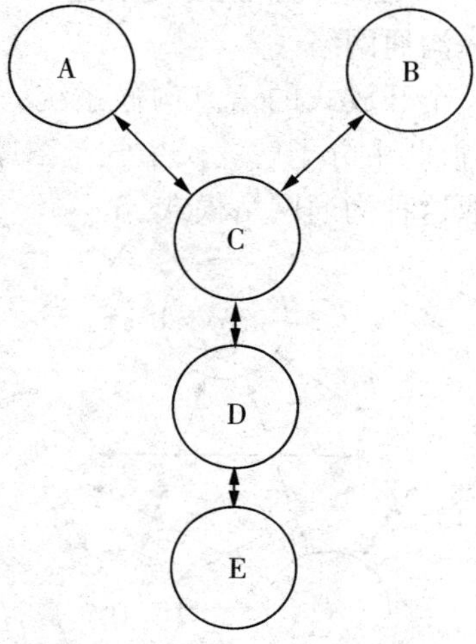

图7-5 Y式沟通网络

(四)星式沟通网络

在这一网络中,主管人员分别同下属部门发生联系,成为各种信息的汇集点和传递中心。在企业中,这种网络大体类似于一个主管领导直接管理若干部门和权威控制系统。只有处于领导地位的主管人员了解全面情况,并由他向下属发出指令,而下级部门和基层公众之间没有沟通联系,他们只分别掌握本部门的情况。星式网络是加强控制、争时间、抢速度的一个有效方法和沟通模式。

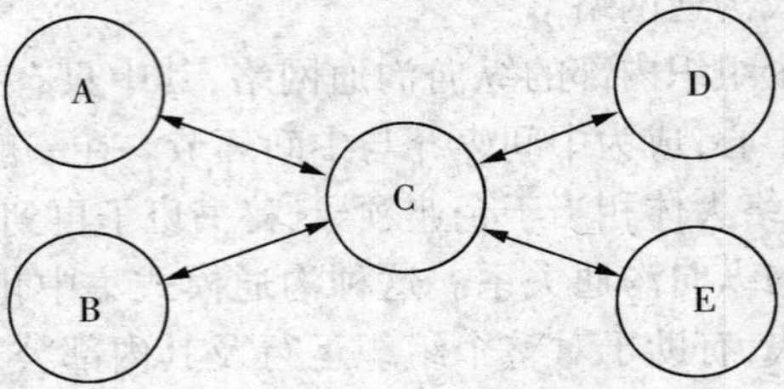

图 7-6 星式沟通网络

(五)全通道式沟通网络

这种网络是一个开放式的信息沟通系统,其中每个成员之间都有一定的联系,彼此十分了解。民主气氛浓厚、合作精神很强的组织机构一般采取这种沟通网络模式。

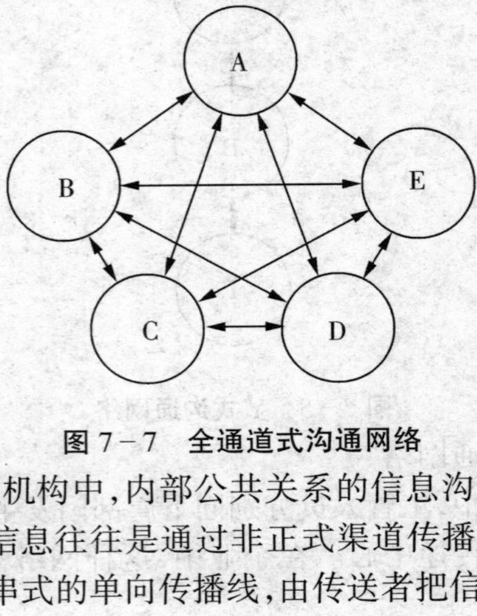

图 7-7 全通道式沟通网络

在一个组织机构中,内部公共关系的信息沟通网络除了上述五种之外,有的信息往往是通过非正式渠道传播的。其具体表现为:第一种是单串式的单向传播线,由传送者把信息通过一连串的中介人最终送达受众；第二种是流言式的闲谈传播线，由信息持有者主动将信息传递给其他一些人；第三种是偶合式的机遇传播线，它是由信息持有者随意把信息传送给偶然相遇的人；第四种是集束式的群集传播线，它是将信息有选择地告诉有关的公众，使有关的人也照此办理的信息沟通方式。

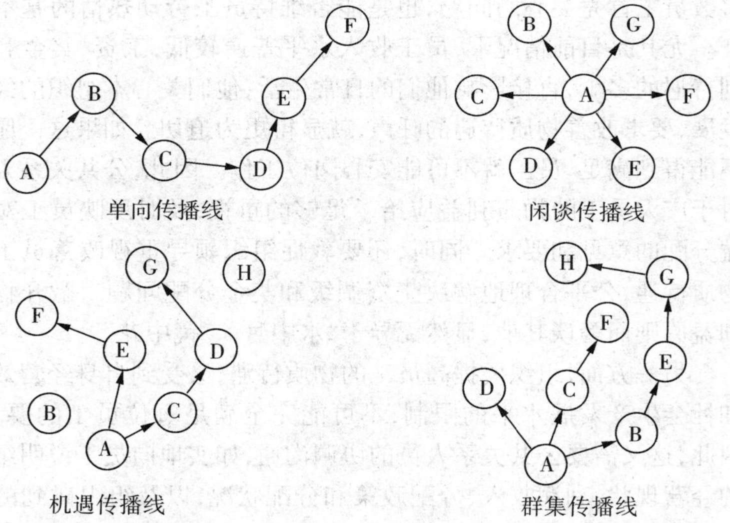

图 7－8　非正式渠道传播

第四节　内部公共关系操作要点

一、员工关系的沟通与协调

员工关系是组织内部公共关系中最基本、量最大的一类。任何社会组织因其性质不同，它所面临的公众对象也彼此有异，但有一个共同点，即每个组织都有自己的员工。员工是构成组织的“细胞”，组织的各项目标只有通过他们的分工协作，各尽其责才能付诸实现,所谓“内求团结”方能“外求发展”的道理就在于此。

(一)物质利益——维持劳动热情的基本保证

满足员工的物质利益需求,是建立良好员工关系的前提。员工参加组织的工作,其直接目的是获取一定的劳动报酬。在付出劳动之后,能否拿到合理的收入,享受到应有的福利待遇,是绝大多数员工首先关心的问题,也是能否维持员工劳动热情的基本保证。尤其是目前情况下,员工收入水平普遍较低,工资、奖金和福利待遇的多少,直接影响他们的日常生活,他们关心本组织的经营发展,要求改善物质待遇的呼声,就显得更为迫切。如果这一愿望不能得到满足,员工就不可能安心岗位工作。因此,公共关系人员对于广大员工的物质利益应给予足够的重视,及时反映员工对利益分配的意见和要求。同时,还要敦促组织领导重视改善员工的物质待遇,公平合理地解决工资调级和奖金分配问题。撇开物质利益原则而奢谈其他,显然无异于“水中月”、“镜中花”。

另一方面,组织要提高员工的物质待遇,又受到自身经营效益和社会生产发展水平的限制,不可能完全满足每位员工的要求。因此,这又需要公共关系人员的协调沟通,如实地向员工说明组织的经营现状、利润收入、分配政策和分配状况,以及组织碰到的暂时困难,以求得下属员工的谅解和合作。员工的物质需求既是一个常量,又是一个变量。他们对自己的福利待遇是否满意,不仅取决于工资份额,也取决于他们的参照模式。这种参照模式通常有三种类型:一是他们原有的工资和福利待遇,二是组织内部其他人员现有的工资福利,三是社会上其他同类组织或同种类型员工享有的工资及福利待遇。员工通过各种参照模式的比较,就产生了他们对自身工资收入和福利待遇的期望值。有时,员工对自己的物质待遇不满意,常常是现有收入和期望值之间的差距造成的。因此,公共关系人员应设法弄清员工的期望值有多大,有多少现实可能性。对于能够满足的就应设法给予满足,对那些不能满足的过高要求，须利用协调沟通手法使其降低期望值，尽量使员工对工资福利的期望值保持在合理的水平上，让他们对组织的扩大再生产、拓宽市场、新产品开发予以理解和支持。

（二）精神鼓励——激发工作潜能的有效手段

现代管理理论认为，把员工关系简单视为“干活→拿钱”是不对的。职工的文化素养、工作性质、个人经历和志趣爱好不同，其个人的内心需要和精神追求也不同。尤其在物质利益获得基本满足之后，精神上的需要就会逐渐上升为主要因素。实施精神激励的主要特点是引导员工在日常工作中寻求生活的乐趣和意义，通过培养员工对本岗位、本企业的责任心、自信心和自豪感，使每位员工获得心理上的平衡与精神上的满足。

1.让员工分享足够的组织信息，借助企业刊物沟通上下左右之间的交流与合作渠道

企业内部公共关系工作的一个重要任务，就是畅通企业内部的信息交流，做到“上情下达”和“下情上达”。有时我们各方面的工作都做得相当不错了，可是还不为广大员工所理解和支持，这种“一厢情愿”的情况说明企业组织与员工之间的信息交流不够顺畅通达。所谓“上情下达”，是指企业领导决策层通过情况简报、信息发布、传达文件、内部刊物、广播、布告栏等方式把企业内部的重要信息，如企业经营现状、领导升迁罢免、经验交流、市场供求、新技术新工艺、违纪处理、立功奖赏等情况告诉广大员工。“下情上达”是指企业的职工群众通过建议箱、上访会、黑板报、民意测验和意见征询表等方式把他们的建议、意见等告诉企业管理决策者与领导层。

企业刊物是内部公共关系活动的书面媒介，大型企业可以编印油印或铅印工厂刊物，中小型企业可以用黑板报、布告栏或简报窗等代替。企业刊物有利于沟通各种横向信息交流和纵向信息交流，密切企业领导管理部门与员工之间的往来联系，促进企业上下

左右的相互了解和合作协调。企业刊物的内容应包括企业生产经营状况,人事和机构变动,员工的文化体育和其他业余活动等;还可以刊载同行业的信息,如新技术、新产品、新工艺和海外动态;开办一些社会新闻、时事短评专栏以充实刊物的内容版面,吸引员工读者的注意。企业刊物的内容一定要是员工关心的问题,切忌过分严肃,要做到生动活泼、丰富多彩,并且发动广大员工动笔投稿,厂长经理也亲自动手撰稿,提高员工公众对企业刊物的关心和兴趣,使他们认识到它是大家自己的刊物,从而给予积极支持。企业刊物的分发也要保证送到基层员工手中,经常听取员工对刊物宣传的意见建议,不断提高办刊效益和刊物的质量。在国外,企业刊物日益增加,美国有 5000 多种,日本有 4000 多种,其中比较著名的美国福特公司的 Ford Times、克莱斯勒公司的 Friend 的发行量都很大。我国不少企业也开始重视企业刊物的工作,促成了工厂领导和群众上下信任、互相理解、和谐融洽的局面,为搞好生产、办好企业提供了良好的条件。

2.倡导民主管理,鼓励每一位员工参与经营决策,在组织内部修建"玻璃屋"

本职工作岗位是员工施展抱负、取得成就的主要场合。因此,只要可能,员工总是希望能在工作岗位上一展身手。在本职工作中,每个员工是各自所从事领域内最熟悉情况、最有发言权的人。所以,完善合理化建议制度,广泛征集员工对改进经营管理、工作程序、操作技术的意见,对组织发展具有重要意义。它一方面使员工的创造能力和工作潜能得到开发利用,另一方面又使员工的精神需求得到满足,个人价值得以实现,从而产生自豪感和强烈的进取心。这样做的结果,还有助于形成良好的组织"风格"和"团队"精神,促使员工个个关心组织集体形象,出色完成本职工作。

经常向企业领导者提合理化建议,可以提高员工的自信心和自豪感、责任感,如果他的建议被采纳实行,更使员工感觉到自己在企业中受到重视,从而调动员工的主动性。在国外,“建议箱”已经成为企业管理的宠儿,成为经理董事们不可缺少的工具。美国社会流行的一句口号就是“请拿出你的主意去换金钱”。

实行和完善企业的合理化建议制度,应当鼓励每个员工对企业的经营管理、技术改造、产品创新诸方面提出有价值有见地的建议。合理化建议制度的推行,一是一定要制订出合理的方案,事先设计好“合理化建议表格”分发给员工填写,随时随地收集各类意见建议;二是抓紧时间及时审议处理,对于每一条建议都要认真分析,反复斟酌,筛选出其中有价值的可行的东西;三是经常注意信息反馈,及时向广大员工公布合理化建议的采纳情况和实际效果,对提建议的积极分子给予适当的表扬奖励。广州市第三机床厂和上海第三钢铁厂就曾先后开展过“假如我来当厂长”、“我为企业献一计”的合理化建议活动,绝大多数员工对工厂的人财物、产供销各个环节各个方面提出了许多有益的意见,既调动了广大员工的主动性、积极性,又提高了企业的经济效益和社会效益。在日本,丰田汽车公司的合理化建议制度是闻名于世的。早在 20 世纪 70 年代,丰田公司每年的建议总数就达 46 万多件,平均每个员工提了 10 多件建议,而公司每年采纳总数达 38 万多件,对于所采用的建议,公司还发给建议者 500 日元至 10 万日元不等的奖励。大量实践证明,推行合理化建议制度是一种行之有效的企业公共关系方式。

与此同时,合理化建议制度还应当和企业奖励制度结合起来。奖励先进要做到:

(1)明晰性

要让企业全体员工明确公司奖励什么行为,使人觉得有确定的目标去争取奖励。

(2)及时性

应该随时注意员工的积极表现,及时发现,当场奖励,使大家感到亲切，备受鼓舞，尽量避免事过之后再去奖赏。

(3)可获性

一项大奖的获得是很不容易的，应当使大家注重小发明小创新，从而使多数人有机会成为优胜者，较频繁的小型的奖励比大规模的奖励更有效。

(4)多样性

广义的奖励不仅包括物质鼓励，而且包括晋升和赏识，精神鼓励往往具有物质鼓励无法替代的效果。美国福克斯波罗公司的“金香蕉奖章”就是公司对优秀员工的最高奖赏，获得它的职工取得了企业最高的荣誉和声望。一只小小的金香蕉形别针，为调动企业员工的积极性起到了巨大作用，对于公司的兴旺发展立下了汗马功劳。

二、部门关系的沟通与协调

在组织内部，划分若干部门的目的在于确定各项任务的分工与职责的归属。同时，部门又是组织联系员工的中介机构，部门功能是组织整体运行的有机组成部分。

以企业为例，作为一个相对独立的经济细胞，它是诸部门的有机集合体。一般来说，企业在厂长(经理)之下，设立若干职能部门或科室，有生产、供销、技术、人事、财务、公关、后勤等。在一些大型企事业单位，部门的分工还会更细。在日常运作中，组织整体素质的优劣和功能的发挥受到各部门的影响。如果下属各部门都能有条不紊、配合默契，那么组织的整体效能就会充分展示出来；如果下属不同的职能部门只从自身“小团体”的利益出发，斤斤计较，搞本位主义，内耗严重，不仅会影响自身功能，还会导致部门效能的抵消，削弱组织的整体优势。

(一)与组织内部正式团体的沟通方式

在正式团体中，各个成员公众之间具有共同的目标和利益关系，这些目标和利益非个人努力所能达到，必须通过全体成员的共同工作方能实现。正式团体的行为活动受一定的规范制约,成员之间有密切配合和协作的保证,因此,会产生和形成团体纪律与团体舆论。正式团体还能满足成员的归属感,每个成员彼此之间相互认同,在工作上、思想上、情感上经常交流切磋。

在一个社会组织内部,正式团体的沟通与协调可以采取这样一些手法:

第一,强化成员的“团体意识”。公众一旦加入了某正式团体,就要接受团体的价值观念,遵守团体的行为规范。广大公众以主人翁的姿态,自觉按照组织团体的目标来校正自己的行为。

第二,编印内部刊物。刊物是内部公共关系活动的书面媒介,它有利于进行各种横向信息交流和纵向信息交流。

第三,积极开展各种团体文化活动。所谓团体文化是指由组织内正式团体的价值观念、道德规范、工作方式等内隐文化以及组织内各类正式团体开展的文化教育、娱乐联谊活动等外显文化构成的有机统一体。各种团体文化活动,可以沟通正式团体不同公众之间的信息,保持内部公众之间和谐融洽的合作气氛,造就组织内部良好的公共关系状态。

(二)与组织内部非正式团体的沟通方式

所谓非正式团体是人们在相互交往中自发形成的、没有得到正式认可和批准的团体。非正式团体的形成是基于某种利益和观点一致,彼此有共同的兴趣爱好和相似的经历背景。非正式团体成员以个人的好恶兴趣为联系纽带,也有共同遵守的不成文规范,它也会产生较高的自觉性和较强的内聚力、认同感。

非正式团体在组织管理和公共关系工作中,一方面具有积极作用,它可以发挥沟通意见、稳定情绪、互帮互学的效应,有时可以起到正式团体起不到的作用;另一方面非正式团体也有不可忽视的“负作用”,容易散布流言蜚语,带来哥们义气,削弱正式团体的控制力与影响力。

按照非正式团体的不同作用效果，可以将其划分为三种不同类型：一种是正面型非正式团体，它与组织目标一致，服从组织统一协调，比如职工们自发组成的读书小组、技术攻关小组，这类非正式团体有益无害；一种是中间型非正式团体，他们与组织目标有时一致，有时不一致，在这个问题上持相同看法而在其他问题上持不同观点，比如几个人经常聚合在一起打扑克而形成的小群体，它无益也无害；再一种是负面型的非正式团体，这类小群体的目标与组织目标是不一致的，它有害而无益，容易搞宗派谋私利，扰乱组织秩序，同领导唱对台戏。

在内部公共关系工作中，我们要注意发挥非正式团体的积极作用，剔除非正式团体的消极作用。具体来说，非正式团体的沟通协调可以通过认知沟通和协调、人际沟通和协调、组织沟通和协调等途径来施行。

1. 认知沟通与协调

在内部公共关系工作中，应当正视非正式团体的客观存在及其双重作用，认识非正式团体的产生是对正式团体的有益补充。同时，要对非正式团体的具体情况认真摸底，做一番深入细致的调查研究，弄清楚非正式团体形成的背景原因、思想倾向、成员构成、意见领袖以及活动方式，以便因势利导，对症下药，尽可能使非正式团体的目标方向与组织目标保持基本一致。

2. 人际沟通与协调

非正式团体的产生与人际交往有很大关系。因此，公共关系活动要注意联络感情，建立友谊，融洽人际关系，积极支持非正式团体的各种有益活动。在实际工作中，特别注意与非正式团体的“意见领袖”之间的交往，取得这些“意见领袖”的信任、理解和协作配合，调动了“意见领袖”的积极性也就调动了他所代表的非正式团体的积极性。在非正式团体中，“意见领袖”虽然没有组织赋予的正式职务与权力，但他在自己的圈子中具有特殊的地位、很大的影响与很高的威信，如果对他们采取“杀一儆百”的强制办法，效果往往适得其反。

3. 组织沟通与协调

公共关系人员通过全盘考虑和科学决策来制订一个能够得到非正式团体认可的组织目标，把非正式团体的利益维系在这个可行的总目标上，从而使各类正式团体、非正式团体、公共关系和人际关系结成一个有机整体。在组织内部沟通协调过程中，还应当合理利用行政手段和控制方法，引导和发挥非正式团体的积极作用，尽量限制和消除非正式团体的消极作用与破坏作用。

三、股东关系的沟通与协调

(一)股东关系及其意义

1. 股东关系

股东关系又称“投资者关系”，它是 20 世纪 60 年代以来在公共关系领域中不断发展的一个新方面。与员工关系一样，股东既是制约组织经营活动的重要因素，也是实施内部公共关系工作的重要对象。

股东是企业股份的所有者，他们因持有股份而取得某种权利和义务。所谓股东关系，具体地说就是股份企业与投资人之间的关系。在国外，股份制企业十分普遍，持有股票的人数急剧增加。据统计，20 世纪 80 年代美国有 4000 多万人持有各类股份公司公开发行的股票，其人数比 20 世纪 50 年代增加了 5 倍；在英国，约有 3/4 的成年人是直接或间接的投资者，其中持有工商界或政府股票的直接投资者有 500 多万人。在西方发达国家，对股东关系的理解相当宽泛，股东既包括形形色色的个别投资者，也包括其他股票持有者、证券公司、股票经纪人、股票交易商、股评人员、银行机构、投资公司，等等。伴随股东人数的增加和各类组织争取股东投资的竞争，使股东的地位和作用日趋重要。由于股东关系涉及如此众多的资金供应者的利益，制约企业自身的筹资能力和“造血功能”,股东关系处理的好坏必然影响社会形象的优劣和对公众吸引力的大小。因此,许多国外的工商企业与股份公司一般都注重密切与各类股东之间的往来关系,专门设立处理股东关系的机构与人员。

在我国,随着改革开放的不断深入和企业经营机制转换,许多工商企业和组织机构为了扩大生产规模及能力,解决资金短缺问题,在“公平、自愿、互利”的基础上建立了各种形式的横向经济联合体。这种经济联合体采取了社会集资的方式,把资金、技术和设备等生产要素价值折合成相应的股份,允许国家股、集体股、个人股等多种成分并存。21 世纪初“职业经理人”体系在中国的盛行,期权等新型分配方式也开始在中国产生,使股东关系更趋多样化,也为公共关系提出了许多新课题。

2. 股东关系的意义

按照现代股份制度的要求,一个持有企业股票的投资者,事实上也就是企业的所有者,他具有企业财产的支配权和经营权,并享有取得股息的受益权。广大股东既是企业的资金供应者,又是日常业务经营的参与者,同时也是企业盈利的支配者。由此观之,股东对组织生存发展的重要作用和密切联系,使其成为组织的重要支柱。

在内部公共关系活动中,做好股东工作的意义,首先在于股东是现代组织的资金“源头”。任何组织的财力都是有限的,为了给组织发展奠定雄厚的经济实力,就需要广泛争取相对稳定的投资渠道。所以,一方面须稳定现有的股东队伍,坚定他们对组织发展前景的信心,使其愿意长期持有本企业的股票而不轻易转让、抛售;另一方面要创造有利的投资环境和投资气氛,使潜在的投资者增加对组织的了解和信任,提高社会各界对组织的关心程度和支持程度,吸引更多的投资者。其次,众多的股东是组织重要的信息来源。股东们分散于社会的各个阶层,来自各行各业。他们信息灵通，各有所长，拥有各自的社会关系和交往网络。与股东保持经常的联系，可似使组织获得多方面、多角度的信息，让他们为经营决策提供咨询。最后，股东还可以成为组织形象的"宣传员"和产品、服务的"推销员"。在内部公共关系工作中，如果能争取广大股东的鼎力相助，他们就可以成为组织的"业余公关人员"，把各类形象信息、产品信息、服务信息传播给他们周围的邻里、亲友、同事和所在的组织。假设一个组织有上百个股东，每个股东有几十个朋友，那么其宣传面就可达成千上万人。上海浦东一家股份公司曾给每位股东寄发问卷，请他们协助征询产品意见和市场信息。结果，有 31.8%的股东寄回了问卷，并附上了许多关于产品的评价和对经营管理的建议，还有许多股东表示愿意帮助公司推销产品。由此可知，良好的股东关系不仅有利于组织吸引游资、拓展财源，而且有助于建立组织形象、推广企业产品。

(二)协调股东关系的方法

1. 配合股票发行开展宣传活动

结合实际情况，我国股份制企业所发行的股票，一般都是在银行、证券机构的参与下，由有关金融机构代理发行的。一家金融机构是否愿意代理企业发行股票，取决于它对该企业的信誉、创业历史、管理机构、实力大小、经营效果的认识。因此，要使企业股票能够顺利发行与上市流通，公共关系部门首先必须对代理发行机构开展宣传活动，主动请对方上门指导，使企业与代理机构彼此了解和相互信任。一旦确定了股票代理发行机构，公共关系人员就要把宣传的重点转移到有可能购买本企业股票的社会公众身上。通过精心策划和宣传引导，使那些拥有一定闲散资金并打算用于投资的机构和个人，在了解和信任的基础上踊跃认购企业所发行的股票。

2. 尊重股东权益，定期向股东通报经营状况

一旦资金拥有者购买了企业的股票，他就成为企业的股东，同

时也就具有了解企业经营状况的权利。作为一员特殊的内部公众,股东们往往会产生一种“主人意识”,认为自己有权知道企业的发展动向和经营情况,对有关企业的各种信息表现出特别的关心。据此,企业在协调股东关系时,应正确评价股东的入股行为,他们投资入股并非坐等分享红利,而是关心国家建设、支持企业生产的具体表现。除了保证以良好的经营业绩吸引股东之外,企业在日常工作中要注意加强同广大股东的信息交流,运用各种传播手段,及时向他们传递有关企业经营情况的各类信息,如经营目标、生产任务、资金运转、财务收支、利润增长、项目投资、股息分红、市场销售和新产品开发、高层管理人员的变更,都应以最快的速度传达给每一位股东。

股东大会既是股份制企业的一条重要管理形式,也是开展公共关系活动的良好时机。股东对企业经营活动的参与实际上是通过股东大会实现的,即通过参加股东大会,对企业的重大事务进行投票表决进行的。在国内外一些股份制企业里,积极筹备和开好股东大会,已经成为公共关系人员一项专职工作:

(1)召开股东大会之前,要把书面通知书送达股东手中。通知书要求文字简洁,对会议的内容、时间、地点及议题有明确说明。

(2)对于会议日程的安排,要做到有条不紊。需要在大会上发言的代表,应做到事先告知,以便他们做好充分的准备。在选择会议地点时,还要考虑到交通问题,避免路途遥远而过于劳顿。

(3)在会议期间,可以考虑安排一些其他活动,如股东联谊会、座谈会,组织股东参观旅游。例如,美国通用食品公司每逢股东大会,便为与会者准备一套公司的罐头样品,股东们为这份特别礼物而感到十分高兴;日本东芝公司则在一年一度的股东代表大会上,向所有到会的股东赠送一件当年公司的最新电子产品,并在会议期间放映一部当年的最新影片。这样做的结果,既提高了股东大会的感召力,又密切了公司与股东的往来关系。

3. 编制股东年度报告，监督企业、公司的经营活动

目前，越来越多的企业正在尝试股份制，股东关系已成为各类组织不可忽视的内部公众关系。从公共关系的角度来看，协调股东关系要从维护股东合法权益的角度出发，对企业的经营活动进行必要的监督，促使经营者努力做好管理工作，创出令股东满意的业绩，进而维护企业长期稳定的股东队伍。

股东年度报告是企业与股东交流的一条重要渠道，又是公共关系人员帮助广大股东监督企业经营状况的信息媒介。股东年度报告是一个企业、公司定期向股东提交的一年来经营情况的详细书面报告。它一般由股份企业各职能部门多方合作，最后由公共关系部门起草撰写的。在编制股东年度报告时，应当注意以下几点：

(1)公司概述。包括公司的名称、地址、员工人数、业务范围、主管单位，以及一年来的经营情况和发展计划；

(2)致股东函。每份股东年度报告都要附带一封公司经营者写给全体股东的公开信。信函内容要精确充实，说明清晰，情真意切，不可冗长累赘，空泛议论；

(3)近期公司财务状况。公司的财务收支和盈利水平是股东最为关心的一个问题，年度报告在陈述这部分内容时，须详尽说明一年来公司的营业收入、税负水平、资金周转、折旧提留、产品成本等数量指标。有时，报告中还要尽量使用图表或数据来反映公司各项业务的完成情况，以吸引股东的阅读兴趣，增强股东年度报告的说服力。

四、内部公共关系障碍及其消除对策

内部公共关系活动，实质上是组织内部的信息沟通过程。进行卓有成效的信息沟通并非易事，要受到许多因素的阻碍和干扰。主要表现在：

(一)内部公共关系沟通中的主观障碍

1. 公众个性因素所引起的障碍

在组织内部的信息沟通中,公众个人的性格、气质、态度、情绪、兴趣等的差别,都可能引起信息沟通的障碍。

2. 知识经验水平的差距导致的障碍

以信息沟通中最常见的口头语言和书面语言为例,由于公众的语言修养不同,表达能力有差别,对同一思想、事物有的表达清晰,有的表述模糊;有的人听了马上理解不了,有人听来听去还是理解了;有的听后作这样的解释,有人听了却作那样的解释,因而产生语义上的障碍。

3. 知觉选择偏差所造成的障碍

公众在接收或转述一个信息时,符合自己需要的又与自己切身利益有关的内容很容易听进去,而对自己不利的可能损害自己利益的则不容易听进去,等等。

4. 公众个体的记忆因素造成的障碍

有关研究表明,记忆不佳所造成的损失十分严重。在进行口头沟通时,每传递一次大概都要损失 30%。对信息的接受者来说,员工只能记住他所接收信息的 50%,领导者只能记住他所接收信息的 60%。

(二)内部公共关系沟通中的客观障碍

1. 空间距离所造成的障碍

空间距离对信息沟通传递及其效果有很大影响。一般说来,信息的发送者和接受者进行面对面的交流有利于把复杂问题搞清楚,提高工作效率。如果沟通双方距离太远,接触机会较少,只能借助于通讯设施和书面媒介来传递信息,那就有可能造成沟通障碍。此外,由于沟通双方社会背景的差异而形成的距离也会影响组织内部的信息沟通和传递。

2. 组织机构所造成的障碍

合理的组织机构有利于信息沟通。如果组织机构过于庞大,中间层次太多太杂，那么不仅容易使信息传递漏损失真，而且还会浪费时间，影响信息传递的及时性和公共关系工作的效率。

3. 外界环境因素的影响所造成的障碍

外界的干扰过多过大，超过了信息沟通的信号强度，如噪音等干扰过强，就会使信息沟通难以进行。

（三）内部公共关系沟通方式的障碍

1. 语言沟通方式所造成的障碍

语言是内部公共关系沟通的一种基本工具，但是语言使用不当会带来沟通上的障碍，措辞不当，丢字少句，空话连篇，词汇贫乏，句子结构别扭，使用方言土语等都会造成信息沟通的障碍。

2. 沟通渠道选择不当造成的障碍

内部公共关系的种种沟通渠道，都有各自的优缺点，不顾本组织的实际情况和公共关系工作的具体要求，随意选择沟通方式和网络，势必造成信息沟通的障碍。

3. 信息沟通中冗余量过大造成的障碍

在与内部公众进行信息交流时，无休止的套话和老话是引起信息冗余量过大的直接原因。

总之，在内部公共关系工作中存在信息沟通，也就必然存在沟通障碍。公共关系人员的任务在于正视这些障碍，找出其形成的缘由和根源，并且采取相应的措施来清除这些沟通障碍，创建组织内部良好的公共关系。

首先，创造最佳的组织沟通气氛。在内部公共关系工作中，组织领导者要作风民主、平易近人，善于倾听不同意见，鼓励下级成员大胆提出批评和建议，这样可以消除沟通双方的紧张和拘束，形成轻松和谐的沟通环境氛围。创造良好的沟通气氛是改善组织内部沟通，有效开展内部公共关系活动的重要一环。

其次，做出主动沟通的姿态。公共关系人员在工作中应主动地创造交往沟通的机会，乐于同各部门和基层成员进行多方接触，增加内部公众对自己的信任。

再次,遵循内部公共关系“沟通十戒”。欧美公共关系界总结实践经验,提出了改善组织沟通的十项建议,其主要内容是:①沟通前做好准备,预备可能发生的事件及其应变措施;②认真考虑本次沟通的真正目的,选择适当的沟通语言和沟通方式;③全面省察沟通的环境和氛围因素;④沟通的信息内容准确客观;⑤善于利用最有利的沟通时间;⑥重视沟通中的“体态语言”;⑦信息沟通发送者的言行一致,讲究信用;⑧克服不良的聆听习惯,学会做一个“好听众”;⑨重视沟通中信息接收者的反馈;⑩在正确运用语言文字时,酌情使用图表、数据和实物资料以说服对方。

最后,在内部公众关系的沟通协调过程中,做到信息收集制度化、信息表述标准化、信息传递规范化、信息内容系统化、信息贮存档案化。在内部公共关系工作中,建立科学化现代化的信息管理系统,是有效清除组织内部信息沟通障碍的制度保证和根本对策。

思考与练习

1. 为什么说“内部公共关系是塑造形象的起点”?

2. 简述内部公共关系的运作机理。

3. 内部公共关系的功能是什么? 内部公共关系的沟通目标是什么?

4. 怎样协调与投资者之间的关系?

5. 有效沟通员工关系应当从哪些方面入手?

6. 如何化解和消除内部公共关系保障?

第八章

公共关系的传播媒介与沟通原则

传播是公共关系的一个基本要素。公共关系活动的过程,其实主要就是一个组织与公众之间进行信息传播和沟通的过程。能否有效地利用各种传播媒介,遵循传播沟通活动的基本原则,造就有利的舆论环境,这是组织开展各类公共关系活动是否成功的关键,也是衡量公共关系工作人员能力水平的重要标准。

第一节　公共关系的传播媒介

一、传播的基本含义

(一)传播的定义

在公共关系中,传播是社会组织利用各种媒介,将信息或观点有计划地与公众进行交流的沟通活动。其基本含义包括以下两个方面:

1.传播是一个有计划的完整的行动过程

"有计划",是因为整个传播活动必须按组织的公共关系总目标有步骤地进行。"完整",是指传播过程必须完全符合传播学的"5个W模式"。即Who(谁),Say What(说什么),Through Which

Channel(通过什么渠道),To Whom(对谁说的),With What Effect(产生什么效果)。

2.传播是一种信息的分享活动

传受双方是在传递、反馈、次序等一系列过程中获得信息。因此,这不是一般意义上的单向性信息传递,而是通过双向的信息沟通,使双方在利益限度内最大程度地取得理解,达成共识。

(二)传播的要素

传播的构成要素有两类:一类是基本要素,包括信源和信宿、信息、媒介、信道和反馈等;另一类是隐含要素,指传播活动中的时空环境、心理因素、文化背景和信誉意识等。前者是公共关系传播的“硬件”,后者是公共关系传播的“软件”。其中每一个要素,都会对传播效果产生一定的影响。如果缺少一个要素,就无法构成传播。

1.传播的基本要素

(1)信源和信宿

信源,即信息的发布者,也就是传者。这里一般是指某一个具体的社会组织。信宿,即接受并利用信息的人,也就是受者。这里一般是指公众。

(2)信息

从公共关系传播这一角度看,信息是指具有新内容、新知识的消息,其中包括观念、态度和情感等。

(3)媒介

媒介,原意指中间物。这里指用以记录和保存信息并随后由其重现信息的载体。媒介与信息密不可分,离开了媒介,信息就不复存在,更谈不上信息的交流和传播。

(4)信道

信道,是指信息传递的途径、渠道。信道的性质和特点,将决定对媒介的选择。比如,在谈话中,传者如果是以声波为交流信道的，那么，声波信道的特性，便决定了所选取的交流媒介，只能是具有“发声”功能的物体、材料和技术手段。同样，如果以频道为信息传递渠道的，那么，其媒介选择只能是电子类的载体。

(5)反馈

反馈，这里指受者对传者发出信息的反应。在传播过程中，这是一种信息的回流。传者可以根据反馈检验传播的效果，并据此调整、充实、改进下一步的行动。

2. 传播的隐含要素

(1)时空环境

时空环境，包括时间和空间两个方面。传播的任何一方，或“无故失约”，或“拖延时间”，或“姗姗来迟”，都会使对方对这次传播活动的态度和感受发生变化，其传播行为也会随之而改变，从而影响传播效果。

从时间角度看，真正衡量传播效果的是单位时间内所传播的有效信息量。当然，传播时机(即在何时进行传播)的选择，对传播效果也是有一定影响的。例如，谈判时间适当与否，都会对谈判效果产生影响。一般地说，以下几种情况，是在选择谈判时间时应注意的：

第一，避免在身心处于低潮时进行谈判。例如，夏天的午饭后，这是人们需要休息的时候。

第二，避免在一周休息日后的第一天早上进行谈判，因为这个时候人们在心理上可能仍未进入工作状态。

第三，避免在连续紧张工作后进行谈判，这时，人们的思绪比较零乱。

第四，避免在“体内时间”内进行谈判。从现代心理学、生理学角度看，傍晚16时至18时是所谓“体内时间”，即是最没有效率的时间。这段时间人一天的疲劳在心理上、生理上都已达顶峰，因而焦躁不安，思考力减弱。

空间,指传播活动存在于一定的物理环境。传播信息总是在具体的空间环境之中进行,不同的环境条件会使人对信息有不同的感受,并产生不同的传播效果。

空间环境影响传播效果,一般有两个方面:一是座位的设置排列;一是交流环境的气氛。

座位的设置排列,应该根据信息传播目的来安排不同的就座方位。一般来说,如果是向员工作报告,应采用并排同向的教室型座位排列,以此避免员工之间的横向沟通,从而加强纵向传播效果;如果是举办联谊会,则应采用围桌而坐的方式,以增加彼此之间的交往次数和表示友好的机会。因此,如何选择适当的就座方式,将会直接影响公关的传播效果。如图 8-1 所示,在办公桌前,甲与乙交谈,乙可以采用四种不同的位置。相对甲来说,乙$_1$ 是友好位置;乙$_2$ 是社交位置;乙$_3$ 是竞争位置;乙 4 是公共位置。

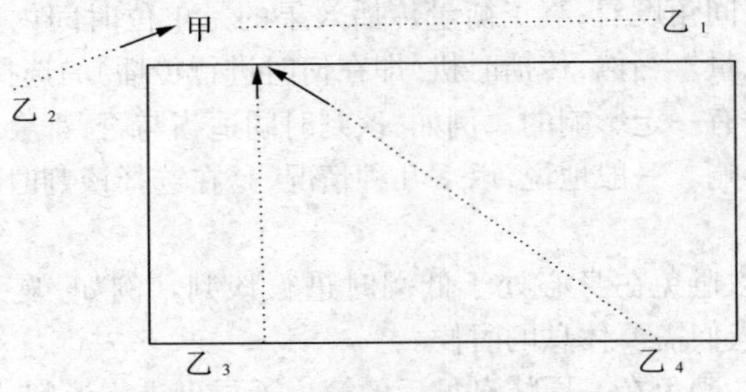

图 8-1 几种社交就座方式

友好位置体现了一种“亲切、信赖”的交谈氛围。这种位置最有益于合作,显示出双方的意气相投、亲密、平等的关系。在公关传播中,一般与员工谈心、征求消费者的意见等,友好位置较有利于沟通。

社交位置体现了一种“诚挚、友好”的交谈氛围。坐在这个位置上,无紧张情绪感觉,行动方便,有利于观察对方的体态变化,从而随时调整话题,易于把握住谈话的主动权,当其中一个人感觉有威胁时,桌角可以起到屏障作用。在公关传播中,一般与客户谈生意、与新的目标公众沟通等,社交位置要算是最策略、最巧妙的选择了。

竞争位置是同对方隔桌相望就座,会造成一种防范性的竞争氛围,一般用于谈判。

公共位置是双方之间无沟通的需要的座位。这种座位,一般在公共场合如饭店、图书馆、公园等处,人们往往采取这种互不搭界的位置就座。因此,在公关传播中,应尽量避免采取这种座位。

交流环境的气氛包括音响、照明、室内温度和整洁程度等。实践证明,一组织的领导在一个嘈杂、昏暗、脏乱的办公室和在一个安静、明亮、整洁的办公室与他的部下交谈,决不会引出同样的信息互动。因此,不可忽视"环境效应"。

心理学家 N·L·明茨(N·L·Mintz)早在 20 世纪 50 年代就做过这样一个实验:事先布置两个房间,一间窗明几净,典雅庄重(所谓 beautiful room,下简称"B");另一间粗俗龌龊、凌乱不堪(所谓 ugly room,下简称"U")。实验对象分别被安排到这两个房间里,每人必须对 10 张相片上的人作出判断,说出他(或她)是"精力旺盛的"还是"疲乏无力的",是"满足的"还是"不满足的"。结果坐在"B"房里的实验对象倾向于把相片上的人看成"精力旺盛的"和"满足的";在"U"房里的则倾向于把相片上的人看成"疲乏无力的"和"不满足的"。可见,公关传播中,应该注重交流时的环境影响。

(2)心理因素

心理因素,主要是指信息接受者的情感心理状态。在不同的情感状态下,人们接收信息的效果是不一样的。心理学原理揭示了这样一条规律:凡是在一定活动中伴随着使人"愉悦"的情绪体验,都能使这种活动得到强化,而"不满意"的情绪体验,则使这种活动受到抑制。因此,传播行为的发生、延续和发展都是建立在双方心理相悦这一基础上的。没有心理上的沟通,是无法获得最佳的传播效果的。比如,在旅游胜地的花园内、树林旁,向游客宣传"爱护花草树木”这一观点，同样木牌上写不同的话，效果就截然不同：

①严禁摘花折枝，不准乱写乱刻！违者罚款！

②除摄下美景，其他请别带走；除留下足迹，其他请别留下。

第①例是一些训斥性的词语，命令式的口气，“不满意”的情绪体验使人难以接受传播的观点。而第②例是一种语言艺术，并在传播过程中产生一种“附加的诱因”，其作用就在于唤起受者肯定、积极的“愉悦”情感和行为上的接纳。因此，“愉悦”性情感是促使传播取得成效的“催化剂”。

(3)文化背景

传播是一种文化现象。在传播过程中，传受双方的文化差异，必然会对传播效果产生影响。不同的经济环境、风俗习惯、民族心理、性格特征、思维方式和价值观念等，使人们对同一信息内容可能产生不同的主观感受。

据说有一种牌号叫 CRICKET(奎克脱)的小型汽车，在美国的销售情况与在英国的大不一样。究其原因，在于两种文化对“CRICKET”一词的理解不同。这是一个多义词，既可指蟋蟀，又可指体育运动中的板球。美国人不爱打板球，所以一听到“CRICKET”就理解为蟋蟀，于是觉得这种汽车虽然很小，却跑得很快，如同蟋蟀三跳两跳就跑了一样，所以在美国市场上这牌子很有吸引力。而英国人则相反，听到“CRICKET”就以为是板球，“板球牌”汽车怎能吸引人呢！同理，中国的知识分子曾一度被污蔑为“臭老九”，如果脱离了当时的社会和文化背景，是很难理解这一称呼的含义的。

1980 年初，联合国秘书长飞抵伊朗协助解决人质问题。伊朗的大众传播媒介一播放他抵达德黑兰时发表的谈话“我来这里是以中间人的身份寻求某种妥协”时，他的努力立即遭到严重的抵制，甚至连他的座车也受到石头的袭击。产生这种传播效果的原因是“中间人”(mediator)一词在伊朗是指“爱管闲事的人”。因此,在跨文化传播中,务必了解和尊重受者的文化习惯,避免产生沟通障碍。

(4)信誉意识

信誉意识,包括两个方面:一是指传播内容的可信度;二是指传播者被受众所信赖的程度。

在传播过程中,信息内容权威性越高,那么,受众对之就越信服,反之,就很难使受众信服,从而影响传播效果。所以,对新产品的宣传,广告主往往利用用户来信、有关学术权威机构的鉴定、产品获奖的名次等来提高其广告信息的可信度。

1988年9月11日,《新民晚报》刊登了一则鲜为人知的消息:"注意:97.68%的成年人脸部都有螨虫感染",然后推出一种螨虫克星——虹雨牌肤美灵嫩肤霜。对于这样一个还没有被人了解的新产品,广告主(扬州美容化妆品厂)就采取了提高广告信息可信度的方法:该产品获第十四届日内瓦国际发明奖、中国首届发明奖成果专利应用,并指出该产品"系全国著名皮肤病专家曲魁遵教授发明"。从而增强了信息来源的可信度,起到了改变公众心理倾向的有效作用。

传播者被受众信赖的程度,就如同其所传播的信息内容一样重要,它将极大地影响着信息传播的效果。受众对传播者所产生的信赖感,一般由三个因素形成:第一,产生于"权威效应",即传播者客观上是这一方面的专家、学者;第二,产生于"名人效应",即传播者本不是这一方面的专家,但由于他的职位、身份而带来的声望,增加了感召力;第三,产生于"首因效应",即传播者给受众的第一印象良好等。

(三)传播模式

模式,是事件的内在机制以及事件之间关系的直观的、简化的形式。一个模式,不在于它自身是一种解释性的东西,而在于它有助于直接地表述或构成理论。传播模式分析,就是把传播过程分解为若干组成部分,以显示其在传播的全过程中所起的作用。

传播模式大致可分为两大类:一类是传统的线性传播模式;另一类是新型的控制论传播模式。

1. 传统的线性传播模式

传统的线性传播模式,最早是香农和韦弗提出的。其模式是:

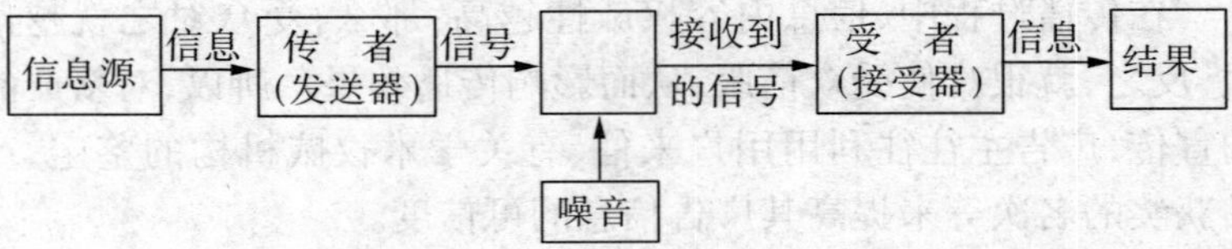

图 8-2 线性传播模式

这种模式是一种单向的直线式运动过程。它在传播学上具有广泛影响,被称之为"香农—韦弗模式"。不过,它也存在两个明显的缺陷:第一,缺乏信息反馈;第二,忽视了影响社会信息传播过程中的两个重要因素,即客观上社会环境(如政治的、经济的、文化的等)的制约因素和主观上传受双方的能动因素。

2. 新型的控制论传播模式

新型的控制论传播模式,是美国学者施拉姆提出的。其模式是:

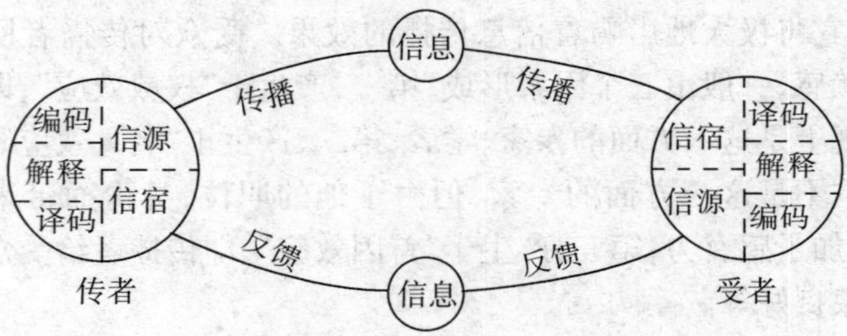

图 8-3 控制论传播模式

这种模式是一种双向的循环式运动过程。它与传统线性传播模式的根本区别在于:第一,它引进了反馈机制,将反馈过程与传受双方的互动过程联系起来，把传播理解成为一种互动的、循环往复的过程；第二，在这一循环系统中，反馈还对传播系统及其过程构成一种自我调节和控制。传受的双方要使传播维持、发展下去，达到一定的目的，就必须根据反馈信息，调节自身的行为，从而使整个传播系统基本上始终处于良性循环的可控状态。

3．公共关系传播模式

公共关系传播模式，是根据新型控制论模式的理论设计的，并且包含了拉斯韦尔的“5W 模式”中的基本要素，用图形表示为：

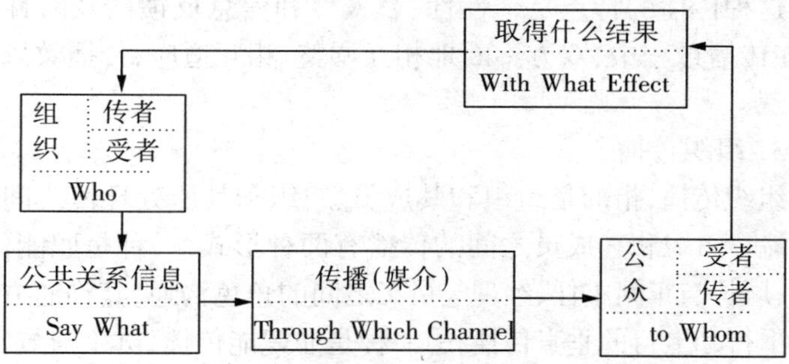

图 8－4　公共关系传播模式

公共关系的传播模式表明：信息来源是组织；传播的内容是为了实现组织公共关系目标的信息；传播渠道是人际传播媒介、大众传播媒介等；传播对象是组织所面临的公众；根据反馈的信息，不断调整、修改下一步的传播计划，目的是树立良好的组织形象。

（四）传播的类型

根据人类传播的发展过程，一般可将传播分为四种类型：自身传播、人际传播、组织传播和大众传播等。

1．自身传播

自身传播，也叫人的内向交流，即传播的“双方”集于一身，本身内部进行交流。其表现形式是人的自言自语、自问自答、自我发泄、自我陶醉、自我反省和沉思默想等。这种传播的特点是“主我”

(I)和“宾我”(Me)之间的内向沟通。因此,从严格意义上讲,它是个人内心的思维活动。从传播学角度看,它却是人类传播的基本单位和细胞。

2. 人际传播

人际传播,指的是个体与个体之间的沟通交流。它是最常见、最广泛的一种传播方式。其表现形式分为面对面传播和非面对面传播两种。前者一般通过语言、动作和表情等媒介进行交流;后者则通过电话、电报和书信等媒介进行交流。

这种传播的特点是个性性、私人性和信息反馈的及时性。因此,在传播过程中,双方不断地相互调整、相互适应,传播效果也易于显现。

3. 组织传播

组织传播,指的是组织和其成员、组织和其所处环境之间的沟通交流。组织和其成员之间的传播有两种形式:一种是职能传播,例如,厂长与车间主任、经理与员工之间的角色沟通,其沟通方向一般为下行和上行的垂直传播;另一种是非职能传播,员工与员工、校长与师生之间的感情沟通,其沟通方向一般为平行的横向传播。

组织和其所处环境之间的沟通交流,就是组织和其外部各类公众的沟通交流。这种传播的特点是:传播的主体是组织,传播的对象十分广泛、复杂,传播具有明确的目的性和可控性。比如公共关系广告,这是组织与社会公众互相沟通的一种常用的传播宣传手段。

与一般的商品推销广告不同,我们把旨在为组织树立形象和创造声誉的广告,称之为公共关系广告。公共关系广告着重于介绍组织的观点、政策,使公众了解本组织的情况,增加对本组织的信任,并给予支持和合作。

作为一个社会组织来说,公共关系广告的主题内容有:组织的声誉、公共服务项目、经济贡献、员工关系、特殊事项等。

常见的公共关系广告形式有：

(1)节假日向公众贺喜。比如元旦、春节期间在电视、广播、报纸上向公众拜年。

(2)宣传介绍本组织的目标、方针和经营思想。比如在开张开业、厂庆纪念的广告中列入上述内容。

(3)向公众披露自身的实力、技术装备、人员素质和经营发展状况，增强组织对公众的吸引力。

(4)经常向社会公益事业和文体活动提供赞助，也可以在不同场合利用各种媒介向广大公众或其他团体、机构致谢。

公共关系广告与一般商品广告是不同的，具体表现在以下几方面：

①推销对象不同。公共关系广告推销的对象是组织的形象、企业的声誉；而商品广告推销的是产品的性能、用途和特点，树立的是产品形象。

②传播内容不同。公共关系广告传播的内容，不仅是大量的，而且是多方面的。以一个企业的公关广告为例，其内容可以包括产品方面、管理方面、技术设备方面、员工素质方面、股票价值和企业前途等诸方面。而商品广告传播的内容仅限产品本身以及与推销该产品有关的方面。

③追求目标不同。公共关系广告追求的目标是社会效益，不与销售发生直接的联系，注重的是同公众的沟通。具体包括：消除公众对某一组织的误解，求得公众的支持赞许和好感；争取协作单位的配合和合作，特别是国外投资者的了解与信任；改善组织内部关系，协调各级管理部门的经营，获得员工的信赖；争取新闻界朋友的支持。而商品广告则以销售为导向，追求的目标是经济效益。

④评估标准不同。公共关系广告，一般没有确定的商品和确定的商标，其经济效益将在相当时期内逐步体现。因此，广告的效果是通过调查、测定公众态度的变化来加以评估的。而商品广告

则是以该商品的销售额的增长与否来评估的。总之,公共关系广告是让公众爱企业,作为组织传播的一种手段,它是一种非直接盈利的声誉性广告。

4.大众传播

大众传播,指的是职业传播者通过大众传播媒介(报纸、杂志、广播和电视等),将大量复制的信息传递给分散的公众的一种传播活动。从媒介角度看,它有两大类型:一类是印刷类的大众传播媒介;另一类是电子类的大众传播媒介。

这种传播的特点是:传播主体的高度组织化、专业化,传播手段的现代化、技术化,传播对象众多,覆盖面极广,传者和受者之间的“人际关系”不复存在,信息反馈比较缓慢、间接等。

大众传播的迅猛发展,是现代社会科学技术高度发展的产物。大众传播的方式,是公共关系从业人员所必须掌握的。

传播的四种基本类型,既自成体系,具有独特的结构、要素、形式和功能,同时又相互联系、逐次涵容、互为补充,其关系可用图表示。

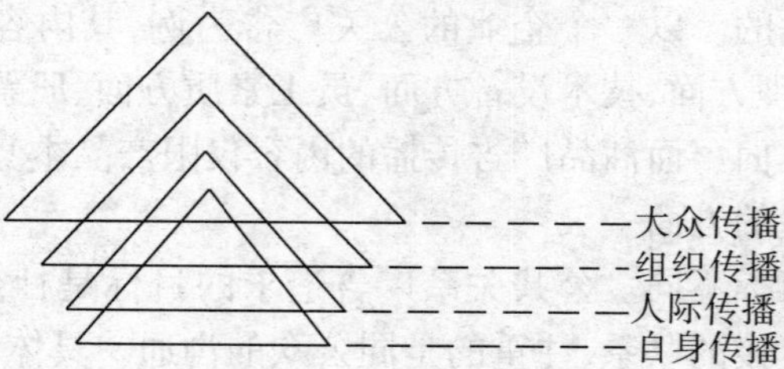

图 8-5 四种传播类型关系图

从这个树状的层级系统中,自身传播位于最底部,并与其他传播形式重合,成了一切传播形式的基础。而大众传播则处于该系统的顶端,具有最大的传播规模和包容能力。在这个系统中,由下往上,传播形式出现了四个变化:第一,受众面越来越大;第二,传受双方在距离和感情上越来越远;第三,信息的个性化越来越淡;

第四,组织系统和传播技术越来越复杂。

二、公共关系的传播媒介

公共关系传播媒介是公共关系借以沟通、传播信息的载体。公共关系传播媒介,从其物质形式看,可以分成四大类:符号媒介、实物媒介、人体媒介和大众传播媒介等。

(一)符号媒介

符号是信息传递过程中的一种有意义并触发引起互动的载体。符号媒介是现代社会运用最广泛的传播媒介,也是公共关系传播中最主要的媒介。

符号媒介的分类,可以用"语言—非语言"和"有声—无声"两个维度进行划分。

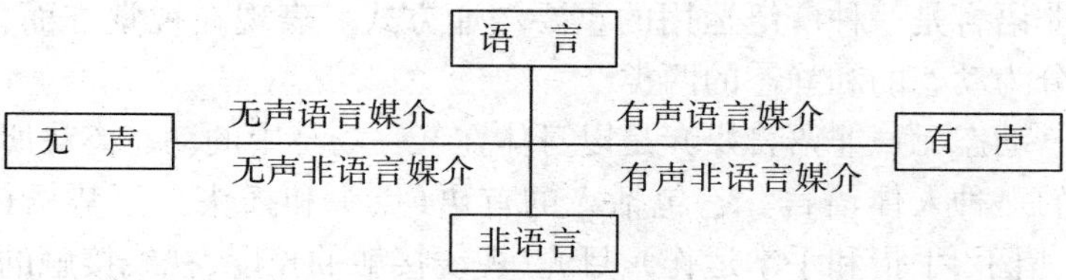

1. 有声语言媒介

有声语言即自然语言,是发出声音的口头语言。在公共关系活动中,大量运用有声语言媒介进行传播。其方式有:答记者问、与员工谈心、电话通讯、内外谈判、各类演说和为宾客致迎送辞等。

有声语言媒介的特点是信息反馈迅速,形式灵活多样,传播效果明显。

2. 无声语言媒介

无声语言是有声语言的一种文字符号形式。在公共关系传播中,是通过印刷文字进行信息传递的。其方式有:谈判决议、会议纪要、社交书信、调查报告、电文、通知、通讯和公共关系简报等。

无声语言媒介的特点是超越时空,语言表达便于斟酌,也有利于保存。但信息反馈不及有声语言媒介迅速。

3. 有声非语言媒介

有声非语言，也就是“类语言”。它是传播过程中一种有声而不分音节的语言。常见的方式有：说话时的重读、语调、笑声和掌声。

有声非语言媒介的特点：第一，无具体的音节可分，其信息是在一定的语言环境中得以传播；第二，同一形式其语义并不是固定不变的，比如同是以笑声为媒介，可能是负载着正信息，也可能负载着负信息。又如掌声这种媒介，可以传递欢迎、赞成、高兴等信息，也可以是传递一种礼貌的否定等。

4. 无声非语言媒介

无声非语言，指的是各种人体语言。它是以人的动作、表情和界域等来传递信息的一种无声伴随语言。在公共关系传播中，无声非语言是一种广泛运用的重要沟通方式。表现在视觉方面，又可分为动态的和静态的两类。

动态无声非语言媒介是以身体在某一场境中的动态姿势所表示的一种人体语言。它包括人的首语(点头和摇头)、手势语(握手、招手、手指和手掌运作)、目光(视线接触的长度，视线接触的向度和瞳孔的变化)和微笑等。

静态无声非语言媒介是以身体在某一场景中的静态姿势所表示的一种人体语言。它包括人的姿势和界域(位置界域和距离界域)等。

无声非语言媒介的特点：第一，具有鲜明的民族文化性，比如人的有些动作，在不同的民族文化中所表示的语义信息会完全不一样；第二，强化有声语言的传播效果，在交谈时，如果伴有适当的人体语言，会明显增强口头语言的表达效果。

(二)实物媒介

实物媒介，指的是实物上包含有某种信息，实物充当了信息传递的载体。它包括产品、象征物、公共关系礼品等。

产品，其本身就是一种典型的实物媒介。产品运载信息的要素有品牌、商标、包装、外表形态、内在质量、售后服务以及广告设计等。

公共关系礼品,包括两层含义:第一,非商品化,它必须是一种不进入(或尚未进入)市场流通的物品,常常需要社会组织根据一定的公共关系目标设计制作,让其成为传递组织信息的一种载体,它的形式有本组织名特产品的微型样品,有为即将进入市场的新产品作舆论导向的物品等;第二,公共关系礼品交际价值大于礼品的使用价值,因为其中还有信息价值和情感价值的成分。

实物媒介除了产品和公共关系礼品外,还有象征物(例如上海宝山钢铁总厂的不锈钢铸像,象征中国钢铁工业的起飞)、购物袋、宾馆内的藏物袋、餐厅内的烟缸等。

(三)人体媒介

人体媒介,是借助人的行为、服饰、素质和社会影响来作为传送信息的载体。它包括组织成员(从领导人员到员工)的形象、社会名流、新闻人物以及能够影响社会舆论的其他公众等。

以员工形象为例,它是组织形象的重要组成部分。其中包括员工的内在素质,外表行为(谈吐举止、面部表情、服饰等)以及隐于其中的行为规范、交往技巧等。比如一个商业公司,统一得体的员工服饰,这一载体传递给公众的不仅仅是一种整体的视觉识别,更重要的是在传播一种企业的精神和企业的经营作风,让顾客走进店门就有一种信任感,相信在这样的公司购买物品不会受骗上当。因此,人体媒介在公共关系传播中有其独特的形象影响力。

公共关系的以上三种传播媒介,各有各的传播作用。符号媒介使用方便,运用广泛,信息反馈周期比较短;实物媒介在这些方面虽然不及符号媒介,但可信度却比较高,特别是产品这一实物媒介所传递的质量信息,自然要比广告宣传来得可靠;人体媒介的作用既不如符号媒介广泛,也不如实物媒介牢靠,但它却容易建立传播双方的感情沟通。对社会组织来说,只有恰到好处地运用这三种传播媒介,才能获取最佳的公共关系传播效果。

(四)大众传播媒介

大众传播媒介在公共关系活动中起重要作用,在此稍作详细介绍。

1. 印刷类大众传播媒介

印刷类大众传播媒介可分三大类:图书、报纸和杂志。

图书是历史最为悠久的一种印刷类的大众传播媒介。图书的容量大,除了以其规范化的形式,便于人们阅读和保存外,还具一定的权威性,它在传播和积累人类知识、文化中起相当重要的作用。

报纸是受众面最大的一种印刷类的大众传播媒介。报纸具有三大优点:第一,可选择性,读者可按自己的需要、阅读的习惯,在许多"并时性"排列的消息中,迅速选取自己最感兴趣的阅读;第二,周详性,同样一则消息,报纸报道要比电视报道深入细致、周密详尽,读者甚至可以反复阅读、细细琢磨;第三,制作容易、成本较低,读者接受信息不需特别设备。

杂志是受到普遍欢迎的一种印刷类大众传播媒介。按其内容,杂志可分为知识性、趣味性杂志和专业性杂志两大类。知识性、趣味性杂志以一般社会大众为读者对象。专业性杂志以特定专业人员为读者对象。杂志的第一个优点是读者群比较稳定;第二个优点是内容安排比较灵活多样,伸缩性大;第三个优点是便于读者在不同的"单位时间"内阅读,也容易携带。

2. 电子类大众传播媒介

电子类大众传播媒介可分为两大类:广播和电视。

广播是覆盖面积最广的一种电子类大众传播媒介。特别是在我国,无线电广播与有线电广播的结合,构成了一个遍及全国城乡的大众传播网络。广播的优点,首先是收听不受环境限制,活动性强。其次,收听对象非常广泛,文化程度低的、视力不佳的、行动不便的等都可以收听,甚至人们可以边干活边收听。再次,节目制作成本是电子类大众传播媒介中最经济的。

电视是现代最强有力的一种新兴的大众传播媒介。电视集音响、图像、动作、色彩于一身,在传播信息过程中,能同时诉诸人的听觉和视觉,形象生动,真实感强,最易激发人的兴趣和抓住人的注意力,另外,时效性也很强。

3.两类大众传播媒介的比较

大众传播媒介的这两大类型,就其社会功能来说,大致上是相同的。但由于传播信息的载体不同,传播过程的环节也不同,再加上许多人文因素(指受众对媒介的适应情况)影响等,使得印刷类大众传播媒介与电子类大众传播媒介之间存在着一些差异。具体从以下三方面来比较:

第一,传播载体比较。印刷类大众传播媒介是以文字或图画为传播载体,受众只能凭视觉感官去接受。因此,使用这一媒介必须以受众是识字者这一条件为前提。而电子类大众传播媒介是以电波为传播载体,受众可以通过听觉和视觉并用接受信息。因此,受众一般只要具备一定的视觉、听觉能力就可以了。

第二,传播速度比较。印刷类大众传播媒介,由于其制作过程比较复杂,周期较长,大大降低了它传递信息的时效性,其中图书是最慢的,杂志居中,报纸相对来说是最快的,但还是不如电子类媒介快。电子类中广播最快,电视稍次。

第三,传播内容比较。印刷类大众传播媒介由于具有空间上的广延性,对所阐述的观点和传递的信息,能提供详尽的细节和深入的背景,解析性强,所以,传播的内容具有一定的深度。而电子类大众传播媒介,由于受到时空的制约(电台和电视台每档节目时间控制很严),传播的内容,相对来说缺乏深度和广度。其作用是告知性大于解析性。

了解和掌握这两类大众传播媒介的不同,是讲究传播效果的前提。使用不同的传播媒介,会导致对同一信息作不同侧面的强调,实际上就是对内容和形式作出不同的取舍。报纸较偏重于信息传播的理性层面;图书、杂志可在叙述的基础上,更具分析色彩;而广播、电视,则可动用其全部现代化传播手段,或现场录音,或录像采访,非常重视信息本身的可听性、可看性和真实感。

第二节 公共关系的沟通原则

一、双向沟通原则

(一)双向沟通原则的内容

公共关系的双向沟通原则,是指沟通双方互相传递、互相理解的信息互动原则。它的内容包含以下三个方面:

1.沟通的双方互为角色

当一方是发出者时,另一方是接受者;另一方是发出者时,这一方又成了接受者。在沟通过程中,不断更换自己的角色位置。

2.沟通不仅仅是一种信息的交流,更是人的一种认识活动的反映

参与沟通的双方皆为具有主观能动性的人,在整个沟通过程中,双方的认知场总是在不断地扩大、不断地深化。因此,沟通不是在原水平上的重复,而是一个不断扩展并螺旋上升的认识过程。

3.沟通的过程由两个基本阶段组成:传递阶段和反馈阶段

传递阶段,发出者将要表达的意愿和所要传递的信息,转换成具体的物质形式(这种转换行为叫编码),以便通过传递的渠道到达彼方。反馈阶段,接受者得到一系列的信息符号后,先将其还原成沟通内容(这个过程叫译码),进行领会、理解,然后,通过某种方式将自己的意见、态度反馈给对方,进行逆传递。如果反馈成功,那么,就意味着一次沟通过程的实现和下一次沟通过程的开始。因此,沟通始终是一个没有终点的循环活动。

(二)贯彻双向沟通原则的目的

1.提高信息互动的质和量

从信息互动的质上看,双向沟通的信息比单向沟通更为准确、

更为完善。因为发送者可以根据反馈,不断地检验所送出的信息。从量上看,双向沟通比单向沟通大大加速了信息流量,增加了沟通过程中单位时间内的信息容量。

2.最大限度地迅速消除沟通障碍

在沟通过程中,往往会出现各种各样的障碍,或称干扰因素。而这些障碍,如果没有及时地进行双向沟通,发出者往往还不会意识到,这样就会严重影响传播的效果。一般地说,沟通过程中传而不通的情况有二:其一是信息未到位,即信息已经传递出去,但没有被对方收到。造成这种情况的原因,一般是信道受阻;其二是信息不同质,即收到的信息和发出的信息是两码事;换言之,传出的信息未被人所理解。造成这种情况的原因是很复杂的,其中有的可能是人文性因素影响,有的可能是其他因素影响。以上情况都属于信息沟通没有实现。如果贯彻双向沟通的原则,那么,当第一个反馈行为发生时,发出者就会立即采取相应的措施,消除障碍,畅通渠道,保证沟通活动的顺利进行。

(三)双向沟通原则的实施

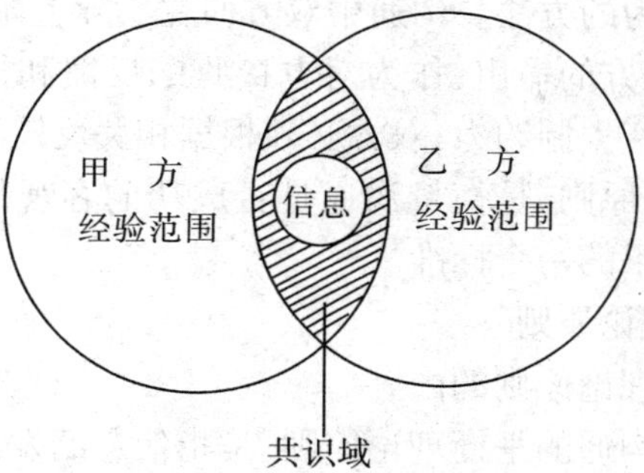

图 8－6　共识域示意图

1. 沟通双方应该存在一定的共识域,即沟通双方具有共同的经验范围一则信息，从甲方传递到乙方，沟通双方以类似的经验为条件。这种“类似的经验”越多，其共识域越大，沟通时共同语言也就越多，信息的分享程度当然就高。如图8-6所示。

可见，贯彻双向沟通的原则，沟通的双方必须存在一定的共识域，这是受者接受传者所希望传递的信息的前提条件。反之，沟通就会产生“卡壳”。

2. 沟通双方必须具备反馈意识

所谓反馈意识，即沟通双方在理解了所接收到的信息后应作出的反应。它包括信息反馈要主动、及时、适路和适量等。主动，是指反馈不仅要对所接收到的信息简单地表示赞成与否，还应该主动提出自己的意见，或补充、修正原始信息等；及时，是指反馈应迅速，不延误沟通的时机；适路，是指反馈的内容不要偏离中心；适量，是指反馈的信息量要适当，以免冲淡主要信息的传递。

3. 沟通双方应根据反馈来作自我调节

公共关系传播引进反馈机制、分析处理问题的方法，实际上是利用结果（输出信息的实践结果）对原因（输出信息）的反作用来调整自身沟通行为的方法。沟通中双方便在实际上轮流充当着施控者与受控者，双方的输出，作为对方接收的反馈和控制信息，势必对双方的行为产生制约力；双方必须根据相关反馈进行自我调节。因此，双向沟通原则，是衡量沟通是否成功的客观尺度，是评估公共关系传播效果的一个标准。

二、平衡理论原则

（一）平衡理论原则的内容

公共关系沟通的平衡理论原则，是指信息的发出者利用“相似性”的人际吸引为中介，通过沟通，与接受者产生认同，达到协调的原则。它的内容包含以下三个方面：

1. 平衡理论

平衡理论也叫“A—B—X”模式。由美国纽科姆（T. M. Newcomb)提出。这里,A是一个认识主体,B是另一个认识主体,X是一个对象、一种观念或一则信息。A与B是否协调,不仅决定于他们之间相互的认识程度和吸引程度,而且与他们对X的态度是否一致密切联系着,不一致就会引起紧张、不协调,而沟通能改变他们的态度,使紧张消除,求得平衡。

假设某厂的正副厂长(A与B)平时关系很好,配合也默契,可是,近日来接二连三的工伤事故,使得负责安全生产的副厂长(B)提出要分期分批对职工进行安全生产知识培训。而厂长(A)则认为这会影响生产,不予同意。于是,就造成下图所示的紧张状态:

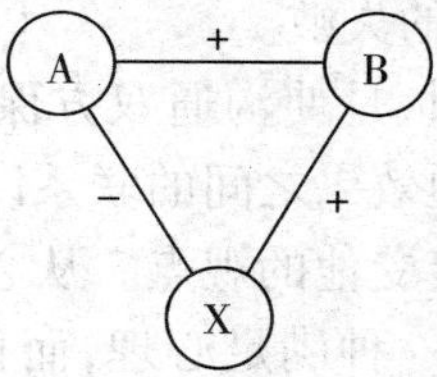

图8-7 两位厂长意见不同

通过沟通,会发生下图所示的三种可能变化:

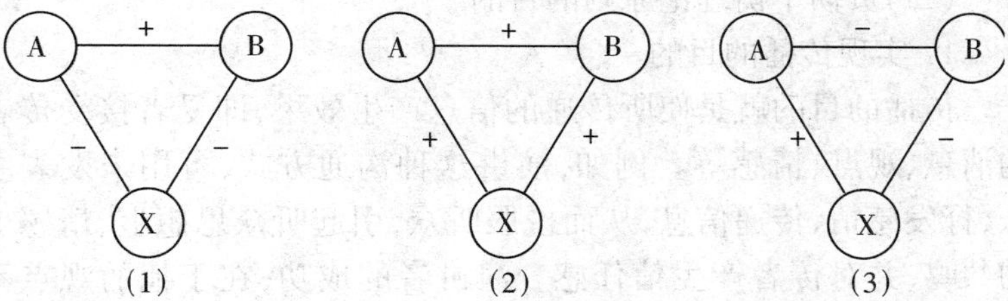

图8-8 沟通后可能发生的变化

图(1)是副厂长改变主张,使两者的关系协调;图(2)是厂长放弃自己观点,也使原先的紧张消除;图(3)是副厂长改变对厂长的看法,甚至不愿和他共事,要求调离,以此达到一种特殊的心理平衡状态。这样,人际关系的性质发生变化。根据此例的情况,从公共关系的角度看，显然，图(2)是最理想的沟通效果。

2．平衡理论的基本思想

人与人之间的不平衡状态是客观存在的，也正因为如此，使得沟通不仅是可能的，而且是必要的。沟通的过程是由不平衡走向平衡的过程，而选择途径的原则，就是平衡理论的核心思想——最小努力原理。换言之，就是选择一条不必花费很大力量去平衡关系的途径。途径的选择，应根据不同的沟通目的而决定。一般地说，改变对一个人的看法，甚至下决心解除双方的角色关系[如图8—8(3)所示]，从公共关系角度看，要慎而又慎。从某种意义上说，这种做法是公共关系的失败。

“相似性”的人际吸引，是使沟通双方保持平衡关系的重要因素。传者的相似性与沟通效果之间的联系以人际吸引——喜爱为中介，喜欢他，就倾向于接受他的观点。从心理学角度阐释这种现象，这不仅反映了受者的一种满足心理，而且作为一种奖赏，传者的观点所蕴含的信息会在他内心激起一种心理力量，驱使自己与传者产生认同，作出传者期待的行为。

(二)贯彻平衡理论原则的目的

1．实现传播的目的

传播的目的就是使所传递的信息产生效果，即受者接受传者的消息、观点、情感等。例如，演讲这种沟通方式，可用来发表主张，抒发感情，传递信息，从而说服听众，引起听众思想上、情感上的共鸣，并对传者产生信任感。演讲者的成功，在于他的观点不变，而劝导听众改变观点，双方达成共识，进而保持平衡。

2．协调双方关系

当传者受者关系发生冲突时，如果以传统的行政手段来作出裁决，一般只能改变双方表面行为，无法影响其内在态度，不能达到真正的协调。而贯彻平衡理论原则，冲突的双方必须在沟通中共同寻找解决途径，其中有一方必须作出必要的修正，或让步或改变原先的态度,以此来消除紧张,协调好关系。从公共关系的角度看,作为社会组织应以满足公众利益为出发点,自觉改善不平衡的状态,增强彼此沟通的机会,使关系和谐化。

(三)平衡理论原则的实施

1. 提倡A—A式平行沟通

A—A式平行沟通,来源于人格结构的PAC沟通理论。PAC沟通理论,是人的三种自我状态的简称。其中P(Parent State)表示父母状态,A(Adult state)表示成人状态,C(Child state)表示儿童状态。这里的父母、成人、儿童不是实际的指称,而是抽象意义上的概念。

P状态以权威和优越感为标志,其言语和行为往往是支配性的、评介性的、批评性的,甚至是跋扈的。

A状态以理智和稳重为标志。其言语和行为往往是不卑不亢,充满自信和理性,富有教养,并具有分析、理解和平等精神。

C状态以冲动和变化无常为标志,其言语和行为往往是创造性的、自发性的,有时是任性或粗暴的,表现为遇事无主见,要么感情冲动,要么绝对盲从。

在一个人的性格结构中,哪种心理状态占优势,在沟通中就会出现哪种心理状态沟通行为。假设有人问:今年贵公司举行了几次订货会?请看两种沟通方式:

①共举行了三次;②无可奉告。

①的沟通方式是A—A式的平行沟通,沟通双方关系是平等的,因此,沟通会继续;②的沟通方式是非A式交错沟通,沟通双方的关系由非预料中的回答而引起对抗,气氛较为紧张,沟通无法继续。这种沟通方式,违背了平衡理论原则,是公共关系沟通中的大忌。上述两种沟通方式如下图所示:

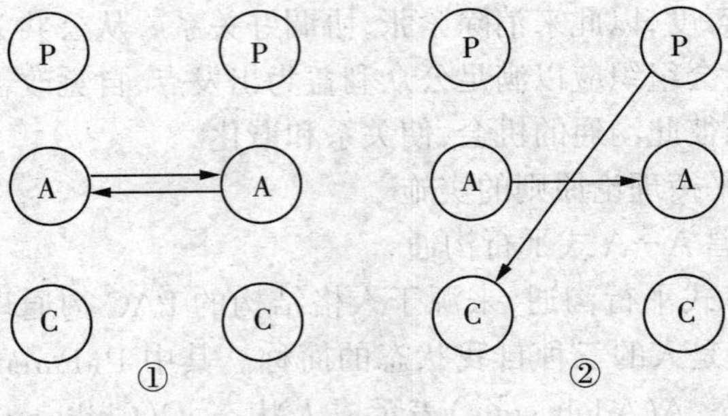

图 8-9 两种沟通方式图

可见,由于A状态的思考符合理智和逻辑,而P和C状态对客观世界的感受和反应往往并不一贯。因此,最佳沟通方式是A—A型,即双方均以成人状态参与沟通。其次是有A状态参与的各种沟通方式,而没有A状态的沟通,往往会使信息交流中止或发生冲突。

2. 注重情感沟通

情感是人对客观事物是否符合自身需要而产生的态度的体验。平衡理论的主要思想之一就是在沟通中诉诸情感,增进情感的互动和思想的交流,彼此发出认同,从而产生亲密感,达到关系的平衡。现代公共关系广告正是利用了这一点来改变诉求方式。例如上海市第一百货商店在40周年店庆之际,相继推出了三类广告:

①穿在一店,美在一店。

②不惑之年,赤诚之心。

③不愁货比货,更愿心贴心。

从沟通效果看,第①类给人一种主观认定式的单向意识,有"自吹自擂"之嫌。第②③类体现了一种"顾客至上"的意识,站在双方为一个利益共同体的角度上,传递一种情感信息,其方式是通过自己对他人的奉献,来达到他人对自己的偏爱,让人听后感到亲切、温暖，增加了对市百一店的信任感。

在演讲中，运用情感沟通和理智沟通相结合的方式，其效果往往更佳。一般来说，在刚开始沟通时，应当诉诸情感，引起听众情感上的振动和激发其兴趣；然后，则可以侧重于理性说教，使听众进行较深刻的思考，以形成持久、系统的观点。美国学者曾结合竞选演讲进行实验研究，比较情感和理智在选举时对选民们行为态度的影响。实验结果表明，情感的号召比理性的号召作用大。无论是 2001 年上台的小布什，还是此前的克林顿，都是颇具实力的演说家。

三、整分合原则

(一)整分合原则的内容

公共关系沟通的整分合原则，是指在整体规划下，将沟通过程的各相关部分进行有效综合的原则。它包含以下两个内容：

1. 沟通具有系统的整体性特征

所谓系统的整体性，是指系统的整体具有其组成部分在孤立状态下所没有的性质。简言之，整体大于部分之和。假设人们将一个组织的沟通渠道割裂开来，各个部门所获得的分散的信息，对他们自身来说，只能是心有余而力不足，无法彻底解决问题，而一个组织如果将这些信息和情况汇总起来，就可以纵观全局，作出正确的宏观决策。

2. 沟通作为一个系统，其内部各构成要素是相互依存的

所谓相互依存，是指系统内各要素之间的相互依赖和互为条件的关系。比如沟通过程是由传者和受者两大要素构成，如果只有前者而没有后者，显然沟通就不能成立。反之亦然，受者相对传者才有意义。所以，传受双方是相互依赖、互为条件的。

(二)贯彻整分合原则的目的

贯彻整分合原则的目的是为了使沟通过程中各组成部分排列有序。沟通过程有六个部分：准备、编码、传递、接收、译码和反馈。

这六部分的次序是按照一定的规律排列的。如下图：

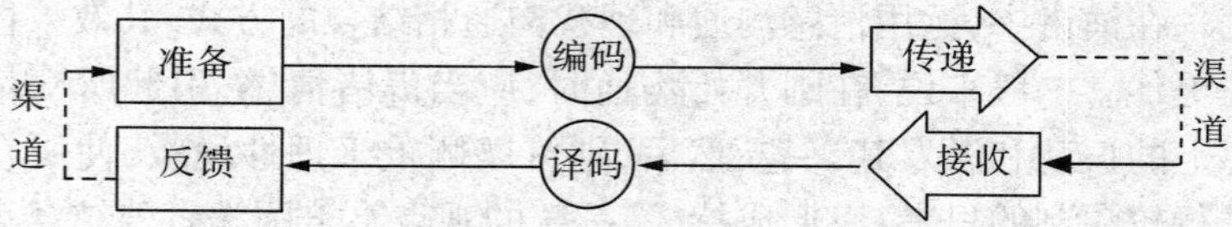

图 8-10 沟通过程图

1. 准备部分，主要承担对沟通的信息内容、沟通的对象和沟通的时间等的确定。

2. 编码部分，主要承担信息的转码、使用媒介的协调和受者情况的了解等。

3. 传递部分，主要承担选择合适的辅助媒介、控制传递的速度、注意沟通信息的保真度等。

4. 接收部分，主要承担完整准确地接收传送来的信息，力求消除“信息差”。

5. 译码部分，主要承担对接收到的信息进行译解、理解。

6. 反馈部分，主要承担向传者及时、主动作出反应。

（三）整分合原则的实施

1. 综合多种沟通方式

一个社会组织，往往是综合运用多种方式进行沟通，来提高信息沟通的整体效应。根据信息流动的方向，沟通方式一般有三种类型：垂直沟通、横向沟通和非正式沟通。

垂直沟通：指信息在上下级之间的传递。这是最主要的一种沟通方式。它包括向下沟通（领导发布指示、评价下属工作和向员工做工作报告等）和向上沟通（请示、汇报和提建议等）。

横向沟通：指在同级的不同部门之间进行的沟通，也称“平行沟通”。它是一种协调型沟通，以会谈、商洽为主。它的存在，有助于组织与公众之间的平衡、合作。

非正式沟通：是指非组织职能路线内的沟通，也称“小道消息传播”。如果非组织沟通利用得好，也可作为上述两种正式沟通的补充，从中了解组织内员工的状况和组织内的人际关系。非正式沟通的缺点是信息无一定的流向，失真度大，往往以讹传讹，其消极作用也会影响和干扰正常途径的沟通。

在沟通实践中，三种方式都不能偏废，而应扬长避短，充分发挥其积极作用和综合效应。

2.综合多种信息载体

沟通过程中，作为信息载体的媒介是多样的。最基本的沟通媒介是语言，同时作为非语言的人体动作也是一种重要的沟通媒介。它具有替代、辅助和强化语言的作用，并在沟通中产生立体性的整体效应。如图 8-11 所示。

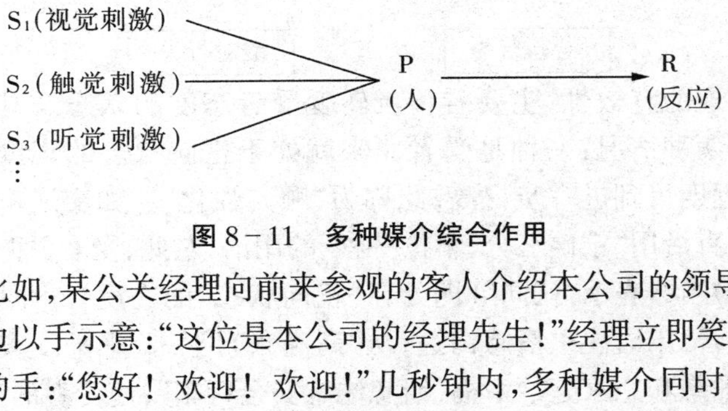

图 8-11 多种媒介综合作用

比如，某公关经理向前来参观的客人介绍本公司的领导，他边微笑边以手示意：“这位是本公司的经理先生！”经理立即笑着握住来宾的手：“您好！欢迎！欢迎！”几秒钟内，多种媒介同时传递了几个信息：微笑（表情语，视觉刺激）、握手（动作语，触觉刺激）、问候、介绍（有声语，听觉刺激）等，整个沟通过程给来宾以立体性的综合感受，留下了良好的第一印象。

四、有效原则

（一）有效原则的内容

公共关系沟通的有效原则，是指通过传受双方的沟通行动取得预期效果的原则。它包含以下两个内容：

1. 沟通的有效度

即指传者对受者态度变化的影响程度。这里的态度有两种状态:正向状态和逆向状态。按其程度的不同,列表如下:

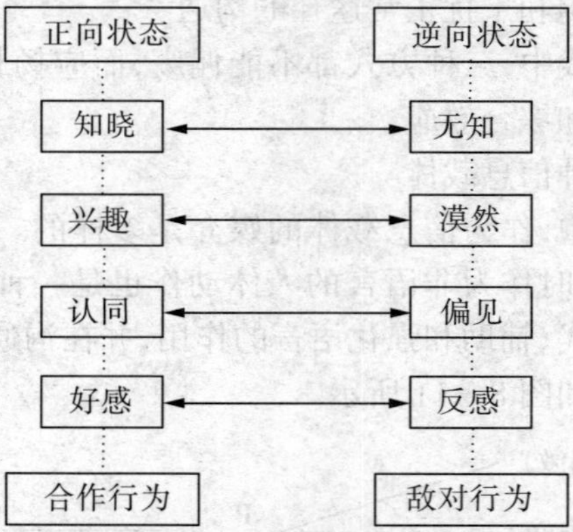

沟通的有效性,主要看传者转变受者态度的状态及其程度。一般有两种情况:一种是受者原来就处于正向状态的态度,沟通后,其程度得到进一步提高,此称为"顺向强化"。如交通广告,前几年一直沿用"宁停三分,不抢一秒"的用语,对此,受者(即开车的司机们)当然表示"认同"(即处在"正向状态"的态度)。而后来的交通广告,用语注重情感沟通,从"高高兴兴上班,平平安安回家"到"为了您和您家庭的幸福,请您注意安全行车",使受者的接受程度更为提高。从沟通的有效性来看,这叫"顺向强化"。

另一种是受者原来处于逆向状态的态度,沟通后,改变了态度,成了正向状态的态度,此称为"逆向转化"。如一著名演讲家曾在某市监狱对年轻的犯人作过一次《认罪服法,教育改造》的演讲。讲演前,他首先了解到这些罪犯对这类内容是不感兴趣的,他们已经形成一种抵制心理。为了转变受众的这一"反感"态度,演讲家在讲演发端语的称呼上花了功夫,巧妙地运用了公关语言艺术;不称同志,当然也不称罪犯,而称"触犯了国家法律的年轻的朋友们,……”选择这个可接受性的称呼，有利于提高沟通的有效性。话语刚落，立即引起了全体罪犯的强烈共鸣，有的当时就掉下了激动的眼泪，有效地消除了受众的抵制心理，为演讲信息的传递铺平道路，这叫“逆向转化”。

2. 沟通的有效率

指沟通有效数与沟通信息总数之比，可用下列公式来计算：

$$\text{沟通有效率}=\frac{\text{沟通信息总数}-\text{无效数}}{\text{沟通信息总数}}\times 100\%$$

沟通中无效数的产生，原因是多方面的，有来自传者方面的原因（如不适时、不适量等），也有来自受者方面的原因（如语言障碍、文化差异等），还有来自沟通渠道方面的原因（如种种物理性的干扰，多渠道、多层次等）。

（二）贯彻有效原则的目的

1. 不失时机地充分利用信息

当今世界，一个社会组织的战略资源已不是资本，而是信息。信息是一个社会组织发展的源泉，是决定其命运的不可忽视的重要因素。然而，信息的时效性很强，信息一旦过时，就失去或减弱了它的价值。因此，在沟通中贯彻有效原则，就是为了不失时机地充分利用信息，使信息更迅速、更广泛地发挥其独特的作用。

2. 力求达到最佳的沟通效果

公共关系传播把公众态度的转变作为其所担负的重大任务。最佳的沟通效果就是使公众在组织的互动过程中抱有良好的“正向状态”的态度。态度是行为的先导。比如好感和反感，这两种态度在沟通过程中往往会产生两种不同的行为方式。演讲家去某市监狱对年轻犯人作前面所举的讲演，即是一例。

（三）有效原则的实施

沟通的有效性，必须以满足受者的需求为前提。以推销行为为例，这一沟通过程一般有四个阶段，每个阶段都反映了受众的一定需求。

1. 知晓阶段

受者从产品广告或人际传播中了解一些新产品。但记忆中的产品形象清晰度不高。因此,这一阶段,应该采用高信息量的方式沟通,这样不仅能产生一定的心理效应,而且强化所传信息的渗透力、刺激度,以唤起受者的注意。

2. 兴趣阶段

受者在了解的基础上,优先对某物集中了注意力,但这种注意不巩固,甚至是有偏差的。因此,这一阶段需要诱导,发话要主动,直到能基本控制导向为止。

3. 评价阶段

受者在权衡使用这一新产品的利弊得失时,心理上往往会产生需要咨询的愿望。因此,这一阶段的沟通,首先必须破说事理,站在消费者的立场上陈述好处,满足受者反复权衡利弊的心理需要。

4. 行动阶段

受者通过上述三个阶段后,在决定行动前,还有一种想从侧面再一次得到证实的需要。因此,这一阶段的沟通,必须在"促"字上下功夫,促使其尽快达成交易。

思考与练习

1. 简述公共关系传播模式。

2. 什么是人际传播、组织传播和大众传播? 什么是符号媒介、实物媒介和人体媒介?

3. 公共关系的沟通原则有哪些?

第九章

公共关系调查和策划

公共关系工作不仅具有较高的艺术性，而且还有较强的科学性。它使组织的形象管理具有高度的计划性、连贯性、节奏性和规范性。从事公共关系工作的人员应当按照调查、策划、实施和评估这四个工作步骤，运用科学的理论和有效的方法处理和解决各种问题。这四个工作步骤也就是公共关系专家们常说的“四步工作法”。

第一节　公共关系调查

在公共关系实施和具体操作过程中，调查是第一步工作。古人云：“知己知彼，百战不殆。”这正说明调查的重要性。

一、公共关系调查的意义

公共关系调查同其他社会调查有所不同，它是就公众对组织形象的评价进行统计分析，用数据或文字的形式显示公众的整体意见，或者就某一具体公共关系活动条件进行实际考察。进行公共关系调查的重要意义首先表现在，它可以使组织准确地了解其在公众中的形象定位。组织的形象定位是指用定量化方法准确地判定组织在其公众中的形象地位。通过形象定位,可以测量出组织自我期望的形象与其在公众中实际形象的差距。公共关系人员可针对这个差距,策划有效的公共关系活动方案。由此也可以大大加强公共关系策划的目的性。

其次,公共关系调查为组织决策提供科学依据。我们进行公共关系调查的主要任务就是及时地为组织提供决策依据,并能有效地预测和检验决策的正确性。要保证组织的决策正确,调查是最好的办法。因为只有通过调查,组织才能了解公众的要求和愿望;只有了解公众的要求和愿望,才能作出符合公众的要求和愿望的决策;只有作出符合公众要求和愿望的决策并认真实施,才能使组织在公众的心目中树立起良好的形象。

再次,它使组织及时地把握公众舆论。公共关系调查可使组织及时地把握公众舆论并适时地作出决策。公众舆论是自发产生的并处于不断扩大和缩小的动态中,它是公众对组织的一种浮动的表层的认识。但是,当少数人的观点、态度扩展为多数人的观点、态度;分散的、彼此孤立的意见集合为彼此呼应的公众整体意见;声势尚小、影响甚微的局部意见变成声势浩大的公众的共同反响时,对组织的形象将产生很大的影响。积极的公众舆论有利于组织塑造良好形象,消极的舆论则有损于组织的形象,甚至会造成组织形象危机。因此,通过公共关系调查,监测公众舆论,并使组织及时扩大积极舆论、缩小消极舆论是十分重要的。

最后,提高组织公共关系活动的成功率。组织在开展某项公共关系活动之前,必须要对现有的人力和物力条件作充分的调查,必要时还要作现场考察。通过调查,组织对所要开展的公共关系活动的主客观条件有了足够的了解。这样,才能保证公共关系活动有充分的准备和切实可行的计划,并取得好的效果。

二、公共关系调查的原则

公共关系调查要为组织提供决策依据,所以,调查活动和调查过程应有很强的科学性。为了保证公共关系调查的科学性，调查人员必须遵循以下原则：

（一）客观性原则

公共关系调查是为了准确地了解公众对组织形象的评价。调查人员在调查过程中，应从客观实际出发，要注意区分公众的客观态度和主观臆想。公众的客观态度是指调查对象对组织形象的直接感受和评价，而主观臆想则是调查对象对组织形象的一种想像和愿望。在调查过程中，只有把握了调查对象的客观态度，才能对公众的有关评价得出科学、准确的结论。此外，调查人员在调查过程中，切忌主观性，不可随心所欲地给客观事实加入主观猜测的成分，而应随时随地都从客观事实出发，不回避更不掩盖事实。只有这样，才能充分保证调查的可信度和时效度。

（二）全面性原则

公共关系调查的客观性本身就要求调查的全面性。公共关系调查的全面性要求调查人员在搜集调查对象对组织形象的评价时，必须注意搜集各方面公众的意见。这里应注意两点：一是调查对象必须能够代表公众。如果调查对象没有代表性，尽管他们对组织形象的评价是客观的，但这并不能代表公众的整体态度。所以，调查人员必须用严密的科学方法收集所有有代表性的调查对象的客观态度；二是调查所得的资料必须全面。既要有调查对象的正面意见，也要有调查对象的反面意见；既注意到一方面公众的意见，也注意到另一方面公众的意见，并注意各种意见之间的联系，不能一叶障目、不见泰山。以偏概全的调查对组织是十分有害的。

（三）时效性原则

公共关系调查是了解调查对象在某一确定时间对组织形象的评价，调查的结果具有很强的时效性。对一个组织来说，调查所得信息的价值取决于提供信息和处理的时间，迟滞的信息会导致组织失去取胜的良机。所以，在调查过程中，调查人员不仅要注意调查信息的准确性，还要注意调查信息传递的快捷性。此外，客观事物总是处在不断运动和变化之中，“人不能两次进入同一条河流”。公共关系的一次调查，只能反映此时此刻公众的态度，这种态度会随着时间的延续而发生变化。切忌根据公众一时的态度，则高枕无忧，或自暴自弃。公共关系调查的时效性，也包含调查的长期性、反复性。遵循公共关系调查的时效性原则，有利于组织及时地收集情报并作出果断的决策。

(四)计划性原则

公共关系调查是组织形象管理中的重要一环。组织不可企望通过一次调查获得所有的情报。公共关系调查工作应列入组织的整体运作计划中，使之制度化、规范化。公共关系调查的制度化、规范化不仅可以使组织适时得到有价值的信息，同时也可以不断地总结调查的经验，提高调查工作的质量。此外，对一项具体的调查工作来说，事前必须要制订一个完整、严密的调查计划，对调查任务及完成任务的人力、物力作出合理的安排；对调查中可能会遇到的各种问题及其对策都要考虑充分。这样，才能保证调查的顺利进行，提高调查工作的效率。

三、公共关系调查的内容

公共关系调查的目的是甄别公众对象，测量舆情民意，评价组织形象。然后，再找出差距，确定存在问题，为组织设计形象、策划公共关系活动提供依据。公共关系调查主要有三项内容：即组织的形象调查、组织的公众舆论调查和组织开展公共关系活动的条件调查。

(一)组织形象的调查

1.组织自我期望形象调查

自我期望形象是指一个组织自己所期望建立的形象，它是一个组织公共关系工作的内在动力、基本方向和目标。自我期望形象的确立应注意主观愿望和实际可能相结合。作为动力和方向，自我期望形象的要求越高，组织自觉作出公共关系方面努力的可能性就越大；作为目标，自我期望形象的要求越高，实际成功率也可能越低。科学的自我期望形象的调查主要包括以下三个方面：

(1)组织领导层的公共关系目标和要求

公共关系活动的目标必须围绕着组织的总目标，支持组织总目标的实现。组织的公共关系计划实质上始于领导层。作为组织的决策者和领导者，他们对自己组织形象期望水平，对于组织目标和组织信念的形成，对于组织形象的选择和建立，具有决定性的意义。因此，公共关系工作者首先必须详尽研究领导者所拟定的各项目标和政策，领会领导者的决心和意图，研究他们的言行和经营管理手段，测定他们对组织形象的期望水平和具体要求，以此作为设计组织形象的重要依据。

(2)组织员工的要求和评价

即了解本组织广大干部和职员对自己组织的看法和评价。一个组织的目标和政策须得到广大员工认同和支持，才可能有效地转化为该组织的实际行动。因此，需要通过调查研究，了解广大员工对组织的要求、看法及各种批评建议，了解他们对领导层提出的总目标的信心和支持程度，发动全体成员寻找组织的薄弱环节改善措施。

(3)组织的实际状态和基本条件

组织对自我形象的要求不能脱离客观的实际状态和条件。公共关系工作者必须完整地掌握本组织各方面的基本资料，包括经营方针和管理政策、生产状况、财务状况、技术开发状况、市场营销状况、人事组织状况，等等，并以此作为设计组织形象的客观依据。

通过上述三个方面的调查，从主观愿望和实际可能的结合上，确定本组织的自我期望形象。

2. 组织实际形象调查

反映组织真实形象的镜子是社会舆论和公众评价。了解组织实际的形象，就是运用各种调查方法，了解本组织在公众中享有的认知度、美誉度和和谐度。具体的实施方法是：

(1)公众网络分析

首先必须对本组织的公众范围、公众分类、主要目标公众等进行调查分析，通过辨认公众、甄别对象，确定调查的对象和范围。关系对象不清楚，就不可能正确地找到调查对象，不可能获得正确的调查结果。

(2)形象地位测量

在对公众网络调查分析的基础上，实施具体调查方法(如访谈法、问卷法等)。然后，根据知名度和美誉度两项指标，综合分析公众的评价意见，测定组织的实际形象地位。

(3)形象要素的分析

组织形象的内容不是单一的。处于上述某种形象地位，总是由多种因素造成。要正确评价组织的实际形象，还需要进一步调查分析形成某种形象的具体原因，以便有的放矢地制订改善公共关系状态的具体措施。

可根据语义差别分析法制作组织形象要素调查表(见表 9－1)，作为分析形象要素的工具。其方法是：将事关组织形象的重要项目，例如经营方针、办事效率、服务态度、业务水平等分别用正反相对的形容词表示好与坏两个极端，在这两个极端中间设置若干程度有所差别的中间档次，以便公众对每一个调查项目均可以分档次进行评价。比如经营方针，可以用正直和不正直表示两种截然相反的评价，而在中间，则可以设置相当正直、稍微正直、一般、稍微不正直、相当不正直等不同程度的评价档次。

调查时，请调查对象就自己的看法给出评价。公共关系人员对所有调查表格进行统计，计算每一个调查项目中各种不同程度的评价所占的百分比。

这里以图 9－1 中的某组织为例。分析这份调查结果，可以勾画出该组织的形象要素如下：经营方针比较正直，办事效率平平，服务态度较差，业务缺乏创新，管理顾问知名度甚低，公司规模较小。公共关系的计划和措施，有必要针对这些原因去制订。

表 9－1　组织形象要素调查表

评价＼调查项目	非常	相当	稍微	中	稍微	相当	非常	评价＼调查项目
经营方针正直		65	25	10				经营方针不正直
办事效率高			25	65	10			办事效率低
服务态度诚恳				15	20	65		服务态度恶劣
业务水平有创新					20	70	10	业务水平缺乏创新
管理顾问有名气						10	90	管理顾问没有名气
公司的规模大					25	55	20	公司的规模小

3．形象差距的比较分析

将组织的实际公众形象与组织的自我期望形象比较，找出两者之间的差距，弥补或缩小这种差距便是下一步设计形象和建构形象要做的工作。

可以运用形象要素差距图(详见图 9－2)将这种差距显示出来。方法是把组织形象要素调查表上表示不同程度评价的 7 个档次相应数字化，成为数值标尺。比如：1 表示非常差，2 表示相当差，……4 表示中间状态、一般……7 表示非常好。然后，根据上表的调查统计结果，计算公众对每一个调查项目评价的平均值，将各个平均值分别标定在数值标尺相对位置上，连接各点，即成为组织的形象曲线。图 9－2 以上述组织为例。图中实线部分是该组织的实际形象，虚线部分则是该组织的自我期望形象。两条曲线之间的差距就是组织的形象差距。

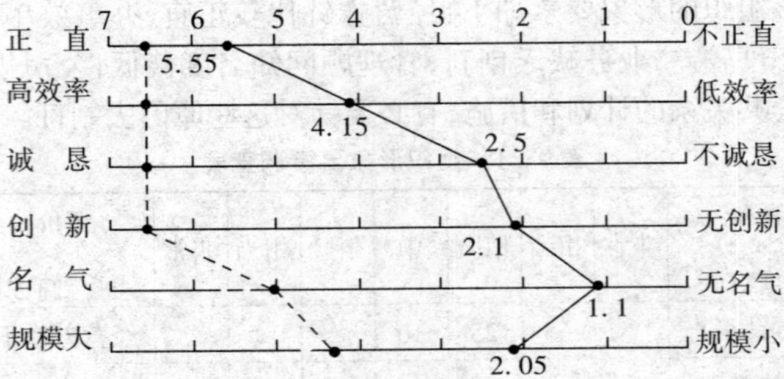

图 9－2 形象要素差距图

从图 9－2 可以看出,除了经营方针一项形象要素实际评价与自我期望值接近以外,其他各项形象要素均有相当差距。缩小和弥补这个差距,即是该组织的公共关系工作目标。

找出差距,发现问题,是公共关系调查的重要任务之一。

(二)组织的公众舆论调查

组织的公众舆论调查是对公众的态度倾向进行统计、测算,用数据显示公众的整体意见。公众舆论具有广泛性和变动性等特点。

对公众舆论进行测量分析,把握其变化的势态,必须依赖对舆论指标体系的考察,并用具体模式图形加以说明。所以,公共关系调查人员应当按照一定的指标体系测量、调查舆论,用科学尺度描述舆论状态。建立公众舆论状态模型图可鲜明地显示舆论的现状与变化趋势。

公众舆论是个含有多层结构的表层意识,是由公众的各种意见和态度构成的集合体。任何一种舆论都是可以分解的,根据舆论各部分解值的大小,调查人员可以统计出公众舆论的倾向和影响力。而衡量舆论分解部分的值,则要确定出公众舆论标志和指标体系。

1. 舆论标志

舆论标志表明各种公众意见在一定时间和空间所达到的规模和发展趋势,它揭示各类舆论的综合对比关系,是对舆论总体趋向的一种描述。

公众对组织的整体形象或是对组织的某项决策持赞成还是否定态度,这种态度代表多数人还是少数人,这些都是舆论标志。舆论标志是变动的、多样的,是各种舆论倾向的一种象征。比如,某种舆论是绝大多数公众的意见,这就标志着它是主导舆论,而一部分人的意见,则标志着它是分支舆论。按舆论分布的区域和公众人数的多少可把舆论标志分为四个等级:主导舆论、分支舆论、次舆论和微舆论。一般来说,主导舆论是指在一定范围内有 70% 以上的人所坚持的共同意见;分支舆论是指同时存在的几种有相当数量的人赞成的一致意见;次舆论是指在某些局部地区有多数人坚持的,但并不具有全局性的意见;微舆论通常是指小社会环境下的群体舆论,舆论主体只是很少一部分人。

舆论标志揭示的是某种舆论整体的强度与量度特征,而这种标志又是通过舆论指标体系反映出来的。所以,舆论标志又是舆论指标体系的综合体现。

2. 舆论指标

舆论指标主要分两类,一类是量度指标,另一类是强度指标。

公众舆论的第一类指标称作舆论的量度指标,包括舆论的公众数量和公众的分布。公众的数量是第一个量,公众的分布是第二个量,任何舆论测量都不能缺少这两个方面的量。这是因为,作为客观存在的人的集体意向,不仅表现为所持人数的多寡,而且和公众的分布种类有重要关系。有些问题可能在一方面公众中持肯定意见多,而在另一方面公众中则持否定意见多。所以,公众舆论调查在确定量度方面,必须兼顾公众的人数和分布种类两种量的平衡,不能舍弃一面而只顾另一面。

公众人数和分布种类的乘积数,就是舆论量度指标。量度指标越大,表明公众舆论的影响越广,也越具有权威性。比如,某一组织在全公众范围内进行公众舆论调查,选择调查的人数为 1 万人,选择测定的公众种类为 5 种,那么,舆论的量度指标则为 5 万人(10000 人×5),即通过 1 万人的测定可以大致推出 5 万人所具有的态度。

确定舆论量度指标和舆论涉及的公众范围紧密相关。一般来说,公众对组织形象的意见和态度覆盖多大的公众范围,就应该在多大范围内选择调查对象。比如:组织要进行某一产品形象的舆论测量,则应主要考虑在顾客公众中选择测量对象;如组织要进行某项经营方针的舆论测量,则不仅要考虑在顾客公众中选择测量对象,还应考虑在政府公众、社会公众、媒介公众中选择测量对象。只有同时摄取公众人数和公众分布数量,量度指标显示的指数才能令人置信。总之,舆论量度中公众的人数量和分布种类量是互相联系、互相协调的舆论指数,这个指数可用公式表达:

$$L_s = R \cdot f$$

公式中 Ls 代表量度指数,它是公众人数和分布种类数的乘积。R 是测量公众人数,f 是公众的分布种类数,要取得公众对组织形象某种态度的量度数据,可用上式计算。

舆论调查,主要是测定出正反两种指标的百分比,即持肯定态度和否定态度的人占全部量度指数的百分比。指数百分比大的舆论,就是高指标舆论,即广度舆论,说明它在整个公众的分布上占有优势。而指数百分比小的舆论则是低指标舆论,即狭度舆论,它处于被支配的地位。取得上述量度指标的公式是:

$$L_k = \frac{L_s k}{L_s \%} \qquad L_f = \frac{L_s f}{L_s \%}$$

这里,L_k 代表肯定态度的量度指标,L_f 代表否定态度的量度指标。比如,某一组织就某项制度的建立进行内部公众舆论调查,选择 1000 人为调查对象,调查结果 700 人表示赞成,200 人表示反对,另有 100 人未表示任何态度,测量的量度指标分别为:

$$L_k = \frac{700}{700+200}\% = 77.78\%$$

$$L_f=\frac{200}{700+200}\%\approx 22.22\%$$

持肯定态度的量度指标是77.78%；持否定态度的量度指标是22.22%。前者属主导舆论，处于支配地位；后者属次舆论，或分支舆论，处于从属地位。

舆论的第二类指标是强度指标。即公众所表示的意见、态度、观点的强烈程度。调查对象在表达对组织的意见时，不同的调查对象具有不同的强烈程度，用指数体系表示出来，叫做舆论的强度指标。比如：公众对组织某项决定的态度有十分赞成(D)、赞成(C)、比较赞成(B)、无所谓(A)、不够赞成(－B)、不赞成(－C)、极不赞成(－D)等7个级差，哪一级差的人数多，舆论强度的指数就大，这里可用一横轴线表示不同的级差，见图9－3。

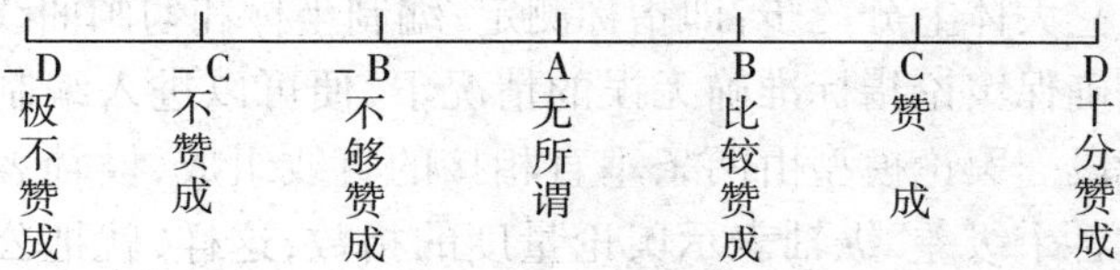

图9－3　舆论强度级差图

舆论强度表达的是公众态度的坚定程度，它剔除了各种虚幻的成分，描述公众对组织形象评价的质量。进行强度指数计算，可以清晰地显示出公众中持有各种态度人数的百分比。计算公式如下：

$$Q_k=\frac{B(C、D)}{L_s}\%$$

$$Q_f=\frac{-B(-C、-D)}{L_s}\%$$

其中Q_k代表公众肯定态度的强度指标，Q_f代表公众否定态度的强度指标，二者标志持有各种态度的人数比。比如，一家企业就一项新产品投放市场对1万名用户进行调查，所得结果表明，喜欢这种产品的有6000人，不喜欢的有3000人，有1000人不置可否。其中十分喜欢和很不喜欢的人数分别为600人和300人，这

样,显示十分喜欢的态度指标则是:

$$Q_k = \frac{600}{6000 + 3000}\% \approx 6.67\%$$

由此可推出,有6.67%的人十分喜欢这种新产品。

可见,任何舆论都可以用舆论的量度指标和强度指标来显示,通过不同舆论的广狭、强弱的对比,对公众舆论作出准确的说明,可使组织对公众舆论做到胸中有数。

3.舆论测量模型

舆论模型是标示舆论动态的坐标体系,它将舆论的量度指标和强度指标有机地展示在一个平面上,醒目地展示舆论状态和趋势。编制舆论模型应是公共关系调查人员熟悉的一项工作。

编制舆论模型图的过程,实际上是汇集、显示舆论指标体系的过程。它大体上分三步:即指标测定、编制坐标和勾画曲线图。

在确保舆论指标准确无误的情况下,便可以进入编制舆论模型的阶段。舆论模型由两条垂直相接的直线组成,横轴表示舆论强度的各个级差,纵轴表示舆论量度的指数,这样,就把公众舆论的分布趋势和态度的强度变化集中展示出来。见图9-4。

在横轴上,从A点开始,右侧三个级差是肯定性态度级差,左侧三个则是否定性态度级差,它们的强弱走向正好相反。这种排列方式可以使肯定与否定的舆论高峰彼此呼应,从而明显地表示出两种舆论的态度对比。

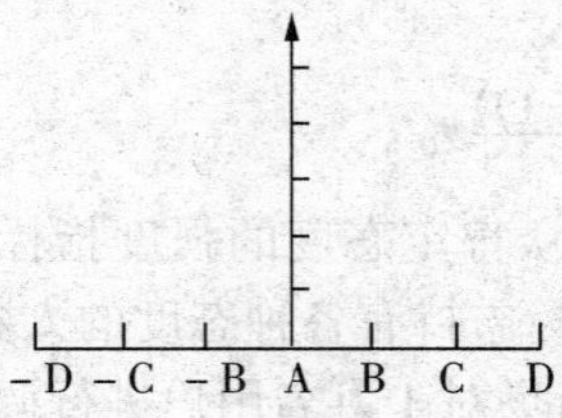

图9-4 舆论模型图

纵轴上的刻度表明量度指数的级差，每一刻度表示的人数可由调查人员根据调查对象的人数和范围确定，一般以 10 人、100 人、500 人、1000 人或 10000 人为一刻度。

舆论模型图的制作实例：一家企业调查了 1000 名用户，这 1000 名用户是从企业所在社区的 5 个区域中的 6 种不同公众中按比例选定的，测量用户对该企业的一项新产品的欢迎程度和不欢迎程度。调查对象根据自己的态度自由选择答案。结果如下：

量度指数：1000 人×5×6=30000 人

量度指标为：

$$L_k=\frac{21000}{30000}\%=70\%$$

$$L_f=\frac{9000}{30000}\%=30\%$$

由此可推知：21000 人持肯定态度，即有 70%的用户对这项新产品表示不同程度的满意；有 9000 人持否定态度，即有 30%的用户对这项新产品持有各种不满意的态度。测量还提供了这项新产品受舆论欢迎的程度，即：

强度指标：

$$Q_k=\frac{B(10000\text{人})}{30000\text{人}}\%\approx33\%;$$

（比较满意的人占 33%）

$$Q_f=\frac{-B(500\text{人})}{30000\text{人}}\%\approx1.7\%;$$

（不够满意的人占 1.7%）

$$Q_k=\frac{C(8000\text{人})}{30000\text{人}}\%\approx27\%;$$

（满意的人占 27%）

$$Q_f=\frac{-C(5000\text{人})}{30000\text{人}}\%\approx17\%;$$

（不满意的人占 17%）

$$Q_k=\frac{D(3000\text{ 人})}{30000\text{ 人}}\%=10\%;$$

（十分满意的人占 10%）

$$Q_f=\frac{-D(3500\text{ 人})}{30000\text{ 人}}\%\approx 11.7\%$$

（很不满意的人占 11.7%）

制作舆论模型图，就是把上述指标体系在坐标轴上标示出来，然后将所得到的坐标点用曲线连接起来，形成公众舆论变化的趋势、走向。见图 9－5。

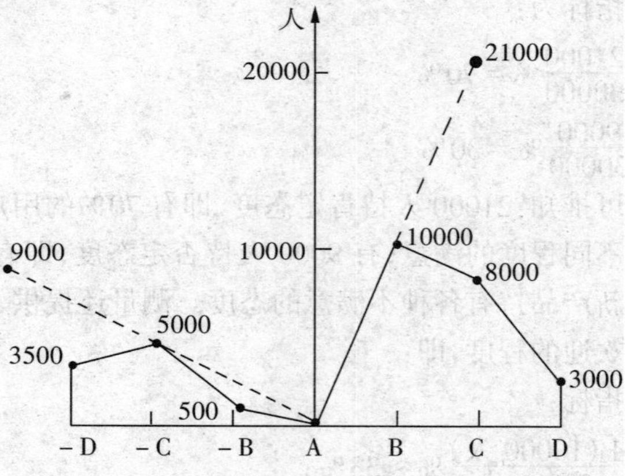

图 9－5　舆论变化模型图

右侧肯定舆论的曲线表明，对这项新产品比较满意的人最多，其次是满意的人数，带有箭头的虚线表明持肯定态度的人占有 2.1 个刻度，每个刻度为 1 万人，那么共有 2.1 万人的模拟数。与左侧的否定舆论相比，否定舆论的曲线低矮，相差悬殊。所以，从总体上观察，立即可以看出肯定舆论占据绝对优势，无疑是一种占主导地位的舆论。

值得注意的是公众舆论处于不断变化之中，绝不可一次测量得出满意的结果就麻痹大意。组织决策者必须清醒地认识到，处于从属地位的否定舆论，在某些条件下，会上升为主导舆论。因此，定期地进行公众舆论调查是必要的。将数次调查的结果，在同一张舆论模型图上显示出来，可形象地展示舆论变化的态势。

组织的形象地位调查和公众舆论调查，都是公共关系调查的内容。这两方面的内容各有侧重。前者多用于组织整体形象的调查，具有一定的静态性、持续性；后者多用于组织形象的单一指标调查，具有更多的动态性、变动性。

（三）组织开展公共关系活动条件的调查

组织在整个形象管理的过程中，要经常地、大量地开展公共关系实务活动。所谓公共关系活动条件的调查，就是指组织在开展公共关系活动之前，对开展活动的主客观条件进行调查研究。此类调查具有很强的实用性、机动性，它有时在组织策划公共关系活动之前，有时则与策划活动交替进行。再好的策划思想，如果没有对实施的具体条件进行调查分析，都可能是闭门造车，一旦执行很难收到预期的效果，甚至还会给组织带来很大的损失。

公共关系活动条件调查内容主要包括以下两个方面：

1. 公共关系活动主体人力、财力情况调查

组织在开展某一公共关系活动之前，必须要对参与此项活动的人力和组织所能承担的财力进行调查分析。人力分析和财力分析都是围绕着公共关系活动的目标进行的，人力和财力应确保公共关系目标的实现。

人力分析包括：组织要使公共关系活动达到预想的目的，应选派哪些人去参与这一活动；参加人员是从组织内部挑选，还是从专业公共关系公司挑选；所选择的人员有何专长，工作能力、经验和成绩如何，能否胜任工作等。只有对参与活动的人员进行认真的调查分析，选派符合条件的人员，并使选派出的人员有一个合理的结构，才能保证公共关系活动的成功。

财力分析从某种意义上来说也是一种投入产出分析。就某项

公共关系活动来说，组织所能投入的资金有多少，可能取得的效益有多大，资金的使用是否合理等，应当做到心中有数。并不是说投入的资金越多，收效就越大，关键是达到沟通的目的。

2. 公共关系活动客观环境调查

客观环境调查分宏观调查和微观调查两部分。

宏观调查是对社会大环境的调查。组织在开展公共关系活动之前，应对社会政治、经济形势进行冷静分析，对市场和人们的社会心理进行认真的研究。在市场活跃和市场疲软的不同环境下，公共关系活动的内容和效果是大不一样的。宏观调查要求组织有一套完善的信息监测系统。

微观调查是对开展公共关系活动的具体条件进行调查。也就是对开展公共关系活动的场地、设备以及各类规章和规定要求等进行调查。

公共关系活动场地分室内、露天两种。场地调查要查清场地的面积，人员交际、食宿的场所和流动的通道等。

公共关系活动的设备分家具和电子设备两种。设备调查要查清各类家具(如桌椅、餐具、茶具等)的数目、质量及档次，也要搞清各种电子设备(如电话、扩音器、灯光等)的配置及使用效果。开展一项公共关系活动，同活动地点周围的很多部门都要有联系，比如交通部门、卫生部门、治安部门等。应事先了解这些部门的要求和规定并争取得到支持。

调查工作做得越全面、越细致、越彻底，公共关系活动的成功就越有保障。

四、公共关系调查的过程和方法

在长期的社会调查实践中，人们摸索、总结出了许多各具特色、行之有效的科学调查方法。公共关系调查并不在于独创一个新的方法体系，而是借用方法宝库中的若干方法，结合组织形象管理的需要，加以具体应用。

公共关系调查所运用的主要方法有访谈法、问卷法和引证分析法等。在进行公共关系活动条件的调查中，实地考察法也是一种常用的方法。在具体介绍各种调查方法之前，先介绍一下公共关系调查的完整过程，这有助于从调查方法的整体和具体方法的应用两方面来熟悉和掌握公共关系调查方法。

(一)公共关系调查的过程

公共关系调查的全过程是由四个相关的基本步骤组成的。这四个步骤是：确定调查任务、制订调查方案、收集调查资料、处理调查结果。(见图 9-6)

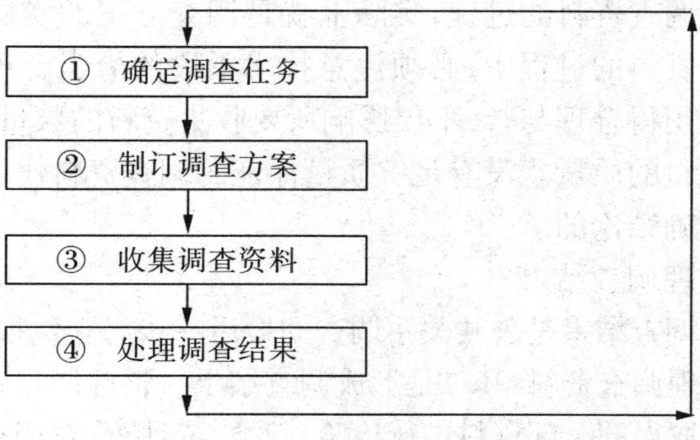

图 9-6　公共关系调查过程图

1. 确定调查任务

确定调查任务是公共关系调查的第一步。公共关系调查的任务是由调查的内容确定的，根据不同的调查内容，确定不同的调查任务，调查中所使用的方法、技术手段和测量指标也有所不同。

2. 制订调查方案

明确调查任务以后，接下来的工作就是制订调查方案。制订调查方案所要做的第一件事是根据调查任务的需要，设计一个详细的调查提纲，调查提纲是调查任务的具体化、指标化。比如，要做一个组织整体形象的调查。组织形象是一个抽象的概念，它要通过具体的指标显现出来：经营方针正直、办事效率高、服务态度诚恳等，这些指标就可以反映出形象。调查提纲就是将所要调查的问题全部详尽地列出来。其次，在调查方案中还应确定具体的调查范围、调查对象以及调查对象的选取办法。比如：调查是在全国范围内进行，还是在全省范围内进行；是在一种公众中进行，还是在几种公众中进行；是采用普查的方法，还是采用抽样的方法；如用抽样方法，采用哪种抽样技术等。最后，还应提出具体的调查方法，说明用哪种方法或哪几种方法进行调查。

3. 收集调查资料

收集调查资料的过程，实际上就是调查方案的实施过程。在收集调查资料的过程中，必须注意技术手段的恰当合理运用。技术手段运用得合理与否，不仅影响所要收集资料的数量，更重要的是影响资料的质量。没有足够质量保证的调查资料作依据是不可能得出准确结论的。

4. 处理调查结果

处理调查结果是公共关系调查的最后一步。它包括两项内容：其一是整理调查资料；其二是形成调查结果。整理调查资料就是对调查中所取得的全部资料进行检验、归类、统计等，对调查资料进行检验是必须要做的工作。通过检验工作，排除虚假的资料，补充缺漏的资料。形成调查结果是将经过统计的数据列成图表，用形象地位差距图或舆论模型图显现出来，并对此进行文字分析，最后形成一份完整的调查报告。调查报告形成以后，应对调查结果和整个调查过程进行一次总体评价，就调查的科学性、准确性给予必要的说明。调查结果和调查报告应及时提供给组织中的有关人员。

(二)公共关系调查的方法

1. 访谈调查法

访谈调查法简称为“访谈法”。访谈法是社会调查中最古老、最常用的方法之一。它是调查员通过与调查对象进行交谈，收集口头资料的一种调查方法。访谈通常是在面对面的场合下进行的，由调查人员（也称为“访谈员”）接触调查对象，就所要调查的问题，向调查对象提问，要求调查对象对提出的问题作出回答，并由访谈员将回答内容及交谈时观察到的动作行为及印象详细记录下来。

（1）访谈法的特点

①访谈法收集信息是通过访谈员与被调查对象进行面对面交谈的方式实现的，因此，它具有直接性的特点。

②访谈法具有较好的灵活性和适应性。访谈的对象可以不受文化程度、价值观念、个人性格及年龄的影响，为访谈员提供所需要的口头资料。访谈员也可以根据访谈时各种情况的变化调整访谈的方式、内容及时空，为达到预期的调查目的而灵活运用这种方法。

③由于访谈法获取资料的过程是由访谈员来直接进行的，因此，访谈员个人的访谈技巧、人品气质、性格特征等都会直接影响调查的结果。这就要求在实施访谈法时要根据科学调查研究的需要对访谈员进行培训，尽量减少因访谈员的个人因素对所搜集资料的质量产生不好的影响。

④访谈法回答率高、效度高，但标准化程度低，常常给统计分析带来一定的困难。而且，访谈法费用大，所以一般应用于对那些准确性要求较高的问题的研究上，或者应用于探索性研究。

访谈法调查的规模不能太大，一般根据调查的目的和内容的要求来确定规模的大小。通常来说，规模越大，则耗时耗费越多。但是，当访谈法和问卷法结合使用进行调查时，虽说费时费力一些，却可以避免访谈法标准化程度低和问卷法回收率有限的弊端，并可以对一些问卷法所不能深入的问题进行调查。

（2）访谈法的类型

访谈法可按访谈提纲的方式分为结构性访谈与非结构性访谈；按访谈的场所分机关访谈、街头访谈、家庭访谈和公共场所访谈;受访谈的人数分集体性访谈和个别访谈;按访谈的时间分一次性访谈和跟踪访谈。

①结构性访谈与非结构性访谈。结构性访谈是由访谈员携带事先设计好的访问调查表进行的访谈。调查表中的所有问题都是事先精心设计的。

非结构性访谈,访谈员只需根据调查任务的要求拟成访谈要点或访谈提纲,并据此向调查对象提问,而无需使用标准化的调查表。在调查中,访谈员可较为自由地进行提问。受访人也有较大自由来回答所提问题。这种访谈最适用于调查态度、价值判断等方面的问题。但这对访谈员的能力要求较高。此种访谈所得结果不宜数量化,同时又费时费钱,故只能在小范围内使用,或作为了解一般情况和配合其他调查方法使用。

②不同地点的访谈。访谈的地点分多种,可以在街头,也可以在家庭中进行。访谈的地点应根据调查对象的特点确定。访谈企业本身的问题,在工厂里较适宜,访谈企业产品的消费问题则在住宅或街道较为适宜。

在进行访谈时,访谈地点的第三者的存在,将会对访谈资料产生影响。

③集体式访谈和个别访谈。集体式访谈,类似于开调查会的形式,由一名或几名访谈员亲自召集一些人来与访谈员进行座谈。访谈员应向人们说明座谈的目的和要求,消除人们的疑虑。并且,访谈员应以谦虚、诚恳的态度,运用掌握会场的一些技巧,创造出一种自由、活泼、热烈的气氛,使人们能无拘无束地、尽情地畅谈。

个别访谈,是由访谈员同被调查对象逐一进行面对面的谈话,并将回答记录下来。个别访谈应注意这样几个环节:该问的问题一定不要遗漏;所问的问题一定要问清楚、问明白;对回答的问题,要真实地记录;访谈员应懂得人际交往技巧;受访人对情况了解的程度,是否具有合作态度及语言表达能力等。

④一次性访谈和跟踪访谈。一次性访谈又称“横断式访谈”，它就某一生活时刻或某一时期内人们的态度、行为等方面情况进行调查。这种类型的访谈，通常是就某个特殊问题进行调查，也可以在某些事件发生后进行调查，以期了解人们对某个特殊问题的态度和某一事件对人们态度、行为产生的影响。

跟踪访谈，又称“纵向型访谈”，它是调查人们在不同的生活时期，随着时间的推移，人们态度及行为的变化。这种跟踪式访谈属于深度访谈的一种，具有较强的科学研究的性质。一次性访谈了解到的是某一时期的静态信息，而跟踪式访谈则是通过多次访谈，调查了解人们的动态信息，因而具有更高的价值。

2.问卷调查法

问卷法是目前国内外社会调查中较为广泛使用的一种方法。问卷是指为统计和调查所用的、以设问的方式表述问题的表格。问卷法就是研究者用这种控制式的测量对所研究的问题进行度量，从而搜集到可靠的资料的一种方法。问卷法大多用邮寄、个别分送或集体分发等多种方式发送问卷。由调查者按照表格所问来填写答案。一般来讲，问卷较之访谈表要更详细、完整和易于控制。问卷法的主要优点在于标准化和成本低。因为问卷法是以设计好的问卷工具进行调查，问卷的设计要求规范化并可计量。

问卷法的使用条件：调查的范围较广，不易当面访谈；如果调查对象的文化水平不高，对问卷看不懂，则不适合用问卷法；如果所要取得的材料是常识性的事实、行为或态度，可以采用问卷调查法，因为在这种情况下，回答者不会因顾虑而拒绝回答；问卷的回收由于受诸多条件的限制，回收率在65%以上为较好。因此，如果要求有较高的回收率，比如在80%以上，最好采用和访谈法相结合的方法进行调查。

问卷的类型主要有两种，即开放型问卷和封闭型问卷。

所谓开放型问卷，是指问题虽然对每一被访者是同一的，但不事先做出任何选择答案,被访者可根据自己的情况自由作答。

例如:您对××企业有何评价?

开放型问卷多用于探索性研究,它给回答者以较多创造性或自我表达的机会。但是,它可能导致搜集无价值和不相干的材料。因为回答者发表的意见和看法不一定都与所问的主题有关,无法保证很不相关的信息不掺杂进去,而且回答的内容非标准化,难于进行统计分析。开放型问卷需要回答者花较多的时间和精力,容易引起较高的拒答率。

所谓封闭型问卷,是指不仅问题是相同的,而且每一个问题都事先列了若干个可能的答案,由被访者根据自己的情况,在其中选择认为恰当的一个答案。

例如:

①您对您的公司满意吗?

很满意——

满意——

无所谓——

不满意——

很不满意——

②您经常向公司提合理化建议吗?

经常提——

偶尔提——

不提——

封闭型问卷回答标准,材料利于统计分析,对不同的公众可做对比。封闭性问卷对回答者来说通常较为容易回答,调查所得材料的信度较高。但它对问题的答案进行了限定,没给回答者留下发挥其创造性或自我表达的机会,这样不利于研究者发现新的问题。

总之,封闭型问卷和开放型问卷各有所长,各有所短,调查者可以根据具体情况选用。必要时可用封闭型与开放型相结合的混合型问卷方式进行调查。

问卷由题目、说明信或指导语、问卷的具体内容和编号组成。

题目是调查的主题。说明信或指导语是对调查目的、调查单位以及问卷填写方式的说明。问卷具体内容是把研究所要收集的资料以问题形式列出。编号包括对所问问题次序的编号和便于计算机进行数据处理所设计的编号。

题目的设计虽不复杂,但十分重要。题目的设计一般有两方面的要求:一是题目本身要与调查目的相符;二是题目不要给被调查者以不良的心理刺激。在题目的设计中,单纯考虑其反映目的和内容的确切性是不够的,还必须考虑对调查者感情方面的影响。鉴于这一原因,有的设计者故意把题目设计得不十分明确,以便使调查者能更好地合作。

说明信也就是指导语,是问卷中的第二部分,也是对被调查者回答问题态度影响较大的一部分。

问卷是代表调查者与被调查者进行沟通的。被调查者通过说明信了解调查者调查的目的、意义等情况。因此,说明信质量直接关系到问卷调查的信度与效度。

说明信一般由这样几部分组成:称谓;调查的出发点和目的;调查与被调查者自身利益的关系,强调被调查者对这次调查的重要性;回答问题的原则、具体要求以及两方的责任;对有关问题的解释,等等。最后注明联系人、联系地址、电话号码等。

说明信语气要诚挚、热情、恳切,用语简练,表达明确。

一般来说,较为完整的问卷包括两类问题,一是事实问题,二是态度问题。

所谓事实问题,是指那些曾经发生过的、现存的事件以及一些实际的行为。它又可分为静态资料和一些有关实际行为的问题两部分。静态资料包括性别、年龄、文化程度和职业等。之所以在问卷中要设计这样一些问题，是因为调查往往涉及公众在性别、年龄、文化程度等方面差异程度。这些一般项目是对获得的资料进行整理和分析的最基本的条件。

例如：请问您的文化程度是：

——不识字

——小学毕业

——初中毕业

——高中毕业

——大学毕业

实际行为类问题，旨在了解实际行为发生的情况。

例如：您对下列饮料的饮用情况。

类别	经常饮用	偶尔饮用	不饮用
啤酒			
汽水			
可乐			
茶			
咖啡			

所谓态度问题，包括意见、情感、动机、观念等。它又可分为意见问题和态度问题。

意见问题，通常属于表面和暂时性的看法。设计这类问题只是想了解受测者对某些事物或行为的评判，它可以是一次性的，时过境迁也许就变了。对于这类问题，可对每个问题单独分析以了解趋势。

例如：您对实行合理化建议制度的看法是

非常赞成__赞成__无所谓__不赞成__非常不赞成__

态度问题属于比较持久和稳定的认识。这类问题尽管也是一题一题地问，却不能单独分析，而是把整个总分或分组分数与其他变项求相关度或作因素分析。一种态度不能通过一两个问题就加以确定,往往要通过一组题目施测,这样才能使稳定的态度体现出来。如对组织形象的态度用一两个问题是很难测定的。

设计问卷时,还要认真考虑问卷回答种类。开放型问卷的回答种类一般只包括一个供回答者填写的空白空间。一般来讲,回答者将依据调查人员所留的空间进行填写,这就要求研究人员要根据不同问题留有不同的空间,并且在可能的情况下,要给一个完整的回答留出足够的空间,以免回答者写在边上或背面。

封闭型问卷在每一问题下列出可供选择的备选答案,请调查对象选择。其常用的形式有以下几种:

①两项选择。即是非题,在问题下面列出两项相对的答案,要求调查对象二择其一。

例如:除了喝开水外,您是否饮用饮料?(两项选择)

是(　　　　)　否(　　　　)

②多项选择。对提出的问题事先拟好若干答案,要求调查对象选择一个或数个答案。

例如:您通常饮用哪些种类的饮料?(多项选择)

啤酒(　　　　)　香槟(　　　　)　茶(　　　　)

汽水(　　　　)　可乐(　　　　)　咖啡(　　　　)

果汁(　　　　)　奶类(　　　　)

豆浆(　　　　)　矿泉水(　　　　)

③对比选择。在问题下面列出多项备选答案或两组比较性答案,请调查对象根据自己的意愿选择其中的最佳答案。

例如:在下列左边或右边不同类型的饮料中,您更喜欢哪一种?(对比选择)

果汁型(　　　　)　可乐型(　　　　)

含酒精(　　　　)　不含酒精(　　　　)

即饮型(　　　　)　浓缩型(　　　　)

液体型(　　　　)　固体型(　　　　)

瓶型(　　　)　易拉罐装(　　　)

小软包装(　　　)　大支袋(　　　)

④排序选择。为问题准备多项答案,让调查对象依照自己的看法(重要程度或优劣程度),排列各答案的先后顺序。

例如:您喜欢哪种牌子的啤酒?请按您的喜欢程度填上顺序号。(排序选择)

青岛__　北京__　中华__　强力__

广州__　白云__　珠江__　五羊__

肇庆__　龙啤__　百乐__

⑤意见程度选择。对所提出的问题设定几种程度不同的态度,要求调查对象选择一种,以探测其意见程度。

例如:您对饮料的牌子、商标的重视程度如何?(意见程度选择)

非常重视(　　　)

比较重视(　　　)

一般留意(　　　)

不太注意(　　　)

毫不在意(　　　)

⑥自由式提问。这种问题没有备选答案,在问题后面留出空白供调查对象自由作答,充分发表意见。这种问题较难整理分析,问卷中不宜多用。主要用于深度调查和直接访问。

例如:请您谈谈对××牌啤酒及其系列饮料的质量和包装的印象与看法。(自由式提问)

设计问卷注意:一张问卷上的问题不宜过多(一般30～40分钟答完);问题的措辞应该简洁、准确、易懂,不带倾向性、引导性和强迫性;问题的顺序应按问题的类型、逻辑关系、对象心理合理安排。

问卷法的实施过程包括如下几个步骤:

①确定问题的内容和类型。确定问题的内容和类型,就是要确定采用事实性问题还是采用态度性问题。如果两者都采用,那么以哪方面的内容为主。同时,对每一方面的内容,还要确定从什么角度入手。另外,还要根据问题的不同内容确定采用开放型还是采用封闭型问卷形式等。

②确定问题的回答方式。确定回答者的回答方式,即是确定采用两项选择式、多项选择式、对比选择式还是采用排序选择式、意见程度选择式等。

③具体问题的设计。具体问题的设计是问卷法实施过程中的核心部分,因此,要细心、认真。在设计问题时,要考虑到同一内容怎么问效果会最佳,怎么回答所得的材料信度更高;同时注意不要犯问题与主题无关、问题模棱两可、问题含糊不清以及诱导性问题出现等错误。另外,要力求文字简练、易懂。

④编成问卷表。具体问题设计好之后,要将问题进行合理排列,同时进行编码并写好说明信。在排列问题次序时,要力求在时间上由近及远,在内容上由浅入深、由易到难。

⑤修改。编成问卷之后,要对问卷进行总体修改。此时最好送给有关专家或同事审阅,请他们提出修改意见,在综合他们意见的基础上进行修改。修改不仅包括问题的内容和类型,而且包括问卷的结构、词句甚至标点符号。

⑥试查。在问卷进行初步修改之后,不要草率地投入正式调查,而要进行试查。试查是将整理好的问卷发放给少部分人(20～30人即可),通过他们的填写,检查是否可问出所要的资料,是否有错误或不明确的地方。试查时最好能用访谈法配合,这样会直接了解到受访者的反映和态度。

在试查完成以后,如果需要修改的地方很多,在修改后可再进行一次试查。如果需要修改的地方很少,在作少量修改之后,就可将问卷发放出来。

⑦问卷发放。在问卷修改好并打印之后，要进行问卷的发放。问卷的发放形式有两种，采用哪一种形式根据具体情况而定，较远者可寄发，较近又较集中者可当面分发。发放的对象应是运用调查样本的选取方式选出的对象。

⑧问卷的回收。问卷的回收较之访谈法，其缺陷是回收率要受到限制，其回收率达65%就为理想数字。因此，在发放问卷时，甚至设计问卷时，都要考虑到问卷的回收率。因为回收率过低，就失去了样本的代表性，直接影响到调查的效果。

⑨问卷的整理和分析。问卷的整理包括对不合标准的问卷的处理和对调查所得数字的整理。不合标准的问卷要挑出来，不能补救的就不要进行统计处理。对合乎标准的问卷，要用社会统计技术进行统计分析。

通过对问卷的整理与分析，可以看出被调查的公众态度之间的内在联系，即规律性的东西。在此基础上可以进行调查报告的撰写，从而完成问卷法的整个实施过程。

3．引证分析法

所谓引证分析法，是指调查人员对各种媒介所传播的有关组织形象的信息进行调查分析的一种方法。引证分析也属于定量研究，它是对媒介所传播信息的数量、质量、时间、频率等进行数据统计。一般说来，一个组织的信息被媒介引用的次数越多，这个组织的影响就越大，知名度越高。引证分析关键是设法获取信息材料。

这里所说的信息载体包括所有传播有关组织形象信息的文字、声像资料等。

文字资料是用文字的形式记录并传播有关组织形象信息的一种永久性资料。它包括报纸、杂志、书籍、各种文字和统计资料、各界名流的赠言、题字，以及群众来信等。

声像资料是脱离文字形式、记录并传播有关组织形象信息的声音和图像的及时性资料。它主要包括广播、电视、录音、图片、电影等。

信息的引证分析分为内容分析和形式分析两种。

内容分析是对信息本身作系统化、数量化的统计分析，如所传播的信息是关于组织哪一方面的，是局部的还是整体的，用的是什么词语等。

形式分析是对信息的传播形式作统计分析。如信息传播的时间、版面频率、媒介级别等。

引证分析的过程。引证分析法的使用是建立在组织的公共关系部门具有完善、有效的信息收集系统上的。调查人员在进行引证分析时，首先要判明信息的性质，也就是要判明信息所包含的内容，对组织形象的评价是好还是坏，是高还是低。其次，要确定信息传播的影响是大还是小。再次，根据以上判断迅速作出结论。最后，检验所得结论的准确性，并将检验后的结论迅速提供给组织的有关人员。

4. 抽样法

抽样法是一种科学地从调查总体中选取调查样本的方法。总体是指所要调查对象的全部；样本是指从总体中抽取出来调查的那一部分。采用抽样法进行的调查具有调查期短、调查资料准确和可靠、节省调查经费等优点。

抽样必须要遵守随机性原则，也就是在抽选调查对象时，必须要保证总体中的每一个被抽选的对象抽中机会均等。这也是进行统计推论的前提条件。

抽样的方法有很多种，这里仅就公共关系调查中常用的几种抽样方法进行介绍。

(1)简单随机抽样

这是一种最基本的随机抽样方法，也叫“纯随机抽样”。即从总体单位中不加任何分组、排队，完全随机地抽取调查单位。在这种抽样调查的组织形式中，总体的每一单位被抽中的机会是均等的。一般用抽签的办法,将总体中的每个单位按调查的标志分别填写一张卡片,然后从中随意抽选出必需的单位数目。类似银行有奖储蓄采用的摇奖办法。

(2)等距抽样

等距抽样也叫"机械抽样"。即指把总体的所有单位按照一定的顺序排列起来,然后按相等间隔或距离抽取必要的单位数目的抽样方式。抽样距离 K 是以总体 N 除以样本单位数 n。

具体地讲,在含有 N 单位的总体中,从 1 到 N 排列,要求从中抽取几个单位的样本。方法:在最初 K 个单位中随机抽取一个单位,以后顺次在每 K 个单位中抽取同样次序的单位。

(3)分层抽样

分层抽样,就是将总体单位按其属性特征分为若干层,然后在各层中随机抽取样本单位,而不是从总体中直接抽取样本单位。层次的划分,一是必须有清楚的划分界限,在划分时不发生混淆,二是必须知道各层中的单位数目和比例,三是分层的数目不宜太多。否则,将失去层的特征,不便于在每层中抽样。分层抽样是一种能够提高样本代表性,而又不致给调查结果带来偏误的限制随机的抽样方法。

利用分层抽样时,希望分类变数越相同越好,以便减少描述各类所需的样本数。

由于分层抽样对样本的分配比较合理,推算办法简便,从而是一种行之有效的方法。尤其适用于总体情况复杂、各单位之间差异较大、单位数较多的情况。

(4)整群抽样

整群抽样也称"成组抽样"。其做法是在总体中抽取调查单位时,不是一个一个地抽选,而是成群成组地抽选,然后对被抽选的各群或组中的全部单位进行调查。例如,对组织内部公众进行调查,先随机抽取若干个车间或班组,然后对所抽到车间或班组中的每一个人进行调查。整群抽样因为调查单位只能集中在若干群或组中,而不能均匀分布在总体中,因此,它的准确性要差一些。但此种方法最为简便。在某些情况下,往往由于不适宜单个地抽取调查单位,不能不采用整群抽样。

抽取样本的技术由界定总体、收集总体个案名单、确定样本数、抽取样本和评估样本代表性五个基本部分组成。它们在抽样的过程中所占据的位置如下:

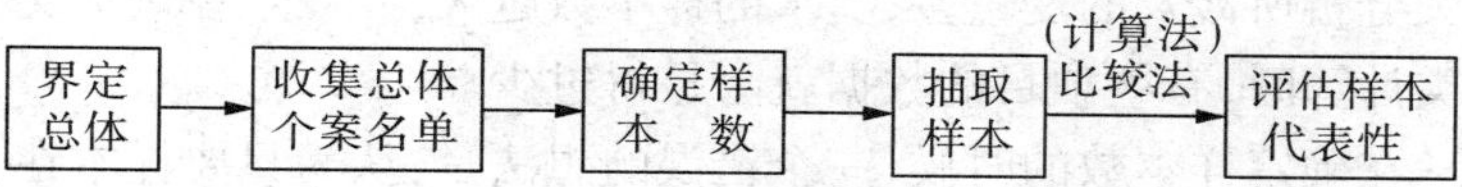

图9－7　抽样技术五个部分关系

界定总体,就是考虑调查要求,明确调查对象的范围,从而确定抽取样本对象的依据样本作出推断的范围。

收集总公众名单,即收集界定的总体范围内全部个案调查对象,然后将所有个案编号排列。

确定样本数,根据总体中个案的差异程度、预定分析的精确度、调查者的主客观条件和统计分析的要求等方面的条件和因素,确定一个适合的样本数。

抽取样本,选用适当的抽样方法从总体中抽取样本。

评估样本的代表性,抽取样本后,对样本的代表性用比较法或计算法进行评估,尽早发现问题,及时纠正,以保证调查达到预定的效果。这里重点谈谈如何确定样本数。确定样本的大小是件复杂的工作,既要做到节省时间、人力和物力,又要保证有足够的精确度。一般来说,确定样本大小时应考虑下面几个因素:

①研究总体中样本单位之间的差异程度。差异大,样本数应适当增大;差异小,样本数可适当减少。

②调查任务要求的精确程度和把握程度。对精确程度要求愈高,即可允许的误差范围越小,样本的数目要愈多。当其他条件不变时,要求推断的把握程度愈高,抽样数目就要愈多。

③调查的时间、人力、财力及调查本身的要求。因种种客观条件的限制,调查者常常无法抽取最理想的样本,只能在有限的范围内抽出最佳样本。

④调查目的和任务以及统计分析方面的要求。调查的项目少,内容较为简单,样本数较小;反之,样本数则大。统计分析中,相关分析所涉及的变量多,要求的样本数越大。不然,在进行交互分类计算时,有些项目的数据就会显得过少。

在确定样本数的时候,一个错误的想法是:认为只要样本在总体中占一定比例就行了。实际上,总体的大小与样本的大小并没有很大的关系。例如:只要是随机抽样,从全国随机抽取1000个人来推断全国的平均收入与从某省随机抽取1000个人来推断该省的平均收入,其结果的准确程度和把握程度是相差不大的。同理,从某市随机抽取1000个人来推断该市的平均收入的准确度和把握程度也会与前两者相近。样本的绝对数倒是具有很大意义的,但这并不是说只要样本数很大,调查的准确程度和把握程度就高。如果取样方法不对,样本数再大也是无济于事的;相反,取样方法得当,有时,几百或几十人的样本就可达到很高的准确度和把握程度。下表将在1%到7%的允许误差范围和两种把握程度的要求下,对无限大样本(样本数÷总体数＜5%)进行简单随机调查时需要的样本单位数一一列出,可供进行大样本简单随机抽样调查中确定样本数时参考。

表9-2 简单随机抽样调查时需要的样本数目

允许误差	可信度(把握程度)	
	95%	99%
1%	9600	16589
2%	2400	4147
3%	1067	1849
4%	600	1037
5%	384	663
6%	267	461
7%	196	339

从上表可见精确度和可信度(把握程度)的要求越高,所需要抽取的样本个案数越多。为了更好地理解和使用,现举一例加以说明:假设打算了解某市或某地区顾客对最近投放市场的一种新产品的反应,要求误差不超过4%,可信度(把握程度)为95%。查表9-2知,只要随机抽样调查600名顾客就行了。调查结果表明:喜欢这种新产品的顾客为60%,以此估计,该市或该地区的顾客持喜欢态度的人在56%~64%之间(60%±4%)。这种推论的可信度(把握程度)为95%,即犯错误的可能性不大于5%。

一般是将允许误差控制在4%~5%之间,可信度掌握在95%的水平上。因此,调查一个中小城市,样本数在600左右就可以了。当然,为了保险,防止因有些样本单位不能调查而造成样本数过少,可适当增加一点样本数。

在实际工作中,小范围的抽样调查(如调查某一方面公众的某种态度)常会受到条件限制,可不按上述的办法来确定抽样数目。通常是根据调查研究的目的和任务、统计分析的要求、对研究总体的了解程度以及时间、人力、财力和调查对象的特点等具体条件来决定一个较为理想的样本数。具体的数目很难一概而论,但至少要大于40,最好不少于100。统计分析,主要是相关分析所涉及的变量数目,这也是确定样本数的一个重要考虑因素,应能保证进行交互分类时每一小类有足够的数据供统计分析用。

评估样本的代表性。即使是最科学的抽样调查也不可能是完全精确的,因为调查的对象总是调查总体的部分(通常是少数)代表。抽样调查的结论总是与总体的实际情况有一定差异的。抽样误差大,则样本的代表性小;抽样误差小,则样本的代表性大,样本的代表性直接关系到调查研究能否取得预期的结果。对样本代表性的评估是抽样过程中一个不可少的技术。

比较法:收集有关总体某些特征的资料与抽样调查的结果比较,视其差异程度,评估样本的代表性。例如,可用有关总体的性别、年龄、文化程度等资料与调查结果比较。样本的特征与总体的特征相同或相近,说明代表性大;反之,说明代表性小。参见表9-3。

从性别、年龄与文化程度的分布情况来看,该表样本与总体接近,说明代表性较高。

计算法:是通过计算抽样误差来评估样本的代表性。抽样误差大,说明样本的代表性小;反之,说明样本的代表性大,有关具体的计算方法,这里略述。大家可查阅社会统计学类书籍的有关章节。

表9-3 某次抽样调查的代表性评估表

	性别		年龄				文化程度			
	男	女	15~20	21~25	26~30	31~35	小学	初中	高中	大学
样本 n=100	61%	39%	20%	30%	36%	14%	15%	25%	50%	10%
总体 N=1200	60%	40%	20%	32%	34%	14%	17%	24%	48%	11%
误差	1%	1%	0	2%	2%	0	2%	1%	2%	1%

第二节 公共关系策划

公共关系策划是公共关系四步工作法的第二步。科学的策划构思和巧妙的策划艺术是制订有效公关活动方案的保证，体现了公共关系学科理论与实践的精华。

一、公共关系策划的意义和原则

所谓策划是人们为取得未来成功而在现在进行的谋划过程。这是一种智力行为，是连接此岸和彼岸的桥梁。

公共关系策划，就是公共关系人员根据组织形象的现状和目标要求，分析现有条件，谋划、设计最佳行动方案的过程。

在这个过程中，公共关系人员首先要依据公共关系调查中所确定的组织形象的现状，提出新的组织形象目标与要求，并据此设计公共关系活动主题。然后，通过分析组织内外的人、财、物等具体条件，提出若干可行性方案进行比较、优化，最后确定最佳、最有效的行动方案。

(一)公共关系策划的意义

公共关系策划对组织形象管理具有十分重要的作用和意义：

首先，公共关系策划可增强组织形象管理的有效性。

随着社会主义市场经济的建立与社会进步，社会组织之间加强协作的同时，竞争也日趋激烈，组织环境与公众态度也处在不断的变化之中，组织在公众中的形象也会因此而不断变化。因此，组织要生存与发展，就要开展各种公共关系活动。科学的公共关系策划思想与方法可以帮助组织恰当地设计、选择公共关系活动方案，提高组织开展公共关系活动的成功率，从而增强组织形象管理的有效性。

其次，公共关系策划可增强组织形象管理的目的性。

组织形象管理的目的就是要不断地完善组织的形象和提高组

织的形象地位。公共关系策划可以帮助组织分析现有形势,发挥组织特长,设计一些有效的公共关系活动,使组织摆脱困境,巩固和发扬现有成绩,开拓新的发展途径,达到实现组织的发展目标,进一步完善组织形象的目的。

再次,公共关系策划可增强组织形象管理的计划性。

组织塑造或完善自身的形象,贯穿在组织经营、运作的全部过程中,涉及不同部门。组织在不同的发展阶段可选择不同类型的公共关系活动,每种类型的公共关系活动又可运用不同的方法、技巧,对时间、空间、人、财、物作不同的安排。这些安排既要考虑到近期形象目标要求,又要考虑到远期形象目标要求,这一切如果没有公共关系策划作通盘的安排、计划,是难以有效地进行组织形象管理的。

(二)公共关系策划的原则

公共关系策划是组织公共关系工作的中心环节,组织形象管理工作是否有效,在很大程度上取决于策划的成败。因此,公共关系人员在进行公共关系策划时,不可随心所欲,应遵守下述各项原则:

1. 公众利益优先的原则

公众利益优先的原则,是公共关系策划的首要原则。公众利益优先,不仅是公共关系工作的指导思想,同时,也是公共关系人员所应遵守的职业道德标准。

所谓公众利益优先,并不是要组织完全牺牲自身的利益,而是要求组织在考虑自身利益与公众利益的关系时,始终坚持把公众利益放在首位。要求组织不仅要圆满完成自身的任务,为社会做出贡献,同时还要重视其引起的公众反应,关心整个社会的进步与发展。组织只有时时、处处为公众利益着想,坚持公众利益至上,才能赢得公众的好评与社会的支持,才能使自身获得更大的、长远的利益。

2.尊重客观事实的原则

公共关系人员在策划过程中,要始终坚持以客观事实为依据,尊重客观事实。首先应做到按照客观规律进行策划。如在中国搞公共关系就不能不考虑到中国的国情,考虑到改革特色,考虑到从计划经济向市场经济转变带来的变化及影响,使策划能脚踏实地。其次,公共关系策划,方案设计要据实公开,塑造组织形象必须做到客观、真实、全面和公正。客观,就是要还事物的本来面貌,不以猜测和想像代替事实;真实,则要求面对事实,一是一,二是二,不夸大也不缩小;全面,要求充分掌握事实,公开事实的全部材料,而不是只取某一部分;公正,即对事实采取公众可接受的立场,不袒护和推诿。

尊重客观事实的原则,对处于不利情况下的组织来说尤为重要。敢于承认不利的事实,才可能理智地进行策划,企图掩盖事实真相的策划,只能使组织走向自己愿望的反面。

3.独创性与连续性相统一的原则

独创性是组织形象竞争的需要。严格地说,不会有两个相同的公共关系策划,这是因为不同组织的主客观条件不一样。就是同一组织,其自身条件和环境也是在不断变化着的,公共关系策划不能随着形势发展不断创新就会丧失生命力。近年来兴起的"CIS"(Corporate Idontity Systen 译为企业识别系统)策划,就是对组织形象设计的具体化与深化,就是要使组织战胜竞争对手,在茫茫商海和众多的社会组织中标新立异,脱颖而出。

值得注意的是组织形象的塑造不可能一蹴而就,它需要一定的积累,公众要通过多次参与对组织形象的评判,才能建立起对组织较为确定、客观的评价。因此,在进行公共关系策划时,不仅要考虑一次活动的独创性,还要考虑本次活动与前后活动的连续性,只有坚持公共关系策划独创性与连续性的统一,才能更科学有效地进行公共关系策划。

4. 计划性与灵活性统一的原则

经公共关系策划形成的方案，将列入组织的整体计划之中，构成整体运行的一部分。因而必然涉及到组织各方面工作的协调与人、财、物的配备，所以必须有较强的计划性。方案一旦形成，不宜轻易改变，这样才能保证整体行动方案得以运行。

但是由于组织的主观条件与外部环境随时都在发生变化，也会制约方案的运行。因此，在策划行动方案时应留有充分的回旋余地，针对可能发生的变化，考虑灵活的补救措施，使所策划出的方案具有一定的灵活性。这样，既坚持公共关系策划的计划性，又坚持公共关系策划的灵活性，使两者统一起来，才能保证策划目标的实现。

5. 与组织整体计划和社会发展相一致的原则

公共关系策划是在组织整体计划与社会发展的大背景的制约下进行的，它脱离不了这个基础。因此，公共关系策划方案应与组织整体计划和社会发展规划相一致。否则，再好的创意也可能是一种空想，再好的策划也是徒劳无功。所以，公共关系人员在进行策划时，应遵循行动方案与组织整体计划和社会发展相一致的原则。

二、公共关系策划的程序

公共关系策划分两个阶段、七个步骤（见图 9－8）。策划的前一个阶段为准备阶段，分为形象现状及原因的分析和确定目标要求两个步骤：策划的后一个阶段为实际策划，分设计主题、分析公众、选择媒介、预算经费和审定方案五个步骤。

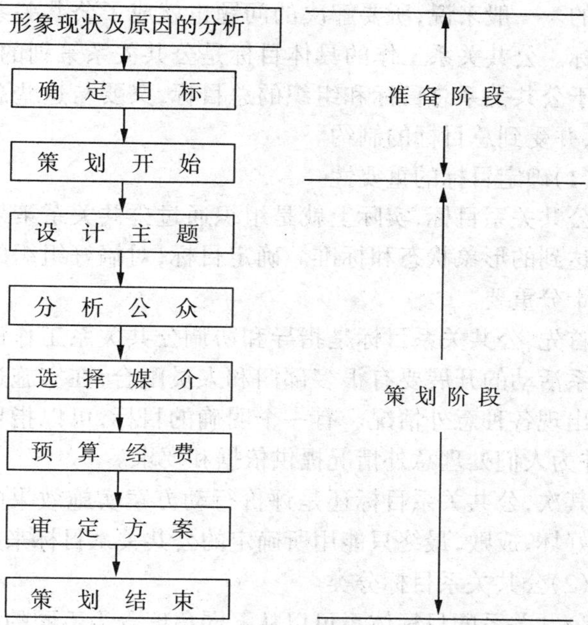

图 9－8　公共关系策划流程图

(一)公共关系策划的准备性工作

着手进行公共关系策划之前,应首先做好以下两项准备工作:

1. 组织形象现状及原因的分析

组织形象现状及原因分析工作。实际上,就是要求公共关系人员在进行公共关系策划之前,对策划所依据的调查材料进行一次分析、审定。确认调查材料的真实与可靠性,否则,再好的策划也不会取得成功。

2. 确定目标要求

确定公共关系工作的具体目标是公共关系策划的前提。没有目标,公共关系策划就无从谈起。

公共关系工作的具体目标是同调查分析中所确认的问题密切

相关的。一般来说,所要解决的问题也就成了公共关系工作的具体目标。公共关系工作的具体目标是公共关系策划的依据,它既不同于公共关系总目标和组织的总目标,又要与这些总目标保持一致,并受到总目标的制约。

(1)确定目标的重要性

公共关系目标,实际上就是组织通过公共关系策划和实施所希望达到的形象状态和标准。确定目标,对搞好组织的公共关系工作十分重要。

首先,公共关系目标是指导和协调公共关系工作的依据。公共关系活动的开展要有很多部门和人员配合,在实施过程中又会不断出现各种意外情况。有一个明确的目标,可以指导人们的行为,并为人们处理意外情况提供依据和要求。

其次,公共关系目标还是评价行动方案实施效果的标准。策划的好坏、成败,最终只能用所确定的公共关系目标来衡量。

(2)公共关系目标分类

公共关系的目标体系可以从不同角度分为不同的类型。通常可按时间长短和目标的共性、个性来分。

按照时间来分可分为长期目标和短期目标。长期目标涉及组织长远发展和经营管理战略等重大问题,它与组织的整体目标相一致,反映组织的理想形象和经营信条。时间跨度在5年以上。

短期目标是围绕长期目标制订的具体目标,它内容具体,有明确的指导性。如年度目标、专题活动目标等。时间跨度一般在5年以下。

从共性与个性角度可分为一般目标和特殊目标。一般目标是针对各类公众的共性要求制订的目标,解决共性的问题。特殊目标是针对那些不同类型公众的个性需求而订的目标。如对海外公众,少数民族公众工作时的目标就应具备特殊性。

公众关系目标还有一些其他分类方法。如:按照公共关系活动目的可分为:传播信息、联络感情、改变态度、引起行为;按照活动作用形式可分为:进攻型目标、防守型目标等。这些分类方法都有利于确定具体工作目标。

公共关系策划的目标越具体、越明确,越能形成一个科学的目标管理系统,明确各级的责、权、利与完成时间,就越能保障公共关系活动的成功。

(3)确定目标需注意的问题

公共关系策划所依据的目标要明确、具体并应具有可行性与可控性。

首先,目标应明确、具体。明确是指目标的含义必须十分清楚、单一,不能使人产生多种理解;具体是指目标是可直接操作的,具有明确的内容和任务要求,而不是泛泛的、抽象的口号。比如,"把本厂在全国的认知度从现在的20%提高到50%"的目标,要比"提高本厂认知度"的目标明确、具体得多。

其次,目标的提出要具有可行性和可控性。可行性是指确定的目标要现实,既不能太高,也不能太低,经过一定的努力可以达到。可控性是指确定的目标要有一定的弹性,要留有充分的余地,以备条件变化时能灵活应变。

(二)公共关系策划的实质性工作

在完成公共关系策划的准备工作之后,便可着手进行实质性策划。

1.设计主题

公共关系活动的主题是对活动内容的高度概括,它提纲挈领,对整个公共关系活动起着指导作用。主题设计得是否精彩、恰当,对公共关系活动的成效影响很大。

公共关系活动主题的表现方式是多种多样的。它可以是一个口号,也可以是一句陈述或表白。比如,北京长城饭店的公共关系活动主题就是"在长城饭店,小事不小,宾至如归"。北京元隆刺绣绸缎商行的公共关系活动主题口号是“古有丝绸通西域，今有元隆连五洲”。

公共关系活动的主题看上去很简单，但设计起来并非容易。设计一个好的活动主题一般应考虑四个因素，即公共关系目标、信息个性、公众心理和审美情趣。

首先，公共关系活动的主题必须与公共关系目标相一致，能充分表现目标，一句话点出活动目的。

其次，表述公共关系活动主题的信息要独特新颖，有鲜明的个性，既区别于其他组织的活动，又要突出本次活动的特色，与以往的不同。

再次，公共关系活动主题的设计要适应公众心理的需求。既要富有激情，又贴切朴素，既反映组织的追求，又不脱离公众，使人觉得可亲可信。

最后，公共关系活动的主题设计要注意审美情趣，词句要形象、生动、优美、感人。同时要注意简明扼要，便于记忆、朗朗上口，不能使人产生歧义理解与厌烦情绪。

2.分析公众

任何一个组织都有其特定的公众，公共关系工作是以不同的方式针对不同的公众展开的，而不是像新闻那样通过传播媒介把各种信息传播给大众。确定与组织有关的公众是公共关系策划的基本任务。舍此不能有效地开展公共关系工作。因为，首先，只有确定了公众，才能选定需要哪些公共关系人员来实施方案，以什么样的规格来对待公众。比如对待国内公众与国外公众、一般公众与特殊公众所选派的公关人员和活动规格应有所区别，才能更有针对性，提高效果。其次，只有确定了公众，才可确定如何使用有限的经费与资源，确定工作的重点与程序，科学地分配力量。再次，只有确定了公众，才能更好地选择传播媒介和工作技巧。因为不同的公众对象，其文化素质等也就不同。

对媒介有不同的选择和适用范围。只有确定了公众，才有利于搜集那些既能被公众接受，又有实效的信息。而不是漫无边际地传播，造成不必要的浪费。

确定公众一般分为两个步骤：

首先，是鉴别公众的权利要求。公共关系在本质上是一种互利的关系。一个成功的策划必须考虑到互利的要求。因而策划时必须明确公众的权利要求，将其作为策划的依据之一，通常可排列一个尽可能反映各类公众权利要求的表格，使之一目了然，便于比较分析。以一般工商企业为例，其公众权利要求结构表如下：

表9－4　公众权利要求结构表

公司的公众对象	公众对象对公司的期望和要求
员　工	就业安全和适当的工作条件；合理的工资和福利；培训和上进的机会；了解公司的内情；社会地位、人格尊重和心理满足；不受上级专横对待；有效的领导；和谐的人事关系；参与和表达的机会，等等
股　东	参加利润分配；参与股份表决和董事会的选举；了解公司的经营动态；优先试用新产品；有权转让股票；有权检查公司账目、增股报价、资产清理；有合同所确定的各种附加权利，等等
顾　客	产品质量保证及适当的保用期；公平合理的价格；优良的服务态度；准确解释各种疑难或投诉；提供完善的售后服务；获取必要的产品技术资料及增进消费者信任的各项服务；必要的消费教育和指导，等等

公司的公众对象	公众对象对公司的期望和要求
竞争者	由社会或本行业确立竞争活动准则;平等的竞争机会和条件;竞争中的相互协作;竞争中的现代企业家风度,等等
协作者	遵守合同;平等互利;提供技术信息和援助;为协作提供各种优惠和方便;共同承担风险等
社　区	向当地社会提供生产性的、健康的就业机会;保护社区环境和秩序;关心和支持当地政府;支持文化和慈善事业;赞助地方公益活动;正规招聘,公平竞争;以财力、人力、技术扶助地方小企业的发展,等等
政　府	保证各项税收;遵守各项法律,政策;承担法律义务;公平竞争;保证安全等
媒　介	公平提供消息来源;尊重新闻的职业尊严;有机会参加公司重要庆典等社交活动;保证记者采访的独家新闻不被泄漏;提供采访的方便条件等

其次,对公众对象的各种权利要求进行概括和分析,找出哪些是公众的共性要求,哪些是公众的特殊要求,哪些与组织的信念和发展目标相符,哪些相悖,以便分出轻重缓急,区别对待,谋求组织与公众利益的共同发展。

3. 选择媒介

各种媒介各有所长,各有所短。只有选择恰当,才能事半功倍,取得良好的传播效果。选择传播媒介的基本原则是:

(1)根据公共关系工作的目标、要求来选择传播媒介,使其特定的功能能适合于为公共关系的某一目标服务。如果组织的目标是提高知名度,则可选择大众传播媒介;如果组织的目标是缓和内部紧张关系,则可以通过人际传播与群体传播,通过会谈、对话等方式加以解决。

(2)根据不同对象来选择传播媒介。不同的对象适用于不同的传播媒介,要想使信息有效地传达到目标公众,就必须考虑到他们的经济状况、受教育程度、职业习惯、生活方式以及通常接受信息的习惯等。比如对经常流动的出租汽车司机最好采用广播;要引起儿童的注意最好是制作电视节目与动画片;对喜欢阅读思考的知识分子应多采用报纸、杂志等媒介。

(3)根据传播内容来选择传播媒介。每种传播媒介都有鲜明的特点和一定的适用范围。选择媒介时应将信息内容的特点和各种传播媒介的优缺点结合起来综合考虑。比如:内容简单的快讯可选择广播,它覆盖面广,传播速度快;对较复杂、需反复思索的内容,最好选择报纸、图书、杂志等,可以从容研读,慢慢品味;对大型专题公关活动的盛况,采用电视则效果最佳,生动、逼真,能引人入胜。

还需要注意的是,只对本地区有意义的信息就不要选用全国性的媒介;只对一小部分特定公众有意义的信息就没有必要采用大众传播媒介;而对个别消费者的投诉,则只需面约商谈或书信往来。

(4)根据经济条件来选择传播媒介。俗话说"看菜吃饭,量体裁衣",组织的公共关系活动经费一般都很有限,而越是现代化的传播媒介,费用越高。所以,成功的公共关系策划,应选择恰当的媒介与方式,争取以较少的开支得到最好效果。

4.预算经费

公共关系活动经费一般包括以下几个项目:

(1)行政开支

①劳动力成本。这是行政开支的主要费用之一。应包括公共关系工作人员的基本工资、职务工资,还包括奖金、副食补贴及其

他福利补贴,外聘专家和劳务人员的开支也计在内。

②管理费用。指维持公共关系部门日常工作而支付的费用。通常包括房租、水电费、保险费、取暖费、办公费、差旅费、维修折旧费等。

③设施材料费。依据公共关系活动运用的技术手段而定。一般包括各种摄影设备和材料、视听器材,展览设施和所需的各种实物,订阅的书报杂志等。

以上费用属于基本固定的日常开支。

(2)项目开支

指实施各种公共关系活动项目的所需费用,特别是那些大型专项活动,所需经费较多,是日常固定开支难以支付的。比如大型活动的举办、赞助、专项调研、突发事件的处理等。这类费用的预算要有较大的弹性。

公共关系预算总额确定的方法很多,最常见的有:

(1)固定比率法。是按照一定时期内经营业务量的大小来确定预算的一种方法。这种方法最突出的优点是便于计算,简单易行。但它也存在着明显的缺点:首先是最佳比率难以确定,容易影响预算拨款的科学性;其次是因果倒置,公共关系经费要由销售结果来决定,而事实往往是销售额的增长正是公共关系活动的结果;再次,这种方法缺乏弹性,一旦有特殊需要,只能望洋兴叹。

(2)投资报酬法。此法是把公共关系开支当做一般投资来看,根据同量资金投入获得同量报酬的原则,哪个部门报酬高,它就可获得较多的资金,使公共关系部门具有竞争意识。这种方法的优点是有利于提高资金利用效能。缺点是:在现实中,公共关系部门投资所取得的效益是分散在组织各部门的,存在着交叉效益,计算难度大。

(3)量入为出法。此法是按照组织的财务状况,根据财政可能支付的金额来确定公共关系费用预算。

以上三种方法都是先确定公共关系活动费用的总额，然后再编制行动计划，这几种方法虽然比较现实，但比较消极、被动。

(4)目标先导法，即先制订出公共关系工作希望达到的目标，再算出完成计划所需的资金总量作为预算额度。同时还应计提一定比率(比如10%)的风险基金，以备偶然事件的发生。这种方法的优点在于具有主动性、伸缩性，可以根据公共关系活动自身需求和环境变化来进行预算，便于充分发挥主观能动性。缺点是如果预测不够科学、准确，就可能出现超支或浪费；操作要求难度比较高。

5. 策划书

公共关系计划经过论证后，必须形成书面报告——策划书。职业化的公共关系策划必须建立自己完整的文书档案系统。每一项具体公共关系活动必须见诸文字，以备查找。

策划书的写作应包括以下10个方面：

(1)封面。封面应注明策划的形式与名称；策划的主体(策划者及所在公司或部门)；策划日期；文件编号。此外，还可考虑在封面上简洁地附加兼有说明的内文简介。

(2)序文。序文是指把策划书所讲的要点加以提炼概括，内容简明扼要，使人一目了然，一般在400字左右即可。

(3)目录。目录要对内容提纲挈领，务求让人读过后能了解策划的全貌，目标与标题应协调统一。

(4)宗旨。这是策划的大纲。应该将策划的重要性、公共关系目标、社会意义、操作实施的可能性等问题加以具体说明，展示策划的合理性、重要性。

(5)内容。这是策划书的主体和最重要的部分。内容因策划种类不同而有所变化，但必须以让第三者能一目了然为原则，应层次分明、逻辑性强，切忌过分详尽冗长。

(6)预算。即按照策划确定的目标(包括总目标与分目标)，每项列出细目，计算出所需经费。在预算经费时，最好绘出表格，列出总目和分目的支出内容，既方便核算，又便于以后查对。

(7)策划进度表。把策划活动的全部过程拟成时间表，何月何日要做什么，指示清楚，作为策划进程的指导。进度表最好在一张纸上拟出，以作一览表之用。

(8)有关人员目标责任分配表。根据目标管理原则，对各项目标，各项任务由何人负责，所有相关人员的责、权、利应明确清楚，避免责任不清、权力交叉造成的混乱。

(9)策划所需的物品和活动场地安排。活动中需要的各种物品、设施、场地的布置规模，停车场地等也要细致安排。

(10)与策划相关的资料。一般指有关的背景材料、前期调查结果、类似项目及竞争对手的情况等。给策划的参与者和审查者提供决策参考。但资料不能太多，不能喧宾夺主，应择其要点而附之。

策划书的写作应注意扼要地说明背景，引人入胜地描绘策划主题，详细地描述整体形象，严谨科学地说明预算。如果可能，应尽量用各种图表给读者以直观形象。如果是对外招商的公共关系策划书，还应注意把握好保密度。

思考与练习

1. 公共关系调查在组织的形象管理中具有什么意义？

2. 日常公共关系调查包括哪些内容？

3. 实施公共关系调查可以采取哪些不同方法？

4. 怎样设计一份调查问卷？

5. 什么叫公共关系策划？

6. 公共关系策划的原则是什么？

7. 如何设计公共关系活动的主题？

8. 列举一个你所掌握的公共关系案例，并简述其中主要的策划过程。

第十章

公共关系计划的实施与评估

经过调查和策划,公共关系工作便进入实施、评估阶段。本章主要分析公共关系计划实施的意义、特点和原则、方法,介绍公共关系评估的目的、程序及其评估标准和具体评估方法、途径。

第一节　公共关系计划实施的意义和特点

一、公共关系计划实施的意义

公共关系计划的实施就是公共关系被采纳以后,把计划所确定内容变为现实的过程。这个过程是公共关系四步工作法中的第三个环节,也是最为复杂、最为多变的一个关键环节。这时,整个公共关系计划要借助于调查与策划的双翼,通过实施而开始腾飞了。因此,一项公共关系计划的实施,其重要性足以和计划制订本身相比,从某种意义上讲,甚至比计划的制订更为重要。

第一,公共关系计划的实施是解决问题的中心环节,公共关系工作的终极目的不是研究问题而是解决问题。公共关系计划的制订是研究问题的过程。计划的实施才是直接地、实际地、具体地解决问题的过程。认为一项公共关系计划在确定之后就会自动地、必然地成为现实,这是一种不切实际的幻想。即使是完美无瑕的公共关系计划,如果不经过实施,而是束之高阁,那么,它无论是对社会组织还是社会组织的公众都是毫无意义的"纸上谈兵"。

第二,公共关系计划的实施决定了计划能否实现,以及实现的程度和范围。成功的实施,可以圆满地完成计划所确定的任务,实现计划目标,甚至还可以实施人员创造性的努力来弥补计划中的不足,这种实施活动的成功之处就在于实施人员能够选择最有效的途径和手段,采用多种方法和技巧,在公众中树立本组织的良好形象。失败的实施,不仅不能实现计划目标,有时还可能使计划中想要解决的问题更加恶化,甚至完全与计划目标背道而驰。从这个意义上说,实施这个环节不仅决定了计划能否实现,而且也决定了计划实现的效果。

第三,公共关系计划实施的结果是后续方案制订的重要依据。一项公共关系计划的实施过程不论成功与否,它都会在社会上造成一定的影响和后果。因此,可以说,我们面临的社会现状,就是过去社会组织开展公共关系工作所形成的结果。制订公共关系计划必须要以社会组织所面临的现状为依据,特别要注意前一项公共关系计划实施后由各种渠道反馈回来的信息。以前一项公共关系计划实施的结果为基础,针对新出现的问题制订新的计划,可以说是公共关系计划制订过程中的一个原则。因此,前一项公共关系计划实施的情况,对后续方案的制订具有重要的意义。

二、公共关系计划实施过程中的特点

(一)实施过程中的动态性

公共关系计划的实施是由一系列连续活动构成的过程,是一个思想和行为需要不断变化、不断调整的过程。这种实施过程的动态性主要是由于:一方面,一项公共关系计划无论制订得多么周密,也无论它又是如何具体和细致,总免不了与实际情况存在着一定的差异;另一方面,随着时间的推移、实施的进展、环境的变化,实施过程中仍会遇到一些新情况和新问题。因此,不断地改变、修正或调整原定的实施方案、程序、方法、策略等则是实施活动中不可避免的现象。同时这种现象也是计划实施过程顺利发展的表现,并非是计划实施的随意性。可以说,这种不断调整计划的变动要始终贯穿于实施的整个过程之中。相反,如果不考虑社会环境的发展而引起的条件的变迁,却按一个固定的模式去机械地"执行计划",那就不仅不能实现自己的计划目标,反而会给社会组织自身招来新的麻烦。讲实施过程中的动态性,并不意味着实施人员可以随意以一些无关大局的变化为借口而不按原计划去进行实施。公共关系计划实施中的动态性与实施人员的主观随意性不可混为一谈。

(二)实施过程中的创造性

由于计划的实施是一个不断变化和需要调整的动态过程,实施者则要依据整个实施方案中的原则和自己所处的环境、面临的条件确定自己的实施策略,如准确地选择传播渠道、媒介与方法,合理地选择时机,正确地分配任务,灵活地调整步调等。可见,公共关系计划实施的过程决不是一个简单的照章办事的过程,而是一个由一系列不同层次的实施者发挥主观能动性的过程。实施人员应该依据这一特点,充分地发挥自己的积极性、主动性和创造性。从这个意义上说,公共关系计划实施的过程又是一个对原计划进行艺术性再创造的过程,也是不断丰富公共关系实务经验的过程。在计划实施的过程中,常常会遇到意想不到的突发事件,而在原定的公共关系计划中又很难找到如何处理这些突发事件的具体措施,这时,实施人员能否充分发挥自己的主动性、积极性和创造性则成为公共关系计划能否实现的关键。所以,研究计划的实施过程,必须注意到它是一个实施人员发挥创造性的过程。忽略了这一特点,公共关系计划的实施将成为一种缺乏艺术性的程序化、制度化的活动。但是讲创造性,决不允许实施人员随意篡改实施方案的原则或以各种借口对计划的实施进行抵触，而把计划的实施过程引向歧途。

(三)影响的广泛性

一项公共关系计划涉及众多的因素和变量，它对各类公众产生广泛的影响。然而，公共关系计划所产生的影响在方案策划阶段还只是“纸上谈兵”，只有在计划实施的过程中，才能真正的体现出来，公共关系计划实施过程中所产生出来的广泛性影响主要表现在以下三个方面：

首先，在计划实施过程中，会对众多的目标公众产生深刻的影响。一项公共关系计划得以成功的实施后，常常会使该社会组织的异己力量变为自己的合作者和支持者。即使有时不能令目标公众从立场上进行彻底的转变，那么在观点态度等方面也会产生不同程度的变化。至少也可以使目标公众对社会组织的负态度(敌视、偏见、漠然、无知)向正态度(了解、理解、好感、支持)的方向有所转化。例如，一项成功的公共关系广告常常可以在目标公众的心目中树立本组织的良好形象，使其对该组织产生好感或进而引导目标公众的消费行为。20 世纪 60 年代，日本食品商决定把方便面打入香港市场，从调查中得知，香港居民习惯吃大米，对面条不感兴趣。经过策划，日本厂商决定把儿童作为本次计划实施的目标公众。因为成人的饮食习惯一旦形成以后，一般是难以一下子改变的，而儿童在饮食方面并未形成固定的习惯。因此，要想开拓香港市场，必须从儿童这一目标公众入手。经过一段成功的实施以后，日本厂商终于“征服”了他们的目标公众，把方便面打入香港市场。美国四年一度的总统竞选活动，也是伴随着公共关系计划的实施借以影响选民这一目标公众的选票投向的。可见，一项公共关系计划实施所产生的影响首先体现在它们的目标公众身上。

其次，公共关系计划的实施有时还会对整个社会的文化、习俗产生深刻的影响。1971年,美国的汉堡包在一项公共关系的实施中远涉重洋,“登陆”日本,这一成功的公共关系计划实施,不仅使日本民族2000多年以来吃米、吃鱼的习惯发生了变化,而且使日本民族的进餐方式有了突破。以往日本人习惯于端坐桌旁用筷子吃饭,但是吃汉堡包却可以用手抓着吃,可以边谈边吃,也可以边走边吃,忙碌时甚至可以边工作边吃。这一进餐方式由于适应了日本民族快节奏的现代生活而为日本人民所接受。日本的藤田田先生说:“汉堡包带给日本人的冲击比佛教传入日本更大。”① 由此可见,一项公共关系计划在实施过程中所产生的影响和作用往往不局限于计划本身所制订的目标,而对整个社会产生推动作用。这是因为,一项公共关系计划的实施常常会使社会文化的整体结构由于出现乐意个行的因素而产生一系列相应的变动。

最后,一项公共关系计划在实施过程中产生的影响还表现在:计划在研究过程中一些没有认识到的、隐蔽着的问题,常常在实施过程中显示出来,带来一些未及预料的影响和变化。这一特点,为公共关系计划在实施过程中产生的广泛性影响提供了新的内容。总之正是由于公共关系计划的实施,才使公共关系计划产生了广泛的实际影响。

影响的广泛性、过程的动态性和实施的创造性不是孤立存在的,而是在实施过程中互相影响互相作用的。一项公共关系计划的实施影响范围越广泛,实施过程中的创造性也会表现得越突出,计划的变化和调整幅度也越大;同样,计划的调整和变动幅度越大,计划实施所产生的影响范围也就越广泛。

三、影响公共关系计划实施的因素分析

影响公共关系计划实施的因素是众多而复杂的,一般来说,主

---

① [日]藤田田著,浮萍译:《我是最会赚钱的人物》,吉林人民出版社1988年11月第1版,第64页。

要来自三个方面,即方案本身目标障碍、实施过程的沟通障碍及突发事件的干扰。在实施过程中,仅凭公共关系工作人员的工作热情和苦干、实干是不行的。我们必须懂得:要获得一定的实施效果就必须了解和研究在实施过程中怎样消除或减少沟通的障碍。

(一)公共关系计划中的目标障碍

所谓公共关系计划中的目标障碍就是指在公共关系计划中由于所拟定的公共关系目标不正确或不明确具体而给实施带来的障碍。在公共关系计划实施的过程中,无论实施的动态性多么突出,但是实施的原则基本上是根据计划方案所规定的内容进行,否则,它就不是公共关系计划的实施了。因此,公共关系计划的实施必然要受到计划方案多方面的影响。如果计划目标不正确不明确具体,那么,尽管实施人员尽心尽力,也会给实施造成种种障碍。例如,公共关系计划目标不符合公众利益,那么,在实施过程中必然受到目标公众的抵制。又如公共关系计划目标过低则往往不能唤起目标公众的合作热情;目标过高则会使实施人员望而却步。因此,要想有效地开展实施活动,就必须排除各种目标障碍。

排除目标障碍的根本途径是要求计划的制订者尽量使计划目标具有正确性、明确性和具体性。实施人员在开展工作之前从以下五个方面检查一项公共关系计划的目标是否具有正确性、明确性和具体性:

第一,检查计划目标是否切合实际并可以达到;

第二,检查计划目标是否可以比较和衡量;

第三,检查计划目标是否指出了所期望的结果;

第四,检查计划目标的完成是否是计划实施者职权范围内所能完成的;

第五,检查计划目标是否规定了完成的期限。

如果在这五个方面有疏漏,实施人员应主动与计划制订者取得联系并促其重新修订。计划目标不明确或用宣传口号式的语言来表达计划目标,都会使实施工作无法有效地开展。实施人员可能因为不明确计划目标的具体要求,或所得到的指令笼统含糊,从而引起误解、产生错误的行动,这就是实施人员排除目标障碍的意义所在。正确的、明确的、具体的计划目标是实施人员行动的依据和树立信心、赢得公众支持的重要源泉,也是对计划实施进行控制、监督和评估的基础。

(二)计划实施中的沟通障碍

公共关系计划实施的过程实际上是传播沟通的过程。实施过程中的传播沟通并不是一帆风顺的,他常常会因为传播沟通工具运用不当、方式方法不妥和传播渠道不畅而使实施工作不能如愿以偿,难怪一些传播的实践者不得不发出感叹:我们面对着的,仍是一个难以沟通的世界。美国的一位生态学家奥尔多·利奥波尔德(Aido Leopold)在他的早期著作中提出,如果能够把使用土地不当的恶果提前告诉人们,他们就会改变自己的方式。在暮年,他认识到这一结论是建立在三个错误假设的基础上的。这三个错误假设是:公众能够听从劝告或能使他们听从劝告;公众能够做出反应或出于对受到伤害的恐惧而能够使他们做出反应;在公众本身没有发生任何重大改变的前提下,也可以改变土地使用方式。这位生态学家的良好愿望不能实现的主要原因来自于社会沟通的障碍。研究社会沟通的障碍并排除之,是有效地开展实施活动不可缺少的环节。

在实施活动中,常见的沟通障碍大致有以下几种:

1.语言障碍

语言是以语音为物质外壳,以词汇为建筑材料,以语法为结构条理而构成的符号体系。语言与思维不可分离,为人类所独有,是一种特殊的社会现象。人们只有借助语言才能表达情感、交流思想、协调关系。因而,语言是人类最重要的沟通工具。但是语言又是一种极复杂的工具,掌握运用语言的能力决不是一件轻而易举的事。由于语言方面的原因而引起的沟通麻烦到处可见。一次，一位非洲国家的朋友来到中国民航的一家宾馆，他用法语说他要求住一个单间客房，并说："我是部长。"然而，我们的服务员只懂得几句常用的法语，而不懂"我是部长"这一关键的词语，因而闹得很不愉快。这是语言差异造成的隔阂，影响了人际交往。不同国度、不同民族之间的沟通会遇到语言上的障碍是自不待言的，而在同一国度里的同一民族因地区的不同造成语言的不同也往往使人们饱尝语言不通之苦；问路走错路，乘车乘过站，购物听不懂，甚至因语言误会引起纠葛。

语意不明同样也会使沟通出现障碍。一次，一位公安人员在调查办案过程中发现一个青年有嫌疑，立即向科长汇报。科长指示："可以搞来审查一下。"于是公安人员立即把那个青年铐来了。审查结果被铐对象与案情毫无牵连，放人难啊，这个公安人员又请示科长怎样处理？科长发火了："谁让你把他铐起来的？"公安人员回答："你不是说'可以搞来审查一下'吗？又没说过不能铐来。"科长顿时语塞。发出"搞来"这样一个令人可以这样理解，也可以那样理解的指令，是造成沟通失误、导致被动局面的直接原因。

2. 习俗障碍

习俗即风俗习惯，是在一定文化历史背景下形成的具有固定特点的调整人际关系的社会因素，如道德习惯、礼节审美传统等。习俗世代相传，是经过长期重复出现而约定俗成的习惯。虽然习俗不具备法律的强制力，但通过家族、邻里、亲朋的舆论监督，往往迫使人们入乡随俗，即使圣贤也莫能例外。忽视习俗因素而导致沟通失败的事例屡见不鲜。

不同的礼节习俗往往造成沟通中的误解，以至沟通受挫。一位德国工程师到日本磋商合同问题。在日期间，他受到热情的接待。当他提出自己的意见时，日本对手微笑着频频点头。他回去后满怀希望地等待了 3 个星期之后，却得到了完全出乎意料的回音——他所提的意见,半数以上遭到否决。他实在不知道,日本人的礼貌决不是同意的表示。

不同的审美习俗也导致彼此误解。一位英国青年为了取悦他的中国女友,特意买了一束洁白的菊花送到女友家中,不料女友的父亲一见便大为不悦,结果他被轰了出去,却不知道原因所在。在他看来白色象征纯洁无瑕,他选择菊花完全是一片好意,他根本不会想到在中国白花是吊唁死者用的。现在他将白花送给活人,在其未来的岳父看来是诅咒他短命,当然是不可容忍的了。因此,在沟通中必须注意到沟通双方是否有不同的审美习俗。

上面列举的影响沟通的习俗障碍的例子尽管是挂一漏万,但是说明了问题的重要性。公共关系计划的实施者对这些影响沟通的习俗障碍了解得越多,沟通时则会越得心应手。

3. 观念障碍

观念属于思想范畴,由一定的经验和知识积淀而成,是一定条件下人们接受、信奉并用以指导自己行动的理论和观点。观念本身是沟通的内容之一,同时对沟通又有巨大的影响作用。有的观念是促进沟通的强大动力,有的观念则是阻碍沟通的绊脚石。因此,在消除语言和习俗障碍之后,有必要认真地对待观念障碍。

封闭观念排斥沟通。封闭观念源于小农经济。农民世世代代在一小块土地上耕种,自给自足。简单劳动只凭经验和力气,不需要分工协作,没有众多的社会联系,决定了他们必然怡然于“桃花源”式的生活方式,产生“鸡犬之声相闻,老死不相往来”的自我封闭观念。公共关系计划的实施过程常常在封闭观念面前受阻。前面所提到的那位美国生态学家的良好愿望之所以不能实现就是由于受到封闭观念的抵制。

极端观念破坏沟通。在日常生活中我们经常遇到这种情况:争论双方都只抓住对方在沟通过程中的某一环节、反面或特点各执一词,彼此否定,谁也听不进对方的意见,结果常常闹得不欢而散。1986年，杭州某饭店来了一位风尘仆仆的美国客人。客人说他的旅游代理商在一个月前已为他在这个饭店预订了一个单间，服务员经过反复查找却一直未找到订房单，于是双方各执一端，一方说订好了，一方说没有而争论不下。这时饭店前厅经理走过来，用一句巧妙的话排除了双方因极端观念所造成的沟通障碍。他说，既然客人说预订了而饭店又确实没收到，那么肯定是通讯出了问题。于是双方找到了台阶。从这个实例我们可以看到极端观念是沟通的大敌。极端观念在谈判中的表现形式就是只考虑自身的利益而不顾对方，因此，这样的谈判十有八九要失败。这实际上也是沟通障碍而造成的失败。

观念障碍并非仅此两种，在这里我们只是就此形式说明观念障碍是影响沟通的不可忽视的一个因素。

4.心理障碍

心理障碍是指人的认识、情感、态度等心理因素对沟通过程的阻碍。例如，在谈判中，常常由于一方或双方误解了另一方的意图或事实真相而浪费大量时间。曲解的原因就在于一方或双方钻进了隐蔽假设[①] 的误区不能自拔并且毫无觉察。陷入困境的谈判有时就是这样造成的。日常生活中的意见冲突也往往是隐蔽假设的不同在作怪，而调解者的有效作用，往往就在于准确无误地使双方了解事实真相，以消除偏见。在沟通过程中，时时注意检查自己的各种假设的真假并对对方做出正确预测是十分必要的。

除了认识方面的障碍以外，情感的失控也会导致沟通受阻。例如，感情冲动时往往听不进不同意见；不能摆脱心情压抑状态的人大多表现出孤僻，不愿与人交往的倾向，对一些信息有厌恶感。

---

① 隐蔽假设是指一种下意识的假设。例如我们寄出报费和订阅单，是假设自己会得到报纸；把钱付给售货员是假设自己会得到商品。由于这种假设是习以为常的，因而通常并不易察觉。

与此同时,态度欠妥也不能取得理解的沟通效果。例如,迷信权威有时会使判断产生错误。美国心理学系大学生做过这样一个实验:在开始讲课前,教授给学生介绍一位客人。他说:"这位是汉斯·斯密特先生,世界著名化学家,我们特邀他来美国研究某些物质的物理和化学性能。"然后这位斯密特先生用德语对学生们说他正在研究一种新发现的物质的性能,这种物质的扩散非常快,以至人们刚刚嗅到它的气味就立刻消失了。而后,他从皮包里拿出一个装有液体的小玻璃管,说:"我一打开试管,这种物质就会立刻蒸发出来。这是一种无害气味,你们很容易嗅到,请大家一闻到气味就立即举起手来。"他打开试管后不一会,从第一排到最后一排,所有学生都举起手来。事后,心理学教授向全班同学讲,这位斯密特先生只是德语教研室的一位教员,所谓具有强烈刺鼻气味的物质,不过是普通的蒸馏水而已。实验证明,迷信权威往往会使人接受错误信息。这是沟通的大忌。研究沟通过程中的心理障碍,其目的是为了了解它、掌握它、排除它,进而实现公共关系的沟通目标。

5.组织障碍

"组织"这一概念在这里指由若干"系统"所组成的、开放的社会技术系统。合理的组织结构能够有效的进行内外沟通。反之,不合理的组织结构则会成为束缚沟通的绳索。沟通过程中的组织障碍主要表现在以下四个方面:

第一,传递层次过多造成信息失真。有人做过这样的实验:拿一张图给第一个被试者看,然后让他凭记忆重新画出。接着把重画的图给第二个被试者看,也让他根据记忆再画一张。以此类推,传到第四个人时,画出的图与原图相差甚大。这表明信息在传递过程中,中间环节越多,保真率越低,甚至有时最后信息与原信息被搞得面目全非。因此,在组织机构上减少层次,减少信息传递环节,尽量做到"一竿子到底"是保证沟通内容准确无误的有效措施。

第二,机构臃肿造成沟通缓慢。机构设置臃肿繁多,必然造成印章循环。这就好像一个过胖的人,由于心脏承受着重压,血液循环与新陈代谢必然受阻一样。肥胖导致病人高血压、动脉硬化、冠心病等。机构臃肿也必然导致组织缺少活力,信息沟通缓慢或“血栓”。

第三,条块分割造成沟通“断路”。条块分割的组织结构,使信息很难畅通无阻。有时只要有一关通不过,就不能实现沟通。条块分割,层层设卡,地方封锁,严重地堵塞了自由沟通的渠道。

第四,沟通渠道单一造成信息量不足。这种沟通中组织障碍主要是指信息的传递基本是单方向的——“上情下达”。组织结构的安排不大考虑从下往上提建议、商讨问题等途径,即下情难于上达,因而送达到决策层的信息量明显不足。为了加强沟通,排除这种组织障碍,各组织应建立多种沟通渠道,如通过党、政、工、团、妇等渠道反映情况;举行民意测验,广泛征求意见;召开各种类型座谈会、对话会;进行家访和谈心;定期商讨共同关心的问题,等等。

沟通的障碍可能来自沟通要素的任何部分,也可能发生在沟通过程的任何环节,是由各种各样的因素分别或共同引起的。因此,沟通的障碍并非只源于以上五种。除此五种之外,还有诸如政治障碍、生理障碍、技术障碍、方法障碍等。

由于障碍的类别不同,特点各异,排除的方法自然也是不同的。在这里我们只是从原则上介绍一下排除沟通障碍时应注意的问题:

第一,注意缩小传播者与公众之间的差异。解决这一点的方法是:利用与公众所处的社会位置最近的媒介;利用公众心目中信誉较高的传播媒介,但这一点是相对于具体问题而言的;尽量减少与公众在态度方面的冲突;用公众可以接受的语言或事例来说明所需沟通的问题;确定大多数公众的立场,表明自己的立场与他们的立场一致;发挥“公众细分”的作用,公众细分将会帮助沟通者得到积极的反应;根据形式需要随时调整反映组织要求的信息。

第二，沟通者必须牢记四种基本事实：公众是由许多受到各方面影响的个体构成。这些个体生活、工作的特点各不相同，并在社会生活结构的各个部分包括城市、郊区、农场和村镇中发挥作用。他们受到各方面的影响，沟通者所传播的信息只是其中的一个。公众乐于接受与他们切身利益密切相关的信息和与他们原有认识、态度相一致的信息，而回避或不接受与其原有认识、态度相矛盾的信息。各种大众传播媒介创造了他们的公众社区。例如，那些习惯阅读《工人日报》的读者，未必喜欢阅读《光明日报》。大众传播媒介所产生的社会影响并非都可以测量出来。

（三）公共关系计划实施中的突发事件

对公共关系计划的实施干扰性最大的莫过于重大的突发事件。这里所说的重大突发事件包括两大类：一类是人为的纠纷危机，如公众投诉、新闻媒介的批评、不利舆论的冲击等事件；另一类是不以人类意志为转移的灾变危机，如地震、火灾、水灾、空难等。这些重大的突发事件对公共关系计划的实施干扰极大。因为突发事件一般具有以下几个特征：突然发生，常使人始料不及；来势迅猛，常令人措手不及；后果严重，危害极大；影响范围大，易给整个社会带来恐慌和混乱。一个社会组织如果不善于“风险管理”，风险一旦发生，那么不但会摧毁整个公共关系计划的实施，甚至会影响到本组织的生死存亡。

面临突发事件应该保持头脑冷静，防止感情用事，认真剖析原因，正确选择对策。据一位日本的公共关系专家介绍，面临突发事件时，在传播沟通时应注意以下六个问题：

1. 实事求是地发布消息，不清楚的地方要坦率地告诉对方，不要把主观臆测混在其中。

2. 发布的时机很重要。不能因过于慎重而贻误时机，以致使流言、谣言产生，引起混乱。例如，1986 年苏联发生的切尔诺贝利核电站事故。1988 年 4 月 27 日至 30 日在澳大利亚墨尔本召开的第11届公共关系世界联盟大会上，一位苏联教授做了题为《切尔诺贝利核电站事故以来的两年》的报告。报告中讲到，我们认为事故发生后消息公布过晚是一个很大的失败。事故发生在1986年4月25日夜间到星期六的黎明，而新闻界28号才对外发表正式消息。在此之前，一家欧洲新闻社报道，说这一事故造成2000人死亡，引起世界的震惊。我们曾统计过，世界上类似苏联核电站的地方有410家左右。我们应得出教训，应随时准备在事故发生后采取各种公关措施。

3. 注意在发布消息时应尽量统一，形成文字，因为口头讲话容易被误传。

4. 为防止外界误传，宣传中要统一口径，不能随便发表言论。例如，1986年11月日本伊豆三元火山爆发，造成23800多人下落不明。这些人到底逃到了何处，由于没有统一的报道，造成了混乱。有线通讯说这些人没有离岛，而电视广播说逃到了岛外，不知谁对。

5. 对于有些社会影响大的问题，我们认为发布消息越早越好。例如有一家企业，由于和政界在某些事上的牵连产生了社会问题，舆论界追究责任要求社长辞职。为了平息事件，社长在深夜及时召开了记者招待会，这一举措起到了积极作用。

6. 一旦事故出现，应有专人对付新闻界，把情报工作抓起来，尽快平息混乱。排除沟通障碍的努力带有综合治理的性质。因为排除这些沟通障碍的方法理论涉及到诸如语言学、传播学、逻辑学、民俗学、社会学、心理学、管理学等。公共关系人员只有广泛涉猎有关知识，通过全面的努力，尽量减少沟通障碍，才能有效地实现沟通并成功地实施所拟定的公共关系计划。

第二节　公共关系计划实施的原则与方法

公共关系计划实施过程中的动态性、创造性及影响的广泛性构成了实施活动的复杂性。为了在复杂的实施活动中不偏离既定的公共关系战略目标，公共关系实施人员必须遵循实施的原则及掌握正确的方法。

一、目标导向的原则与方法

所谓目标导向的原则是指公共关系计划实施过程中，保证公共关系计划实施活动不偏离目标的原则。执行目标导向的原则实际上是控制的一种手段。从广义说，控制就是掌握住事物的发展及进程，不使其任意活动或越出范围。控制也被看做是管理的一个职能，而且多是与实施活动联系在一起的，如管理科学的五要素说（计划、组织、指挥、协调、控制）和三种有机职能说（计划、组织和控制）。实际上，在公共关系计划实施过程中也离不开控制，其控制过程就是实施人员通过目标手段对整个实施活动进行引导、制约和促进，以把握实施活动的进程和方向。因此，目标导向原则也叫目标控制原则。一项公共关系计划实施的环境是复杂而多变的，若要成功地运用目标导向原则实现公共关系计划，必须不断地把该项计划与在这种复杂的环境中实施的结果和目标相对照，如有偏差，及时调整才能避免失误。

在公共关系实施过程中，为了使目标导向的原则得到正确的运用，人们经常使用线性排列法和多线性排列法，将所有公共关系行动和措施按先后顺序有机排列组合起来，然后再加以实施。线性排列法是按公共关系行动、措施的内在联系为先后顺序，逐一排列出来，然后再一步一步地向目标迈进。（见图 10－1）

①⟶②⟶③⟶④⟶ 成功

图 10－1　线性排列法

假如,美国一家牛奶公司意欲将该公司的消毒牛奶打入日本市场,但是它却遇到了一系列障碍:

①日本消费者对喝这种消毒牛奶是否有好处持怀疑态度。

②日本消费者联盟反对这种产品,担心消毒牛奶安全问题。

③靠近大城市的牛奶场主反对消毒牛奶的分销,害怕与之竞争。

④由于有关利益集团施加压力,几家大经销商不愿意经销这种奶。那些依靠当地货而兴旺起来的牛奶专业商店,也反对消毒牛奶的引进。

⑤卫生福利部门和农林部门表示,他们将首先等待和观察消费者能否接受消毒牛奶,然后再决定赞成还是反对消毒牛奶广泛销售。

为了排除这些障碍,公司的第一步是与日本卫生部联系,使之批准销售该产品。因为没有该部门的批准,公司就不可能成功,并无法实施下面的计划。在此之后,第二步是说服大型经销商经销消毒牛奶。第三步与牛奶场取得联系。第四步对消费者进行消费指导。这四步均是在前一个行动取得成功的基础上,逐步迈向目标的。多线性排列法是将几个行动同时展开,共同向成功迈进的排列方法。仍以美国公司的四步为例。可按图 10－2 排列:

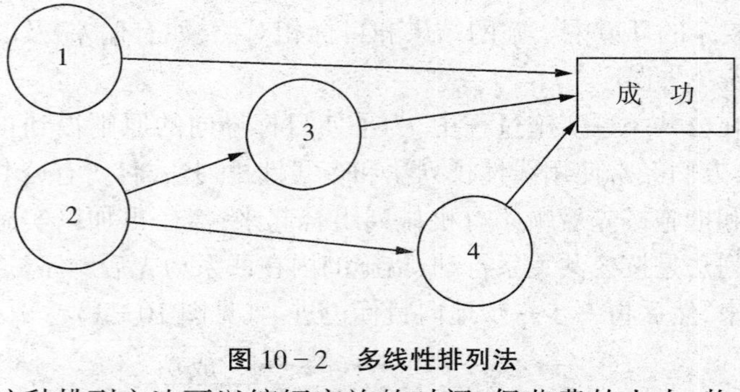

图 10－2　多线性排列法

这种排列方法可以缩短实施的时间,但花费的人力、物力、资金相对第一种排列的方法要多，而且前面一步的工作不能获得成功，对下一步工作将造成浪费。

二、控制进度的原则与方法

控制进度的原则就是根据整个公共关系计划的目标和需要，按照一定的程序，掌握工作的进展速度，以避免出现畸轻畸重倾向的原则。在公共关系计划实施的过程中，由于分工不同的实施人员各负其责地开展工作，往往会出现多方面工作不同步的现象。例如，某项赞助活动在电视和报刊已经传播开了，但赞助的纪念品尚未制作完成。这样必然造成工作的脱节，以致延误赞助活动的正常进行，影响主办单位的声誉。因此，在公共关系活动的开展过程中，应经常检查各方面工作的进度，及时发现超前或滞后的情况，搞好协调，使各方工作同步进行和平衡发展。

贯彻控制进度的原则必须具备两个条件：

第一，要有明确的控制目的。

第二，要重视反馈信息。

重视运用控制进度的原则和方法，对成功地实现公共关系计划具有重要意义。同时它也是失控者有效地推进工作进程的一项领导艺术。

三、整体协调的原则和方法

所谓整体协调的原则就是在计划实施的过程中使所涉及到的方方面面达到和谐、合理、配合、互补和统一的状态的原则，协调不同于控制，控制是对一个组织的计划实施过程中与计划是否有差异或背离，进行纠正或克服的行为；协调则强调在各个实施过程中的环节之间、部门之间及实施主体和公众之间和谐化、合理化，使之不发生矛盾或少发生矛盾，即使当矛盾产生时，也能及时加以解决。

最普遍、最常见的协调有两类：一是纵向协调；二是横向协调。纵向协调是指上下级部门之间的协调。为了保证协调的效果，须注意以下几点:第一,上级部门对下级部门要有充分的了解;第二,上级部门提出的新行动措施不可在下级部门毫无思想准备和组织准备的情况下突然付诸实施;第三,实施计划中的主要目标和措施必须告知下级部门及全体实施人员;第四,下级部门必须实事求是,如实反映情况。横向协调通常采用当面协商、文件往来等形式来沟通信息,从而达到协调的目的。无论纵向协调还是横向协调都要依赖信息的沟通。在信息沟通过程中,信息应具有明晰性、一致性、正确性、完整性的特点。所谓明晰性就是沟通的信息要有清楚明确的表达,并能在实施人员心目中形成清晰的印象。如果不能明确地表达实施计划所必要的指令和概念,目标上不能统一,那么实施人员就不能抓住整个公共关系计划的重心,协调工作也会因目标不明确而无所适从。一致性的特点在于实施人员所接到的指令往往不止一个,这种先后发布的指令必须前后一致,否则实施人员就会对指令感到困惑不解,协调只会成为空谈。正确性是指要避免信息失真,不要在沟通过程中有意无意地曲解信息的内容并加上自己的主观解释。否则,协调工作也不可避免地因信息失真而偏离既定的目标。完整性的要求是建立双向交流的信息通道。只有通过双向的信息交流,才能有效地进行协调。

总之,协调的目的是要达到全体实施人员思想观念上的共同认识和行动上的一致,保证实施活动的同步与和谐,做到整个实施部门统一意志、统一指挥、统一行动,提高工作效率、减少或杜绝人力、物力和财力方面的浪费。

四、反馈调整的原则和方法

反馈是控制论中的一个重要概念,也是公共关系计划实施中的一个重要概念。所谓反馈就是指:把施控系统的信息作用于受控系统(对象)后产生的结果再输送回来,并对信息的再输出产生影响的过程。由于人们通常要用这种反馈后所获得的认识来调整整个公共关系计划的实施活动,所以又称之为“反馈调整”。它的特点是:

根据过去的实施情况去调整未来的行为。(见下图 10－3)

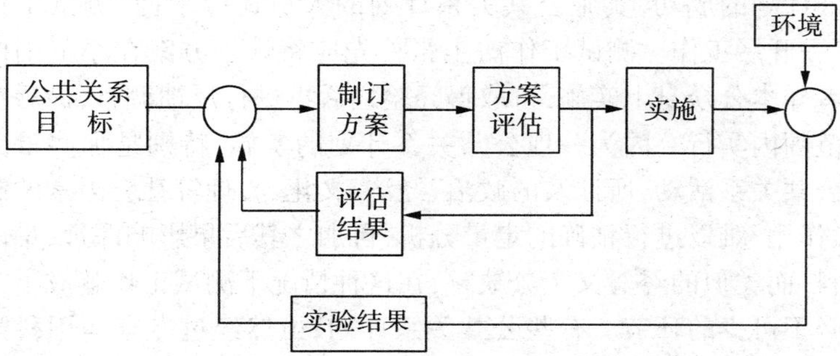

图 10－3　反馈调整图

反馈调整的过程是：

公共关系计划制订者确定公共关系目标，根据公共关系计划的目标制订具体的实施方案，在实施方案制订的基础上，组织有关部门和人员对方案进行评估，然后把评估结果同原定的公共关系目标进行比较，发现问题后再重新修订整个公共关系计划，这是第一步。第一步工作完成之后，则开始将修订过的公共关系方案付诸实施，实施后再将实施结果与原定目标进行比较以影响、调整下一步公共关系计划的制订与实施。

由于公共关系计划实施的环境和目标公众的情况是复杂而变化的，因而，在实施过程中必须不断地把公共关系计划在客观环境中实施的结果同公共关系目标相对照，如有偏差应及时对计划行动或目标做出相应的调整。实行反馈调整的必要条件，要依靠各种形式的信息反馈渠道，把方案实施的各种信息及时、准确地搜集汇总上来，经过研究分析，作为调整行动的依据。一项公共关系计划的制订与实施，并非只需作一次反馈调整便可解决一切问题。它需要经过多次循环往复的反馈、调整，使实施不断完善，直至完成公共关系计划，实现战略目标。从这个意义上说，任何一项公共关系计划拟定后,公共关系人员不应产生一劳永逸的思想。为了保证计划的成功,实施公共关系计划的人员还应掌握“测试工作法”去开展工作。测试工作法主张首先应将计划方案在小范围内或者样本公众身上实施,待取得经验之后再进行反馈调整,最后在大范围内实行。因为一项公共关系计划的实施,特别是那些重大的公共关系活动,所涉及的政治、经济、文化、心理等社会因素的制约、作用,难以进行精确的定量分析,再加之其后果影响深远,难以预料,而类似的经验又十分缺乏,在这种情况下测试工作就成了一个必不可少的环节。有些公共关系计划,虽然经过专家运用科学的方法进行了反复的研究、比较、推敲和计算,但仍没有把握。此时,工作测试便成了一个最后的有效的验证手段。

测试工作法的步骤大致包括选择测试对象、设计测试方案、进行测试和总结测试结果几个阶段。

首先是选择测试对象。也就是我们常说的选“点”。选择测试对象,要根据公共关系计划的要求进行,力争全面、有代表性和便于测试的原则。例如,要测试信息的可读性,可以在传播该信息的稿件发表之前,找来各种不同类型的公众来试读,应避免那种有倾向性的测试。比如,为了证明该信息的可读性,只选择知识分子进行试读,这种测试是没有任何意义的,因为它不能客观地反映事物的本来面目,而只能将测试工作引入歧途。这种做法必须坚决杜绝。

其次是设计周密的测试方案指导测试的进行。用于测试的方案可以是一个,也可以是两个或多个。对于范围较广,影响较大的复杂活动,最好有几个不同的方案同时测试,以便比较。测试的设计一般分为两个组,一组为试验组,一组为对照组。在试验组中具体实施公共关系计划,对照组不实施,只是用来同试验组对照比较(见 10－1 表)。

表 10－1 试验分析表

	测定前		测定后	差异
试验组	01	X	02	02－02＝de
对照组	03		04	04－03＝dc

其中 X 代表某一公共关系方案，0 代表试验组各因素变化的状况。de 和 dc 表示实施公共关系之前和之后的变化情况，前者进行了实验，后者未进行实验。从实验的结果看如果 de 和 dc 之间有明显的差异，并且这种差异是完成公共关系目标所希望的方向，就表明该项公共关系计划有明显的效果，一般来说，它就具有高度的可行性，能够全面推广；相反就说明该计划或实施过程有问题。当然，这一切都要经过总结分析才能确定。

最后是分析和总结测试结果。这是测试工作中最关键的一个阶段。因为总结阶段要根据测试的整个过程的最后结果来进行检验、评估、修改、补充或否定该项公共关系计划。如果计划可行，就要根据测试的过程总结和提出具体的实施方案，以指导公共关系计划的全面实施。总结经验要求实事求是，要对实施的整个过程和结果进行全面系统的考察和分析。一般地说，成功的结果，表明公共关系计划和实施方案是正确的。但也并非全是这样，有时，成功也可能是由偶然因素造成的。在通常情况下，失败的结果，证明公共关系计划和实施方案是不正确的。但必须注意，公共关系计划的目标错误会导致失败，测试方案的错误也会导致失败，测试方案的具体实施不当同样也会导致失败。总结经验还必须分析研究这些经验适用的范围和条件。同时总结经验还需特别重视失败的经验。在科学实验的领域内，对于人们的认识来说，失败和成功同样具有价值。一个全面、成熟的经验，往往需要经过成功与失败的反复试验才能取得。因此，不能忽视失败的价值。成功的经验从正面告诉我们应该怎样做，但不能直接告诉我们不应怎样做。而失败的经验虽不能从正面告诉我们应怎样做，但它却能告诉我们不应怎样做。因此,只有两者结合起来,才能知道必须怎样做。

整个测试的过程基本上与前面的“反馈调整图”相同,只需把“实施”改为“测试”,把实施结果改为测试结果即可。测试工作法体现了反馈调整的原则并为我们提供了反馈调整的方法,因而公共关系计划的制订者和实施者都对测试工作法给予高度的重视。

五、选择时机的原则和方法

在公共关系计划的实施过程中,必须考虑到一个关键因素,就是时机问题。正确选择时机是提高公共关系计划成功率的必要条件。忽视时机这一因素,常常导致计划实施的失败,其主要原因有三点:(1)人们不习惯接受任何突然的、剧烈的变化,而需要一个他们认为是正常的发展过程;(2)沟通的目的在于取得预期的反应,所以应该循序渐进地向沟通对象进行信息的传播与灌输;(3)广告宣传和新闻报道本身,就应该是事件发生以后的逻辑后果。正确选择时机的原则与方法是克服时机障碍的有效方法。一项公共关系计划实施的时机如果恰恰与奥运会的举办发生冲突,那么无论计划的实施者采取怎样得力的宣传措施,恐怕其效果也会在奥运会这种重大的新闻、事件面前黯然失色。这就是不注意排除时机障碍所带来的必然结果。相反如计划实施过程中,对于时机进行了精心的选择与安排,整个计划将会借助于恰当的时机而收到良好的效果。例如,美国一家中学的公共关系部主任为唤起公众对中学生大量失学这一严重问题的认识,准备了一篇文章,题目是《失学——魔鬼的呼唤》。经过研究,该文的广播时间被确定在黄昏时间来进行,为什么要选择这个时间呢?因为据心理学家测定,黄昏是人们情绪比较放松的时间,选择这个时间是为了提高宣传效果并缓和失学者对文章的抵触情绪。

下面再举两个不能正确选择时机的例子。

一家钢铁公司因煤炭涨价引起成本提高,不得不召开新闻发布会宣布:每吨钢材提价 4 美元。这本是合情合理,客户可以接受的。但48小时后,这家公司发布本年的年度报告,大肆鼓吹该公司当年获得了创记录的利润。这两条消息几乎同时发布以后,公众的心理受不了了。于是公众纷纷议论,认为这家公司盈利手段是靠抬高物价,公众普遍对之表示不满。这一做法严重地影响了该公司的形象和信誉,造成这一后果的直接原因是公司不懂发布信息和实施公共关系计划时应正确地选择时机的道理。发布年度报告的时间是每年不变的,为何不将钢价上涨的消息拖后选择一个较好的时机发布呢?又如几年前杜邦公司宣布要拿出100万美元捐助100多个大学和学院。这种对教育资助的行为理应得到新闻媒介和公众舆论的赞扬,但事实却不同。原因何在?这是因为杜邦公司在宣布这一消息的当天,福特公司也宣布向教育和医疗卫生界捐助500万美元。当福特公司的消息公布之后,新闻媒介和公众舆论都立即倒向了福特公司一边。杜邦公司没有想到自己拿出了100万美元却未获得所期望的社会反响和公众好感。良好的行动却没有收到良好的效果,其原因是没有正确地选择时机。

那么,在实施公共关系计划时,应怎样选择正确的时机呢?

首先,要注意避开或利用重大节日。凡是同重大节日没有联系的活动都应避开节日,以免被节日活动冲淡公共关系活动的色彩。凡同重大节日有直接或间接联系的公共关系计划则可以考虑利用节日为自己烘托气氛扩大活动影响的辐射范围,如龙年国际旅游年的开幕典礼选在春节前后进行则收到了良好效果。

其次,要注意避开或利用国内外重大事件。凡是需要广为告知的公共关系活动都应避开国内外的重大事件,以避免与重大事件冲突。凡是需要广为告知而又希望减少震动的活动可选择在重大活动时。如公布物价的上涨,此时公众的注意力被重大事件所吸引,这样可减少活动的影响和舆论的压力。

最后,还应注意不应在同一时间内同时进行两项不同的公共关系活动,以免其效果相互抵消。总之,正确地选择时机,是实施公共关系计划的一种技巧和方法。它并不能按一种固定的模式去进行,应具体问题具体分析,从具体的公共关系计划的目标出发,从而正确地选择时机,把握时机和运用时机以达到所预期的效果。

第三节　公共关系评估的意义和程序

一、公共关系评估的意义

公共关系评估就是根据公共关系认知度、美誉度、和谐度所构成的特定的标准,对公共关系计划、实施及效果进行检查、评价,以判断其优劣的过程。一个时期以来一提公共关系评估,一些人就仅仅把它看做是在公共关系计划付诸实施之后,运用可行性分析等手段对实施的效果进行比较分析的一项工作。实际上,这种看法是不全面的。公共关系评估除了用于效果的比较分析之外,它在整个公共关系计划实施过程中都具有重要作用。可以说,在整个公共关系程序中,评估控制着公共关系实践每个活动及环节。公共关系评估的重要作用表现在以下三个方面:

(一)公共关系评估是改进公共关系工作的重要环节

公共关系评估工作的开展决不仅仅因为它是四步工作法的一个环节,而是由于它对一个社会组织的公共关系工作具有“效果导向”的作用。公共关系评估对改进公共关系工作有着重要作用。缺乏对公共关系实践活动认真、科学的评估,没有经过对公共关系计划、实施及其效果的充分研究和分析,就盲目地调整计划及实施的方法步骤,是导致整个公共关系实践活动失败的一个重要原因。公共关系实践活动是个动态过程,任何一项公共关系计划在实施后都面临着两种结局:成功与失败。而无论是成功还是失败,其经验与教训都将成为下一个公共关系活动或环节改进的基础。评估就是我们通常所说的总结经验,吸取教训。

(二)评估是开展后续公共关系工作的必要前提

从公共关系工作的连续性来看,任何一项新的公共关系工作的制订与实施都不是孤立存在和产生的,它总是以原来的公共关系工作及其效果为背景的;或是前一项公共关系工作所要解决的问题没有得到完全的解决,问题仍继续存在甚至更加恶化了;或是伴随着原来的公共关系工作所解决的问题又产生了新的问题。然而,要判别这两种情况、制订新的公共关系工作计划,不可能重新开始研究,只能是依靠对前一项公共关系工作,从计划的制订到实施、从效果到环境变化进行系统地评估分析。即使是前后两项公共关系工作所要解决的问题各不相同,如前一项公共关系工作的目标是为新产品开拓市场,而后一项公共关系工作的目标是缓解不利舆论对组织的冲击,挽回组织的声誉,但这两项公共关系工作仍然不会是截然分开的。因为你要缓解不利舆论对组织的冲击,挽回组织的声誉,则必须了解这种不利舆论产生的原因、辐射的范围及产生的影响,这时则不可避免地要涉及到组织的产品市场、消费公众、组织形象等问题。前一项为新产品开拓市场的公共关系工作的评估将为后一项公共关系工作提供决策的依据。没有这种对原有公共关系工作的评估,就不可制订新的公共关系计划。这是公共关系工作连续性的一种表现。

(三)评估是鼓舞士气,激励内部公众的重要形式

公共关系工作实施的效果本身往往表现为一个复杂的局面,既涉及到公众利益的满足,也涉及到公众利益的调整。一般来说内部员工很难对它有全面而深刻的了解和认识。所以,当一项公共关系计划实施之后则需要有关人员把该项公共关系计划的目标、措施、实施过程和效果向内部员工进行分析、解释和说明,使他们能认清本组织的利益和实现途径,以便将实现本组织的战略目标与自己的本职工作紧密地联系在一起,并变为一种自觉的行动。与此同时,公共关系评估的另一重要意义还在于使组织的领导人

看到开展公共关系工作的明显效果，从而使他们能更加自觉地重视公共关系工作。一些组织的公共关系工作不能受到领导人的重视，其原因就是忽略或取消了评估这一环节。正如公共关系学者切斯特·K·拉塞尔说的那样："许多公共关系工作唯一致命弱点就是没有使最高决策者看到这一活动的明显效果。"[①] 让最高领导人看到公共关系活动的明显效果必须建立在对整个公共关系计划、实施的评估的基础上。离开了实事求是的分析和科学的评估，就难以做到言之有物、言之有据，真正起到鼓舞士气、激励内部公众的作用。

从公共关系评估的上述作用可以看出，评估实际上是对整个公共关系过程的评估。它可以伴随着公共关系工作的进展，根据要求随时评估。它与我们平时所说的总结或反思有些类似，只不过公共关系评估不是一般性的总结，而是公共关系分析的重要方面，是一种有特定标准、方法和程序的专门研究活动。

评估的作用很大，然而，在实际的公共关系过程中，并不是所有的公共关系工作都能评估或需要评估。在下列情况下，进行评估的意义就不大：(1)公共关系计划经常变动，无明确的目标，缺乏评估的标准；(2)人们对公共关系工作所需达到的目的认识不一致；(3)无合适的评估人员和评估条件。总之，我们应该根据具体的公共关系工作过程的特点和不同的需要来决定是否进行和如何进行公共关系评估。

二、公共关系评估的目的

公共关系评估的主要作用是提供关于既定公共关系工作的各种信息。对于这些信息，计划的制订者和实施者均抱有不同的期望和要求。计划制订者一般都希望得到关于计划整体效益的信

---

① 斯科特·卡特李普等著，汤滨等译：《有效公共关系》，中国财政经济出版社1988年11月版，第279页。

息，它们包括：计划制订得是否正确合理？计划实现的程度、范围、效果怎样？计划实施方法、程序是否需要调整或修正？计划所需资金是否恰当？计划的实施人员希望知道：为了成功的达到战略目标，在既定的成本条件下，哪些实施、方法最为有效？计划实施的关键是什么？哪些计划与实施中的要素密切结合能得到最高效益？实施对哪些公众产生了哪些影响？哪些方法和技术可以有效地排除沟通中各种不同的障碍？等等。总之，根据不同的需要、不同的着重点，提供不同的信息，就是公共关系评估的目的。或者说，公共关系评估的目的就是取得关于公共关系工作过程、工作效益的信息，作为决定开展公共关系工作、改进公共关系工作和制订公共关系计划的依据。

正像并不是所有的公共关系工作都可以进行评估一样，由于环境的复杂性，有时，公共关系的评估也可被用来达到某种消极的目的。例如，利用评估来掩盖错误、失误、问题，逃避责任。一项公共关系活动从整体上来说是成功的，但在某一环节出现了失误，有关人员可能会借评估整体效益而拒绝进行单项评估，用整体掩盖部分。相反，一项公共关系活动从整体上来说是失败的，但在某一局部可能收到了一定的效果，有关人员又可能借评估突出局部的效果而否认整体的失误。另外，有时决策者想拖延某一工作的开展，也可能以"需要评估"作为借口，来达到个人目的。总之，研究评估的消极目的是为了避免这种现象的产生，同时也提醒我们不要为虚假的公共关系评估所迷惑。从长期来看，虚假的公共关系评估只会摧毁组织本身或公共关系人员自己。

三、公共关系评估的程序

（一）设立统一的评估目标

统一的评估目标是进行检验公共关系工作的参照物，有了参照物才能通过比较来检验公共关系计划与实施的结果。即使这一评估目标更多的是定性的而非定量的，仍需订出一个统一的评估目标。这就需要评估人员将有关问题，如评估重点形成书面材料，以保证评估工作顺利进行。另外，还要详细规定调查结果的运用。如果目标不统一，则会在调查中搜集许多无用的材料，影响评估的效率与效果。

(二)取得组织最高管理者的认可并将评估过程纳入公共关系计划之中

评估不是公共关系计划的附属品或计划实施后的事后思考和补救措施，而是整个公共关系计划的重要组成部分。因此，对评估应该给予足够的重视，对评估的方法、程序等方面予以充分的考虑和周密的筹划。

(三)在公共关系部门内部取得对评估研究意见的一致

这一部门的负责人要认识到，即使是公共关系人员本身也不能一下子就把公共关系活动没有实物性结果的性质和它的可测量效果联系起来。要给他们足够的时间，认识效果评估的作用和现实性，并允许他们通过自己的亲身体验加深这一认识。

(四)从可观察与测量的角度将目标具体化

在项目评估过程中，首先应该将项目目标具体化。例如，谁是目标公众，哪些预期效果将会发生以及何时发生，等等。没有这样的目标分解，项目评估就无法进行。同时，目标分解还可以使公共关系计划的实施过程更加明确化与准确化。

(五)选择适度的评估标准

目标说明了组织的期望效果。如果一个组织将“让公众了解自己支持当地福利机构，以改善自己的形象”作为公共关系的目标，那么评估这样的公共关系的标准就不应是了解公共关系是否知道当地报纸上哪一个专栏报道了这一消息，占用了多大篇幅，而应该了解公众对组织的认识情况以及观点、态度和行为的变化。

(六)确定搜集证据的最佳途径

调查并非总是了解公共关系活动影响的最佳途径，有时组织活动记录也能提供这一方面的大量材料。在有些情况下,小范围的试验也是十分有利的。在搜集有关评估资料方面,没有绝对的唯一最佳途径。在这一方面,方法的选择取决于评估的目的、提问的方式以及前面已经确定的评估标准。

(七)保持完整的计划实施记录

这些资料能够充分反映公共关系人员的工作方式和工作效果,尤其重要的是反映计划的可行性程度,哪些策略是有效的,哪些策略是无力的或者无效的;哪些环节衔接比较紧密,哪些环节还有疏漏或欠缺。

(八)评估结果的使用

公共关系活动的每一个周期都要比前一个周期表现出更大的影响力,这是因为运用对前一个周期评估的结果对后一个周期进行了调整的缘故。由于评估结果的运用,问题确定及形势分析将会更加准确,公共关系目标将会更加符合组织发展方向的要求。

(九)将评估结果向组织管理者报告

这应该成为一项固定的制度。它的作用一方面可以保证组织管理者及时掌握情况,有利于进行全面的协调;另一方面也可以说明公共关系活动在持续地保持与组织目标的一致及其在实现组织目标过程中的重要作用。

(十)丰富专业知识内容

公共关系活动的科学组织与效果评估导致人们对这一活动及其效果更多的理解与认识,效果评估的成果又进一步丰富了公共关系专业知识的内容。通过具体项目效果评估所得到的资料,经过抽象化分析,可以得到对指导这一活动有普遍意义的思想、方法与原则。这些原则与知识,不断丰富了公共关系行业的理论与实际内容。

第四节 公共关系评估的标准与方法

评估必须有标准。如何确定标准,确定什么样的标准,决定了评估的结果是否科学,是否符合实际。一些公共关系的专家学者在对公共关系评估工作进行研究的基础上,根据公共关系过程的不同阶段,提出了一些公共关系评估的标准。这些标准都是公共关系评估常用的标准。

一、准备过程的评估标准与方法

(一)背景材料是否充分

这个阶段的公共关系活动尚未开始,尤其是公共关系活动对环境的影响尚未产生,因此,公共关系效果很难测定。评估的主要任务实际上就是检验前几个程序中是否充分占用资料和分析判断的准确性。重点是及时发现在环境分析中被遗漏的、对项目有影响的因素。例如:在确定公共关系活动的目标公众时是否遗漏了关键公众,哪些关于公众方面的假设被证明是错误,新闻界所需要的材料哪些没有充分准备,组织环境中的所有关键因素是否都已确定,所有这些分析研究可看作是公共关系活动的实施者在实施前的行为投入。这种行为投入量是否充分是准备过程中评估的一个重要指标。

(二)信息内容是否正确充实

如果说第一个问题说的是材料的充分性,那么第二个问题强调的是信息的合理性。整个评估过程,要紧紧围绕"公共关系活动是否适应形势要求"而展开。例如,在政治活动中,公共关系活动的计划者要研究竞选者在电视辩论中的发言以及各种新闻媒介对他的讲话及其本人的评论,并通过选举过程中选民们对这个竞选的反映看公共关系活动是否成功。在评估这一活动时则要分析:公共关系活动中准备的信息资料是否符合问题本身、目标及媒介的要求，沟通活动是否在时间、地点、方式上符合目标公众的要求；有没有对沟通信息和活动的对抗性行为，有没有制造事件或其他行动配合这次公共关系活动，这方面做得够不够；相对任务本身而言，人员与预算资金是否充分，等等。

对于信息内容的分析，可利用剪报、宣传品以及广播讲话录音和原稿。这种评估分析的结果，可以作为进一步审定或调整计划与战略，改进方案实施过程的重要的参考资料。

（三）检验信息的表现形式是否恰当

这一环节是准备过程评估的最后一个环节，其重点是信息表现形式的有效性如何。例如，检验有关信息传递资料及宣传品设计是否合理、新颖，是否能达到引人注目，给人以深刻印象的要求。具体包括文字语言的运用，图表的设计，图片及展示方式的选择，等等。这是对公共关系活动组织者专业技能的检验。但是，这种检验还没有完全客观的标准，它要受到主观因素的影响。

准备过程的评估包括对资料的充分性、合理性、有效性的一系列客观与主观的分析，评估的下一阶段将主要解决如何有效地进行计划实施和沟通信息传播问题。

二、实施过程的评估标准与方法

评估不仅仅是对公共关系工作效果的评估，更主要的是他在公共关系活动的实施过程中发挥其监控、反馈的作用。例如，发现哪些决策是正确的、哪些是错误的、哪些决策不利于公众产生对组织的信任，以及发现决策实施过程中出现的偏差等。在这个阶段中分为四个不同层次的评估标准：

（一）检查发送信息的数量

这些数量作为数据直接反映组织在实施公共关系活动中所进行的电视广播讲话次数、发布信件、其他宣传材料以及新闻发布的数量，并能发现其宣传性工作如展览等进行与否与其努力程度。换句话说，这一评估过程需要了解所有信息资料的制作情况和其他宣传活动的进行情况。一旦这项工作完成后,不理想的环节和计划实施过程中的一些弱点便会从这些数据中反映出来。

(二)信息被传播媒介所采用的数量

我们不能满足于制作信息的数量,还要特别注重这些信息被传播媒介所采用的数量。因为只有通过传播媒介,才能最有效地保证公众接受到这些信息,并受其影响。报刊索引和广播记录一直被用来作为查对传播媒介采用信息资料数量的依据。同样,其他宣传活动如展览、公开讲话的次数,也反映了组织为有效地利用各种可能渠道将信息传递给目标公众的努力程度。相反,如果制作的信息不能被采用,不仅达不到宣传的效果,还会造成人力、物力、财力上的浪费。尽管这些被制作出的信息内容丰富、形式恰当,如果不能被传播媒介所采用,就意味着它不能为目标公众所接受,也不能发挥其影响作用。

(三)检验接收到信息的目标公众有多少

这里需要注意的是,应将收到信息的各类公众进行分类统计,从中找出目标公众的数量。这就是说,对于评估来说,收到信息的公众的绝对数量并不重要,而重要的是这些公众的结构。例如,在一份权威性的杂志发表文章虽然能够博得上司的欢心,但是由于目标公众很少阅读这种杂志,所以对扩大组织影响的作用并不大。在评估时应注意到这种情况,不能仅仅了解宣传材料被多少目标公众所接受。通过评估,如发现目标公众对组织信息材料接受不足,还可采取一些补救性措施,如公共关系人员可以将这些传播媒介上发表的材料复制出来,亲自将它们送交到目标公众中的关键人物手中。

报刊杂志的发行量可以作为评估组织信息传播效果潜在的参考数据。事件、会议、展览的出席人数也可作为这种评估的参考数据。但是这种数据,不可误认为是组织传播信息的真正效果。真正的效果应体现在有多少人真正注意到这一信息上。

(四)注意到该信息的公众数量

调查传播信息的实际效果,有时所得到的结果是令人吃惊的。一位调查人员调查一家医院,发现医院的员工只有不过50%的人接收到院方的新闻公告材料。另外50%的员工根本没有收到任何公告材料。这就是说,组织在传播信息时不能仅仅注意信息的内容,而必须在信息传递方式上加以改进。调查"注意到信息的公众数量",可以明确哪些人在阅读组织发出的信息材料,其数量有多少,他们读到了什么,读了多少内容。

实施过程的评估方式可分为三种:

第一,评估人员的直接观察。这种直接观察可以有评估人员直接参与实施过程,进行实地考察,记录各个环节实施的状况和顺序以及进展情况。

第二,对实施者和实施对象进行调查。调查访问实施者是收集各种评估资料的重要途径。与此同时,再把这些资料和调查访问实施对象得到的资料进行对比分析也是一种不可忽视的评估形式。调查实施对象可以从另一个角度考察公共关系计划实施的情况,它可以提供实施对象对公共关系活动的重视以及对这一活动感到满意的程度,从而有助于确定调整实施的方向。

第三,分析各种汇报资料。从不同渠道汇报上来的各种资料,如数据、图表、报告是评估的重要依据。通过研究分析这些资料,比较实施人员、实施对象、实施方法步骤、社会环境等方面的特点,了解实施过程中易出现的障碍,以便建立标准化的实施程序,确定实施人员和实施对象的结合部位。

以上这三种方式一般是综合运用,通过几种方式相互比较,相互引证,得到一个全面的、综合性的评估结论。

三、实施效果的评估标准与方法

实施效果的评估是一种总结性的评估。这一阶段的评估标准有以下几点:

(一)检查“了解信息内容的公众数量”

公共关系活动的目的之一是为了增加目标公众对组织的认识、了解和理解。公众没有了解或没有完全了解所有关于组织的问题,都会影响他们对组织的观点和行为。评价公众从公共关系活动中了解到了什么,或者他们所掌握的关于组织的情况是否得到了补充,就要对开展公共关系活动前后公众对组织的认识、了解和理解等变量进行比较,即对两组可比标准进行比较。例如,在公共关系活动开展前后,对同一组公众进行重复测验。或者在一组中开展公共关系活动,在另一组中不开展这项活动,然后将两组测验结果加以比较。这种方法可以用于所有实施效果评估的项目之中。从逻辑的角度看,这是探求因果关系的“穆勒”五法中的“求异法”。例如,一家煤气电气公用事业公司准备开展一项宣传活动,这项活动旨在增加用户对正确绝缘、绝热和节约能源的知识。这项活动实施效果的评估,就是首先测验一组接到宣传材料的用户的有关知识。然后对没有接到宣传材料的用户进行测验,最后将两组结果相比较而完成的。另外在沟通活动结束后,了解公众观点和态度的变化也可采用这种方法。

(二)改变观点、态度的公众数量

这是评估实施效果的一个更高层次的标准。因为“态度”所涉及的范围很广,内容丰富而复杂,而且不容易在短时间内发生变化。例如,煤气电气公用事业公司的节能宣传活动,可能使用户增加了“使用隔热天花板可节省空调电费”的认识,但这并不意味着他在态度上成为“自然资源保护者”。评价一个人的态度,要根据一段时期内他在所有有关问题上的立场和观点,而不能仅凭一时一事,判定一个人的态度发生变化与否。态度与观点和知识的关系大致是这样的:态度的变化可能随着知识与观点的变化而变化;在一个人知识与观点未发生变化的情况下,也可能发生态度的变化。

(三)发生期望行为和重复期望行为的公众数量

人们行为的改变受多种因素的影响。如同态度与知识、观点的关系一样,行为同知识和观点之间也不存在必然的因果关系。但是有一点是可以肯定的,行为发生变化的人们在行为改变之前,肯定接受了某些信息或在某些方面被说服了。在掌握了发生期望行为的公众数量之后,还应注意了解重复期望行为的公众数量。例如对戒烟运动,我们不能单纯计算在开展这一运动的第一天内戒烟者的总数,因为这并不能充分地说明这一运动的影响效果。一天或一下午的戒烟行为并不能表明这些人将永远地根除这一恶习。对这些运动的实施效果的评估要根据运动开展后几个月甚至几年的持续观察数据。评估一项公共关系活动在改变人们长期行为方面所取得的效果,需要较长时期的观察,并取得足以说明人们行为调整后不断重复与维持期望行为的有力证据。

(四)达到的目标和解决的问题

这个评估标准是公共关系活动效果评估的最高标准。公共关系计划目标的实现,可以表现为取得理想的选举结果,筹措资金的数额达到预期的指标以及立法方面的胜利,等等。应该注意的是,有时公共关系活动产生的结果并非与计划目标相一致,但是这些结果同样是积极的,可以认为是达到计划目标的其他表现方式。在这种情况下,这些结果也应该作为评估公共关系活动效果的根据。例如,前面提到的节约能源的活动,其目标是为了减少总的能源消耗。其结果却表现为人们增加了对节约能源的兴趣,增长了这一方面的知识,甚至改变了使用煤气与电气设备的习惯。从表面看来,这次运动的结果与既定的目标不完全吻合,但是这些结果也足以说明这次宣传活动是成功的。当然,其中也包括结果与目标部分吻合。

(五)对社会和文化的发展产生影响

这种影响同其他各种因素共同起作用,并在较长时间里以复杂的、综合的形式表现出来。因此,对这种实施效果的评估并非是公共关系人员所能完成的。这是留给社会学家和心理学家的题目。我们这里涉及到的这个问题,主要是为了使公共关系活动效果评估的理论体系完整化,并引起人们在思想上认识这个问题。对于那些通过自己的职业行为履行社会责任,并对社会及文化的发展产生积极作用的公共关系人员,后人将给他们以公正的评价。

下面我们把上述三个阶段的评估标准用一张阶梯图表示出来:

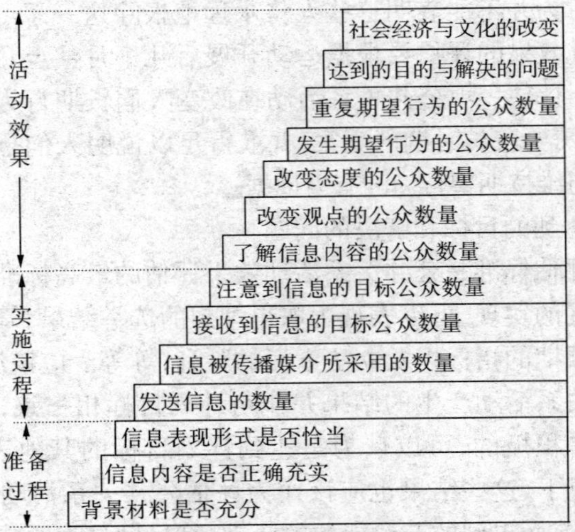

关于影响效果的评估方法,按照评估实施者的不同,我们可以把评估的方法分以下三种:

第一,自我评定法。这是由公共关系活动的对象通过亲身感受而对公共关系活动给予评定的方法。例如,日用化学品厂推出一项旨在宣传普及美容知识的公共关系活动,在这次公共关系活动中,该厂特意举办了一个美容技巧培训班。为了评估这次公共关系活动的实施效果,公共关系人员可以请参加这个美容技巧培训班的学员自己评定他对该次公共关系活动的满足感，估量自己所学到的知识和技能，评价该次活动是否提高了他们的美容知识，等等。这种方法的缺点是，有时可能产生不真实的测量结果。尤其是向调查对象提出一些比较敏感的问题时更是如此。例如，有多少学生能够承认他们根本没有完成老师分配的阅读任务。因此，采用自我评定法要特别注意问卷或提问的方式，对敏感的问题宜采用灵活、委婉的方式进行调查。

第二，专家评定法。这种方法是由公共关系及有关方面的专家来审定公共关系计划，观察计划的实施，对计划实施的对象进行调查，与实施人员交换意见，最后撰写出评估报告，鉴定公共关系活动的成效。专家评定法的价值，完全取决于专家是否具备专门的知识，如果他们对公共关系活动所涉及的某些领域的知识不足，那么他们也无法做出正确的评估。因此，采用专家评定法时，一定要聘请那些在该项公共关系活动所涉及的知识领域里是名副其实的专家，而不是那些徒有虚名者。

第三，实施人员的评估。公共关系计划的实施人员经常自行对公共关系计划和实施的进展情况进行评估。这种评估能够及时地充分地利用实施过程中的实际情况对该项活动的影响效果进行判断。如前面所介绍的“测试工作法”，实际上就是一种评估方法，只不过这种方法的侧重点在“反馈调整”方面。但反馈调整是在通过测试取得评估意见的基础上进行的。实施人员的评估也有缺陷，主要是实施人员对其实施计划可能会尽量隐恶扬善，从而无法看出公共关系活动的真实影响。另外，实施人员忙于实施任务，没有更多的时间和精力进行评估研究。

在进行实施效果的评估时，应注意到：一项公共关系活动总是处于一定的社会环境之中的，它所产生的影响，可能是公共关系活动本身引起的，也可能是受到其他社会因素的作用。理想而科学的评估，最好能尽量排除公共关系活动本身之外的因素，显示出公共关系活动真正的影响力。公共关系活动之外的影响因素有以下几种情况：

①没有公共关系活动影响，公共关系的目标公众也会产生自身的变化。这正像有些病人不用吃药也能康复一样，在测定药物的效力时，就应扣除病人本身的恢复能力。

②大规模的社会变动的影响，其变化的作用之大，连公共关系活动本身也受其左右。如经济滑坡、市场疲软的困扰，使得公共关系促销活动无法达到正常时期所期望达到的效果，而一项旅游公共关系计划又可能因地震、火灾等自然灾害而失败。

③公共关系计划实施中的偏差。如果实施人员的步调不统一，目标公众对公共关系活动的接受程度也就会有差别；大众传播媒介信息的内容不一致，致使目标公众得到不同的信息，从而引起不同的效果。

另外，除了上述几种情况之外，在进行公共关系评估过程中，还可能因为收集资料、运用分析工具等方面出现误差影响到公共关系活动实施效果的准确评估。

为了准确地对公共关系进行评估，我们必须掌握评估公共关系活动净影响效果的方法。所谓净影响效果是指该影响效果的产生完全是由于公共关系活动本身的缘故，排除了其他因素所起的任何作用。净影响效果的评估在进行时需具备两个先决条件：第一，必须确定衡量公共关系目标的标准；第二，公共关系计划已经充分实施，目标公众感受了活动的作用。在这里我们介绍一下实施效果的评估公式。目前常用的公式有以下三种：

$$I = E_2 - E_1$$

这个公式的含义是：实施效果 I 等于目标公众在接受公共关系活动之后可以衡量出的变化值 E_2 减去公共关系活动的目标公众未接受活动之前可以衡量的值 E_1。

$$I = E_2 - C_2$$

这个公式的含义是：实施效果 I 等于目标公众在接受公共关系

系活动之后可以衡量出的变化值 E_2 减去未接受公共关系活动的控制团体可以衡量出的变化值 C_2。

如果甲是接受公共关系活动的目标公众,乙是未接受公共关系活动的公众,而且乙是在组织的控制之下,那么乙就是未接受公共关系活动的控制团体。

$$I=(E_2-E_1)-(C_2-C_1)$$

这个公式的含义是:实施效果 I 等于目标公众在接受公共关系活动之前和之后的可以衡量出来的变化值的差(E_2-E_1),减去未接受公共关系活动的控制团体前后段时间在变化值上的差(C_2-C_1)。

第一公式所得到的数值为公共关系活动的粗影响效果,也就是公共关系活动的目标公众在接受公共关系活动之后的全部变化,不论这种变化起源于公共关系活动还是其他外来因素。后两个公式则考虑了外来因素的作用,并设法加以排除。其中最后一个公式最为精确,是测量公共关系活动净效果的主要公式。

四、发展公共关系评估的途径

(一)公共关系评估面临的困难

良好的公共关系评估必须同时具备两个条件:适当的评估标准和适当的评估方法。但是,由于公共关系活动涉及的公众广泛而众多,问题复杂而多变,使公共关系评估常常遇到许多障碍,面临许多难题。

1. 公共关系目标的确定性

公共关系评估必须以明确的公共关系目标为依据。但是,由于各方面的原因,要使公共关系目标具有很高的确定性并不是一件简单的事。何况有些公共关系活动具有多重目标,而且有些目标之间还存在着矛盾,在实施过程中,目标还可能发生变更而被修正。有时,人们还习惯用模糊的不太确定的形式来表达和说明公共关系目标,以此增加某种应变能力。这些情况都会给衡量和评价公共关系活动完成目标的程度造成很大的困难。

2. 有关人员的抵制

任何类型的公共关系评估都包括了对计划制订过程和实施过程的优劣功过的评判。因此，在对存在问题的公共关系活动进行评估时，有时会受到有关人员的阻挠和抵制。这时，一些决策者为了避免引起有关人员的反对，就会取消公共关系评估。

3. 信息系统不完备

信息是进行研究和分析的基础，没有足够的、适用的信息，公共关系评估就很难进行。有些部门和人员不重视信息管理，信息系统不完备，信息的收集和分析非常混乱，使公共关系评估成了少米或无米之炊。

4. 支出混乱

不同的公共关系活动项目有不同的资金来源，但有时项目的资金来源彼此纠缠在一起，统支统付，以致无法清楚地区分一笔经费支出属于何种项目，归于哪个公共关系活动之下。这样就使得公共关系活动的成本不易确定，影响评估的进行。

5. 评估难以发挥其影响力的作用

对评估的结果，特别是对有争议的公共关系活动进行评估的结果，往往也会引起争论。在一般情况下，对评估结果不满意的人可能会提出：公共关系的影响有时是长期的、广泛的，不能用一时一事的情况和一两项简单的标准给予否定，另外，评估本身也存在着失误的可能性。总之，评估的结论如果被人们所忽视或受到抵制、批评，那么，它就很难发挥自己应有的作用了。

（二）发展公共关系评估的途径

由于公共关系评估面临着很多困难和问题，评估在许多国家的公共关系过程中都是一个薄弱环节。但随着公共关系实践的发展，人们越来越清楚地认识到在发展和完善公共关系计划的制订与评估的过程中，公共关系评估占有重要的地位。发展公共关系评估的途径需要通过改进公共关系评估活动本身来解决。这些途径主要包括四个方面:明确公共关系工作的目标,审核选择公共关系评估的项目,健全公共关系信息系统,重视对评估结果的解释和利用。

1. 明确公共关系工作的目标

无论采用什么样的手段和方法,改进评估首先还是要明确公共关系目标。明确公共关系要依靠在制订计划阶段对公共关系活动的方案、环节、方法、步骤的分析和对目标的确定。这时则需要研究回答下列问题,才有助于明确公共关系目标,确定评估标准:

(1)公共关系活动的目标公众是谁?这些目标公众的特点是什么?公共关系活动通过何种传播媒介来影响这些目标公众?

(2)公共关系活动所期望发生的变化何时产生?追求的公共关系目标是长期的、中期的还是短期的?是立竿见影的还是渐进的?

(3)公共关系活动的目标是单一的变化,还是一系列的变化?这些变化对所有的目标公众具有相同的作用,还是对不同的人有不同的作用?

(4)公共关系活动追求的是单一的成效,还是多方面的成效?有无衡量公共关系活动的特定标准?

(5)哪些手段和方法可促使公共关系活动成功?公共关系活动的成功是源于目标公众的合作,还是对他们的制裁?

上述方法只是提供了一般性的意见,在评估实践中,还需要针对具体的公共关系活动,根据不同的目标特点,灵活地选择运用于该目标的特定方法。

2. 审核选择公共关系评估的项目

一般来说,当公共关系活动本身包括实施过程中没有出现失误,或者活动没有明确的方向,人们对该项活动的目标还有不一致的意见,以及没有充足的评估资源和合格的分析人员时,就不宜进

行评估。所以,在从事公共关系评估之前要对评估的项目进行审核选择。下述情况都是进行审核选择的标准:

(1)公共关系活动与社会环境的变化之间具有明显的因果关系。这种因果关系如果不明显,那么评估的设计与对项目评估结果的解释就会比较困难。

(2)具有价值,又能在短期内产生效益的项目。一个项目如果能在相当短的时期内实现,其评估就比较容易,成本也较少。反之,则较难评估。

(3)决定项目效益的因素可以得到控制。有些公共关系活动的变化,其决定因素超出了人们控制的范围,对这类项目进行评估,可以使人们发现问题之所在,但实际解决问题时就会束手无策。

(4)进行项目评估的结果具有推广价值。如果一项公共关系活动的评估条件不成熟或不具备,活动本身也不具备推广的价值,评估需要很大成本,那么该项目不宜进行评估。

3. 健全公共关系信息系统

所谓公共关系信息系统,就是收集、整理、加工和使用信息,为公共关系的计划、实施和评估服务的系统。建立公共关系信息系统首先要在一定的理论指导下,对信息的收集、加工、交流和使用进行通盘研究和总体设计,把信息工作合理地组织起来,使之形成一个相互衔接的有机整体,再在此基础上逐步实现信息技术的现代化。为此,公共关系信息系统的建立应遵循一些基本的原则。

(1)目的性原则

信息系统是为计划、实施和评估活动服务的,因而信息系统必须与整个公共关系过程相衔接,并依据活动过程的不同范围和层次,确定它们对信息种类、性质、数量、质量和时间的不同需要。

(2)统一性原则

统一性原则主要是指公共关系信息工作的制度化、规范化和标准化。制度化是指信息的收集在时间上、数量上、次数上需要有明确的规定,不能随心所欲;标准化就是要求各种信息从内容到形式都力求统一,这样才便于归纳、整理、加工、筛选;所谓规范化,对于公共关系机构来说就是信息沟通活动的程序化。公共关系信息数以万计,变化迅速,如果没有明确的传播方式和必要的程序作为保证,必然会造成信息交流不及时、不畅通,从而使信息不能发挥其应有的作用。

(3)相对独立性原则

公共关系信息系统应该从属于公共关系机构,作为机构的一个组成部分。这样有利于保证信息畅通的连续性和稳定性,保证信息能被充分利用。但各种信息机构在行使其职能时应有相对的独立性,并给这种相对独立性以制度的或法律的保证,以避免相关人员对公共关系反馈的干扰,保证公共关系信息的真实性和准确性。

有效的信息系统,应当确保公共关系活动中的各个环节都及时得到所需要的全部信息。但是,一方面要避免信息不足,使活动缺乏依据;另一方面又要防止信息过多,加重相关人员负担,降低效率。另外,保证信息系统的有效性,还要合理地控制信息流动,提高信息交流与传递的效率。必须明确确定合理的信息流程,根据不同的层次和范围需要,分级传递,避免信息传递到不相干的部门,尽量减少信息传输的环节和层次。对于公共关系评估来说,信息系统应该充分发挥信息反馈的作用,为评估活动及时提供实施过程及其效果的信息,以便经过评估弄清问题,权衡利弊,及时加以调整和控制。

4. 重视对评估结果的解释和利用

评估是为了获得反馈的信息,利用其结果作为改进工作的依据。但是对一项评估结果常常产生误解,如在评估过程中发现活动的期望结果没有发生,这时人们常常不能正确地确定其原因。

因此,对于评估结果的解释必须持谨慎的态度。那么,究竟应该如何对评估的结果进行解释呢?如果在评估中发现活动的期望结果没有发生,则需要作如下三种解释:

第一是公共关系活动出现了战略理论的失误,即可能只从自己的一方情况出发,没有充分考虑到外界环境的各种复杂因素以及没有充分估计到它们对组织公共关系活动的综合影响力量。

第二是准备工作不充分和公共关系活动实施过程中的偏差,造成期望结果没有发生。

第三是评估本身的失误。可能所期望的结果已经出现,但是由于评估测定样本选择得不恰当或使用方法不当而没有测定出来。因此,在评估中必须采用一系列科学先进的调研方法,仅仅运用传统的调整方法进行效果评估往往不能得到预期结果。

思考与练习

1. 公共关系的工作过程一般包括哪几个步骤?试举例说明它们之间的关系。

2. 公共关系计划实施的复杂性表现在哪几个方面?

3. 为什么要了解和研究公共关系计划实施过程中的沟通障碍?排除或减少沟通障碍的原则、对策是什么?

4. 运用公共关系计划实施的某种原则和方法为一项公共关系工作拟定一个实施方案。

5. 公共关系评估的意义何在?

6. 怎样在公共关系计划实施的不同阶段进行评估?

第十一章

公共关系的专题活动

公共关系专题活动,是指服务于组织整体公共关系目标的各项专门主题的活动。常见的公共关系专题活动有:公共关系调查、公共关系新闻、公共关系广告、公共关系人际沟通、公共关系危机处理、内部公共关系等。这些公共关系活动是一个组织进行理性的、科学的公共关系工作的重要内容。其中公共关系调查、公共关系危机处理、内部公共关系,我们已在相关章节中作了阐述。因此,本章主要阐述公共关系的新闻性专题活动、广告性专题活动、人际性专题活动。

第一节　新闻性公共关系活动

一、新闻性公共关系及其职能

社会上凡新颖的事实而成为人们的传闻,皆可称为"新闻"。而现代社会生活中的"新闻",则专门指大众传播媒介对社会上新近发生的事实的报道,即已成为媒介传播对象的事实。那么,公共关系新闻,就是有利于一个社会组织建立、维持、发展和完善其形象的,并受到新闻媒介重视报道的新近发生的事实。

公共关系新闻的巨大影响力是其他公共关系传播手段无法比拟的。其职能主要有三个方面:

(一)帮助组织加强与社会公众之间的相互沟通、理解;

(二)矫正、纠正组织在社会公众心目中的不利的、虚假的以及片面的形象;

(三)扩大组织的影响,维护和完善组织的整体形象。

因此,公共关系实务操作者都非常重视新闻性公共关系活动,以便通过新闻报道的宣传,更广泛、更令人信服地传播组织形象。正由于如此,新闻性公共关系活动历来为人们看好,并被公认为是高层次的公共关系工作。一些经典性的公共关系案例,往往就是新闻性公共关系活动的杰作。如:日本"西铁城"手表在澳大利亚的堪培拉的空投,法国"白兰地"巧为美国总统艾森豪威尔祝寿,北京长城饭店借里根总统的答谢宴会一举闻名世界等。

而新闻性公共关系活动离不开新闻策划,而所谓"新闻策划",其含义则是在服务于组织的公共关系总目标的原则下,对以事实为根据、以最新为特点的信息的制造、选择、加工、编辑、传播、反馈等一系列活动的运筹谋划过程。公共关系新闻策划有广义与狭义之分。广义的新闻策划,包括新闻的制造、诱发、选择制作、传播的全过程,以及与制造产生关系的媒介关系的协调;而狭义的新闻策划,是指谋划、制造具有新闻价值的活动或事件,即"制造新闻"。这里所阐述的是狭义的公共关系新闻策划。因为广义的新闻策划中的新闻写作、制作,与广告的制作一样,已不是策划,而是具体的制作;而与有关媒介协调,则是与公众的协调行为,而非策划。因此,我们在这里进一步把将要阐述的公共关系新闻策划,简要地概括为:就是人们能动地诱发、导演公共关系新闻的思维过程。

二、新闻性公共关系活动的类别

新闻性公共关系活动的类别,可以新闻策划本身的创造性程度的大小,来分成两类,即:

(一)常规性公共关系新闻

即指公共关系事实的本身,并无多大的创造性和独特的个性,而是具有普遍性的常规活动形式,只是由于所传播的内容具有了新闻的价值而成为公共关系新闻。因此,此类公共关系新闻策划便有多种活动形式可供选择:

1. 庆典仪式

在组织成立之际、重大工程开工或竣工之时、或逢组织的重要纪念日,组织往往应策划、组织盛大的庆典仪式,从而展示组织良好的形象。其常规性的策划内容为:确定庆典所要传播的组织信息,拟订出席庆典的宾客名单,拟订庆典程序,安排致辞人,确定参加剪彩或奠基等高潮性仪式的人物,安排各项接待事宜,安排必要的助兴节目,组织来宾参观,通过座谈与留言征求意见等。

2. 社会赞助

现代组织、尤其是企业,在盈利或作好本职工作的同时,还需要承担一定的社会责任和义务,这样不仅有效地融洽了与政府、社区等公众关系,而且通过新闻传播,使组织赢得了社会的普遍好感,为组织树立起良好的组织形象。这就是社会赞助。赞助的常见形式有:赞助体育运动,赞助文化活动,赞助教育事业,赞助社会慈善和福利事业,赞助各种竞赛活动,赞助宣传用品的制作,赞助建立某一项奖励基金,赞助学术活动等。

3. 新闻发布

又称"记者招待会"。即组织团体把各新闻机构的记者召集在一起,宣布某一消息,并让记者就此进行提问。由于所发布的信息具有较大的新闻价值,一般新闻媒介均会予以报道,从而达到公共关系新闻策划为宣传组织形象而尽力的目的。其策划的主要内容有:确定新闻发布的必要性,确定所发布的新闻内容,选择新闻分布的地点,确定主持人和新闻发布人,准备报道提纲,准备宣传辅助材料,记者参观的路线与内容安排,确定新闻发布的时间,小型宴请的安排,择定邀请记者的范围,制订记者招待会费用预算等。

4. 形象展览

即开展览会。这是公共关系活动中经常采用的形式,即通过实物、实地、实景、图片、音像等的展示和示范表演来宣传组织形象,同时又形成供大众传播媒介宣传报道的新闻,进一步扩大传播的效果。形象展览,由于较直接和直观,加之图文并茂等特点,往往会使公众信服,留下深刻印象;再加上新闻传播,组织则会收到认知度、美誉度、和谐度均得到提高的效果。形象展览策划的主要内容有:制订展览会的主题和目的,确定参展单位和项目,明确参观者类型,选择展览地点,培训工作人员,成立专门对外发布新闻的机构,准备展览会的辅助设备和相关服务,准备展览会各种宣传材料,制订展览会经费预算,设计展览会徽标,准备纪念品等。

5. 娱乐联欢

即以组织出面,与外部公众代表或内部公众通过娱乐联欢,融洽关系,同时也使其成为新闻事实而得到传播。任何公众均是由一个个活生生的人组成的,人总是有着情感、追求愉悦的,因此,策划娱乐联欢式的公共关系新闻,不仅当事人得到了愉悦、满足了情感需求,而且新闻传播的受众也间接受到感染,从而产生对组织形象的认可和赞赏。娱乐联欢策划的主要内容有:群众性体育比赛、文艺演出、员工联欢会、协作单位联谊会、舞会、卡拉OK演唱会、郊游、智力比赛、摄影或书画展、征文活动、演讲比赛、专题辩论等。

(二)创造性公共关系新闻

即以创新思维指导、筹划、组织、举办具有新闻价值的活动或事件,以吸引新闻传播媒介与公众的关注和兴趣,创造报道传播的事实前提,并使组织成为新闻报道中的主角,以达到提高组织认知度、美誉度、和谐度的目的。创造性公共关系新闻的策划,即是“制造新闻”。“制造新闻”,是公共关系策划者施展智慧的主要舞台,而最成功的公共关系案例每每总以公共关系新闻的广为传播为标准。

一般来说,创造性公共关系新闻策划要注意这么三个要点:

1．寻找创意

即运用创新思维的方法,寻找到最能服务于公共关系目标的思维火花,这一萌芽状态却又极富创造性的思想或意念,就是“创意”。创意,是所有公共关系策划成功的关键,在创造性公共关系新闻策划中则更显重要;因为,常规性公共关系新闻的“新”,实际上是组织运转中本源上的“新”,而创造性公共关系新闻的“新”,则是“无中生有”的“新”、是策划出来的“新”。“创意”,就是“新”的体现、“新”的内核,其加以放大,就成了创造性公共关系新闻策划。

2．可行性分析

当巧妙的创意产生之后,它是否能真正作为公共关系新闻策划方案的核心、并投入实施,还需要进行可行性分析。所谓可行性分析,即对充满新意的公共关系新闻创意进行多方面的考虑、斟酌,分析它实施的利弊,以及实施的难度,以求得切实可行又富有良好效果。

3．编制计划

即在对创意进行可行性分析、并确定了创意的可行有效之后,继而从时间、地点、人员、费用、物品等方面进行具体细致的考虑与安排,并制订出具有可操作性的步骤、程序,以使该创意性的公共关系新闻策划落到实处,从意想的新闻转化为现实的新闻。

三、公共关系新闻策划的原则

(一)适时性原则

不论是常规性公共关系新闻,还是创造性公共关系新闻,均必须适合组织发展的需要,必须适合社会上人们普遍关注的心理,这时,就有一个最佳的时机选择问题。俗话说:适合的就是最好的。因此,选择最佳时机,便为适时性。所策划的公共关系新闻,只有适时,才能有效地宣传组织的形象,产生事半功倍的效果。比如,1993 年的金秋十月,合肥荣事达电气有限公司出资 40 万元,独家协办相声界空前的盛会——中国相声节。此时,正是荣事达全自动洗衣机等电气产品经过市场检验为“上佳”、急需进一步扬名之时,且又是1994年订货即将开始之时,在相声节期间举办“荣事达1994年商品交易会”,一时,全国近500家大型商业单位,以及日本、加拿大、香港等地的1200多名嘉宾云集合肥,使整个交易会交易频繁、空前活跃。不仅荣事达所有计划合同全部预订一空,成交额突破了24亿元,比上一年翻了一番,而且引得新闻传播媒介不断传播报道,成功地进行了一次“信誉投资、感情储蓄”,大大提高了荣事达的社会认知度、美誉度、和谐度。

(二)新颖性原则

新闻贵在“新”。新,才能引起人们的关注,新闻传播媒介才乐于传播。因此,进行公共关系新闻策划,新颖性是不可或缺的原则。创造性公共关系新闻策划自不必说,就是常规性的公共关系新闻策划也必须具有新颖性,其传播的效果才会更好。如,1977年,日本索尼公司开发出了可随身携带的微型放音机——Walkman。准备上市之际,公司精心策划了一个新闻发布会。记者们到齐后,公司没有按常规召开庄重的发布会,而是派车把大家送到代代木的明治公园,在游览车上,公司的发言人给每人送了一个Walkman,并宣布:“现在分送给各位的Walkman,只能利用耳朵听音乐,而不能录音。里面现装有录音带,在现场发布会开始前,请勿按下放音键。”到达明治公园后,只见公园内已经等着100名男女大学生,整齐地穿戴印有Walkman字样的T恤和帽子,且每人身上都配着Walkman。“现在开始,一、二、三!”随着主人的喊声,记者们和大学生一起按下播音键。录音带里有优美的音乐,并进行着解说。大家随着音乐跑步、散步、起舞……沉浸在快乐的气氛中……这场别开生面的新闻发布会,使记者们亲身体验到Walkman的乐趣,并纷纷撰文报道介绍。其结果,听Walkman在青年中流行起来,不仅使Walkman供不应求,而且使索尼——SONY

公司领导电子音乐新潮流的企业形象也得到了树立。

(三)周密性原则

常规性公共关系新闻,往往是一场大型活动;创造性公共关系新闻事件,往往要以创新思维的一星火花引燃一片富有效应的原野。其间的策划,显然必须遵循周密性原则,将每一个环节、每一个步骤均事先考虑到。我们可以通过下面的一则公共关系新闻策划的案例,体会其中策划者精细周密的策划思维:

1993年10月28日,上海展览中心喷泉广场上,赫然矗立着鲜花彩台,中间簇拥着一颗用红花镶成的"爱心",上空高悬着"今生今世——超天婚礼"八个大字,超天集团和上海市公共关系协会联合主办的一场新颖别致、格调高雅的盛大婚礼正在举行。9对新郎新娘中,有5位来自美国、加拿大、瑞士和香港地区。

广场上空,证婚人——著名电影表演艺术家白杨郑重宣布证婚词的声音响起;而后,新郎新娘互赠戒指,拥抱亲吻;一只上下五层、直径1米多的特大蛋糕由9对新人分切;广场上响起洪亮的钟声……

——首次在大陆举行涉外集体婚礼;

——首次在上海展览中心喷泉广场举行大型婚礼;

——首次由一家企业和公共关系协会联合主办的公益型婚典活动;

……

"首次",自然便成为新闻热点。上海的大众传播媒介纷纷播发了新闻,予以传播。"超天"的这次公共关系新闻策划产生了轰动效应,获得了极大的成功。

据这次公共关系新闻的策划者介绍,他们由最初的创意萌生到整个策划的形成,经历了"一个由浅入深、由粗到细、逐步成熟的过程,从'超天婚礼——超凡脱俗'的主题确定、上海展览中心喷泉广场这一地点的落实、白杨等名流的邀请、新闻记者的邀请、新郎新娘的选择，以及格调与程序的安排等，无不经过慎重周密的考虑才确定下来。”此例无疑是对公共关系新闻策划周密性的一个极好的注脚。

四、新闻性公共关系活动策划的若干技巧

(一)热点移用

“热点”，即指社会上新颖的、被人们普遍关注的事物或现象。它既具有认知度大的特点，同时又具有社会性的特点。也就是说，“热点”，不是什么人专有的，而是社会共同拥有的。如此，公共关系新闻性专题活动的策划者如能巧妙地移用“热点”，必然能产生绝佳的策划创意，策划出“四两拨千斤”的新闻性公共关系专题活动来。近些年，奥林匹克运动会、香港回归、澳门回归、跨越千年、环境保护、中国进入 WTO、名牌战略、素质教育、三峡工程、西部大开发等社会热点，便先后被一些有识之士予以利用，成为新闻性公共关系专题活动的创意启发点。

如对香港回归倒计时，就曾经是几度引起新闻注目的公共关系专题活动：

1994 年春，在中华人民共和国即将迎来 45 周年诞辰的日子里，新华社《中国名牌》杂志社的几位同志有感于“香港回归”的一步步走近，受法国蓬皮杜文化中心公元 2000 年倒计时的启发，决定报请国家领导同意，在中国人民宣布站起来的地方——天安门广场，进行香港回归倒计时活动。经过一系列的准备，1994 年 12 月 19 日上午 10 时 30 分，天安门广场东侧中国革命历史博物馆前，一个剪彩揭幕仪式开始了。当有关国家领导人落下手中的金剪刀，红色绸幕徐徐降下，面积达 200 平方米的“中国政府对香港恢复行使主权倒计时牌”赫然出现在人们眼前。掌声响了起来，近百名海内外记者记录了这一时刻。当天，新华社、美联社、路透社、法新社等世界大通讯社发了通稿，我国各大媒介作了重点报道。此后到 1997 年 7 月 1 日的 925 天，倒计时牌前成了参观频率最高、影响最大的爱国主义教育基地。此举,又引发了半年后深圳罗湖桥头香港回归倒计时活动,倒计时牌下《香港的历史和发展》大型图片展隆重开幕活动,倒计时百天、距回归周年、百日、10 天等大型活动……

香港回归之夜,倒计时牌在百盏大红灯笼的装点中、在无数盏彩灯的照耀下,多姿多彩,庄严中透出美丽和喜悦。10 万人在这里狂欢,10 万人在这里齐声读秒。与香港政权交接仪式相呼应,倒计时牌终于走到了它的辉煌终点,显示出零点零秒,并向世界昭示:香港回家了,与祖国团圆了!

至此,中国政府对香港恢复行使主权倒计时牌运行了 925 天、7988 万秒,不负全国人民的重托与期望,安全、准时、光荣地完成了历史使命;并被收藏在中国历史博物馆中;同时,也记忆在亿万人民的心头。

该例无疑是移用热点进行新闻性公共关系专题活动极佳的说明。

(二)借助名人

名人,一般已在很大的范围内为公众所认知,且有较高的美誉度。因此,借助名人的新闻性公共关系专题活动策划,往往可获得事半功倍的效果。

如:1999 年 9 月 28 日,正是中华人民共和国 50 周年大庆的前夕,安徽芜湖市的中山路步行街工程竣工。该步行街,位于闹市区,大理石与花岗岩的地面、高品位的雕塑、绿树与花圃、座椅与电话亭、空中射灯与地下路灯等,构成了一个高档次的购物与旅游观光的环境。更为有特色的是,步行街的中段一侧开放性地与市中心的镜湖公园融为一体,在我国的步行街建设设计上,可谓独树一帜。在步行街的开街仪式上,不仅芜湖市的政要人物到场,而且省领导也来了,但即使如此似乎依然少了些新闻性;然而,该新闻性专题活动的策划者已经考虑到了,他们策划邀请了彭丽媛、关牧村、赵薇等知名演员。结果,开街仪式非常成功,并形成了理想的新闻效应。

实际上,类似的借助名人的新闻性公共关系专题活动,比比皆是。它们给策划者的启发,无疑就是“名人+活动”,就必然产生公共关系新闻。

(三)小题大做

小题大做,就是借助与社会组织密切相关的、加以利用可给组织带来美誉度、和谐度的某些小题材,进行渲染、造势,引起新闻界的注意,从而再在认知度上得到收获,如此便可望在“三度”上均得到收益。

如,人们广为知晓的法国“白兰地”公司向美国总统艾森豪威尔祝寿的案例,就是小题大做所策划出来的新闻性公共关系专题活动。本来,一个大型的酒业企业,向某个政要赠送一些礼品,并不是什么大不了的事情;然而,通过策划者的“包装”、设计、造悬念、“抖包袱”,却引起了美国朝野的轰动,并成为公共关系专题活动的经典案例。显然,其中的成功之处,就是策划中小题大做巧妙运用的结果。

(四)感情放大

在激烈的市场竞争中,任何社会组织都选择了向公众提供优质的服务、树立组织形象的经营之道。而提供优质服务的真谛,就在于向公众呈送真情。公众是由人构成的,而人是有感情的动物;因此,真情服务中以情感人、以情动人,则必然会获得公众真情的回报,而新闻媒介自然就会予以传播。

如广州的松林宾馆,虽然档次并不高,但却依靠真情服务,赢得了公众的好评,其门庭若市,住房率居广州同行之首,自然也就不断得到新闻媒介的报道介绍。任何顾客,只要一踏进松林宾馆,便立即受到家人般的问候:入房落座,服务员立即就把一杯热茶端上,并有一块香帕递来。身份证把每一位顾客的生日告诉了服务员,如果您住店恰巧是生日,就会有服务员给您送上鲜花,一群姑娘会为您唱“Happy Birthday to You”的歌曲。如果需要，松林宾馆的服务员会义务为您洗衣服、擦鞋、发信、汇款、找人。对客人如此讲究感情，松林宾馆自然就会得到公众的回报，得到传播媒介的频频报道了。

在一些特殊的情况下，如果有人陷入困境，组织出于真情给予赞助支持，传播媒介往往会立即给予报道传播，实际上组织的真情便得到了放大。如对失学的儿童给予赞助，对下岗的职工给予支持，对因自然灾害生活陷入困境的人们提供援助等，这种组织行为实际上就是真情的体现，大众传播媒介总是乐于报道宣传的。

应该说，类似的新闻性公共关系专题活动策划的技巧是很多的，比如还有“争当第一”、“抢占先机”、“亲戚走动”、“不耻下问”等，更多的是需要策划者触类旁通、举一反三，在创新思维中生生不息地进行创造。

第二节　广告性公共关系活动

一、公共关系广告及其分类

现代社会，不管你喜欢不喜欢、愿意不愿意、接受不接受，你都无法摆脱广告对你的影响，抵挡媒介射向你的广告“子弹”。恰如可口可乐的广告所言：“挡不住的诱惑！”用“无处不在、欲躲不能”来形容今日世界之广告可以说毫无夸张之处。美国历史学家大卫·波特指出：“现在广告的社会影响力可以与具有悠久传统的教会及学校相匹敌。”而美国著名的经济学家布里特有一个形象生动的比喻：“商品不做广告，就像姑娘在暗处向小伙子递送秋波，脉脉此情只有她自己知道。”正因为如此，日本各公司1994年的广告开支达650.87亿美元，而素有广告王国之称的美国则高达1540亿美元。中国的广告业伴随着市场经济的建立与发展也得到了长足的增长，仅中央电视台2002年黄金段位广告权的拍卖，总值便达26

亿元。

现代广告可以分成三种:商品广告、公益广告、形象广告。公益广告和形象广告,都可以说是公共关系广告;而商品广告中往往也具有公共关系广告策划的成分。因此,公共关系广告便成为一种有自身特色的广告类型。顾名思义,公共关系广告必然渗透着公共关系的思想精髓,用定义来表述便是:公共关系广告是通过购买专业传播媒介的使用权,为社会组织自身树立良好形象,提高认知度、美誉度、和谐度的广告。

公共关系广告与一般的商品广告不同,有学者曾经精辟地概括道:"一般的广告推销的是商品,而公共关系广告推销的是公司。"可见,商品广告的直接目的是推销商品、刺激销售、促进购买,其商业色彩是很明显的;而公共关系广告则不直接劝说人们购买某种特定的商品,它的目的在于唤起人们对包括企业在内的各类组织的注意、兴趣、信赖、好感以及合作。它不直接推销产品,但因为很好地推销了"公司"——组织,那么,组织的产品也自然地得到人们的认知与赞誉,也就间接地、甚至更为有效地推销了产品。可见,公共关系广告的作用是很重要的。

明确了公共关系广告,公共关系广告的含义就很明了了,即,明了了对公共关系广告的整体战略、策略、具体作品进行创造性的运筹规划。包括对提出公共关系广告决策、实施公共关系广告决策、检验公共关系广告决策的全过程作预先的考虑和设想。它是一个系统工程,具体内容为:公共关系广告目标策划、公共关系广告策略策划、公共关系广告媒介策划、公共关系广告方式策划、公共关系广告时机策划、公共关系广告区域策划、公共关系广告创意策划、公共关系广告费用投放策划、公共关系广告效果测定等。在具体策划操作中,还必须对调查来的各种信息进行分析,从而做到全局在胸,有的放矢。

公共关系广告的类别一般有:

（一）理念广告

“理念”，是一个社会组织的指导性的观念，是组织的“灵魂”，是组织形象的核心；一般均是崇高美好的。因此，社会组织在进行公共关系广告策划时，往往将自己的理念作为主要的诉求内容，以使社会公众对自己崇高美好的“灵魂”产生认知、赞赏，从而树立起良好的组织形象。如 IBM 的理念“IBM 意味着最佳服务”，菲力浦的理念“让我们做得更好”，海尔的“真诚到永远”，TCL 的“为顾客创造价值”，沱牌的“回旋天地，润泽人间”等，均为组织形象的展示起了不可估量的作用。

（二）实力广告

此类广告大多以介绍社会组织的规模、实力为主，具体内容则包含：生产设备的规模及先进程度、员工人数、人才结构与数量、产品销售额、总资产、利润与纳税数额、无形资产评估总值、技术专利数量及先进程度、产品结构及其分布、市场占有比例、获奖情况等。数字是最能令人信服的。通过此类广告中组织数量化信息的传播介绍，社会公众对该企业或组织的总体实力就有了清晰的了解，自然而然就在心目中树立起组织的良好的形象来。如，“长虹”以大量的实力数据证明自己是“中国彩电最大的生产基地”，“联想”以市场销售额的数据证明自己是“中国国产电脑第一品牌”，“红塔山”以品牌无形价值超过 400 亿人民币的数据证明自己是“中国第一品牌”……这样的实力广告，自然可获得社会公众的认可与赞赏。

（三）倡导广告

即通过广告向公众倡导一种社会最需要的精神观念或行为规范，以此表达组织所追求的一种道德伦理，树立起组织良好的形象。如：呼吁停战，倡导和平；爱护小草，珍惜绿地；节约用水，保护资源；从自己做起，治理污染；援善斗恶，见义勇为；敬老助残，关爱他人；沟通合作，集体英雄主义；爱国尽责，依法纳税……类似的精神观念，都是我们这个当今的社会最需要的。哪个组织在特定的时候率先策划这样的倡导性公共关系广告，则必然会赢得社会公众的瞩目与共鸣，组织的认知度、美誉度、和谐度便因此而得到提升。

（四）赞助广告

“赞助”，本身便是一种公共关系行为，是策划的结果；但公共关系的真谛并不是为了做无名英雄，而是在事实的基础上进行合情合理的传播。“90％是自已做得好，10％再说出去”，就是公共关系的通俗表述。因此，在组织对社会的某一方面提供了赞助之后，完全可以通过赞助性公共关系广告来广而告之。如赞助建设了“希望学校”、捐助了失学儿童或贫困的大学生、向下岗职工赞助了生活物品、向贫困地区的农民捐助了科技图书、赞助举办了某项体育比赛或文艺演出、捐助建设了当地的公共设施……这所有的赞助，都可以用措辞得当的方式进行合理的广告传播，以使事实与信息同时服务于组织形象的树立。

（五）祝贺广告

即在当地有关组织、单位拥有喜庆的时候，如厂房落成、工程竣工、产品获奖、新业务开张、周年纪念等，通过广告祝贺，以传播自己的以他人之喜为喜、且表示良好祝愿的态度。这种祝贺性的公共关系广告，既能和谐与被祝贺的组织的关系，又能提高自己的认知度、美誉度、和谐度，也就是既利他，又利己。

（六）致谢广告

即在社会组织自身取得一定的成绩，或获得较高的荣誉，或周年纪念等时候，组织通过广告向社会公众表示感谢。这种致谢式的公共关系广告，一方面可以将组织自身的业绩合情合理地进行广告传播，另一方面把自身的成绩谦虚地记到了公众支持的头上，这样就能获得社会公众的好感与赞誉，并愿意继续与组织进行良好的合作。这正是该类致谢广告的意义所在。

（七）致歉广告

此类广告用于社会组织在行为出现一定失误的时候（当然，这里的“失误”在特定情况下,往往是组织对自己更高要求情况下发生的),公开向公众承认错误,表示歉意。社会组织与人一样,不可能完美无缺,必然会存在失误;与人犯了过错一样,只要诚恳承认,认真改正,依然可以得到他人的认可。因此,组织在运转中发生失误,自动地向公众陈述事实真相,不隐瞒,不推卸责任,明确表示组织敢于承担社会责任,并提出改正措施,以求得公众的支持和谅解。这样,组织的形象不仅不会受到影响,而且可能因组织的坦诚、歉疚而获得公众原谅与更大的认可、赞赏与支持。

(八)响应广告

即用广告的形式,表示组织响应社会生活中的某一重大主题,表达组织与全社会息息相连,融入广大的社会公众之中,以获得公众对组织的亲密感。所响应的“重大主题”,一般是政府的某项方针、政策、决策,公众提出的某种社会公德、集体行为、改革方向等。如北京市、中国奥林匹克运动委员会以及与我国政府所先后决定的申办2000年继而2008年的奥林匹克运动会,就得到了诸多组织的积极响应,并通过广告得到了表达。实际上,类似的重大主题,往往是极得人心的,组织予以广告响应,必然得到社会公众的共鸣,自身的形象塑造也必然从中受益。

(九)阐释广告

当公众对组织有关情况不了解,产生误解、不信任时,就应该运用阐释性的公共关系广告来说明原因,消除误解,避免组织的声誉受到更大的损害。如20世纪80年代,日本的资金大量进入美国,不仅成立了诸多的分公司,而且拥有了许多美国企业的股权,引起了许多美国人的忧虑与不满。为了改善日本在美国公众心目中的形象,日本许多公司纷纷出资,在美国的媒介上进行阐释性广告的传播。如日本丰田汽车公司在美国的《商业周刊》上便做了这样的阐释广告:“……我们没有忘记美国人民给了我们机会,才有了今天。为了报答这种恩情,我们已经反馈了很大一部分资金在美国建了多家汽车厂，为促进美国汽车工业的技术发展作出了贡献……丰田公司每年要支付16亿美元用于工资、税收，扩大销路及其他费用。丰田公司在美国建厂以来，已经为几万人提供了就业机会……"以这样的广告形式来解释日本公司的所作所为，并采用心理战术来满足美国人的自尊心，消除了他们的不满情绪。结果，这种阐释性公共关系广告的效果很好。

(十)深度广告

即以广告的版面，通过新闻通讯、报告文学等形式出现，以第三者的角度对组织发展的历史进程、科学的决策、雄厚的实力、感人的事迹、取得的成绩、对社会的贡献等，进行深度的报道。此类深度的公共关系广告，所取得的效果往往相当理想，因为它们具有可读性，使读者愿意读下去；同时，又事实与情感兼备，既以事实服人，又以情感感人，令公众印象深刻，并由衷地认可组织。如，同仁堂、冠生园、全聚德等百年老店，海尔、联想、长虹、康佳、美菱等著名的企业，就曾经运用此类深度的公共关系广告，使社会公众对它们有了更深入的了解，也使它们的认知度、美誉度、和谐度大大地得到了提高。

二、广告性公共关系活动操作的原则

(一)合法性原则

广告问世以来，就受到法律和道德的制约和约束。目前我国伴随着市场经济的发展，已经颁发了《广告法》，对广告活动中的基本道德约束作了规范。如不得发布虚假广告，不得违反国家政策法令，不得有损国家民族的尊严，不得有反动、淫秽、丑恶、迷信、残暴的内容，不得有意攻击或贬低他人……对于公共关系广告来说，由于主要是侧重树立社会组织的形象，那么遵守合法性原则就更是基本的、或者说是最低的要求，因为，不会有哪个公众会对一个违反法律的组织产生好感。显然，一方面投入资金进行公共关系广告的宣传，另一方面则在行为上与公共关系精神背道而驰，组织的公共关系广告的结果就会适得其反。

（二）系统性原则

公共关系广告的系统性原则，要求从系统工程的观点出发进行广告性公共关系的操作，即把其中的广告发布操作作为一个有机的整体系统来考虑。从系统的整体与部分之间的相互依赖、相互制约的关系中，找到最佳化的策略，以实现最佳的公共关系广告效果。

系统性原则的具体运用主要有：

1. 公共关系广告与产品广告相统一

即把产品因素看做组织形象的重要因素之一，在产品广告中体现公共关系广告的因素，在公共关系广告中包容产品广告的内容。

2. 公共关系广告与公共关系活动相统一

即在开展公共关系活动时，考虑发布公共关系广告，在发布公共关系广告时，考虑配合相应的公共关系活动。

3. 公共关系广告与组织的重大举措相统一

即公共关系广告的策划与发布不是随意的，而往往配合组织的重大行为、举措来进行，如在组织的新产品投放市场之际、组织向新的领域进发之时。

4. 公共关系广告与外部环境相统一

即公共关系广告的策划，一般应考虑外部的大环境，如政治生活的大走向、经济发展的新趋势、市场上的新变化、体育与文化的大氛围等，与这些因素相统一，公共关系广告往往就有望获得事半功倍的效果。

（三）创新性原则

创新性原则，要求公共关系广告发布操作者，善于标新立异、出奇制胜，特别要避免一个模式、一个腔调、一种手法，翻来覆去；更要避免人云亦云，盲目模仿。“广告”，最原始的含义是引起人们的注意,时至今日,依然强调能够引起注意。在广告如林、竞争激烈的情况下,唯有创新,使广告别具一格,独树一帜,才能鹤立鸡群,达到广告的目的。

首先,创意要新。创意,是表现广告主题的构思,是通过策划者的创新性思维而体现在广告中的、具有奇特效应的艺术。一个缺乏创意的广告,即使有一个好的主题,也不会引人入胜,难以取得良好的效果;而创意与主题不协调,则会使主题受到干扰,转移了人们的注意力,削弱了广告的效果。所以,公共关系广告与所有的广告一样,追求的是“创意至上”。

其次,广告的主题语要新颖。广告语是广告传递组织信息的重要手段之一,没有创新的、奇特的广告语,人们往往不明白广告的用意何在,或者引不起人们的注意,达不到广而告之的目的。

再次,公共关系广告的表现手法要新颖。要努力引入新的观念、新的技术、新的材质,以使广告给人们耳目一新的感觉。否则,就很难充分地表现主题,打动人心。

(四)认同性原则

“认同”,即通过广告信息的传播,在真实、可亲、可信的前提下,所传播的信息能起到广告的接受者认同的作用,这无疑是一种现代广告与公共关系结合最佳的境界。如,韩国现代企业集团就曾经做过这样一个公共关系广告:

什么是“现代”? 你可以想像出,“现代”是一个你能买得起的高质量汽车的生产厂家。这种想法并不错,但不完全……其实,在先进的工程项目、石油化学、机器人和卫星通讯系统,以及在各种令人兴奋的工业中,你都能发现“现代”这个名字。“现代”,在韩国已经成为国家经济发展的一种象征。所以,请千万注意,在记住现代汽车的同时,不要忘记了“现代”的庞大的规模。

这则广告,既扭转了人们把“现代”仅仅看做一个汽车厂的偏见,而且由于把“现代”事业与国家的自豪感联系了起来,令人信服地引起公众对"现代"——国家的热爱之情。无疑,该广告是很成功的。又如我国"长虹"曾经播出公共关系广告——"长虹以产业报国,以民族振兴为己任";"美菱"曾经播出的广告——"中国人的生活,中国人的美菱";"春兰"的公共关系广告——"科技无限,创造无限"等,便都具有很强的认同性。

三、公共关系广告发布操作的技巧

(一)公共关系广告定位的技巧

在产品的销售过程中,企业往往会给自己的产品功能、档次、消费对象进行定位;公共关系广告的发布同样也需要对组织形象和公众诉求点进行定位。一般来说,社会组织在社会运转中的定位越明确,组织的公共关系形象就越突出,对社会公众的吸引力就越强。

公共关系广告定位的目的,在于突出组织某一方面的独特之处,从而区别于其他组织,树立起具有鲜明个性的组织形象。进行公共关系广告定位的技巧主要有:

1. 借助传播方式进行定位

不同的传播方式,对公共关系广告定位起着不同的作用,一种准确的传播方式在一定程度上对组织形象起着一种"定格"的作用。如,麦克唐纳公司从一开始就是零售商中使用公共关系广告最多的企业之一,一般人认为这种广告花了钱,作用不大。但公司的决策者却独具慧眼,力图通过这种方式树立起"麦克唐纳是大众的麦克唐纳"的公共关系形象。这种公共关系广告定位使他们受益匪浅,不仅受到公众的广泛好评,而且市场给予了良好的回报。

2. 以满足公众的独特需求进行定位

在现代社会,由于商品的丰富,人们对商品的选择性越来越突出个性特点;如此,对市场进行细分、对公众进行细分,就成了组织沟通公众的包容选择。这就要求了解不同公众的不同需求,然后根据细分的公众需求来分别进行独特的信息诉求和形象定位后的塑造。如 IBM 公司明明是一家高科技的电脑公司,但为了区别于其他的电脑企业,就给自己进行了“提供最佳服务的公司”的形象定位,从而消除了顾客公众对购买电脑这种高科技产品的疑虑,突出了独特的形象特点,一举胜过了诸多的竞争对手。

3. 以组织档次进行定位

组织档次,一种确定的方式是组织的背景,如“北大方正”、“清华紫光”、“中国石化”、“四川希望”、“芜湖傻子”等;另一种确定的方式是服务于公众的等级,如五星级的饭店“长城饭店”、“锦江饭店”,或一般的单位招待所;高档次的精品商店,或小商品市场的小摊位;名牌服装,或个体店加工的服装……类似的组织档次定位一经确定,对公共关系广告策划中的定位,也就相应地得到了确定。

4. 针对竞争对手进行定位

组织,尤其是企业,在进行组织形象定位时,总是考虑与竞争对手有所区别的。因此,就应该对竞争对手定位的情报进行分析,然后对自身进行区别于竞争对手的定位。如美国的银行家贾尼尼曾经做过这样的一则广告:“洛杉矶银行只借钱给拥有大资本的建筑业者。五号街希尔道的派克银行是百货银行,专借住宅贷款给小市民及劳工朋友们!”这则公共关系广告通过于竞争对手的比较,很自然地就把自己的银行定位到了“百货银行”上。

(二)公共关系广告创意的技巧

广告曾经被人们称为“第八艺术”,既然是艺术,就应该有所创新。广告,特别是公共关系广告,要想使公众有新奇感,就必须有意识地设计得不拘形式,意味独特,构思巧妙,这样才能得到广大社会公众的青睐。否则,东施效颦,依葫芦画瓢,一味模仿,只能制作大同小异的广告,而难以达到公共关系广告的理想效果。所以,在公共关系广告策划中,一定要在创意上创新,追求给公众耳目一新的感觉。为了达到公众认可的效果,公共关系广告创意的首要工作就是广告语的创作,力求达到“语不惊人死不休”的境界。广告语具有很好的创意,其广告画面、分镜头脚本,就容易得到启发、得到创意灵感。

公共关系广告语的创意一般要具备如下要求：

1. 俗中见雅

广告语，是传播给社会大众接受的，考虑到大众文化水平的参差不齐以及易于接受，首先就必须做到平白如话、通俗易懂；在此基础上，再考虑通俗中要有雅致的格调，而不是一种俗气。如喜来登饭店集团的广告语——“在喜来登，小事不小”。其广告语，真可谓“俗”到家了，但仔细品味，作为服务业的饭店，往往树立组织形象的就是一些小事，但都能当大事来处理，企业形象自然就得到了树立，其内涵实际上是相当雅致的。

2. 简中见丰

与俗中见雅相统一，公共关系的广告语又必须具备简中见丰的特点。因为在广告语的接受中，公众只偏重对简短的广告语产生注意与了解，对中国的汉字来说，只能在 14 个汉字之内，否则公众就会产生厌烦而不投入注意。但文字虽然简短，同样可以做到言简而意丰。如 TCL 的公共关系广告语——“TCL，为顾客创造价值”，除了自身的品牌，仅有区区 7 个字，可谓简短到家了，但字面下的意思却相当的丰富，既表达了自身产品的质量高，又表达了自身的服务不错；既表达了目前产品的可靠，又包含将来产品依然领先；既表达了企业已经做到的水准，又表达了企业将不断追求的境界……总之，其内涵确实是相当丰厚的。

3. 平中见奇

公共关系广告语，往往寥寥数语，却充满了智慧，但其智慧不是在单个字、单个词上反映，而是将整句广告语作为一个整体，在貌似平淡中突现出奇妙来。如丰田汽车的公共关系广告语——“车到山前必有路，有路必有丰田车”，在平平淡淡借用俗语的基础上，突然进行语意上的承接，突出了丰田车的产量大、受欢迎的形象，其创意就完全做到了“平中见奇”。

当然,公共关系广告的策划,以广告语为核心的创意,并不是越奇特越好,如果一味追求新奇,容易本末倒置,影响社会组织形象的树立,所以,它的创意是以服从公共关系广告主题为前提的。

(三)公共关系广告媒介选择的技巧

在现代信息社会,可供公共关系广告发布的媒介很多,为了取得良好的效果,在策划中必须对各种媒介进行选择。媒介选错,发布传播的广告信息,犹如对牛弹琴或泥牛入海,徒劳无益。在服从公共关系广告总目标的前提下,一般对媒介选择的技巧主要是五个字,即——

1. 广

指所选择的媒介传播面要广。衡量媒介传播面的大小,可以从其传播的数量和质量两个方面进行分析。传播数量是指某种媒介所拥有的受众数量。如,报纸、杂志的发行量,路牌所在地点的人流量,电视的观众数量等都可作为数量指标进行衡量。传播质量,即某传播媒介已经建立起来的影响和声誉如何,在一般情况下,传播媒介的“质”和“量”是成正比的。

2. 快

是指媒介的传播速度要快。现代经济和科学技术的发展,提出“时间就是金钱,效率就是生命”的要求,这就使得面对市场竞争日益激烈的公共关系广告宣传不得不考虑传播速度。对媒介传播速度的分析,首先是考察媒介的传播周期,如电视、电台是每几个小时的时段滚动周期,日报、晚报是日传播周期,周刊、周二刊、半月刊、月刊、双月刊等的相应周期等,这就需要根据组织公共关系广告传播的公众对象、内容的到达要求来辩证地考虑;其次是考察媒介可提供的时段、版面、空间是否可满足组织公共关系广告发布的时间要求,因为,所看好的媒介往往广告客户较多,未必正好可以对组织的传播速度要求予以满足。

3. 准

即指传播媒介的针对性要强，能正好传播向广告的目标受众。选准公共关系媒介，主要是考虑该大众传播媒介的受众群是否正好与组织的目标公众相吻合，如组织侧重是为儿童服务的，那么，公共关系广告的发布就应该选择电视台的儿童节目时段、少年儿童报刊；如组织所提供的产品或服务是专业性的，那么，其公共关系广告就应该选择专业传播媒介，如机械、建材、食品、教育、医疗等行业都有相应的报纸、刊物。总之，传播媒介有自己的市场定位，而它们定位中包含了组织自身的目标公众，那么，公共关系广告发布策划对该媒介的选择就是准确的。

4. 新

即指确定了公共关系广告发布的媒介之后，其发布的形式还要新。不论是报纸、杂志、广播、电视还是路牌、橱窗等各种公共关系广告媒介，都有众多的必须形式。只有善于创新，不落俗套，才能引人入胜、引起注目，将广告的内容信息送达目标公众的心目中。

5. 廉

即指“少花钱，多办事”。进行公共关系广告的媒介策划时，不管选择哪一种传播媒介，都要分析媒介的相对价格。媒介的相对价格有以下三种：

——报纸广告百万字发行费

$$百万字发行费=\frac{每行价格\times 1000000}{发行量}$$

——杂志千人员发行费

$$千人员发行费=\frac{每行价格\times 1000}{发行量}$$

——电视每秒万人价格

$$每秒万人价格=\frac{每次每秒价格\times 10000}{预计收看人数}$$

为了选准公共关系广告媒介，下面介绍美国玛丽特·赖尔在

《媒介选择备忘》中介绍的几种媒介在各种情况下不同的效果、要素的比较情况:

	电视	电台	杂志	日报	户外
目标传达(18岁以上妇女)	A	A	A	C	C
创造情绪的能力	A	C	B	C	D
消费者参与媒介	A	B	B	C	C
视觉特征	A	D	B	C	B
都市集中	A	A	B	A	A
市场弹性	A	A	B	A	A
季节弹性	B	A	A	A	B

[注]A=优秀　B=良好　C=尚好　D=不适宜

该比较结果,可供公共关系广告实施者在公关广告发布的媒介选择时参考。

(四)公共关系广告效果评估的技巧

公共关系广告发布前后及过程中,到底效果如何,需要进行评估,这是公共关系广告发布过程中一个必不可少的环节。19世纪美国著名的企业家约翰·瓦纳梅克曾经说过这样一句名言:“我明白自己花在广告方面的钱有一半是浪费了,但我从来无法知道浪费的是哪一半。”为了查明哪一半是浪费了以及浪费到了何处,策划者就需要对广告效果进行评估。公共关系广告效果评估,有利于改进、提高公共关系广告的策划和制作技术。

公共关系广告效果的评估主要是对公共关系广告的注意率、记忆率、经营效果三项指标的测评上:

1. 广告注意率的测评

广告注意率,即指一则公共关系广告刊播后,在公众中引起的注意的程度如何。对广告注意率的测评,可采用抽样调查和典型调查的方法。随机抽样或有重点的进行调查,都可测评出公共关

系广告的注意率。另外,在国外还有印象测量器、视力关注仪、心理测量器等仪器,以用来测评公共关系广告的注意率。(参见下表)

测 度	广告效果测评	说 明
1. 到达度	印刷媒介:发行数	国外有销数核计局
2. 视听率	电子媒介:视听率调查	可将仪器装在接收机上
3. 注目率	交通广告:乘降率调查 印刷媒介:注目率调查	可用交通工具计数法 可用调查会方式
4. 精读率	印刷媒介	可用调查会方式
5. 记忆率	记忆实物法 生理反应法 心理学实验法	在实验室使用仪器说明
	判定法 判定顺序	可用调查会方式
6. 知名理解	态度尺度法	可用调查会方式
7. 确信率 动机率	购买动机调查法	可用调查会或在实验室进行

2. 广告记忆率的测评

受众对公共关系广告的记忆程度是衡量公共关系广告策划工作成败的重要因素。测评的方法主要有直接观察、面谈调查、电话调查及通过设计调查表格进行的书面调查等四种方法。这四种方法各有利弊,应在对调查对象了解、分析的前提下选择适当的方法

3. 广告经营效果的测评

这种方法是把公共关系广告的费用变化与经营效果联系起来

对广告效果进行评估，公共关系广告效果比率可用如下三个公式求得：

其一：好感公众增加数/公共关系广告费用增加数×100%

其二：销售增加数/公共关系广告费用增加数×100%

其三：市场占有率增加数/公共关系广告费用×100%

适当地采用以上方法对公共关系广告效果进行测评，可以使组织，特别是企业，在公共关系广告的策划上不断改进，并使公共关系广告操作者能够有目的、有计划地进行，并不断提高广告效果。

第三节　人际沟通性公共关系活动

一、人际沟通性公共关系活动及其分类

人际沟通性公共关系专题活动。指的是组织与公众的关系协调，不是借用大众传播媒介或群体传播方式，而是在确定专题内容后，直接通过人际之间的交往、沟通、协调来进行，从而达到建立和谐的公众关系，树立良好的组织形象。

自从人类社会出现以来，人际交往就普遍存在了。在古代社会，由于传播技术比较落后，同时社会组织并不多，即基本上是个体性的生产方式，这就决定了当时的人际交往一方面比较贫乏，另一方面则内容多限于个体关系的协调。而在现代社会，人们基本上都处于一定的社会组织中，而组织与组织之间又相互依赖，所以，现代的人际交往便往往具有公共关系的性质。即在人际交往中或多或少具有组织协调的内容，而实际上，组织的公共关系开展又总是通过具体的人进行的。如国际间国家领导人的互访、商务活动中的接洽与交割、文化活动中双方或多方的合作、组织联谊会上人们的相识与相交等，其总体形式是组织行为，具体形式是人际交往，而实际内容则更是既有各自组织之间的相互了解，又有个人

之间情感的沟通,确实很难单纯地归于哪种关系之中。也就是说,在现代社会,公共关系与人际交往具有相融合的特点。

正是出于人际交往融入了公共关系的内容,帮助了组织公众关系的协调,因此,社会组织为了更和谐地发展,便往往有意识地进行人际性公共关系专题活动,而且一定意义上,组织的运转一天也离不开人际交往,如组织领导每一天都要接触内部的或外部的公众,营销人员的职业就是在与客户的人际交往中开展工作。为了这种以公共关系协调为本质、人际交往为形式的人际性公共关系专题活动更为有效,新闻性公共关系活动就成为公共关系重要的一个专题。

在公共关系理论的视野中,并不是所有的人际交往都具有公共关系性质,而是由组织名义举办的,为了组织的和谐运作,人员均代表组织的人际交往活动,才是人际沟通性公共关系专题活动。

一般来说,人际沟通性公共关系专题活动主要有三种类型:

(一)社交活动

任何人均处于一定的社会环境中,都需要一定的社交活动,但具有公共关系性质的社交活动则是有一定标准与条件的。一般来说,公共关系性质的社交活动具有这样的三个要素:组织行为、人员代表组织、非功利性。

所谓组织行为,指的是整体上的社交活动是根据组织的需要,为了组织发展的长远利益,以组织的名义或组织领导人的名义举办的。

而人员代表组织,指的是组织方面参与社交活动的人员代表的不是个人,而是组织,他所交往的对象既是个人的朋友,更是组织的目标公众。一定意义上,他的身份就是组织的公共关系人员。

非功利性,则是指社交活动本身,不涉及业务,重点是创造轻松和谐的氛围,使参与社交活动的来宾感到身心快乐,心理满足。

根据这三个要素,公共关系性质的社交活动一般有这么几种方式：

1. 舞会

即以组织或组织领导人的名义举办舞会，邀请有关的目标公众参加。在舞会上，组织的特聘主持人，在表达了组织或组织领导人的情谊的基础上，努力创造快乐的气氛，让宾客们载歌载舞，交流欢乐，度过一段美好的时光。

2. 宴会

即以组织或组织领导人的名义举办宴会，邀请重要的公众赴宴。在宴会上，宾主双方可以在轻松、融洽的气氛中，劝酒品菜，自由交谈，从而让客人在受尊重的同时感到组织的可亲、可近，达到沟通、了解的目的。

3. 联谊会

即通过多种联谊形式，如喝茶、品尝瓜果、漫谈、跳舞、唱卡拉OK、趣味比赛等，创造一种组织与公众同在，组织代表与公众共享欢乐的气氛，从而起到沟通感情、增进了解的作用。

4. 庆典

即在组织的喜庆日子，如组织成立周年纪念日、组织获得重大荣誉、组织的某项重大新举措付诸实施、组织的重大决策转化为事实（如竣工、开张、新产品问世）等，组织举办盛大的庆典，庆典往往邀请关系紧密的目标公众代表，让他们在庆典中与组织代表交往、沟通增进情谊，并通过对庆典的耳濡目染，对组织产生更大的信任感和合作愿望。

5. 观剧

即以组织的名义或组织领导人出面邀请有关公众代表，观赏高档次电影、戏剧、音乐、舞蹈等艺术演出。一方面让公众代表有一次艺术的享受，另一方面则可以进行人际交往，以沟通感情、增进了解。

6. 赏景

即在风和日丽的天气里，以组织的名义或组织领导人出面邀请有关公众代表，前往风景名胜景点进行游览赏景，在一种与大自然相和谐、让历史文化熏陶的氛围中，组织代表与公众代表自由轻松、快乐交往，从而达到与公众相和谐的目的。

(二)营销活动

在市场经济的社会环境下，以企业为主的绝大多数社会组织都存在一种业务营销的使命，如学校要销售教育的内容与方式，以使受教育者选择消费；医院要销售医疗的内容与项目，以使患者或保健者进行健康消费；艺术团体要销售艺术商品，以使消费者选择相应的艺术形式进行消费，因此，一个社会组织，只有它的存在价值能销售出去，才可能生存与发展。为此，大多数的社会组织都存在一个营销的任务。而为了将自身的业务销售出去，组织往往就得策划、举办营销活动，在其人际性公共关系的沟通中，实现公共关系目标。

作为人际性公共关系专题活动中的营销活动，既不同于一般的纯粹是为了树立组织形象的公共关系活动，又不同于一般的销售人员对产品或服务的推销，它也往往具有这么三个要素：目的的双重性、活动的集体性、沟通的人际性。

所谓“目的的双重性”，即指这类专题活动，既具有树立组织形象的公共关系目的，又具有对组织的产品或服务进行促销的目的；也就是说，这两个目的并不是冲突相左的，而是可以交叉融合的。

活动的集体性，指的是组织出面举办的带集体活动氛围的特点，而不是指组织的营销人员个体出面的小型私人活动或者上门推销。

沟通的人际性，指的是在此类营销性专题活动中，组织与公众的沟通，主要不是借助大众传播媒介或群体传播进行，也不是单纯组织行为，而是在集体活动的氛围中，主要依靠本组织的代表与目标公众进行人际交往、沟通洽谈,从而达到和谐关系与促进销售的双重目的。

根据以上三要素,此类营销性公共关系专题活动的形式主要有:

1. 定货会

即组织根据自身生存与发展的需要,所举办的产品与服务销售定货会议。这种会议,主要邀请顾客公众代表参加。在会上,组织在传播整体信息、创造欢乐氛围的基础上,主要由营销人员与公众代表沟通、联谊、洽谈,既使组织形象与具体人的形象结合起来,又使组织的营销业务落实到实处。

2. 展销会

展销会对一个组织来说有两种:一种是组织自身组织举办的展销会,这种展销会的举办组织一般规模比较大,所向社会提供的产品或服务品种比较多且比较先进;另一种是有关部门、行业、城市举办的大型展销会,这种展销会的整体规模较大、参展单位多、产品丰富、信息众多、光顾的顾客公众同样比较多。不论是哪种展销会,任何组织都可以借助这一舞台,展示组织形象,推销产品。

3. 招商会

招商会同样也有两种:一种是大型组织,如某个大型企业集团所组织召开的招商会;一种是某个地区政府或某个行业组织召开的招商会。不论哪种招商会,均可以帮助树立、传播组织形象,寻找可予以合作的伙伴,以共同开发新的经营项目、开拓新的经营业务。对一个组织来说,如果是大型组织,则可以考虑自办招商会,而一般绝大多数的组织,则可以参与政府或行业组织的招商会,以开展人际性公共关系活动,推销经营项目,创造新的发展机遇。

(三)谈判活动

现代社会,组织与组织之间的彼此依赖空前地增强,互惠互利、协作发展已经成为组织运作的必由之路。相应地,实施这种互惠互利、协作发展的具体工作形式——谈判，也就越来越频繁地出现在组织行为之中。

虽然人们经常谈到的协商、洽谈、座谈、商量、对话、磋商、交谈等，某种意义上都可以看做是谈判，因为它们总是要围绕一个或几个问题进行，要争论、要说理、要形成共识。但严格意义上的谈判，也同样是有着特定内涵的。一般来说，作为公共关系专题活动中的谈判活动，指的是谈判的双方至少有一方代表的是组织，该组织一方为了自身的组织形象、为了组织的利益与声誉，遵循互利的原则，通过人际对话沟通的方式，交换条件，承诺责任，达成协议或合同的协商过程。

一定意义上，这个公共关系谈判活动的定义便有了这么四个要素：一是代表组织的谈判方谈判的目的是为了组织的形象、利益与声誉；二是互惠互利，在交换条件、承诺责任中，相互满足需要；三是以人际对话沟通的方式进行的协商；四是谈判的结果应达成协议或合同等具有“硬约束”力的文本。

根据这一定义，公共关系谈判活动常见的有这么几种类型：

1. 合作谈判

即一个组织与其他组织之间或该组织与有关个人之间，为了组织的运作与发展进行合作所进行的谈判。如组织与其他组织联合进行项目开发、联合举办大型活动、与某个人进行劳务合作等，所进行的洽谈、协商，都属于合作谈判。而与个人进行劳务合作谈判，则包含临时性的、中长期的劳务合作谈判两种，前者如组织与某名人合作进行广告拍摄的谈判，后者如组织聘用人才、劳工的谈判。

2. 购销谈判

在市场经济的运行中，大量的谈判是商品的购销谈判。对绝大多数的企业组织来说，只有向社会以销售的形式提供商品，它才可能生存发展；另一方面，它要运转生存，又需要以购买的形式从社会获得资源。如此，市场经济就以这种“购—销”的普遍方式进行着基本的运转。但购销谈判的内容,并不仅仅是就一般的看得见、摸得着的货物进行购销交易,而且包含工程的承建、服务的提供、生产技术与信息知识的提供等特殊商品的“购销”。

3. 危机谈判

在现代信息社会,由于无法确定的因素增多,任何组织在生存运转中均难免会碰上各种各样的危机,如技术侵权、商标侵权、名誉受损、资金拖欠、顾客投诉、合作误会等,都有可能给组织带来意想不到的危机。虽然说市场经济一定意义上就是法制经济,很多的危机纠纷必须依靠法律来进行处理,但是,为了组织的长远发展,一出现危机就诉诸于法律并不是上策,更多的是运用公共关系的方法。危机处理,其本身就是公共关系策划工作的重要内容之一,虽然我们辟出专章进行了阐述,但在这里依然必须指出,公共关系处理危机的具体方式凭借的就是谈判。即组织与危机中涉嫌的危机制造者、或事实上的危机受害者等,进行人际沟通,洽谈协商,以寻求双方均满意的处理方法,从而把组织形象的损失降到最低,并为组织的变坏事为好事打下基础。

二、人际沟通性公共关系活动的原则

(一)真诚的原则

人际沟通性公关活动,由于人与人之间往往就是面对面的交往沟通,在这种沟通中,组织的任何一个员工都代表组织,组织是否能取信与于人,就取决于个人是否能得到他人的认可与信任。而一个人要想取信于人,首要的前提就是奉行真诚的原则。唯有真诚,你才可能为对方、为公众设身处地地考虑,就会合情合理、令人信服地表达组织的利益与要求,从而达到与对方互信互谅、和谐合作的目的。同时又在得到对方对个人的认可、赞赏的基础上,树立了组织的良好形象,达到公共关系专题活动的目的。

(二)互补的原则

组织之所以要与其他组织建立合作关系,这是由于任何组织在世界经济一体化的大背景下、在市场经济的大环境中，都无法自我封闭、自成系统、自给自足，都需要进行互通有无，在互补中进行运转、生存。那么，正是为了这种互补的需要，组织才有了各种各样的与公众沟通行为，公共关系也就应运而生。而在人际性公共关系专题活动中，这种互补的原则体现得更加充分。但需明白的是，在公共关系人际交往中，不应当把物质的、利益的互补表现得赤裸裸，更重要的是精神的互补、情感的互补、长远发展的互补，这样，一旦构成无形的、深层次的互补，物质的、利益的互补，就是水到渠成的了。

（三）和谐的原则

“和谐”，是所有公共关系工作追求的一种理想境界。我们都知道有这么一句俗话：“生意不成情义在。”言下之意，就是在生意场上难免会有生意难成的时候，但即便如此，双方的情义依然存在；而言外之意，则是有了情义存在，今后做成生意的机会还有的是。其实，公共关系追求的、创造的，就是一种组织与公众情义永存的“和谐”。正因为如此，公共关系活动始终突出的不是利益本身，而是关系和谐、形象美好，尤其是人际性公共关系专题活动。由于是以人际交往的方式进行的，从人际交往本身所要创造的氛围到放大后组织与公众所要达到的境界，“和谐”显然是最本质的原则。

（四）艺术化原则

艺术，并不是艺术家的专利。任何人都可以以对美的追求、对创新思维的运用来创造艺术。因此，人们的工作有工作的艺术，生活有生活的艺术。同样，公共关系工作有公共关系的艺术，人际交往有人际交往的艺术。而在人际性公共关系专题活动中，由于要在人际之间进行面对面的沟通，既要实践公共关系的基本精神，又要遵循人际交往的基本原则，所以光靠真诚，未必能够创造和谐的氛围，而靠理论条条，则难免会使人不知何为。这就需要将真诚、理论、性格、思维等因素融会贯通，进行艺术化表现，这样才可能创造出一种轻松、愉快、魅力无穷的交际氛围，达到理想的境界。如人际交往中，一些幽默、得体、善于开玩笑、善于讲笑话、知识渊博却能深入浅出地表达的人，总是人们关注的对象，其道理、其实质就是他的艺术化的交往吸引了他人。这无疑可以给我们以启发。

三、人际沟通性公共关系活动的技巧

(一)社交活动的若干技巧

作为一种人类生活最广泛的形式，社交活动的技巧可以说每一个人均在探索、实践、总结，也就是说任何一个人都可以对社交活动的技巧说出个 ABCD 来，相应地，社交活动的技巧自然便在人们的探讨总结中显得非常丰富，很多的社交艺术的读本在市场上流通，便是证明。那么，在这里我们当然也就无法对此作详尽的阐述，只能是择其主要，略加介绍：

1. 微笑无价

在人际交往中，微笑有着无穷的魅力。一位著名的政治家说过："自己的微笑，价值百万美金。"而在美国西海岸的一家百货商场里，由于开展了微笑活动，营业额上升了 20%。中国古典小说《聊斋志异》中曾经这样描写了一位名叫"婴宁"的女孩："善笑，禁之亦不止，然笑处嫣然，狂而不损其媚，人皆乐之。"这说明纯洁、真诚的微笑，确实是让人喜爱的。

在与人交往中，微笑往往有令人意想不到的效果。如初次见面，寒暄中面带微笑，会消除双方的拘束；身处窘境，微笑地开个玩笑，就可摆脱尴尬；他人对你曾经有过冒犯，你可大度地一笑了之，算是"相逢一笑泯恩仇"。总之，微笑具有永恒的魅力，永远受欢迎。

2. 记住人名

名字，仅仅是一个人的符号；但名字，却是一个人最为珍贵的。

美国某家公司的经理，由于才华出众，另一家大公司便以丰厚的薪金聘请他，并让他持有本公司的股票，其他还有很多的好处。他本人为之心动，决定辞去原公司的职务，便向董事们申明了自己的想法。公司董事们知道物质待遇无法与自己的对手匹敌，便建议要把他的名字收入公司的名称里，于是，他不再辞职了。他要为他的名字——公司而工作，并且一辈子均留在公司里。

可想而知，名字对一个人来说，有多么的重要。正由于如此，如果你能记住他人的名字，并在与他人交往时直呼其名，他人就会由衷地觉得他在你心目中的地位，并对你友好起来。

3. 赞扬他人

美国总统罗斯福曾经说过："人人都喜欢受他人的称赞。"从人的需求而言，渴望被他人肯定、赞扬是人皆有之的常情。有一项调查表明：大多数的人认为表扬有着某种奇迹般的作用，它可以使虚弱变为强壮，使恐惧变为无畏，使暴躁变为沉着，使失败变为成功。

曾经有这么一个银行家，他上班的路旁，总蹲着一个乞丐，乞丐前面总放着一个小盆，他常常往这个盆里丢些小钱。可是，这个银行家与其他人的施舍不同，他在投钱的时候，总是跟乞丐要一支铅笔，并且带赞扬的口气说："呀，你是一个正准备起家的商人，我呢，是个从来都想从交易伙伴那里得到比我支付的更高的好处的人。"

一天，这个被银行家赞为"商人"、"交易伙伴"的乞丐不见了。随着时光的流逝，银行家已渐渐忘记了乞丐。可是，有一天，银行家走进一个公共大楼时，在一家商店看到了已经成为小老板的乞丐。那乞丐认出了银行家后，激动地说："我总是期待着再见到您。今天，我能坐在这里，是托您的福呀。您总是对我说'你是个商人'，听了您的话，我想我应该是个商人。我开始卖铅笔了，卖了很多很多。您给了我自尊，我这才意识到自身的价值……"

一个乞丐尚能以一句普通的赞扬与肯定，而产生奇迹。那么，我们在社交活动中，倘能对他人多给予赞扬，不仅我们的社会生活将美好起来，而且对我们所从事的公共关系工作必然是大为有益的。

4. 善于自嘲

一个人不可能是完美的,总有着这样或那样的弱点。对这些弱点隐藏或讳饰,均不是高明的办法。而正视这些弱点,并在合适的时候进行一些自嘲,这样实际上是完完整整地、真实得体地展现了自己,其结果往往会得到他人的喜爱与尊重。

英国大文学家萧伯纳就曾经对朋友们自嘲了一次在苏联访问的"遭遇":

"我自命不凡,认为世界有名,却受到一位小姑娘的教训……一天,是在街头遇见一位苏联小姑娘,很逗人喜欢,便哄她玩了很久。临别时,我说:'回去告诉你妈妈,今天同你玩的是世界有名的萧伯纳。'我蛮以为小姑娘会为此很高兴、自得。没想到,小姑娘竟然学着我的口吻说:'你回去告诉你妈妈,说今天同你玩的是苏联姑娘玛莎。'为此,我至今惭愧不已。"

像萧伯纳这样,善于自嘲,自然会赢得他人的尊重与信任。

5. 当好听众

美国总统林肯有一次写信给家乡的一位老朋友,请他到华盛顿的总统府来。老朋友赶到白宫后,林肯跟他谈了好几个小时。谈论解放黑奴的问题,介绍了自己的想法和一些人的正反意见。奇怪的是,几个小时尽是林肯在说,然后,林肯与老朋友握手道别,一点也没有问朋友的看法。林肯在说过话后,心境明显地轻松明朗起来。他的老朋友说:"林肯不需要别人给他忠告,他所需要的只是一个友善的、有同情心的听众,以便使自己的苦闷解脱。"

日本的著名企业家松下幸之助曾经把他的经营诀窍总结为:"细心倾听他人的意见。"

而美国的一家公司则在推销员中推行"先做听众,后做推销",结果,销售的业绩大为上升。

可见,在人际交往中,如果能做个好听众,就可望了解他人,也就可望很好地与他人沟通,增进感情,缔结友谊。

6. 弹性表达

在社交活动中，言语表达是必不可少的。因为，言语是人际交往、信息沟通、感情传递的主要工具，因此，善于言谈往往是衡量一个人是否精于社交活动的重要标准。

一个善于言谈的人，不仅是知识丰富、思维敏捷、口齿伶俐、机智幽默的人，而且需要言语得体、热情中不失语言的弹性，即不可将话说满，否则要么是被认为言语不可信，要么是信守承诺时感到吃力。这也就是在外交场合为什么需要外交辞令的缘故。

1979年1月29日，邓小平应邀赴美国正式访问。在美国卡特总统的安全事务助理布热津斯基举行的家宴上，当布热津斯基突发高论——中国人和法国人有一个共同之点，那就是他们都认为自己的文明优于其他任何国家，邓小平不慌不忙地说：当然，可以这么说，在东南亚，中国的饭菜最好；在欧洲，法国的饭菜最好。他的这以饭菜论文明，又将饭菜的优劣限于一定的区域，可以说是天衣无缝，恰到好处，令人称绝。无疑，邓小平含蓄的言语由于具有弹性，便既显得科学，又富有艺术，自然创造了良好的社交活动的氛围。

(二)营销活动的若干技巧

现代的营销活动已经大大地不同于传统的推销，不仅不再是生产什么则推销什么，也不仅仅是根据市场需要什么则提供什么，而是对满足市场有了更丰富的内涵——即不仅满足当前的市场，而且力求创造市场，满足明天的市场；同时，营销活动不仅是销售产品，而且是销售服务，销售组织的品牌、理念与形象。如此，体现在营销活动中的方式方法也必然地发生改变，艺术技巧自然也就有了新的侧重点。这里介绍若干：

1. 不耻下问

在现代营销观念的指导下，营销已转向以顾客为主、以顾客的需求为主。但组织如何知道顾客公众的需求呢？显然，专项市场调查是必不可少的工作，除此之外，在营销性的公共关系专题活动中，依然必须做到不耻下问，不断向客户公众、向消费者公众询问、请教，以了解他们现实的和潜在的需求，以便企业组织根据市场需求，进行设计开发、销售提供新产品。

如青岛的海尔公司，他们的市场销售人员，正是在上海举办的营销性公共关系专题活动中，在不耻下问的征询中，了解到精明的上海公众的精打细算的消费习惯，便设计开发出“小神童”洗衣机。这种洗衣机，所占空间比较小，耗水耗电同样比较少，虽然一次所洗的衣物要少一些，却正好满足了上海住房紧张、消费者衣着勤换勤洗、讲究节约适用的实际情况。结果，新产品一推向市场，就得到了普遍的欢迎。

2. 看看试试

企业组织举办营销性公共关系专题活动，其目的往往就是让客户公众更多地了解组织、了解组织所不断推向市场的产品。那么，在这种活动中，组织的代表与客户的人际交往中，所主要要做的工作就是让客户对新产品进行充分的了解，以使他们发现产品的巨大市场前景，从而积极订货，为产品流向消费者做贡献。

在这种营销性公共关系专题活动中，组织的营销人员的产品介绍，不仅可以借助大量的产品宣传材料，而且由于产品实物就摆在客户公众的面前，所以应该热情地请他们亲自看看试试，亲身感受产品的特点优点，并作出订货的决策。对企业组织来说，则达到举办此类营销性公共关系专题活动的双重目的——既销售了产品，又树立了组织形象。

3. 点式突进

企业组织在营销性公共关系专题活动中所推出的新产品，固然具有巨大的市场价值，但是，在尚未得到终端顾客——消费者在消费过程中的检验认可，依然只是理论上的市场价值或潜在价值。因此，在营销活动中，企业组织的营销人员对客户公众的人际交往中，还不能要求过高,应该体谅客户的风险性考虑,在对自身新产品充满自信的基础上,对客户只要有试销的决定就可以满足了。否则,强人所难,其结果不仅可能产生货款拖欠之商家大忌,而且可能伤了彼此的和谐关系,那就更是远离营销性公共关系专题活动举办的初衷了。

其实,只要客户进行新产品的试销,其意义就实现了"点式突进"的第一步,因为新产品毕竟是根据市场的需求进行开发的,通过企业组织大型的广告促销、公共关系促销,必然会得到市场的认可,在"点式突进"之后,就必然会引起消费的热潮。如此,客户对新产品的订货就会呈源源不断之势,大量的新产品销售就可以乘势跟进,流向市场。

4. 承诺服务

现代社会,是信息的社会,又是一个服务的社会。由于第三产业在社会中所占的比重将越来越大,而第三产业就是新概念下的服务业,如教育、文化、通讯、金融、保险、交通、商业、娱乐、医疗、保健、咨询、策划、广告、信息、中介、物业等均在其中,服务显然越来越重要。同时,在市场经济进一步发展的趋势下,人们认识到第一、第二产业也具有服务的性质,均是服务社会、服务消费者,只不过是通过产品这一中介物来实现服务的目的。因此,现代经济与服务时代的统一,便被人们广为接受,一种大服务观也就必然为社会组织所选择。

在服务的社会,在大服务观被人们所接受的前提下,一种相应的服务理论便应运而生了。这就是 CS 战略,(CS 即英文 Customer Satisfaction 的缩写,意为"顾客满意"),即"使顾客满意战略"。正由于这种大趋势被人们所认识,CS 战略便开始被诸多的企业组织所实施。不仅"IBM 意味着最佳服务"早已为人们所知晓,而且我国许多企业的服务口号、概念也在影响着人们,如"海尔"所推出"星级服务"、"荣事达"所推出"红地毯服务"、"美的"所推出的“100%满意服务”等。

当然，企业组织的CS战略、满意服务的追求，还需通过具体的人员予以落实。在营销性公共关系专题活动中，营销人员对满意服务的落实，就应当是对客户进行合理的服务承诺，否则不足以使客户满意放心，其营销活动的具体任务就难以落到实处。

（三）谈判活动的若干技巧

公共关系谈判活动，首先应当明确的是双方进行的是互惠互利的合作，是通过合作进一步密切关系，增进友谊，同时又要“有话说在明处”、“亲兄弟明算账”，在沟通中明确双方的责任、义务、权利、权益。这就需要既坚持原则，又要讲究艺术。所以，谈判活动是一种高智力的公共关系活动，必然需要运用各种各样的技巧。但谈判的环节很多，每一个环节都是有艺术技巧的，如正式谈判中的六个环节——开局、概谈、报价、交锋、妥协、协议，就各自有着诸多的技巧。但这里，我们只能是就谈判的几个重要的技巧予以阐述：

1. 货比三家

“货比三家”，虽然是人们购物经验的一个总结，但它阐明的道理却对谈判具有普遍的意义。因为，谈判最重要的、最基础的工作，就是了解信息，知己知彼，从而对己方谈判的目标、报价、让步及其策略都做到心中有数、胸有成竹。“货比三家”便通俗地表明了对谈判关键信息了解掌握的重要性。

当然，社会组织公共关系谈判活动中的信息了解，其内容、方法，均是相当丰富、复杂的。有的必须进行大型的市场调查、信息咨询，但这种付出，应当看做是对成功的投资，是谈判成功的安全系数和保险带。

一般来说，谈判所要了解掌握的信息包括：本组织的信息及其分析的结果；对方的信息、情报及其分析判断。市场、社会、自然地理等背景信息的分析判断。如果是涉外谈判，还必须了解对方所在国的政治、经济、文化、法律、宗教、风俗、语言等方面的信息。可以说,信息掌握得越全面、周全,谈判活动就越主动。

2. 追求双赢

在谈判活动中,有一句格言是应该牢记的:“成功的谈判双方都是胜家。”这句话是相当有道理的,因为谈判的目的是为了双方进行愉快的、互惠互利的合作,且增进了解,建立友谊。如此,谈判追求的便是“双赢”,即双方均得到满足。

否则,本方利用某些优势,一味地穷追猛打,虽然有可能在不平等的情况下,对方迫于无奈,答应了有关的条款,但对方在履行合约中必然会发现条款的不合理之处,为了生存发展,势必会找出种种理由进行毁约;即使不毁约,也因为损失过大,对继续合作丧失信心,今后的再度合作可能就不再会有了。这种状况,无疑是不符合公共关系谈判的初衷的。

3. 缓兵之计

在谈判中,由于双方在交锋中难免会遇到矛盾一时无法解决的时候,这时最忌讳的就是意气用事、过于针锋相对,以致伤了和气却依然解决不了问题。这种时候,最好的选择就是运用“缓兵之计”,在缓和气氛后双方再试图进行靠拢。其主要的办法有:

——暂时撇开僵持不下的问题,先谈其他问题,如不谈价格,而谈交货日期、付款方式等。如果对方在这些问题上获得好处,再回头谈价格,就可能好商量些。

——暂时进行休息反思,以便双方的情绪冷静下来,对已经进行的谈判进行回味反思,考虑为什么谈不拢,分析症结所在,寻找可能的解决方案,以便另辟蹊径,使谈判柳暗花明。

——采用“夹塞”策略,即在谈判中转移话题,说一些与谈判无关的开玩笑话,幽默诙谐一番,或者谈一点社会、政治、文化、体育等方面的事情,以缓解气氛,减少对立气氛。

4. 梯度让步

几乎所有的谈判实践均表明,平等的谈判几乎没有不互相妥协、让步的。如此，让步就是谈判中必不可少的正常手段。但谈判中的让步是有一定讲究的，一般来说，均采取梯度让步的方法：

首先，不能作一次性的大让步，那样，对方会认为你态度软弱，逼你再让步。一次只能作少许的让步，在对方的再三要求下，再让少许，这样，步步为营，对方就会认为你已多次让步，就会适可而止。

其次，把自己处境中的困难用算账的方式告诉对方，对方认为你的让步是实事求是的，不可能再继续让步。

再次，举出证据说明你在同其他对手谈判这个问题时，从来没有比这更大的让步。

最后，如果你认为自己的让步已到了最大限度，而对方还要进逼，说明对方不通情理或不谙行情，你可以提出使对方难于接受、又能作圆满解释的条件作为筹码来保护自己的让步条件，迫使对方放弃要求。

思考与练习

1. 如何认识“公共关系新闻”?

2. 请为你所在的单位进行一次新闻性公共关系专题活动的策划。

3. 公共关系广告与产品广告有何区别与联系?

4. 公共关系广告发布需遵循哪些原则?

5. 人际沟通性公共关系有何作用?

6. 人际沟通性公共关系的分类及其操作技巧分别有哪些?

第十二章

营利组织公共关系

社会组织的门类很多，一般来说，可以把它们大致分成两类：营利组织和非营利组织。营利组织是直接从事各种创造利润的经济活动的社会组织，如我们经常看到的工业企业、农业生产单位、饭店业、旅游业、商业服务业、邮电业、运输业、金融业，等等。作为公共关系的主体，社会组织的特性不同，与之对应的公众就会有所不同，相互之间的期望、要求必然不尽一致。看到不同社会组织公共关系的共同点，同时准确把握其不同点，才能够采取相应的行动和措施，从而充分、有效地发挥公共关系的作用。

第一节　工业企业公共关系

工业企业通过生产活动，向社会提供各种形态的以实物为主体的产品。工业企业中有对工业品原料、农产品原料进行不同层次的加工的各种企业，也包括采掘自然资源的各类企业。工业企业是现代公共关系应用最为广泛的一个领域。

一、工业企业公共关系的特点

(一)营利性

营利性是工业企业的基本特点,也是其他所有营利组织的共同特征。营利组织存在的任务,是双重的,必须追求经济效益——盈利,又要讲究社会效益——贡献。只有盈利,它们才有生存的资格和发展的机会;只有贡献,它们才能创造盈利的条件和可能。工业企业的特点,又决定其贡献的主要内容,是通过自身有效的运行,向市场提供各种实物产品和相关服务构成的商品,以满足社会需要。商品能够顺利通过交换并实现其价值,表明这个工业企业的贡献为市场所接受,社会所承认,盈利就有了必要的前提。因此,工业企业的一切活动必须以此为核心,其公共关系工作也必然要求以营利作为主要的约束条件。

1. 以经济效益为方向

公共关系作为企业重要的管理职能之一,必须与其他职能一道,共同为提高经济效益服务。工业企业的公共关系工作,其努力方向必然是促使企业内部各种公众,发挥积极性、主动性和创造性,保质保量地生产、销售适销对路的商品,以换取满意的经济效益。

2. 与市场营销密切配合,相辅相成

市场营销是任何营利组织必不可少的重要工作。经济效益的好坏,往往与市场营销工作的优劣直接相关。只有自己的商品、服务被社会所承认和接受,企业才可能有良好的经济效益。这就必须根据社会和市场的需要,组织生产、经营活动,开展采购、制造和销售业务。因此,包括工业企业在内的所有营利组织,其公共关系活动必然要与市场营销紧密配合,共同为开发和占有市场服务。可以说,在营利组织里,与市场营销脱节的公共关系,绝不会有强大而持久的生命力。

3. 用于增强企业竞争能力

各个企业为了自身的经济效益,必然要在争取顾客、增加盈利方面展开全方位、多角度的竞争。工业企业的产品、价格和各种竞销方法，都是竞争的重要手段。然而，这些手段的“硬”色彩较浓，看得见，摸得着，竞争者容易仿效，多用必然效用递减。通过公共关系与市场、顾客沟通，吸引和争取顾客。“软”色彩较浓，常常能够悄然深入人心，是一种很有效的竞争手段。

(二)生产性

公共关系的主要职能之一是树立良好的组织形象。对于企业来说，它的形象主要由其产品及其质量、员工行为和精神面貌，厂容环境和技术设备等有形因素，以及企业信誉、企业精神、企业风格等无形因素构成。有形因素是公众借助于感官所能直接感受到的与企业有关的实体，构成企业的有形形象；无形因素是公众在有形因素的基础上，通过记忆、思维等心理活动，在头脑中升华所得的感受，构成企业的无形形象。它们各从一个侧面，构成完整的企业形象。人们总是首先感受到有形的东西，才能在头脑中进一步抽象、综合成一个无形形象。工业企业是生产性企业，在构成其有形形象的诸因素中，产品是决定性因素。因而，其公共关系必然具有以下特点：

1. 靠产品与公众沟通

工业企业产品销售的覆盖面大，许多公众难以与工业企业直接接触，往往通过其产品优劣评价一个企业。消费者通过产品的购买、使用或消费，对该企业产生一定的看法；政府以及媒介公众通过一个企业产品的质量、数量，评价其对社会的贡献；金融公众也是通过一个企业的产品及其经济效益，决定与该企业是否继续往来、发展借贷关系；甚至社区公众也常常以同名牌产品企业相邻为荣，同劣质产品厂家相邻为耻。产品是生产性企业形象的基础。

2. 以创造名牌产品为主

生产质量优异的名牌产品的企业，其在公众心目中的形象必然优于生产非名牌产品的厂家；公众购买了劣质产品，往往不只是对产品本身表示愤怒，其不满会更多地指向生产厂家。许多成功的工业企业正是从创建名牌产品入手，进而树立名牌企业形象。

3. 重视售后服务工作

提供多种售后服务，是生产性企业与其用户或消费者主动、直接交往与联络的重要方式，又是有效的竞争手段。一方面顾客购买产品，是为了得到其使用价值。售后服务可以帮助用户更好达到这一目的，并向其传达企业对其利益的关切之心，有助于协同产品共同树立企业的良好形象。另一方面，售后服务好比企业在市场上的眼睛，凭借这双“眼睛”，企业可以去捕捉各种信息，从而优化、完善和改进产品，为产品参加新一轮市场竞争创造良好条件。

二、工业企业公共关系的主要目标

现代企业的运行，实际上是管理者对企业的人力流、物资流及信息流进行综合调节控制的过程。从企业管理的角度看，公共关系实质上是对信息流进行管理和调控的一项重要工作。树立形象的任务，首先就是要在信息的流动中，将所要传达的形象信息通过各种手段传播出去，并对所有涉及到形象问题的信息流通环节进行严格把关。

1. 人事管理方面

(1)增强企业对员工的吸引力，员工对企业的向心力，树立“厂荣我荣”、“以厂为家”的思想认识，与企业同呼吸、共命运。

(2)增进员工对企业的了解。

(3)提高企业在社会上的认知度、美誉度、和谐度，为招聘新员工，增加求职者奠定基础。

(4)融洽企业内部员工之间、部门之间、上下之间的关系，化解矛盾。

2. 生产管理方面

(1)介绍和推广新的工作方式。美国联合化学公司的公共关系部曾与公司能源部配合，向员工介绍、推广节能工作方法。事后评估,公司当年节约能源 2.6 亿美元。

(2)帮助员工提高认识,树立质量意识。

(3)组织员工进行生产方面的竞赛。

(4)协助其他部门,对生产过程中的意外事故进行妥善处理。

3. 市场管理方面

运用公共关系推动市场营销,开发和占领市场,是工业企业及其他营利组织最为重视的一个方面。

(1)企业推出新产品以前,让经销商和用户对新产品的性能、特色、优点有足够的了解。

(2)产品进入新市场时,谋求当地公众对企业的声誉、产品有充分的了解。

(3)企业转入新的生产领域,设法改变公众原有的认识和印象,使企业形象与新产品相适应。

(4)吸引新闻媒介对企业的销售活动及其他市场营销事务的注意力。

(5)安排市场营销人员发表公开演说,支持其访问客户、推销其产品。

(6)与广告、人员推销、销售推广等促销手段协调配合,使已进入市场的产品家喻户晓。

(7)产品在社会上出了问题,造成了不良印象,在找出原因和承担责任以后,使公众了解企业为解决问题所作的努力,重新争取公众的信任。

(8)产品供不应求,承担与未满足需求的用户之间的沟通任务,防止不满情绪的产生及竞争者介入。

(9)巩固企业及产品的市场地位,增强用户的信心。

(10)企业发行股票之前,为股票上市做好舆论工作。

三、工业企业的危机公共关系管理

危机事件是指企业日常生产和经营管理过程中出现的具有重

大不利影响的突发性事件，如重大工伤事故、交通事故、火灾、质量事故、人事纠纷、社区冲突、自然灾害、市场危机、不利的新闻报道等。危机公关的主要目标是：防止危机事件发生；控制危机事件，把危机消灭在萌芽状态；使公众正确认识危机事件，配合企业解决好各种问题；减少各种损失，特别是形象损失；利用危机事件带来的发展机会。

(一)生产性企业危机公关的特点

在危机公关的公众方面，目标公众由个人演变为群体，由小群体演变为大群体。目标公众的意见领袖往往是与当事人紧密相关的第三者。而且目标公众的态度坚决、情感偏激。环境公众容易关心危机事件，喜欢传闻，甚至会出现"声援者"，迅速形成舆论环境。在关系方面，危机事件往往涉及法律关系、行政关系、经济关系、民族关系、宗教关系等，使得危机公关特别复杂和敏感，处理不好容易形成连锁性危机事件。在危机公关活动的内容和方式方面，具有政策性、全局性、战略性、不确定性和风险性，因而危机公关常常难度很大。在传播方面，危机事件具有新闻价值，往往是新闻媒介的报道材料，是一般公众的"聊天新闻"，因此，事件传播快，传播范围广，而且极易出现传播失真。在时间方面，危机事件具有突发性，使危机公关时间紧迫，又要花较长时间去处理，有的遗留问题的处理要跨若干年。

生产性企业危机公关除了要注意以上一般特点外，还要特别重视以下几点：

1. 生产性企业一般比其他类型企业出现危机事件的可能性大，且危害性也大。因此，平时的危机管理任务重，必须加强对危机事件的预测和预防工作，消除产生危机事件的各种因素。

2. 当本企业产品销路打开成为较畅销产品时，假冒本企业商品的不法事件就会发生，这种"假冒危机"会使顾客不再敢购买本企业产品，即使有信誉的零售商、批发商也会被顾客怀疑，结果导致企业销售额急剧下降,为竞争对手占领和扩大市场造成有利时机,有些企业的产品因此永远退出市场。作为生产性企业,在产品投放市场时就必须有配套的预防假冒商品出现的防御性公关方案,保证在产品畅销时有效阻止不法分子的假冒行为,使顾客放心购买。技术防伪、直销、多层传销、设立本企业产品专销点、对顾客进行防假识伪教育等,都是行之有效的防假冒方案。地方消费者协会是专门打击假冒不法分子的政府性组织,企业应与消协保持密切关系,求得帮助和支持。

3. 质量低劣或不稳定,从而给顾客造成损失,这也是很容易出现的危机事件。这种“伪劣危机”对企业形象的损害极其严重,且有较长时间的后遗症——顾客以后长期不信任该企业的产品质量,不喜欢该企业产品。温州皮鞋曾在20世纪80年代和90年代被认为是劣质的代名词,经过不懈努力,其形象已彻底改变,康奈、奥康等品牌成为“中国驰名商标”,2002年,温州市政府更大打“信用温州”概念,形象彻底改观。

4. 生产事故是生产性企业容易出现的一种内部危机事件。由于工人责任、设备技术问题等原因导致职工伤亡和企业财产的重大损失,甚至对社区范围造成污染。因此,内部公关要把防止生产事故的发生列为重点,配合生产管理、质量管理、技术管理和安全管理,为实现安全生产而努力。

(二)生产性企业的危机管理

1. 危机事件预测

需要预测危机事件的种类、性质、规模、原因、时间、地点和后果。预测的程序一般是:可能危机问题假设,调查论证假设,界定可能危机问题的可能原因,可能危机事件界定。危机事件的预测方法主要是经验判断和综合分析判断的方法,要求预测者有丰富的经验和较高的分析判断能力。

2. 危机事件预防

基本思路是：针对可能危机事件的可能原因制订和实施预防措施，消除这种原因。美国电报电话公司曾经实施过一次非常成功的预防危机事件的方案。由于该公司的业务具有独占性，最担心引起社会舆论的干涉和责难。为防止这一危机事件的发生，他们制订的一套预防措施如下：

(1)改造设备，进一步提高服务质量；

(2)降低服务价格，引起社会注目，取悦于公众；

(3)加强公司与政府和有关业务机构的来往，培养公司与他们之间的关系，使公司有一个特殊地位；

(4)全部接线人员改由女性担任，要求不准与顾客争执；

(5)装线人员要特别小心地对待用户的地板和墙壁，尽一切可能不使用户的房间受到损害。

以上措施实施后见奇效。在美国第一次全国电话电报工潮中，该公司超脱于纠纷之外，继续保持营业专利权而没有受到公众舆论的指责。

3. 危机事件应急计划的制订、储备和训练

当预防方案没能有效消除危机原因（或出现了未预料的危机原因）时，就将导致危机事件的发生。因此，在制订预防方案的同时，还要制订可能发生的危机事件发生时的应急计划。应急计划的主要内容包括：控制事态、调查事件、接待来访、传播解释、解决问题。针对每一个危机原因都应当有一套应急计划。要组织参与实施危机应急计划的工作人员经常复习计划、熟悉计划的要求，并且对一些应急能力要经常训练，要与危机应急求助单位（如医院、消防、公安、技术监督、消费者协会、新闻媒介等）保持良好关系。

4. 危机事件的及时发现

危机事件在发生之前往往有一些先兆，可根据可能危机事件的性质、特点、原因设计一些较灵敏的前兆指标，并建立“报警系

统”,严密监视,及时发现危机事件并向有关领导、部门报告,及时启用应急计划。一定要树立时间就是形象、就是生命财产的危机公关意识,决不延误时间。

(三)生产性企业的危机处理

当危机事件发生以后,要按照事先制订的应急计划(可根据实际事件进行适当修改)开展各项工作。

1. 立即控制事态发展

要以最快的速度成立“战时办公室”(危机控制中心),启用应急计划,修改应急计划,请求支援,调配接受过训练的人员,保护现场,抢救受害公众,慰问受害人及家属,消除危机因素(尤其是连锁性危机的因素)。

2. 调查危机事件的全貌及影响

在紧急控制事态的同时,就要展开对事件的调查,这是危机处理工作的基础。主要调查的内容有:危机事件的性质、特点、原因、时间、地点、现状、趋势、后果、影响,各方面公众对事件的反应、情绪、意见,尚存的潜在危机因素,连锁危机事件发生的可能性。

3. 接待来访

危机事件发生后,有关的各方面公众会以最快的速度来人、来函、来电话。有的是要求解决问题,有的是关心和查询,有的是了解真相,有的是批评指责。不管来访出于什么目的,都应热情接待。必须设立专门接待办公室和接待热线电话,安排训练有素的人负责接待工作。

4. 传播

利用各种传播手段,向各有关公众说明、解释、通报危机事件及其处理情况,是企业求得公众谅解、理解、关心、支持和重塑良好形象的重要工作。对危机传播的基本要求是:设立“传播中心”,安排专门的新闻发言人,全天值班;公开事实真相,保证传播准确,统一传播口径,及时纠正失真的传播;及时向新闻媒介和各有关公众通报情况;必要时借助权威人士、机构来传播信息;传播要利于重塑企业良好形象;利于增强公众的信心、信任和希望,促进公众对企业的理解、谅解和支持。

5. 处理问题

要以"协调现状,利于未来,谦虚自责,坚持原则"为危机处理的总方针。注意邀请公正性、权威性机构来协助解决问题,敢于创新解决办法,重视把危机事件当作一个发展机会。要加强处理问题的针对性,对不同的公众采取不同的策略。

对内部公众的策略。及时通报,号召大家团结一心,共渡难关;奖励有功人员,严惩肇事者和临阵逃避者;防止内部逆反公众的逆反行为。

对受害公众的策略。热情接待,耐心倾听,不自我辩护;致歉、同情、关怀、安慰,领导亲自看望;及时回答问题,做出解决办法;事后保持联系,继续给予关心。

对上级主管部门或领导机构的策略。及时、随时汇报,请求指示、指导和支持;承担责任,接受批评和处分;吸取教训,防止以后类似事件的重复发生。

对社区内公众的策略。及时通报,说明情况;防止道听途说和失真扩散;必要时邀请大家参观,请求理解和支持。

对竞争对手的策略。通过媒介把真实情况告诉对手;防止对手借题发挥,传播失真信息,趁机损害本企业形象;防止对手制造连锁危机;防止对手趁虚而入,占领市场。

对政府有关部门的策略。立即汇报,随时沟通;争取关照、指导,作为危机传播的权威主体;求得政策上的各种支持,帮助企业克服困难。

对新闻媒介的策略。由专人热情接待;公开真相,防止失真报道;利用报道宣传自己,进一步提高自己的认知度、美誉度、和谐度。

对支持单位的策略。平时保持友好关系,对各种支持要给予合理回报和公开感谢。

对联合单位的策略。及时通报情况，特别说明事件对其利益的影响及其解决措施，增强其进一步合作的信心，争取理解和支持，共同克服暂时困难。

第二节　商业企业公共关系

商业企业是一类专门从事商品流通的营利组织。广义地说，商业企业既包括国内市场上专业组织商品流通的各种企业，也包括从事进出口贸易的企业。只是在习惯上，我国将前者称作“商业企业”，将后者称之为“对外贸易企业”。作为社会再生产的中间环节，商业企业在履行其职能的活动中，必然与其内部员工、外部供应者、消费者、社区、政府有关部门、新闻界等形成纷繁复杂的各种社会关系。协调处理好这些关系，成为商业企业公共关系的重要任务。

一、商业企业公共关系的基本职能与特点

所谓商业企业公共关系，是指商业企业运用传播手段和一系列具体策略，与公众沟通，赢得公众的信赖、支持与合作，为自身的生存和发展创造良好的社会关系环境，从而使事业获得成功的一种行为方式及活动状态。

(一)商业企业公共关系的基本职能

1.树立商业企业的良好形象

塑造组织形象是公共关系的基本职能之一，也是公共关系服务于组织经营最卓越的功能。从公共关系的角度看，商业企业要塑造良好的形象，首先要靠正确的经营宗旨、策略，靠提供数量充足、物美价廉的商品和优质的服务，同时还要靠有效的公共关系。商业企业运用公共关系，可以测评、判断企业形象，塑造、强化企业形象，调整、矫正企业形象，因而被称为现代企业“形象策略的有效

手段”。

2. 优化商业企业的管理

公共关系具有特殊的管理功能。从本质上说，管理就是决策。科学的决策离不开公共关系。具体地说，商业企业发现问题、确定目标、传输信息，拟定和优选方案及决策方案的实施与控制，都离不开公共关系。所以说，商业公共关系是促进现代商业企业管理走向科学化的强有力的工具。

3. 促进商业企业的产品销售

公共关系不直接参与商业企业的市场营销，但这决不是说公共关系在市场营销活动中就无能为力。恰恰相反，公共关系促进商业企业经营的价值和作用往往体现在更高的层次上。它的以形象带动效益的经营策略，能够极大地提高商业企业的经济效益和社会效益。具体地讲，商业企业运用公共关系促进市场营销主要表现在：自觉的公共关系意识可以保证“顾客第一”的经营宗旨，良好的公共关系状态可以创造和谐的市场营销环境，积极的公共关系活动可以开拓和扩大商品市场。由此可以得出这样的结论：商业公共关系是现代商业企业市场营销活动中不可缺少的重要的“软件因素”。

(二)商业公共关系的特点

商业企业在社会经济领域所起到的桥梁和纽带作用，决定了其公共关系的下列特点：

1. 主体的多样性

商业企业直接向消费者提供消费品，但这些消费品又来源于生产性企业。由此，商业企业的公共关系便有了双重身份。一方面，它作为公共关系主体对消费者公众开展公共关系活动，以吸引消费者公众的购买力。另一方面，它作为生产性企业公共关系的客体公众，又必须以对象公众身份接受其公共关系宣传和信息交流。这种双重身份使得商业企业必须以积极的姿态，主动加强与消费者公众和货源公众的联系，使其在经营中居主导地位。

2. 客体的广泛性

商业企业所面临的公众对象相当广泛，上至国家领导人，下至普通群众，几乎所有的社会群体、组织与个人都与其发生直接或间接的利益关系。公众对象的广泛性，既为商业企业建立广泛的社会关系网络提供了良好的社会条件，也为商业企业的公共关系工作加大了协调、沟通的难度，提出了更高的要求。因此，商业公共关系活动必须根据各种不同公众及公共关系目标的要求，选择公共关系手段，以便切实有效地开展不同方式的公共关系活动。

3. 空间的普遍性

商业公共关系活动的空间比较普遍，它必须在商业活动的购、销、调、存等各个环节和所涉及到的所有公众范围中开展公共关系工作。

4. 信息交流的中介性

公共关系通过双向信息交流，达到组织与公众之间的感情交流。商业企业公共关系除了自身与公众（消费者、顾客）之间的双向信息交流外，还有一个显著的特点，就是信息交流中的“卫星转播”功能，或者叫做“通信员”功能。一方面，商业企业公共关系要把自己所能供给的商品信息及时地传播给消费者公众，以供消费者选择购买，同时还要把生产性企业的产品信息，特别是新产品或换代产品的信息及时地向公众宣传，包括回答用户的提问、介绍产品的性能特点等，还有必要的调试、实验等。这里，商业企业公共关系实际上起到了生产性企业通讯员的作用。在现实中，消费者对生产性企业的意见、建议和要求大多是先反映给经销生产性企业产品的商业企业，然后，再由商业企业传递给生产性企业的。

二、商业企业的内部公共关系

商业企业内部的公共关系，是指商业企业组织与内部员工及部门之间的协调沟通。搞好商业企业内部的公共关系，创造和谐融洽的商业企业的“家园气氛”,是实现商业企业外求发展的前提条件。

商业企业内部的公共关系,与其他组织内部的公共关系相比较既有共性,又有个性。例如,对任何社会组织来说,其员工的言谈举止,所属部门的每个行动,往往直接关系到组织在社会和公众心目中的形象。这属于社会组织内部公共关系的共性特征。但其他行业组织的内部员工并非人人都与外部的对象公众直接接触,社会公众对组织员工的认识也并非直接地形成视觉印象。而商业企业则不同,他们在其经营过程中,要与顾客及货源公众直接接触,这些公众的要求又十分复杂。如顾客公众按年龄、性别、职业、收入、爱好、习惯、风俗、民族、地区、教育程度等划分,常有不同的购买和消费特点,同时其需求又具有多样性、发展性、伸缩性、层次性和情感性等特征。这些会给商业企业员工及各部门的服务工作带来更多的困难,稍不留意便可能引起矛盾。不仅影响员工与顾客、货源公众之间的关系,还会直接影响企业的声誉。这就要求商业企业通过各种方式方法,使每个员工、每个部门都树立起很强的公关意识,自觉维护企业形象,提高自身的思想道德修养和业务技术水平;讲究职业道德,热情耐心和细致周到地接待来客;尊重顾客的要求和意见,以赢得顾客的信任。同时,应用公共关系的方法、手段,协调内部各部门之间的关系,使组织各部门之间树立“一盘棋”的思想。

三、商业企业的外部公共关系

商业企业的外部公共关系,是商业企业与其面临的诸多外部公众之间的协调沟通。搞好外部公共关系的目的,是为了建立与外部公众之间的广泛联系,为商业企业的经营创造良好的外部公共关系环境。如前所述,商业企业所面临的外部公众十分广泛,所以,商业企业的公共关系活动,除了采用与其他社会组织相同的原则和方法外,还要根据自身的经营特点,特别注意加强与顾客公众、货源公众的公共关系工作。

(一)商业企业与顾客公众的公共关系

顾客是商业企业最重要的公共关系对象之一。在市场经济条件下,顾客就是市场,有了顾客就有了市场;有了市场,企业的经济效益才有可能实现。所以,顾客关系是商业企业经营的生命线。所谓市场导向,实际上就是顾客导向。因此,从商业企业的政策和行为的基本导向来说,应该把顾客放在第一位。正如美国企业公共关系专家加瑞特(Panl Carrett)所说:“无论大小企业都必须永远按照下述信念来计划自己的方向,这个信念就是:企业要为消费者所有,为消费者所治,为消费者所享。”具体地说,要协调处理好商业企业与顾客公众的公共关系,下列几种方法是不容忽视的。

1. 向顾客提供优质的商品,是建立良好的顾客关系的物质基础

顾客关系是由顾客对商品的购买行为产生的。所以,没有货真价实的商品,绝不可能有稳固、良好的顾客关系。商业企业与顾客关系的建立不能单靠宣传,而要靠优质的商品来维系。在这方面,公共关系所倡导的“90%做得好和10%说得好”的原则,应作为商业企业建立良好的顾客关系的基本依据,商业企业只有为顾客提供优质的商品,才能赢得顾客的信任和支持。

2. 向顾客提供始终如一的完善服务

商业企业卖商品不能以“嫁出去的女儿,泼出去的水”的态度来对待顾客,而应该抱着真诚态度和行动,向顾客提供始终如一的完善服务。良好的服务能使顾客带着满意的心情离去,并导致其连续的消费欲望和购买行为。完善的售后服务是企业信誉的重要保证,是市场经济条件下协调顾客关系的一个基本准则。相反,那种“货已售出,概不负责”的做法,是商业公共关系之大忌。

美国有一家生意兴隆的百年老店西尔斯公司,在谈起他们的经营诀窍时说:“我们的商店生意兴隆,不过是把大家都公认的经营准则‘货物出门,概不负责’改成‘货物出门,负责到底,保证满

意,否则退款'罢了。"这家公司有一条规矩,店员决不许与退货的顾客争执。有时明知顾客退换的是穿旧的鞋,不慎用坏的工具,他们也甘愿上当受骗给予退换。有人对西尔斯的做法表示迷惑不解,他们却说:"即使这个店偶尔被少数人钻了空子,这也没有什么关系。我们正是指望那些来退货的顾客再买一些以后不再退货的商品呢!"由于实行了与众不同的经营准则,西尔斯以良好的售后服务赢得了顾客的信赖。这家商店经历100年,换过好几代人,但仍兴盛不衰。西尔斯的经理们在开会时,总有一把椅子是空的,椅子的靠背上赫然写着"顾客"两个字。

3.及时、妥善地处理好顾客的投诉、质询、批评和纠纷

企业是人的组合而不是"神"的组合,因此,最优秀的商业企业也难免出现个别的形象事故,再好的顾客关系也难免出现差错和顾客纠纷,问题在于如何做好善后工作。在这方面,公共关系的沟通理论要求主体组织应该认真、严肃、迅速、准确地答复顾客的任何投诉或质询,积极、慎重、耐心、诚恳地解释和解决实际问题,以便平息顾客的不满,稳定顾客的情绪,缩小纠纷引起的不良影响。

4.加强消费管理,科学地引导消费

公共关系沟通不仅要顺从民意,还要引导民意。加强消费管理,就可以使商业企业在处理顾客关系方面掌握主动权。加强消费管理可以采取多种多样的形式,例如:利用各种宣传媒介开展消费者教育活动,免费为顾客提供产品资料和信息咨询服务,建立消费者俱乐部,举办消费者培训班,等等。

5.积极研究顾客的消费心理,善于满足顾客多样化的消费需求

不同类型的顾客具有不同层次的消费需求,作为商业经营来说,不但要考虑自身经营效益的需要,更要善于满足顾客多样化的消费需求。当组织利益和顾客利益发生矛盾时,要坚定不移地把顾客利益放在首位,用实际行动来体现"顾客至上"的公共关系原则。在这方面,"一分钱经营"中的公共关系意识,就生动而又具体

地体现了“顾客至上”的原则。

1986 年 4 月 6 日，郑州市的报纸以“一分钱生意也要做好”为题，头版头条报道了郑州百货大楼的小商品经营情况。此后不久，《河南日报》又以“新长征道路上的针线包”为题，全面地报道了郑百小百货部的经营之道。数以万计的公众以“商业经营如何为顾客服务”为内容展开了热烈的讨论。这场讨论在全市引起了强烈反响，郑州百货大楼也因此名声大噪。

现代公共关系强调组织在所有的决策及行动上，均应以满足公众的需要为前提，而公众的需要是多层次的，满足需要的方法也是多种多样的。在实际工作中，以公众利益为出发点，是公共关系的职业道德应当遵守的。公共关系无疑要为实现组织的经营目标服务，但这种服务要有一定的道德观作基础，这就要求时时处处顾及公众的需要和利益。一方面不应回避和掩饰组织与公众之间所实际存在着的矛盾与冲突；另一方面，在处理这种矛盾时要充分考虑公众的实际利益，并尽可能地予以满足，既要对组织负责又要对公众负责。郑州百货大楼把方便顾客和满足顾客的实际需要放在比自身更重要的位置上，宁肯自己少受益、晚受益，也不“见利忘义”，这充分体现了现代公共关系的基本原则和良好的公共关系职业道德。它与一些商业机构只顾自身利益，无视公众的实际需要的不良倾向，形成了鲜明的对比。

（二）商业企业与货源公众的公共关系

货源公众是商业企业的经营伙伴，是商业企业在现代化分工条件下生存的必要依靠。同货源公众的公共关系，主要注意两个方面：

1.加强联系

商业企业与工业企业不同，一般的工业企业产品品种有限，而商业企业经营的商品种类繁多，有的可达几万种。因此，商业企业必然要同众多的货源公众打交道。商业企业要保持稳定、充足和适销对路的货源，需要与货源公众保持良好的关系。一方面，通过事实和传播沟通，使货源公众了解并认识到，本企业是它最优秀和可靠的合作者，有经销其产品必需的设备、知识、经验和技术，有必要的服务能力，讲究信誉，付款准时，积极热心经营其产品；另一方面，主动向货源公众介绍企业发展方针和战略计划，使其了解自己的优势所在，提供市场信息，帮助货源公众销售适销对路的产品，并在自己的职责范围内协助货源公众妥善处理与消费者的矛盾。

2. 化解矛盾

应当说，商业企业与货源公众保持良好的关系，是有一定基础的。商业企业作为货源公众的销售渠道，双方之间物质利益关系紧密，一荣俱荣、一损俱损。商业企业的正常经营和健康发展，会给货源公众带来希望，但是，双方之间也容易产生矛盾，处理不当很可能反目为仇。例如，货源公众希望商业企业大量进货，商业企业一般只愿意勤进快销；商业企业要求物美价廉、适销对路，货源公众则更关心供应价格、批量生产。这就要求商业企业在经济手段、法律手段、行政手段和商业关系之外，通过公共关系加以处理，共同认识双方的共同利益所在，从长远着想，结成命运共同体，一道开拓市场；经常交换意见，增进了解，互尊互谅，互帮互学，共同提高经营管理水平。

第三节　饭店、旅游业公共关系

旅游是现代社会生活的一个重要部分。由于社会经济和科学技术的发展，交通与通讯手段日益完善，人类出现了较高的物质文明，促进了旅游事业的发达。以旅游者为对象的各种服务性企业，较典型的如饭店业和旅游业，也因此获得了较大的发展。这就为公共关系的应用提供了更为广阔的天地。

一、饭店、旅游业公共关系的特点

饭店、旅游业是营利性的服务行业，又是具有高度依托性的行业。因此，它们的公共关系不仅具有营利性，还具有以下显著特点。

（一）服务性

饭店和旅游企业，都属于服务性企业。它们向社会提供的，主要是与旅行和游览有关的各种非实物形态商品——服务。这是它们经济效益的源泉。因此，它们的公共关系工作必然注意以下方面：

1. 千方百计使顾客满足和满意

服务的无形性，使公众在评价其商品质量时，往往依据由服务过程和服务结果产生的满足感、满意度。满足、满意即为上乘，未满足、不满意则为质量低劣。所以，它们公共关系的立足点，是使顾客满足，创造满意的服务。

2. 主要依靠有形因素树立形象

饭店、旅游业作为服务性行业，它们给顾客和其他公众留下印象的，不仅有服务质量的好坏，服务项目的特色，还有建筑物的外观、设施和员工精神风貌、言谈仪表等。如一家五星级饭店，会使人联想到其完善的服务设施，一流的服务水平，训练有素的员工，以及其他有形因素。同样，某旅游区的景观会使公众形成这一地区的特有印象。

（二）直接性

饭店、旅游业的服务性特点，决定其商品——服务的提供，必须通过员工与顾客的直接接触进行。服务的提供者和提供服务时间的不同，都可能使服务出现质量差异。在许多服务过程中，顾客的参与又发挥着重要作用。顾客要得到满足，必须依靠员工的帮助；员工要满意地完成任务，又要顾客的配合。在这种状态下作业，员工的一举一动都是所属企业形象的公开亮相或“曝光”。因此，饭店、旅游业更加注重对全体员工公共关系意识的培养和公共关系方法的训练。

(三)复杂性

饭店、旅游业的兴旺，离不开工农业、运输业、邮电业、商业和城市基础建设的发展。作为旅游市场的供给一方，饭店业提供的是食宿服务，旅游业提供的是游览服务；而作为需求一方的旅游者，他们需要的不只是孤立的一个饭店床位或一处景点，而是从离家开始到返回为止的整个旅游过程都有良好的感受。所以，饭店和旅游企业必须与其他有关部门互相配合，保持协调。其中一个环节出了问题，就会影响这根链条上其他环节的质量。饭店、旅游业的这种高度依托性，使其公共关系更为复杂。

1.公众的复杂性

饭店、旅游业的兴旺发达，必须有充足的客源。影响客源多寡的直接因素，不仅有饭店、旅游企业自身的形象，还要看旅游地吸引力的大小，运输业、邮电业和商业的发展水平等。因此，饭店、旅游业面对的公众不仅有内部员工、旅游者、政府和新闻媒介等，还有许多其他必须高度依靠的经营伙伴。

2.关系的复杂性

公众的复杂性，必然导致彼此关系的相应复杂。以饭店、旅游业与其经营伙伴之间关系而言，大家都是为旅游提供服务，因此，利益上有一致性：饭店、旅游业的发展，可以刺激运输、邮电和商业等的发展；这些行业发展了，又能促使饭店、旅游业的兴旺，彼此形成相互依存的协作关系。但是，它们利益上又存在着互斥性：旅游者把相对有限的收入更多用于食宿、游览时，往往要减少其他方面的开支；反之，旅游过程中其他开支增多，又必然会减少饭店、旅游业的收入，彼此之间又有竞争关系。即使是饭店、旅游企业之间，也是既有竞争又有合作。

二、饭店业公共关系的任务

饭店在我国有许多不同的称呼。较大的饭店通常也叫宾馆、酒店，其设施完善，服务项目齐全，除食宿外还提供洗衣、理发、医疗、娱乐等服务项目，并出租车辆、代办邮电、代购车船机票，经销一些日用商品和旅游纪念品。中等规模的饭店除了提供住宿，还有餐厅，并兼营其他生活服务。较小的饭店多叫旅店、旅社和客栈，通常只能提供住宿。

饭店业的公共关系，主要用于以下方面。

(一)树立享有声誉的饭店形象

1.设计饭店形象

这是树立形象的基础。一个好的饭店形象，设计时至少要综合考虑两大方面：公众对饭店的要求，饭店的条件和优势。换言之，也就是要在公众希望饭店怎样、饭店又擅长为公众做什么之间，找到饭店形象的落脚点，并引申出个性特征。我国北京的香格里拉饭店，其形象便是：一座在阳光下闪闪发光的、东方的景致和西方的舒适珠联璧合的24层大楼。

2.推广饭店形象

设计出来的饭店形象，要通过各种方式和媒介，比如画片、模型、录像、宣传材料及各种社交活动，推广出去，使广大公众了解和熟悉，提高饭店的认知度。

3.检测饭店形象

要通过广泛的调查、了解，检测饭店的实际形象与期望的形象有否差异，分析差异产生的原因，并报告给饭店决策者，采取相应的措施。

4.调整饭店形象

在必要的时候，饭店还要根据形势的变化，对形象进行调整，重新定位。例如，我国上海的锦江饭店，长期由政府直接经营，服务对象级别高。在一般公众的心目中，锦江饭店的形象是庄严有余、亲切不足。在新的形势下,这家饭店认识到,原有的形象对扩大业务、提高经济效益不利。要根据公众心理及消费结构的变化,在保持锦江原有高贵豪华形象的同时,再赋予亲切平和的情调色彩。在公共关系部的建议下,这家饭店打破森严的壁垒,开门迎客。锦江园内许多昔日令普通市民望而却步的地方,今日成了人们喜欢去的场所,并通过广告,使"锦江是属于公众的"这一信息广为传播。

(二)联络感情,增进了解和友谊

公共关系要为饭店的生存和发展创造"人和"的环境,就要与各种公众进行联络。就饭店外部公众而言,尤其要保持与以下公众的沟通:

1. 宾客

要注意区分不同的宾客,采用不同的方式进行交流。例如,高档饭店的宾客大致有三类:一类是观光者。著名的饭店常被当做当地一大景观,经常有一些穿戴朴实、不愿多花钱的客人慕名而来,参观游览。他们希望饭店以礼相待,热情介绍。第二类是贵宾。他们人数不多,但作为社会名流、新闻人物,其影响之大是其他客人无法比拟的。接待贵宾要周密准备。贵宾到达时,可以举行欢迎仪式;在适当的时候,陪同参观,介绍饭店成就。有的还要根来据宾个人生活特点,重新安排室内装饰,准备专门服务。第三类是常客、散客。他们有的常来常往,有的长期生活在饭店,甚至在饭店安家。饭店应当根据他们的文化背景和习惯、爱好,设置合适的娱乐场所,组织有感情色彩和纪念意义的活动。

2. 新闻媒介

饭店常常是重要事件发生的场所。名人贵宾下榻,重要活动的举办,都会受到全社会的瞩目,引起新闻界的兴趣。因此,饭店的公共关系部门要了解和熟悉新闻媒介,与其保持广泛联系,建立个人友谊,及时通报情况,为新闻单位的工作提供各种便利。要善于借助重要新闻播发,宣传饭店,提高饭店的认知度、美誉度和和谐度。

3. 社区

社区是企业生存的根基。饭店的建设和发展,要有一个良好的社区环境。因此,饭店要注重睦邻之道,积极参加社区建设,支持社会公益事业,维护社区公众的利益,力争做一个合格的社区居民,使社区公众接受、认同并引以为荣。

4. 经营伙伴和竞争对手

对饭店业来说,不仅要积极发展与经营伙伴的关系,还要十分注意和竞争对手的关系。同业之间不仅有竞争,还可以合作。例如,异地的饭店之间,可以联合成一条龙式的服务链条,共同得益。本地的饭店之间,也可以交流经验,互相取经,共同提高经营管理水平;还可以互相介绍客人;遇到特殊情况,也可以互相支援。协调好与同业者之间的关系,是饭店业公共关系工作不可缺少的内容。

(三)收集信息,参与决策

1. 分析评估饭店的认知度和美誉度、和谐度,了解公众对饭店的意见和反映,整理之后报告决策部门,使领导及时知道不足。

2. 调查公众行为,分析公众态度,预测变化趋势,并提出解决问题的方案。

3. 从公共关系的角度评议饭店方针、政策和计划,研究是否符合公众利益和社会利益及其对饭店形象的潜在影响,并提出建议。

4. 协助营业部门增设服务项目,扩大饭店业务。

(四)教育和引导内部员工树立公关意识

1. 引导员工树立明确的公共关系意识,珍惜和爱护饭店的形象、声誉,要使饭店的公共关系工作得到全体员工的合作、支持,使他们在社会交往中,尤其是与顾客的接触中注意沟通饭店与公众的联系;树立"顾客至上,信誉第一"的思想,主动宣传企业,为树立企业形象做好外部公众的工作。

2. 教育员工从本职工作出发，在各自的岗位上支持和关心公共关系工作。

3. 培养员工的主人翁精神和责任感，这是激发员工做好公共关系工作的思想动力。要通过各种内部公共关系活动，增进员工之间的团结、友爱和理解，调动员工的积极性。

（五）处理突发事件和宾客投诉

饭店是公共场所，容易发生一些突发事件，例如火灾、爆炸、自杀、重大失窃、严重食物中毒、自然灾害袭击等。在这种时刻，饭店公共关系部门要立即行动起来，积极设法宽慰宾客和有关人员；与其他部门密切配合，投入善后工作。一旦饭店形象因此受到破坏，还要采取措施补救，改变公众看法，挽回影响。

接受和处理宾客投诉，是饭店公共关系部门的日常事务，也是饭店用以消除宾客疑虑、沟通双方意见的有效方式。这项工作要求耐心、细心，注意以下方面：

1. 接待宾客投诉，态度要认真，语言要婉转，行动要迅速，处理要公正。多询问，少解释，决不能辩护和争论。要坚持“宾客总是对的”，把正确留给对方。

2. 受理的投诉要及时转告有关部门，督促尽快改进。对重要的投诉，或超过公共关系部门职责范围的问题，要迅速报告饭店决策部门，请求领导指示、解决。

3. 不能放过所谓的“细微小事”。有时宾客反映的问题，无非是开水不开，热水不热一类的小事。但这些都会直接影响饭店的声誉和形象，同样要认真对待。

4. 定期将投诉内容、处理情况分类、整理和归档，供今后参考，也可在内部报刊上公布。

三、旅游业公共关系的任务

旅游可以使人陶冶性情，丰富生活，增长见识。旅游业的主要任务是招徕顾客，组织游客按一定的线路游览，并提供相应的服务。旅游业的公共关系工作，能提高旅游地认知度、美誉度和和谐度，吸引更多游客，促进旅游业的兴旺发达。

旅游企业公共关系的任务，与饭店业及其他企业有许多相似之处。不过，它们也有两点特殊的地方。

1.树立良好的旅游地形象

一般的企业或社会组织所要树立的，主要是自身形象。旅游业不仅要注重自身的企业形象，还要大力宣传和推销旅游地的形象。从某种意义上说，旅游地的形象比旅游业的企业形象更为重要。旅游企业的公共关系部门必须看到这个特点。

2.提高旅游的社会承受力

旅游的社会承受力，是指旅游地居民对当地旅游业发展的规模和方向，在心理上所能接受的限度。联合国教科文组织的一项研究报告曾经指出，世界上许多旅游地的居民对游客的态度，普遍经历了由欢迎到冷淡，进而不满和厌恶四个阶段的变化。原因很多，如大量游客的拥入，与当地居民争夺有限的生活空间，致使交通紧张，商店、公共娱乐场所拥挤不堪，给当地居民带来不便，甚至加剧了环境污染和生态不平衡，造成旅游地生活环境质量的下降。另外，游客大多数经济条件较好，或平时已有旅游积蓄，比当地居民消费水平高，抬高了旅游地物价，于是，导致了旅游地居民和游客之间物价矛盾。这是必须引起旅游业重视的一个问题。旅游地居民是当地旅游业的重要组成部分，缺少他们的支持与合作，旅游业就会失去赖以存在的社会基础。许多旅游者在选择旅游地的时候，往往也要考虑旅游地是否有良好的社会氛围、优良的服务、便利的交通和便宜的价格。旅游服务质量高和当地居民的热情友好，已被许多国家列为与自然旅游资源、人文旅游资源相提并论的又一大类旅游资源。实践证明，游客由于种种原因，在旅游地未能享受到满意的服务，或没有观赏到某个奇景异观的遗憾，常常能从旅游地居民的热情友好中得到补偿；反之，服务再满意，风景再迷人，当地居民不甚友善，也会使游客心情遭到破坏。

提高旅游的社会承受力，关键在于扩大旅游业发展的积极方面，尽可能限制消极方面。例如，进行合理的规划和开发，充分尊重当地居民的地位，取消任何有损于当地居民自尊心的歧视性规定，加强旅游地的保护和建设，以及对当地居民进行教育和引导。事实上，许多旅游地居民之所以缺乏热情，有时并非游客已经多到明显损害其利益的程度，而是主观认识上的原因。那些不在旅游业工作的当地人，他们不了解旅游业的发展对自己究竟有什么好处。开展公共关系活动，协调旅游地居民与游客、旅游企业的关系，帮助他们克服个人认识上的片面性和局限性，就成为旅游业公共关系的一个重要任务。

第四节　邮电、运输、金融业公共关系

邮电、运输、金融业作为一种联系各行各业，服务于社会公众的营利性企业，其公共关系的客观存在及其重要意义不言而喻。因此，研究和处理好各自所面临的公共关系问题，是至关重要的。

一、邮电企业公共关系

邮电企业的主要职责是通过邮政和电信传递信息，办理邮通业务。由于邮政电信沟通国内外往来，联系千家万户，服务于全社会，并同政府机构、新闻媒介及各种用户存在着密切的业务关系，因而这些关系的协调、沟通就成为邮电企业的一项重要任务。而邮电企业的公共关系，是指把公共关系学的基本原理运用于邮电通信部门的建设、经营和管理活动之中，在争取公众理解、优化内部管理、改善外部环境、树立良好形象、推动邮电通信事业发展的过程中所形成的公共关系思想与活动。它是现代公共关系在邮电部门的具体应用和创造性发展。

(一)邮电企业公共关系的特点

1.邮电企业公共关系主体的双重性

邮电企业公共关系主体的双重性，是指作为公共关系活动主体的邮电部门，同时具有政府与企业双重职能的特点。我国的邮电管理体制是“政企合一”，因此，从中央到地方，各级邮电部门都以双重身份开展活动，即一方面代表国家对邮电业行使国家行业的管理职能；另一方面，绝大多数的邮电组织(包括行使政府职能的邮电组织)，又是相对独立的企业法人，须扮演好企业组织的角色。邮电企业公共关系主体的这种双重性，决定了其公共关系活动的方式和手段必须是多样的、协调的。

2.邮电企业内部公共关系的整体性

邮电公共关系的整体性是指作为邮电部门内部公共关系对象的各级各类邮电组织和员工之间相互牵引、相互影响、相互依存的整体关系。这种整体性要求邮电公共关系必须协调好组织内部各个环节的关系，以保证整体的正常运行。

3.邮电企业外部公共关系活动的多样性

邮电企业外部公共关系形态的多样性指受各种各样客观因素的影响和制约，使得邮电企业外部的公共关系呈现出多种形态和多种色彩，诸如：邮电通信业广泛的社会性和服务性，使得邮电组织面临的公共关系客体异常庞大，几乎所有的社会公民都是其直接或潜在的公众；生产过程和消费过程的同步性，使邮电部门的公共关系必须协调处理好每一个环节；国家对邮电行业的垄断性，使邮电部门置身于全社会公众的监督之下，成为众人瞩目的焦点等。

4.邮电企业公共关系的政策导向性

这主要是指邮电部门公共关系的开展，必须以国家关于邮电通信业发展的方针政策为依据的特征。邮电通信业在整个国民经济发展过程中居于重要的战略地位，因此，世界多数国家对邮电通信业实行垄断性经营。在我国，国家为邮电通信业的建设、管理和经营制订了一系列方针政策，这是邮电部门行使政府职能、办好邮电企业和指导邮电公共关系活动的根本依据。从这个意义上讲，邮电公共关系具有明显的政策导向性特征。

5. 邮电企业公共关系效果的综合性

这方面是指邮电部门开展公共关系活动必须重视整体效果和综合效果的特征。各级邮电组织无论为实现何种目标而进行的公共关系活动，都必须从邮电系统的全局利益出发，充分顾及全方位的综合效果，才能实现本组织的整体公共关系目标。如果仅从本位主义和地方主义出发，就会使整个公共关系活动归于失败，甚至会使整个邮电通信业的工作和形象受到损害。因此，邮电部门进行公共关系效果的评估，必须把提高整体的长远利益和综合利益作为衡量公共关系活动效果的主要尺度。

(二)邮电企业公共关系的任务

邮电企业公共关系的任务，包括总任务和具体任务。其总任务是：为邮电组织任务的顺利完成创造一个良好的内外环境，在我国就是树立"人民邮电为人民"的良好行业形象。根据这一总任务的要求，邮电企业的公共关系工作主要有以下几个方面：

1. 采集信息，为组织决策提供咨询并直接参与决策

邮电是信息产业，以为社会各界传递信息为主业。这一特性为邮电公共关系机构采集信息，为本组织领导者决策提供咨询，创造了得天独厚的条件。邮电公共关系机构通过信息采集，可以及时有效地将行情动态、市场变化、用户意见、邮电形象等方面的信息进行分类加工，及时提供给决策层，为领导者进行正确决策提供保障，同时也为公共关系机构策划活动方案提供依据。

另外，邮电公共关系机构还应直接地参与组织决策，以便更有效地发挥公共关系参与决策的职能。在这方面，国际上有许多成功的经验。例如，美国电报电话公司就十分重视发挥公共关系机构参与组织决策功能。这家企业从总经理到话务员，都很重视公

共关系。公司的一切重要决策，未经公共关系部研究，不能拍板决定。负责公共关系的副总经理，每周出席总经理召开的会议，以便在公司决策之前能够发表意见。公共关系机构积极地参与组织决策，对该公司的顺利发展，起到显著的促进作用。

2.传播沟通，增进社会和公众对邮电的认识

邮电部门作为一个行业，在社会上认知度很高，但具体到每一个企业或营业单位，却未必如此。同时，由于邮电业务分类繁多，随着科学技术的发展和社会需求的增加，新的经营项目也在不断增加。通过公共关系的传播沟通，可以增进社会和公众对邮电行业的了解。具体的传播沟通方式，可以采取各种形式的演讲会、报告会，积极参与社区的公益事业，鼓励员工以企业的名义参加各种社会活动，举办展览会，设立热线电话等。这些都是增进社会对邮电了解的传播沟通方式。

3.提高服务质量，以优质的服务赢得社会和公众的信赖

邮电企业的一个特点，是许多一线的员工，比如话务员、营业员和投递员，在其工作过程中要同公众直接交往。他们的服务水平、服务态度，往往是人们评价邮电企业服务质量的重要依据。所以，企业要通过公共关系，广泛征求意见，了解公众最关心、需求数量最大的业务及其满足程度；制订公共关系计划时，应把员工作为重要的因素，加强员工的公共关系意识教育。要向员工介绍各方面情况，使他们知道如何做好本职工作，怎样代表企业做好对外工作，提高服务水平，改善服务态度，积极主动去争取用户满意和信任。

4.积极沟通，努力求得政府与新闻媒介的支持和帮助

邮电企业要通过有效的公共关系工作，让社会各界，尤其是政府了解邮电事业的性质、地位和作用，把邮电通信摆到国民经济“先行官”的位置上，支持和发展邮电事业。

邮电联系千家万户，服务于全社会，社会影响大，经常是新闻

媒介瞩目的中心。邮电企业更应重视和发展与新闻媒介的关系,积极主动地向记者、编辑介绍情况,广交朋友,增加知音。美国通用电气(佛罗里达)公司,就十分注重对新闻媒介开展公共关系工作。他们认为:“要使新闻单位宣传好我们,我们必须首先搞好对记者、编辑的宣传,使他们了解我们,理解我们。”这家公司对所在地区的150多家新闻单位,每年至少访问一次,重点单位还要访问多次。新闻媒介发表与公司有关的报道,若有不当之处,立即指出,争取更正。如果发表用户意见,如读者来信,则主动派员向新闻媒介和用户说明情况,确属公司的问题,虚心接受,积极改进,并设法通过新闻媒介挽回影响。他们特别强调,要善于使用报纸、期刊、广播电视来宣传企业。

5.强化市场意识,为促进市场营销服务

在我国,随着改革开放和现代化建设事业的不断发展,邮电行业的市场情况也发生了重大变化。邮电业已由过去的“独此一家,别无分店”的卖方市场,开始转变为“龙争虎斗”的买方市场。传统的邮电业务需要转轨,新兴的邮电业务竞争激烈。对此,邮电行业的公共关系活动必须强化市场意识,通过有效的传播与沟通,推进邮政业的市场竞争和电信业的新技术应用,推动邮电市场营销的发展。

6.排忧解难,妥善处理危害公共关系事件

居安思危,拟定各种各样的危机处理方案,以应付和处理涉及人民生命财产的各种突发事件,这是邮电公共关系工作的一项比较特殊的而又必不可少的任务,也是一项长期的,必须靠超乎寻常的智慧去完成的任务。一般来说,影响邮电行业形象的事故有撕毁信件、盗窃包裹、贪污汇款、服务态度差等问题。解决这些问题,一方面要加强内部管理,加强员工教育;另一方面要通过公共关系手段,及时使公众了解事件真相,了解邮电组织为解决问题所付出的努力,以重建公众对邮电组织的信任。

另外，邮电公共关系还要善于为维护邮电组织形象服务，为已经树立起来或正在树立的邮电组织形象"保驾"，这也是邮电公共关系工作的重要任务之一。

二、运输企业公共关系

运输企业的基本任务是以运输设备和交通工具为手段，在流通领域中实现旅客与货物的位置转移。交通运输业作为第三产业，是联结社会生产与消费的纽带，是商品流通和公共交往的物质基础。现代社会生活的特点是流动性大，科学技术的进步和交通工具的发展，促进了各种运输企业的发展。公路、铁路、水路与航空运输企业，已成为现代经济生活的重要支柱。长期以来，我国交通运输一直是薄弱环节，严重制约着国民经济的发展。因此，运用公共关系手段，努力创造有利于交通运输发展的环境，是运输企业公共关系的主要任务。

（一）运输企业公共关系的主要内容

运输企业的公共关系，是指运输企业为争取组织内部与外部的理解、支持与合作，运用现代公共关系的理论与方法，采用传播沟通手段以达到组织与公众相互协调之目的所进行的一系列活动。

运输企业包括各种不同类型的组织，不同类型的运输组织其公共关系工作的侧重点也有所不同。一般地讲，运输企业公共关系的工作内容，主要有以下几个方面：

1.提高服务质量，改善服务态度，以实际行动树立运输企业的良好形象，赢得社会的信赖和支持

运输企业的服务就质量而言，旅客和货主所要求的主要是安全、正点；服务态度虽然因人因事有所不同，但人们基本要求也无非是亲切、友善，使人满意。

2.结合运输企业的工作特点，加强全员公共关系培训，不断提高员工的形象意识

运输企业的员工经常单独作业，各自为战，加上运输企业一般

点多线长,涉及面广,影响面较大。因此,教育和引导员工树立公共关系意识,自觉维护企业形象,把自己作为企业的“大使”,妥善处理好与各种旅客和货主的关系,是一项不容忽视的公共关系工作,必须下大力气切实抓好。

3. 建立通畅的信息沟通网络,加强运输企业与各类公众的信息交流,实现全方位的外部公共关系的沟通

完成这一任务的关键在于信息传递和反馈的及时性及信息处理的有效性。如通过多种传播媒体和途径,把与社会和公众相关的信息及时地传递出去,以不断增进外部公众对运输业的了解;把社会和公众对运输业的意见及时收集反馈给组织,并迅速作出处理,以便使公众满意。

4. 要认真做好顾客投诉处理工作,积极做好应变准备

运输企业的员工与旅客密切接触,时间又长,容易产生矛盾,加上发生各种恶性事故的概率较高,所以,应特别注意:运输企业是有高认知度的公用性行业,其一举一动都惹人注目,极易成为社会舆论和新闻媒介的热门话题,稍有不慎,企业声誉便会毁于一旦。因此,树立危机意识,加强预防型公共关系是至关重要的。

(二)运输企业日常公共关系

运输企业的外部公众主要包括旅客与货主、政府有关部门、大众传播媒介等,他们构成运输企业生存与发展的主要社会环境。运输企业的外部公共关系,实质上就是与这些社会环境要素之间的关系。旅客与货主是交通运输企业的消费者公众,他们的消费需求和满足程度是交通运输企业存在与发展的基础。经常不断地开展消费需求和满足程度的调查,及时提供客货运输服务信息,坚持优质服务,是运输企业公共关系活动的重要方式。各级政府是社会的管理者,各行业、各部门的发展规划,不仅必须以政府决策为依据,而且其经济协作常常也要依靠政府协调。因此,运输企业一方面要及时、准确地向政府及有关部门提供决策信息,以便政府

科学决策和适时调整决策;另一方面要加强与相关经济部门的信息交流,促进各经济部门之间的合作与协调。大众传播媒介是特殊的外部公共关系对象,具有组织与外界联系的桥梁作用和强大的舆论功能。运输企业利用大众传播媒介,既可得到舆论的支持,也可对自身活动实行有效监督。由于交通运输的生产过程与消费过程的同一性,其经济活动常常直接面对消费者,因而舆论监督就显得特别重要。

(三)客运企业的危机管理

危机事件处理是客运企业经常面临的特殊公共关系活动。客运事故引起伤亡事件,是客运企业遇到最多的危机事件,这种危机事件因直接涉及公众生命,因而要特别慎重处理。从公共关系的角度来讲,要力求做到下列几点:

1. 建立常设危机事件处理班子,制订应急措施,掌握有关政策法规。

2. 发生危机事件时,要确定一个发言人代表企业对内对外介绍事实真相,防止说法不一的情况产生和谣言的传播。

3. 及时与新闻媒介取得联系,准备提供技术性较强的情况介绍及技术人员或专家的意见,让新闻媒介适时、恰当地向公众介绍情况。

4. 妥善处理善后工作。对责任事故,要做细致的解释工作;耐心谨慎地对待受害者或家属,严禁企业代表与其发生冲突。待受害者的愤怒与不满充分宣泄后,再与其进行理智的商谈,切勿操之过急。参与谈判的企业代表需富有同情心和经验。在赔偿问题上,既要实事求是坚持原则,又要灵活变通,照顾受害者的实际利益。

5. 积极与需要其援助的单位联系

如医院、公安部门、消防部门,相关的科研单位,临近地区的部队、厂矿、机关等都可能是危机事件处理过程中的求援对象。平时应建立良好关系并经常联系，避免“平时不往来，有事找上门”的现象。

三、金融业公共关系

金融业公共关系（简称“金融公关”）是指金融机构为了特定目的所进行的各种公关活动。它有助于金融机构内部的管理和协调，有助于与目标消费群体的互动沟通和交流，有助于提高金融品牌的知名度、美誉度和忠诚度，有助于提高金融品牌的核心竞争力，以获取良好的经济效益和社会综合效益。金融企业是以货币、信贷、保险、证券之服务业务为主的特殊行业企业，亦以盈利为目的，需要进行公关活动和品牌塑造，以应付激烈而残酷的国际金融市场竞争。因此，金融公关是现代金融品牌经营中的一项重要的管理活动，它对金融品牌的生存与发展、竞争与开拓有着举足轻重的作用。

西方金融业从 1958 年开始引进金融营销观念，随即引入金融公关理论和理念。到了金融创新不断发展、资金供求关系变幻不定、全球化的当今时代，金融亦提出了“全方位消费者满意度”的品牌塑造理念，并实施全方位质量管理策略，以适应“消费者导向”之要求，因而金融公关对金融品牌塑造和管理的重要性日益显现。

（一）现代金融业公共关系的特点

1. 强调差异化

金融服务具有无形性，一项具体的金融服务不会对购买者的触觉、味觉、听觉等起作用，它是一种无形的、非实体化产品，并且难以进行证明或展示。因此，有赖于通过公关来告诉消费者服务的内容及有别于竞争者的差异化特点，以引起消费者的注意。由于金融服务的生产和销售是同步进行的，所以金融服务具有不可分性，这种“无库存性”使顾客更加关心金融品牌提供的产品以及产品的价格、促销方式等是否恰当，是否能够满足需求。而金融公关则可以让消费者了解情况，使用信用卡、电话银行、ATM 这些新工具。金融服务一般都不能被标准化决定了它的异质性,这就需要不同金融公关对不同区域的不同顾客进行不同的诉求,强调差异化。金融服务缺乏专门特性,从消费者的角度来讲,不同金融品牌提供的服务和产品一般没有什么差异,因而,塑造金融品牌的突破点之一便是通过公关活动推行差异化战略,以使自己优化、别于和胜于竞争者。

2. 强调定位和市场细分

金融服务具有极大的相似性和易于模仿性:一项新型的金融工具推出之后,很快就会被竞争者模仿,优势丧失。于是,一些金融品牌开始考虑创新出一种竞争者难以模仿手段以赢得竞争的方法。他们在痛苦中发现,没有一家金融品牌能够提供一切金融服务项目,都是各有侧重;而如果把市场细分,将金融产品集中于目标消费群,在细分市场中抢占尽可能大的市场份额。也就是说,找准自己的市场定位。定位理论是在告诉金融经营者,必须使自己的产品在消费者心目中获得一个认定的区域位置;金融公关应将火力集中在一个细分市场上,集中到目标受众中,在目标消费者心智中创造出一个心理位置;要充分表现出服务产品的差异性,使之与竞争者有无形的明显差别。

3. 注重沟通和协调

金融品牌积极开展对外公关活动,以求与社会各界的有效沟通和协调。通过增强自身的经济实力和竞争力,同时搞好各种基础设施建设,以良好信誉和优美的环境来赢得客户,利用各种现代化的技术为客户提供准确、快捷、高效的优质服务,并且经常与社会各单位和储户保持联系,如定期组织座谈会、联谊会,认真听取对银行的意见,以达到沟通思想、交流感情的目的,提高其在社会上的知名度和美誉度。要搞好危机公关,当金融经营管理、服务营销出现危机时,应该及时进行公关,协调关系、化解矛盾,以使金融品牌所可能受到的负面影响减少到最低限度。

4. 金融公关对象的五大特征

金融公共的对象具有广泛性、群体性、共同性、相关性和变动性五大特征。

广泛性是指金融公关涉及千家万户，比如银行品牌所面对的广大消费者，保险品牌所面对的众多投保户。这之中既有储户又有贷户，既有投保户又有被保户。

群体性是指在现代社会中，任何一个组织在其生存和发展中都需要与各种各样的公众群体打交道。金融机构在经营管理活动中，也离不开一定的公众群体环境。这个公众群体环境是指与金融机构有联系的各种关系和公众舆论总和。

共同性是指与金融品牌相联系的公众具有某种内在的共同性。这种共同性就是相互之间的某些共同点，比如共同的利害、需求、目的，共同的兴趣、意识以及共同的文化心理，等等。它会使一群人或者团体和组织产生相同的心理，从而采取相同的消费行为。这就要求金融公关不要就事论事、就人论人，不要把与之相关的公众中的个人或个案当成是孤立的，而应当认识到面对一个共同的问题的肯定是一个金融消费者群体。

相关性。所谓相关，即是说消费者或公众的观点、消费行为对金融品牌的发展和目标具有现实的或潜在的影响力、制约力；同时金融公关的决策和行为对于消费者和公众也具有现实的或潜在的影响力和制约力。这种相互作用是金融机构与公众形成主客体关系的关键。也就是说，金融品牌与其消费者或相关公众利益相关。金融品牌在寻找消费者和潜在消费者的过程中，确定利益相关性是其前提，从而制订相应的金融公关策略。

变动性。这里的变动性从营销学的角度讲是指消费者和潜在消费者的流动性。比如管理和公关营销绩效优秀的金融品牌，其消费者的数量在逐渐地增加，表现在营业额的逐步上升；反之则反是。对金融机构内而言，金融品牌对员工的管理、协调和沟通较好，就能够增强企业的战斗力的竞争力，提高金融品牌的企业形象；反之则反是。这就要求金融公关应该从里到外、从小到大地努力起效。

5. 金融公关传播手段的多样性

金融品牌公关传播的手段具有多样性的特征。人们最为常见的就是传统四大媒体的广告公关。比如中保集团在央视近3年来大规模广告以打造强势品牌；软新闻是金融品牌进行公关活动的又一常见手段。尤其是在中国，金融机构普遍利用软新闻的方式进行公关传播、推广和沟通；网络媒体的横空出世为金融品牌公关创造了广阔的舞台，没有任何一家金融品牌不在网络这一领域进行公关耕耘的；品牌传播是金融品牌公关最为重视的，中国招商银行就充分认识到这一点，想尽一切办法争取消费者的“金口”以求“美言”的传播。其他如明信片、店头设计、员工的音容笑貌等都能成为金融公关的传播手段。

6. 金融公关追求整合的威力

进入20世纪80年代以后，金融界和理论界认识到金融品牌的塑造和管理不是单个的公关活动，而必须把它们作为一个整体来看待，进行各种资源、要素的整合，进行整合营销、整合推广。金融品牌开始真正以市场为导向，以市场营销的观念指导金融品牌的整体活动，开始考虑企业的经营理念和确定、培育品牌文化。金融营销的观念也由原来的产品营销、定位营销、服务营销、整合营销发展到品牌经营。他们认识到要使自己有良好的发展，在竞争中获胜，就必须加强对金融品牌内外部环境的调研和分析，整合所有可利用的内外部资源，培养品牌的核心竞争力，厚积品牌资产，塑造强势品牌。

（三）金融公共关系的任务

1. 塑造金融品牌

农业社会竞争土地，工业社会竞争机器，信息社会竞争品牌。

金融品牌经营是指从品牌定位出发，经过品牌规划和设计，进行金融品牌的公关推广，以期在消费者或潜在消费者中扩大知名度、提高品牌认同和消费者忠诚度，建立消费者对金融品牌的崇信度，厚积品牌资产；通过品牌的创建、经营和管理，进行品牌延伸、品牌扩张和品牌战略联盟等一系列战略、策略，增强品牌竞争力、达到品牌增值之最终目的的全过程。金融品牌经营具有高回报率，且收益具有长时间的稳定性，因为品牌具有特定的垄断优势，而且这种垄断又不似产品经营中的一般性垄断。

在西方发达国家，在整个 20 世纪 80 年代，品牌就是一切。“20 世纪 80 年代标志着品牌概念的一个转折点，管理界的人士认为，企业最宝贵的财富是品牌”([法]让·诺尔卡菲勒，1997)。品牌管理，作为一项准则，从它的起源之根——消费商品，扩散到了金融服务业。20 世纪 80 年代的许多银行家认识到，他们一直投资的发展的品牌，可能是金融机构最有价值的财产之一。它们竖起品牌的大旗，致力于品牌经营。在英国，领先的储蓄银行(英国中部银行)，根据提供的产品和服务为每一个营业网点提供了副品牌。20 世纪 90 年代中后期，金融业界开始注重品牌经营，通过金融公关塑造品牌。信息社会竞争品牌，品牌经营成为金融业的经营哲学。

因而，金融公关终极目标就是塑造强势金融品牌。

2. 树立金融品牌形象

在全球化、信息化、自由市场经济的趋势下，良好的形象是金融品牌得以生存和发展的唯一条件。它的取得是金融品牌长期努力的结果，不可能一蹴而就地完成。这其中，金融公关活动的贡献是其他手段所无法比拟的。比如，中国的招商银行最早地在中国切实地推行“24 小时服务”策略，为人们的金融消费创造了极为便利的条件；招行还推出上门贷款服务，只要符合条件的贷款消费者在一周之内就能够享受此项服务。通过这些公关活动，使金融消费者对招商银行产生了认同感——一种情感上的认同。这时,招行与其消费者或潜在消费者之间就会内在建立一种非常牢固的关系,这就是品牌忠诚度。因而,有效地运用公关手段对于金融品牌的形象树立至关重要。

就金融品牌机构内部而言,全体员工在工作中产生与金融品牌荣辱与共的思想意识和情感,做到在各自的岗位上以金融品牌的利益为重,珍视金融品牌形象。而这种良好形象的树立必须依靠金融内部公关的有效开展。就金融品牌的外部形象建设来说,金融品牌给消费者或社会公众的服务和贡献,为消费者或公众所接受和认可,为人所称道、赞扬和传播,这便是良好的外部形象。它便逐渐地形成金融品牌资产,为金融品牌带来较大的重复购买力。一家具有良好形象的金融品牌,犹如一个强度很大的磁场,很容易吸引到优秀的人才;一个具有良好形象的金融品牌源于全体员工的公关素质。全球化的金融竞争实际上是人才的竞争,即现代化的管理、现代化的技术设备加上现代化的人才,三者缺一不可。因此,加强金融机构员工的公关素质的培养是极为重要的。

3. 提高金融品牌核心竞争力

拥有良好的企业形象和品牌能够大大地提高金融品牌的综合竞争力。做好公关工作就要不断创新,不断开拓,以新颖的方式制胜。要牢固树立"人无我有为新,人新我精为妙,人妙我奇为智"的思想,充分研究环境,正确评价自己的实力和能力,认真分析同行竞争者的长处、短处以及自己的长处和短处,然后科学地确定自己的方向和道路、活动内容和方式,以奇、以新制胜。所谓新和奇,就是深入研究客户的最迫切需要,真正时时事事为客户着想,提供出用户最需要、最迫切的服务。

4. 掌握和运用信息

必须充分认识信息的巨大价值,善于运用和收集准确、可靠的信息,捕捉时机,将那些看似不相干的信息做复杂多层的组合,并策划和实施。要善于捕捉“闲话”,就是要银行员工在接待每一位顾客时,既听话又听音,摸准对方心理,随时调整服务内容和重点,还要善于收集“真话”。时刻注意社会公众的动向,用敏锐的眼光捕捉有价值的信息,迅速决策和果断行动。同时,应重视加强信息网络建设。现代公关以科学指导为原则,提高手段的科学化水准。金融部门一方面要广泛聘任组织资金联络员,通过四通八达的“耳目”,及时收集各种信息,另一方面利用计算机网络提高金融公关的效率和成功率。

5. 进行金融品牌的危机管理

在市场经济条件下,金融品牌既面临着残酷竞争的考验,又面临着内外部危机的考险;残酷的竞争往往是现在的,而内外部的危机则常常是潜在的、不知何时爆发的。在危机出现时,利用传统的方式来解决问题已经远远不能够适应新的竞争形势和经营管理的要求,甚至可能为金融品牌带来新的更大的隐患。金融品牌必须主动地适应外部环境,利用金融公关来解决出现的危机(这里讲的危机与金融危机不是一个含义)。怎样进行金融危机公关呢?

首先,未雨绸缪,沉着处理。“天有不测风云,人有旦夕祸福”,对于金融品牌而言也是如此。各种危机可能随时出现,金融机构必须有一个较为固定的公关团体,专门从事危机处理。因而,在危机突兀出现后就会有组织、有计划、有步骤地展开公关,尽可能地挽回不利影响。尽快地保持自身利益并树立新形象。

其次,公开真相,减少摩擦。金融公关要求在遇到危机时,必须迅速查明真相,将事实和处理办法公之于众。或者坦率地检讨自身的过失,以实际行动得到消费者或者公众的谅解;或者把危机的恶意制造者公之于众。

最后,利用传媒,挽回形象。大众传媒是金融品牌永远都不能忽视的重要因素。正确的舆论导向能够维护和扩大金融品牌的良好形象,而各种不实的报道或者恶意的误导极可能会使之陷于困境。在处理各种危机时,金融品牌要善于借助大众传媒,以期获得消费者或公众的理解、信任、支持和合作。

思考与练习

1. 与其他行业相比,工业企业公共关系的特点是什么?

2. 公共关系人员应当怎样处理企业发生的危机事件?

3. 商业企业如何有效开展对外公共关系活动?

4. 试举例说明饭店业、旅游业公共关系工作的任务是什么?重点在哪里?

5. 邮电企业为何要重视公共关系工作?

6. 运输企业公共关系活动应当抓住哪些主要方面?

7. 金融业开展公共关系的重要性是什么?

第十三章

非营利组织公共关系

形形色色的非营利组织,是庞大而复杂的社会组织体系的重要组成部分。观察现代社会生活,公共关系的触角已伸及各行业领域,并随着新的社会问题的出现与社会管理的不断进步,它在非营利组织中的应用亦日趋普及、深化。

第一节　非营利组织与公共关系

一、非营利组织及其公共关系的特点

(一)非营利组织的性质和类型

一般来说,非营利组织泛指所有不从事营利性活动,即不以盈利为根本目的的社会机构或团体。非营利组织存在的价值,或是推动某种社会事业的发展,或是普及宣传某种知识、观念,或是唤起公众对各种社会现象的普遍关心,或是共同商讨解决某个共同的社会问题。

不同的非营利组织,具有不同的工作目标和任务。在我国,习惯以"团体事业单位"来称谓各种非营利组织。我们可以依据它们所承担的社会职能及其不同特征,区分为三类:

1. 公益性非营利组织

它们通常以国家或社会整体利益为目标,服务于整个社会,外部公众往往涵盖社会各界。公益性非营利组织除了政府部门,常见的还有担负保卫国家安全重任的军队系统,负责社会公共安全的警察、消防队等。

2. 互益性非营利组织

各种党派和政治团体、职业团体、业余团体、宗教组织,以及大多数的专业学会和各种行业协会、同业公会,都可以列入这个范围。它们比较重视内部公众的利益和共同目的,所以首先注重其内部成员对组织本身的向心力和归属感,着重组织对其成员的吸引力,重视内部系统的沟通。

3. 服务性非营利组织

侧重于以满足特定外部公众或内部公众的特定需要为目标,或以此作为自己的基本使命,提供相应的非营利性服务。常见的有学校、医院及卫生保健组织、新闻机构、图书馆、博物馆及文艺团体、红十字会、基金会、福利和慈善机构。

(二)非营利组织公共关系的特点

社会组织是公共关系的主体。主体的性质不同,与之相对应的公众会有所不同,相互之间在期望、要求上也会不尽一致。与营利组织相比较,非营利组织的公共关系表现出以下不同特点。

1. 社会组织开展公共关系的根本目的

社会组织开展公共关系工作,根本目的是追求在某个特定领域内,实现社会效益和经济效益的统一。但是,由于营利组织的存在与营利有关,其公共关系工作在最终成果上,必然或多或少、直接或间接地同经济效益挂钩。一个营利组织的公共关系工作不能推动市场营销,产生一定的经济效益,就难以有持久的生命力。非营利组织由于其性质,决定其公共关系工作的最终成果,必然主要体现在社会效益上。比如,不仅要努力塑造组织自身的形象,还要致力于为组织所从事的事业提高认知度、美誉度、和谐度，说服公众接受、认同和支持。对许多非营利组织来说，后者常常比前者更为重要。假如教育机构不能让公众知道教育事业在经济发展、社会进步中的重要作用，军队不能使社会理解其参加某场战争的必要性、迫切性，它们自身的形象就难以树立。这些活动都是非营利的，纵然其过程及其管理可用经济效益的尺度，从所费与所得方面进行衡量；其追求的最终成果，通常却只能从社会效益的角度评价。

必须看到的是，在国外已有不少的非营利组织，如某些艺术团体、环境保护组织开展市场营销活动。非营利组织应用市场营销指导实践，与营利组织方法相似，目的却不同。一般来说，它们是为了更加科学、有效和合理地组织自己的非营利活动，使其运行的结果更加符合特定的社会需要。比如提供更受公众欢迎的艺术作品，更受社会重视的某种观念。简而言之，非营利组织是借鉴市场营销的方法，对自己的活动进行“企业化”管理，而不是为了谋求利润。在国内外，还有不少的非营利组织，从事一些带有营利性色彩的活动，如我国高等院校招收自费生，中小学校招收“议价生”，专业学术团体等兴办经济实体。一般来说，非营利组织从事这些创收活动，主要是通过这些举措，改善其行使基本的非营利职能的经济条件，同样不是为了创造利润，因而有别于营利组织的营利活动。

2. 非营利组织面临的问题

大多数的营利组织由于创造物质财富，其运行的结果产生经济效益，因此，开展公共关系工作能够拥有相对稳定和较为充裕的经费来源。所以，营利组织多有雄厚实力开展耗资较多、规模较大的公共关系活动。大多数的非营利组织由于经费依靠政府拨款、社会及个人赞助，数额有限，通常用于公共关系方面的经费非常有限。依据少花钱、多办事、办好事的原则，积少成多，积小成大，逐步累积形成某种声势。例如，美国癌症学会将其筹集到的资金，78.2%用于治疗癌症的工作，9.7%用于行政开支，只有12.1%用于筹集资金及其他公共关系工作。因此，营利组织的公共关系活动有条件使用能够迅速产生轰动效应的某些方法、媒介，如通过卫星进行全球实况转播的电视媒介，大规模地向某项活动提供赞助等。非营利组织在大多数情况下，只能选择比较经济、节省的做法和手段，如张贴标语、散发传单等。而且，营利组织的公共关系人员，配备较为齐整，多为专职，专业水平较高；非营利组织人员配备较少，经常是临时组班，多为兼职，专业水平也因人而异。从这个意义上说，无论国内国外，非营利组织开展公共关系工作，难度都相对要大。

3. 营利组织与其公众之间的关系更为密切

因为它们之间，维持联系的利益较为明显、较为密切又容易认识。例如，工商企业与其顾客、供应商与社区等关系。反映到特定的公共关系工作中，则是营利组织的公众针对性较强。非营利组织与其公众之间联系较为松散，缺乏相对固定的利益关系，或利益色彩较淡，相关性不太迫切。大多数的人都承认环境保护的重要性，但一个义务的环境保护主义团体却未必能一下子招募到足够的志愿人员，很快争取到社会的广泛支持和热烈响应。因为非营利组织的公众针对性较弱，经常是同一类的公众却对同一事物难以形成一致的看法。因此，非营利组织的公共关系，面对的情境更为复杂。

二、非营利组织公共关系的主要作用

任何社会组织，都需要通过信息交流，树立良好的社会形象，与公众协调关系、化解矛盾，从而为自己的生存和发展创造“人和”的内外环境。营利组织如此，非营利组织也是如此。但是，非营利组织由于其基本性质，其公共关系作用更多地体现于以下几个方面。

（一）扩大影响

扩大影响，即提高认知度、美誉度、和谐度。在现代社会，越来越多的公众更加关心有关非营利组织的声誉、责任和工作成效；许多非营利组织彼此之间竞争加剧。例如，学生及其家长在入学方面，越来越注意精心选择满意的学校；消费者开始走向消费者协会的大门，寻求帮助。不少非营利组织，常常由于公众缺乏了解，被认为工作不力、不尽职责，受到社会的责难。这种大趋势，使越来越多的非营利组织开始利用公共关系，扩大自身的社会影响。

非营利性组织的公共关系，难度较大的是招募义务人员或志愿者。我国有一些学会、协会在发展会员方面困难重重。公益性非营利组织面对这种情境，主要应从提高潜在公众的献身精神和社会责任感入手；互益性非营利组织则应把重点放在寻找潜在公众的期望与组织的所作所为的差距上，通过扎扎实实的努力满足公众的要求。假如服务性非营利组织陷入这种局面，原因则很有可能与营利组织相似。

(二)争取支持

每一个社会组织开展公共关系工作，都是为了争取公众的支持，确认所需要的特定支持并努力赢得它，对任何社会组织的生存和发展都显得十分重要。

1. 争取社区公众的支持

非营利组织一般不创造物质财富，所以在社区中的影响力多数不如营利组织。有时甚至会被社区公众视为不必要的“额外负担”。更有不少非营利组织是“墙内开花墙外香”。如何端正社区公众的认识，建立睦邻友好关系，历来是非营利组织公共关系的重要任务。

2. 争取政府公众的支持

许多非营利组织的建立，要报政府有关部门审查、批准。如专业学会等学术团体；还有不少的非营利组织，其活动经费大部分或全部靠政府拨款，如学校、医院等事业单位。它们需要通过公共关系，使政府了解自己的事业，重视自己从事的工作，提供各种帮助。

3. 争取内部公众的支持

一所学校要推出新的教学项目或改革措施，少不了师生员工的支持，互益性非营利组织更是如此。没有内部公众的支持，就会失去生命力。

4. 争取媒介公众的支持

新闻媒介对社会舆论有重要影响。非营利组织多数没有充裕的资金，无力大规模开展公共关系活动。因而它们更注重与新闻媒介密切联系，以提高自己在社会上"亮相"的频率。由于非营利组织从事的是非营利事业，其活动多与社会或公益有关，因此，更容易引起新闻媒介的瞩目，成为"新闻源"。例如，警察的活动常常是新闻媒介所欢迎的题材。打击犯罪的有关报道，往往更有可读性，更扣人心弦。

(三)推广观念

营利组织经常运用公共关系，向市场推广其产品或服务；非营利组织则需要公共关系，向社会或特定公众推广某种观念或主张。例如，城市交通警察经常张贴标语，拉起横幅，出动宣传车辆，竖立路牌广告，提醒过往行人、车辆注意交通规则，注意交通安全；国外的一些环境保护主义者组织，经常通过各种宣传活动，向社会推广他们保护环境、维持生态平衡的"绿色观念"。

推广观念与扩大影响，两者的目的有所不同。对非营利组织来说，扩大影响是它在"推销"自我，推广观念则重在"推销"其事业。在"推销"方面，营利组织有着丰富的实践经验和更为成熟、科学的方法。因此，许多非营利组织也引入了市场营销的管理模式，创造性地用于"推销"其事业的公共关系工作。

三、公共关系在筹款工作中的应用

(一)筹款工作与公共关系

筹款工作，即筹措资金的工作。在国外，许多非营利组织——社会福利机构、教堂、交响乐团、学校、医院和博物馆，经常处于财务困境之中。筹款是他们维持生存和发展的首要问题。有学者称,任何社会保健、文化和宗教组织的想法、计划和宣传,无不与硬币盒、募捐箱联系在一起。筹款已经成为一门高度发展,涉及市场营销、销售心理等多门学科,包括财务、游说等多种策略和技巧的艺术。筹款工作本身,被列入非营利组织公共关系的应用范围。

1. 筹款工作的种类

筹款工作的种类很多,依据筹款工作的对象,可分为争取企业赞助,向基金会申请资助,向组织内部成员或外部公众个人募捐,以及向其他组织筹款;依据所筹款项用途或目的,可分为资产性筹款,或非资产性的活动筹款;依据筹款活动的具体方式,分为直接寄函,电话联系,登门游说,发行彩票、奖券,义卖,义演,组织公众竞赛活动等。但是,如果没有良好的公共关系作基础,任何筹款工作都难以成功,更不能持久。有的时候公众会自发地捐献钱财;但是大多数情况下,让一个人捐献一元钱,比劝说他花掉一元钱更加困难。因此,国外的许多筹款工作,都是在专门的公共关系人员的组织、鼓励和指导下进行的。

2. 非营利组织的筹款活动的类型

从广义说,非营利组织的筹款活动主要有两种类型:一种是通过各种赞助活动筹措资金,另一种是通过商业活动筹款。前者也叫募捐,即狭义的筹款工作,如美国一个名为“一角钱在前进”的组织。有一个时期,步行马拉松、慢跑马拉松及自行车马拉松等运动,对重视用腿来锻炼身体的美国人很有吸引力。这个组织每年选定一个日子,在全美 1100 个城市同时举办 32 公里的“步行环美”竞赛活动。参赛者向赞助人报名,他如果步行、慢跑或骑车一公里,赞助人就要保证向这一基金会捐多少钱。后者如建立于 1938 年的西班牙全国盲人联合会,是由当时西班牙各地 30 多个盲人自助组织联合而成的互益性非营利组织,现有 3.6 万名成员。它曾经是政府管理下的一个为盲人提供帮助的机构,后来成为庞大的实业集团,兼并或创办了90家企业,包括一家旅行社,几家海滨旅馆,一个速冻蛋卷厂和一个面积4000公顷的农场,并在西班牙两家报社中占有大部分股份,掌管着一个由160座无线电发射台组成的覆盖全国的广播网,并同另两家股东一道控制着西班牙三大私人电视台中的一个。它的代表在西班牙70家企业的董事会占有席位,其中包括两家大银行。到1992年,这个组织的现金收入,不算股息和经营利润,扣除税收之后,仍可折合近30亿美元,成为世界上工作成效最为显著、财力最为雄厚的慈善机构之一。像北大百年校庆、清华90华诞的筹款工作都很有成效,校庆成为促进学校建设的助推器。但是,无论哪一种类型的筹款,都需要良好的公共关系。通常,商业活动筹款可以依据企业管理的原则、方式进行,但是其公共关系仍有与一般营利组织不同的方面。由于政府一般对非营利组织从事某些商业活动有所优惠,如果非营利组织兴办的企业或其他经济实体与其宗旨不符,挂羊头卖狗肉,就会为公众及社会所不齿。它们更需要严格的自律,并通过公共关系向公众说明其初衷和事实真相,避免误解和敌意。

在我国,已有不少非营利组织为公益事业、社会活动筹款的事例。如帮助贫困地区失学儿童重返校园的"希望工程"捐款,各种社会福利奖券、彩票的发行,等等。但总的来说,我国非营利组织面向社会筹款的工作,还处于起步阶段。

(二)筹款活动的准备工作

商业活动筹款,在我国有"创收"这样的叫法,它与企业管理有许多共同之处。通过赞助活动筹款,则是一个专门的特殊领域。我们将主要讨论规模较大的募捐,或者说狭义的筹款工作中的一些问题。

1. 筹款活动进行的条件

要保证一次筹款活动的成功,必须具备五个条件:有力的事实,有效的领导,诚实和认真负责的工作人员,自愿且有能力的捐赠者，以及充足的活动经费。在制订筹款活动计划之前，必须对这五个方面进行一丝不苟的研究。

2. 筹款活动的组织机构

筹款活动要有专门的发起组织，如成立委员会或工作小组这样的机构。筹款机构的工作及宣传活动要有规划、部署和安排。依据国外筹款工作的实践经验，制订工作计划和宣传计划的指导思想，是如何将训练有素并满怀热情的筹款人员，带到具有同情心和了解情况的捐赠人面前。这对于任何筹款活动的成败都至关重要。

关于筹款机构的工作，国外学者有以下原则性忠告：

(1)筹款活动的发起组织，不论是委员会还是工作小组，都应当是一个代理性组织。

(2)坚强有力的领导群体，可以相应地增强活动的筹款能力。

(3)筹款机构的工作效益，受到每个成员尽责程度的制约。

(4)要理顺筹款机构内部各部分的关系。应由发起组织决定各个所属单位、部门的活动，各个所属单位和部门理所当然地要遵循它所规定的标准开展工作。

(5)筹款机构对活动中各项工作所作的反应，应该是满足需要性的，而不是创造性的。

3. 筹款活动经费的合理使用

要对筹款活动所需的经费进行预测，并把它限定在合理的范围之内。筹款工作不仅得到利益，还要承担风险。一个组织要想在公众中保持信誉，在筹款时必须坚持高度的道德标准，严格控制筹款的活动经费，使其在所筹到的款项中占合理比例。国外有许多组织，就是因为被发现所筹款项只有小部分用于他们宣称的事业，被公众视为欺骗，因而名声扫地。

4. 筹款活动可行性研究

要对筹款活动的目标进行研究，分析其可行性。筹款活动的各项具体工作，要有时间限制和进度安排。比如对活动开始的组织工作，发放和填写认捐志愿表格的工作，宣传和游说工作规定出具体的日期，以保证它们之间有效地衔接起来。

5. 选好开展筹款活动的时机

要在有明显的迹象表明公众意向对筹款活动有利时进行。假如公众遇到的捐赠要求太频繁，他们会产生反感，不予合作。同时还要分析竞争因素。在一个领域里，如果其他组织先行一步，搞得轰轰烈烈，那么跟在后面的筹款活动即使事业更有价值，也会失败。

（三）筹款活动的操作

1. 典型的筹款活动过程

典型的筹款活动过程分为以下步骤：

首先列出捐赠人名单并将他们分类，指定专人负责并对负责人员进行训练，进行游说鼓动，与捐赠人保持联系。

接着是列出有关公司和富人的名单，以便登门征集大笔捐赠。筹款机构经常使用的做法，是先确定要求主要捐赠人各出多少钱。资产筹款的另一个做法，是由捐赠人向其同伴提出要求，比如一个大公司的总裁向另一个大公司的总裁征求赞助。如果要求别人赞助的人自己已经捐赠，这就更有说服力。

捐赠人一般根据其捐款多少，分别称为赞助人、捐助人或创办人。筹款机构可以组织一些活动，以示对捐赠人的感谢。比如用捐赠人的名字命名建筑物的一些房间或公共场所，准备一些纪念册，介绍建筑物内的规划和某些设施的赞助款项。

2. 有效的游说

有效的游说要回答五个问题：即原因、位置、人员、内容和方式。所有的游说活动，都要在同样的气氛中进行。各种捐赠人常常提出的疑问就是“别人在做什么”。因此，训练有素的游说人员应当先使捐赠者对计划感兴趣，向他们征求意见，而不只是张口要钱。

3. 筹款活动的时间性

筹款活动所需的时间,一般与目标的大小成正比,与目标受欢迎的程度成反比。

4. 筹款活动成功的标准

一次筹款活动成功与否,可用四个标准衡量,即质量、数量、费用和时间。

5. 筹款活动宣传工作的长期性

筹款活动的宣传工作,在筹款活动结束以后,或者说筹款目标达到、所需款项到手以后,宣传工作并没有结束。大多数捐赠人,还想了解他们的捐赠是否派上了合适的用场。公众有权知道与他们的利益有关的事实。宣传工作的重点不再是制造声势,而是使公众确信,本组织没有,也不会辜负他们的期望。国外许多非营利组织为了维护声誉,在筹款活动结束后或每年定期发表有关报告,详细开列收支账目,并鼓励捐赠人了解财务情况,及时回答碰到的问题。

第二节　非营利组织公共关系举要

一、政府公共关系

(一)政府公共关系的含义

政府公共关系,是以政府为主体建立、维护和发展各种内外关系,以体现政府根本职能的一种管理思想和实践活动。

政府,是国家和地方的行政机关,对国家和地方的各方面事务负有指导、规划、管理、协调、服务、监督、保卫等基本职责。由于政府的工作本身具有公共性,因而它无时无刻都置身在各种公众关系之中。妥善处理好这些关系,政府就有威望,就有利于形成和谐稳定的社会政治局面;而处理不好这些关系,政府工作就会陷于被动,办事效率就会降低。

但是,从管理思想方面来看,有政府未必有政府公共关系。这是因为,公共关系是一种现代管理思想,它有特定的思想体系,它的实践运作是以这种特定的思想体系为指导的。因此,从管理思想这一层面来看,只有在公共关系思想指导下的政府行为才是政府的公共关系行为,只有理解和掌握公共关系思想的政府才是公共关系主体的政府。

政府公共关系有其特定的内涵和体系,它与其他的政府管理思想有着明显的区别:

首先,它把政府视为社会管理机关,而不是社会某部分人的权力机关。换言之,政府是社会的代表,而不是社会某些成员的代表。因此,政府代表和谋取的利益是全社会的利益、整体的利益和长远的利益,而不是自身的利益或部分人的利益,不是个别利益和眼前利益。

其次,它强调政府的沟通职能、协调职能和服务职能,而不是政府的指挥职能。这也就是说,政府不是"官府"而是"民府",政府不是凌驾于社会之上的权力象征,而是置身于民众之中的社会象征。因此,政府的工作也就是为全民办事的工作。

再次,它寻求名实相符的良好政府形象,重视和追求顺民心、合民意的自我完善,而不是政体僵硬、官官相护、名实不符。政府真正是人民的政府,受公众的监督,并且有机制保障公众知晓、评价和选择的权力。因此,政府真正是向公众负责的政府。

由此可以看出,自在的政府公共关系同自为的政府公共关系是不同的。前者是一种不自觉的、隐含在政府与公众中的、不明朗的政府公共关系;后者则是一种自觉的、主动展示和完善政府与公众关系的、明朗的政府公共关系。现代公共关系学中所说的政府公共关系,专指后一种意义上的政府公共关系。

(二)政府公共关系的特点

政府公共关系是一种特殊类型的公共关系,这种特殊性可以从主体、客体两个方面来看。

1. 主体方面的特点

(1)权威性。政府是国家权力的执行机关和管理机关,在它所辖的国域、区域内享有宪法和法律规定的充分的行政权力,因而它具有权威性。

(2)导向性。政府的导向性表现为政府的立场、意图、行为等,一经显露,总会有相应的舆论紧随其后,总会有支持者和鼓吹者。

(3)代表性。无论哪一种类型的政府,就其标识来说都是所辖全体成员的代表,都要向国域、区域内的全体成员负责,因而它具有代表性。

2. 客体方面的特点

(1)普遍性。政府是社会管理机关,具有普遍的社会管理职能,因此,它的客体具有普遍性。

(2)复杂性。政府公共关系客体的复杂性不仅表现为政府公共关系面对的是各种利益群体、观念群体,这些利益群体和观念群体对政府有不同的要求,对政府的决策、行为等有不同的反应;而且表现为政府的内部公众具有显在和隐在两个层次。

(三)塑造政府形象的途径

1. 多办实事,造福于民

全心全意为人民服务,这是一切政府工作的出发点,也是所有政府公共关系活动的根本宗旨。政府形象的好坏,往往不在于它"说"了什么,而在于它"做"了什么,取决于它能否为人民群众切实解决一些困难和问题。开展政府公共关系的着眼点首先应从办实事、办好事入手,加快经济建设步伐,发展社会公益事业和群众福利事业,切实提高人民群众的物质生活与文化生活水准,真正做到造福于民。只有这样,政府才可能得到广大人民群众真心实意的拥护和支持,良好的政府形象才能更快地树立起来。

不遗余力地为人民群众办实事、办好事,既是提高政府声誉的基础，也是政府公共关系落到实处的具体表现。要做好这项工作，需要政府工作人员牢固树立"全心全意为人民服务"的思想，时刻想到群众，心中装着群众，甘做人民的公仆。与此同时，要善于选准开展工作的突破口，把群众意见最大、最需要解决的问题，作为政府办实事的重点。以天津市委、市政府为例，他们自1982年以来一直坚持每年为群众做几件像样的实事、好事，年初公布，年中检查，年底兑现，仅开始8年时间便为全市人民做实事110多件，使天津面貌发生了巨大变化，老百姓亦从中得到了许多实惠。10多年来，在实事实办的为民之举行动中，天津市委和市政府言必行、行必果，在广大人民群众中树立了自己的良好形象，也为政令畅通打下了基础。

2. 清廉自洁，勤政为民

勤政廉洁是构成政府形象的一个重要方面。由于政府工作人员代表政府机构行使权力，因而在公众心目中，政府工作人员是政府形象的具体体现，他们的一言一行都关系到政府的声誉，尤其是政府领导干部是否廉洁，他们的思想品德、工作作风、办事能力如何，直接影响政府工作的效果和政府声誉的好坏。加强廉政建设，清除腐败现象，是新形势下政府塑造自身形象的又一途径。

联系实际，有效纠正不正之风，使政府机构勤政廉洁，当务之急是把各项廉政措施经常化、规范化、制度化。例如，可以把政府领导干部及其工作人员的有关情况公开，充分发挥群众监督的作用；定期公布政府工作人员的政绩，把廉洁与否作为考评、升迁的一条重要标准；向社会各界公布政府工作人员尤其是领导干部享有的经济待遇、住房分配、福利收入等；实行公开办事制度，把政府公务活动直接置于群众的监督之下。

需要指出的是，勤政与廉洁是相互联系、相辅相成的。在政府日常工作中，既要为政清廉，又要勤政为民。清除腐败现象，纠正不正之风，加强廉政建设的目的是为了提高办事效率，改变工作作风,更有效地发挥政府机构的职能和作用。在保持廉洁的前提下,政府领导干部和工作人员应保持高度的责任感与强烈的事业心,踏踏实实为群众做好事、办实事,提高人民"当家作主"的意识,并使广大群众自觉服从政府的领导,主动地配合政府的各项工作。

3. 上情下达,取信于民

政府机关可以利用现有的或新开发的信息传播渠道和媒介,将政府各项方针、政策、法规、决定和其他活动安排告知社会各界,向广大人民群众进行说服、解释、宣传和教育,以取得他们的信任、理解与支持、配合。例如,国家有关经济贸易、财政收支、金融运行、国防外交等方面的重大决策,重大建设项目的可行性分析和实施结果,各种政策法规的制定和公开颁布,各级政府机构的改革、变动和人员的任免,各地发生的突发事件及当地政府采取的解决办法,国家面临的人口、能源、交通等方面的难题及现状,都可以通过一定的传播渠道进行信息发布,做到上情下达。

近年来,我国各级政府实行的新闻发言人制度和社会协商对话制度,就是政府公共关系活动的有效尝试。新闻媒介是大众关注的对象,一方面政府机构需要借助新闻传媒向社会公众传达政府各项重大活动情况、大政方针及本地区发生的重大事件,并将社会各界的意见、建议和评论及时反馈回来;另一方面可以利用新闻媒介的舆论监督作用,促进办事效率的提高和工作作风的改善。

政府公共关系的目的是谋求社会各界公众的信任与支持。通过协商对话制度,有利于政府管理的民主化和决策科学化,使政府机构集思广益,吸收广大群众的智慧与力量,尽量避免和减少决策上的失误。许多实践表明,各级领导机关的工作只有建立在倾听群众意见的基础上,才能切合实际,少走"弯路"。同时,通过与社会各界人士的协商对话活动,既提高了政府工作的透明度,又增强了群众的参政、议政意识,明确自己的主人翁角色与社会责任感,密切干群关系,激发广大基层组织与人民群众配合政府工作的积极性、主动性和创造性。

(四)政府与群众沟通的方式

政府与群众实施沟通的方式,可划分为直接沟通、半直接沟通和间接沟通。

1. 直接沟通

直接沟通就是政府代表和群众代表的面对面的沟通。这种"代表"既可能是特定的,也可能是一般的。特定的代表是受指派的,一般的代表是不受指派的。政府成员主动到群众中去走访,开调查会、研讨会,参加劳动等,都属于直接沟通的范畴。他们直接同群众接触,但这里的"群众"实际上不是整体意义上的群众,而是作为代表的群众。因为代表总是有一定的局限性的,因而政府成员同群众的沟通应当经常进行,而且不局限于某一个地点、某一部分群众。程维高任南京市市长的时候,春节去麻风病院看望病人和医务人员。政府领导能在大年初一深入"被遗忘的角落",而且是一般人惧怕的角落,这就其形式来说就能产生沟通效应。

直接沟通的优点是有直接的交流,可以充分感受对方的意见和情感,可以随时转换话题以满足和引发对方的兴奋点,因而双方的沟通障碍比较小;它的不足之处主要在于沟通的面比较狭窄。为了弥补这种不足,沟通点的选择就显得非常重要,同时对于直接沟通中发现和了解到的类似问题加以解决。

2. 半直接沟通

半直接沟通是一种介于直接和间接之间的沟通。它既不是面对面的沟通,又不是通过中介传递进行的沟通,例如电话沟通、信访沟通就属于这一类沟通。电话沟通与面对面的沟通是不一样的,由于观察不到对方的表情以及受时间等限制,它不可能像直接沟通那样充分,而且,由于这种沟通电话一般是群众给市长或其他政府成员打的,主动者往往在行为进程中处于被动。因为电话是你打的,对方一问"你有什么事",你就会自己觉得矮了一头,对方再诚恳你也会有一种尽快把话讲完的潜意识，因而沟通不可能充分。信访沟通也有和电话沟通相似的特点，因而这是一类相对独立的沟通。

半直接沟通对于政府方面来说也是被动的，因为主动者往往不是政府一方。克服这种缺陷的方法有很多，例如政府能经常同群众进行直接沟通，会促进群众主动同政府沟通；政府对群众的来信来电给予高度重视，也会增强群众主动同政府沟通的愿望和动力。所以半直接沟通能否经常进行、能否发挥它独特的作用，主要还是取决于政府，政府的主动能促进群众的主动。

3. 间接沟通

间接沟通是借助于媒介的沟通，其中最主要的是借助新闻媒介的沟通。政府通过报纸、杂志、广播、电视等传播自己的声音，向公众进行通报和宣传，同时又通过新闻媒介了解公众中的问题和呼声，由此实现沟通。这种沟通具有传播面广、信息量大、沟通容易及时的特点，因而是政府与公众沟通的主渠道。近年来，我国的新闻媒介十分重视在政府与群众的沟通方面发挥这种主渠道作用，尤其是在反映群众呼声和要求，反映社会各方面真实情况中发挥了主渠道作用。如广州市率先开展的“假如我是市长”、“评聘市长参谋”等活动，天津市开展的“你心目中的领导形象”大讨论，上海市开展的“上海形象”、“上海文明”大讨论等，都是非常成功的政府与群众沟通的范例。事实上，就广大人民群众及时了解政府的决策、政策和行为来说，就政府及时地了解社会各方面的情况和群众的主要呼声来说，主要都是通过新闻媒介这条渠道。最近几年，我国在反腐败斗争中集中狠刹了几股群众反映强烈的不正之风，包括清理乱收费、清理公费出国出境旅游、清理党政机关经商办企业、制止领导干部买车换车风等，都取得了一定成果。而这种信息的双向传递，主要是通过新闻媒介进行的。

沟通不仅是形式，更重要的是内容，特别是群众已经反映的突出问题,政府是否已着手解决,解决的结果怎样,要对群众有一个交代。从这个意义上说,政府努力为群众多办好事、实事也是与群众进行沟通的一种间接的方式。这是一种无声的信息和情感方面的沟通。当然,这种沟通能够同主渠道进行的沟通结合起来,效果会更好。其"效果好",一方面是政府的实干能为更多的群众知晓,另一方面是增加新闻媒介传播的可信度。

直接沟通、半直接沟通和间接沟通的方式可以互相结合。例如,通过电视或广播直播和转播,政府同群众直接的交流、沟通,对现场的政府成员和群众来说是直接沟通,对视听群众和政府来说是间接沟通;报纸有选择地刊登群众给政府和政府给群众的来往信件,是半直接沟通和间接沟通的结合。沟通的具体方式是多种多样的。以前通过政府各部门同各相关组织,例如政府的教育部门同各种类型的学校、同群众进行上传下达的间接沟通,这种沟通方式曾经是最主要的一种沟通方式,今天仍然是一种主要的沟通方式,不应当否定它而应当完善它。沟通方式是重要的,但沟通原则更重要。只要真正坚持政府与群众沟通的主动性、双向性、及时性、真实性原则,就会广开沟通渠道,用好各种沟通方式,体现政府与群众沟通的宗旨。

二、学校公共关系

学校是教育机构。包括各种形式、各个层次的大专院校、中小学校、幼儿园及成人教育院校。学校工作的根本宗旨,是教书育人、培养人才。它们大多数属于非营利组织。

(一)学校公共关系的基本对象

任何公共关系工作的起点,都是认真确定面临的公众,决定与他们进行双向交流与沟通的渠道,以及所要达到的目标。在学校公共关系中,有各种各样的公众必须与之接触。

1. 教师

在学校的日常工作中,教师处于能够同学生、家长及其他有关人员进行有效联系的位置,不仅可为公共关系部门提供有价值的反馈信息和建议,而且还能作为学校公共关系的兼职人员。由于学校的主要任务是教学,通过教学活动培养人才,而教师又在教学过程中起着主导作用,是一个学校教学质量优劣的关键性因素。因此,与教师保持和谐的关系十分重要。

2. 学生

学生是学校影响力最大的公众。他们思想活跃,年轻好动,求知欲强。学生在校外经常被视为学校生活的最有权威的解释者,对学校工作的评价往往在其解释中反应出来。由于通向社会其他公众最可靠的途径是学生,使学生成为有关信息传递的中介人具有战略意义。例如,学生家长就主要是通过孩子与学校发生联系,对学校产生认识和形成态度的。

学生在校期间,是重要的内部公众之一。他们毕业以后,演变为重要的外部公众。

3. 家长

学生家长是支持学校工作的重要力量,也是学校工作及其形象的重要评价者和宣传者。由于他们对学校的了解来源于子弟,所以针对家长的工作不能只靠学生充当媒介,否则家长可能产生片面认识。学校与家长在帮助学生努力学习、健康成长方面有许多共同语言。因此,在此基础上通过经常、坦率以及更为直接的沟通,交换意见,以更好地促进学校各项工作,是以家长为对象的学校公共关系工作的主要任务。

4. 行政、后勤员工

学校中还有一批非教学人员,从事行政、后勤各个方面的工作。他们的工作态度、效率和质量,直接对教师工作、学生学习产生重要影响,甚至成为学校与师生关系好坏的决定性因素,还可能影响学校与其他外部公众的关系。例如,学校的秘书,就是学校公共关系工作中的关键人物。秘书要回答的问题最多,与家长、学生、教师的接触多于其他任何人。使他们成为充满活力的信息发布者,是学校公共关系中的重要一环。因此,将行政、后勤员工作为重要的公共关系对象,使他们了解、支持学校,恪尽职守,努力工作,是不容忽视的公共关系任务。

5. 校友

校友包括曾经在校工作、已经调离的教职员工,曾经在校学习、已经毕业的历届学生。已走上工作岗位的毕业生,是校友公众中的主要部分。

校友关系对学校有着特殊意义。离校以后,大多数校友仍然会怀念曾经学习、工作过的地方,愿意关心母校的发展。因此,通过公共关系,与校友继续保持联系,使他们的感情由可能自发产生到必然形成,并强化成支持学校工作的推动力量,是一项重要的公共关系任务。国外的不少学校,就将校友作为主要的筹款对象。

6. 兄弟学校

学校与同业公众之间的关系较为特殊。同类学校之间不可避免地存在竞争关系;同时,在许多方面又有合作关系,可以相互支持。不同类学校之间又可建立互补关系,如中学为大学输送生源,大学为中学输送师资。

7. 社区

任何学校的工作,都离不开社区公众的支持。中小学校的学生来自社区,大专院校的学生可能要在社区实习、就业;教师、学生的日常生活,如各种商业服务,要依赖于社区。学校要努力使自己成为社区中人人称颂的合格“公民”,关心社区的发展。比如,利用其知识、技术、人才优势,为社区办实事;开放学校,增进相互了解。

8. 工商界

学校与工商界的关系日益密切,彼此之间的合作范围也在不断扩大。与工商界建立良好关系,有利于学校争取经济上、物质上的援助,有利于教师建立社会实践、试验基地,有利于学生就业。

(二)学校公共关系的主要方式

1. 学校公共关系的组织方式

在公共关系事业发达的国家,学校一般都很重视公共关系。向社会各界公众提供信息,解释学校的活动以及争取支持,被视为学校专业公共关系人员的使命。在美国的大专院校,主管公共关系的是校长或院长。一些规模较大的大学里,有专门负责发展和大学生关系的副校长领导发展办公室。办公室下设两个部门,一个负责与校友联系,一个负责其他公共关系。其他学校也设有公共关系主任,并配有助手。

在我国,事实上存在的公共关系工作,不是由某一个部门负责,而是学校内部的许多机构、人员分担的。比如与学生公众关系,既有学校的学生工作部门,又有教务、宣传等部门;除了教师,还有一批思想政治工作者。与教师公众的关系,除了主要领导、人事师资部门,还有工会等。受传统的影响,学校开展的事实上存在的公共关系工作,通常都以沟通内部各种关系为主,较少以外部公众为活动对象。

2. 学校公共关系的传播方式

一般来说,学校与公众进行沟通的主要目标,是为了增强公众对教育的认识,制止有关误传和谣言;进行教学改革或推出其他新措施时,获得公众的接受与合作;争取公众及社会支持,筹措充足的经费。在这个方面,国内外学校并无较大差别。但是,在具体的传播方式上,我国学校多用以下媒介:

(1)校报、学报和其他出版物。大专院校多有自己的校报和学报,定期或不定期出版。校报主要反映学校的有关动态,学报则刊登学校的科研成果。校报读者面广,有内部师生员工,外部的兄弟院校。学报主要向专业人员、有关单位发行。校报在公共关系工作中,完全可以发挥更大作用,比如向学生家长、校友及其他公众寄送,使之成为保持联系和相互沟通的主要途径。学报反映一个学校的学术水平，是扩大学校社会影响的基本媒介。大学和中小学校有时还出版其他印刷品，如情况通报、纪念画册等。

（2）墙报、黑板报、橱窗和宣传栏。主要用于内部沟通。特点是运用方便、及时、迅速，不需要较多的复杂设备和技术。

（3）广播与闭路电视。大多数学校都有自己的有线广播台、站，每天定时或必要时播送节目。少数学校如一些大学，还有闭路电视系统。

（4）领导接待日。有的学校设立领导接待日，定时接待师生员工，倾听他们的呼声。

（5）意见箱。在学校的公共场所或活动集中的地点，挂设意见箱，是听取内部公众意见的常用办法。可以避免面谈中的心理压力及某些不便。

（6）走访。在大专院校，领导走访教职员工，领导及教师走访学生宿舍，领导及教师拜访社区有关人士，是密切干群关系、师生关系和社区关系的有效方式。中小学校则经常进行家访，以加强同家长密切联系。

（7）信函。我国的学校在放假之前，常有《告家长书》，介绍一个学期结束的学校工作，下学期的打算和重要安排；有《学业报告单》，汇报其子女的学习成绩和表现。平时在有必要的情况下，学校有关部门或班主任也会给家长发函。

（8）座谈会。学校经常召开教师、员工、学生或家长座谈会，就重大问题互通情况，交换看法。

（9）校庆及其他纪念活动。学校往往邀请校友代表、师生员工、家长代表、各界人士参加。这是扩大学校影响，与各界公众联络感情的重要方式。

（10）新闻发布会。向新闻界介绍学校的有关情况，争取通过他们广为宣传。

我国的学校长期以来，已经建立了极为广泛的内部沟通渠道。

许多媒介不仅可用于内部公共关系，还能有效用于与外部公众的联络与沟通。目前的问题在于，大多数学校对公共关系还缺乏一个明确的认识，还较少用公共关系的眼光去审视和充分发挥这些渠道的作用。其效果往往靠日积月累地缓慢形成，尤其缺少目标清晰的整体协调活动。

三、医院公共关系

医院是重要的医疗卫生保健机构。医院的职责是救死扶伤。依据人道主义精神，对患者细心、周到、热情；为病员提供配套服务（从挂号、登记、诊治、划价付账、取药到吃、住、行、休息）并合理收费。三者的最佳结合，是医院形成良好的社会形象的重要基础。

（一）医院与患者公众之间的关系

患者是医院的重要公众。虽然大多数的医院都是非营利组织，但是患者对于医院，在性质上仍像顾客对于营利组织那样重要。医院向病员收取费用，一般不是为了创造利润，而是弥补开支，以维持正常的运转。但是，一所医院如果没有患者光顾，恐怕也就失去了存在的基本价值。

医院处理与患者公众之间的关系，传统上是以良好的内部公共关系为基础，要求医护人员想病人之所想，急病人之所急，依靠一定的医术水平、良好的医德为其排忧解难。例如，一些病员因疾患会有异常之举，医护人员应表现出极大的耐心，体贴和关心他们。不少医院都把努力做好医护人员的工作，促使他们自觉自愿地为病友提供礼貌、热情周到的高水平服务，作为公共关系的重要任务。

医院工作引入市场营销职能，为开展针对患者的公共关系活动提供了新的视角。比如在美国，人们对医院能否应用市场营销还有不少争论。《威斯康星医学》杂志在 1982 年 7 月号就说："市场营销这个词对医生来说，马上会联想到广告、游说、宣传和重商主义。而有史以来医学界就认为，医生对患者进行游说是不道德的，也有失专业气度。他们相信，他们的工作成效应该建立在他们自己所具有的长处上面。"但是此后两年里，美国医院主管市场营销的院长、副院长的数量，还是从 25 个增加到近 400 个。正如一家医疗中心的公共关系主任所言："医院注意的是非营利性的服务，他们要评价这些服务，看看他们为人们提供的好处究竟在哪里。正因为如此，医院的公共关系越来越多地和市场营销联系到一起——使医院在经济上也获得实惠。"

在以患者为对象的公共关系工作中引入市场营销，首先是从端正医院本身对患者公众的态度开始的。医院必须树立全心全意为病友服务的观念。美国著名的市场营销学者菲立普·科特勒，将医院的组织类型，依其对患者所持的基本观念划分为三种。一种是无反应性组织，对公众的需要、态度、爱好或满意程度不闻不问；一种是随机反应性组织，它们有兴趣了解患者的需要，并鼓励公众询问或提意见；还有一种是高度反应性组织，依靠系统的信息反馈程序，如正式的民意调查、患者小组会等。提供哪些医疗服务及如何提供这些服务的决定。第一种类型的组织是由医院自己来做，即对患者的态度是"我们能做什么，就提供什么服务"；后两种类型的医院，作决定时必须考虑公众的要求，即"患者需要什么，我们就提供什么服务"。为此，美国的医院通过四种途径了解公众，即消费者加入理事会，消费者提倡议，收集当地公众的要求，进行行为科学和社会科学研究。医院和公众之间能够直接接触，并能客观地了解医疗服务应该达到的要求。以此为前提，医院与患者之间的公共关系不仅基础更为扎实，而且为公共关系的应用开拓了更为广泛的领域。

向公众进行预防保健的宣传教育工作，公共关系也能发挥更加积极的作用。医院掌握着一定的设备、经验和关于患者行为表现的知识，有助于实施这种影响广泛的活动，这还是一个与公众开展对话的有效手段。比如，让医务人员举办有关某种疾病患者康复问题的讲座，更能向社会展示医院对其服务范围内的公众的关心、体贴。

(二)医院与新闻媒介的公共关系

医生和医院历来是新闻媒介重视的“新闻源”。新闻媒介对一所医院的声誉影响很大。有利的报道,可以提高医院的认知度、美誉度、和谐度,吸引患者;不利的报道,会损坏医院的名声。新闻媒介是医院借以影响其他外部公众的重要途径。

如何将医院的重大事件公诸于众,不断树立医院的良好形象,是医院与新闻媒介公共关系中的一个关键。医院应有自己的发言人,专门回答记者的提问。发言人的姓名、电话号码、接待时间等,应当告诉电话总机及医院其他所有可能接到新闻界电话的部门,并通报有关新闻机构。向新闻媒介提供的材料,要注意保护当事人的隐私权,不能把患者当做嘲笑的对象,内容要准确,有些消息的公布要经过有关领导批准。在开诚布公地对待新闻媒介的同时,还要妥善处理好可能涉及的与其他公众的关系。

四、军队公共关系

军队是执行政治任务、保卫国家安全的武装集团。作为社会组织中的一员,军队为了实现自身的目标,顺利完成肩负的特殊任务,同样必须依靠内部公众的团结和外部公众的支持。

(一)军队公共关系工作的必要性

1. 军队的社会性,是其必须开展公共关系工作的客观基础

军队作为一种社会组织,与其他社会组织一样,不可能脱离社会孤立存在,必然与社会和公众产生相互依赖的关系。例如军队的兵员来自于社会,其官兵与社会各界公众有着千丝万缕的联系;军队的给养要依靠社会提供,等等。因此,军队要使国家和人民理解他们的使命,支持其工作,增强公众的国防意识,就必须通过公共关系活动进行广泛有效的宣传和沟通。

2. 战争与和平的矛盾,是军队应用公共关系工作的根源

战争是一种残酷的行为,但在很多时候却是实现和平的唯一

手段。由于公众普遍欢迎和平、反对战争，社会对战争的支持有时难以自发产生。军队为了向公众表明其发动或参与战争的正义性和必要性，争取公众的理解和支持，同样需要应用公共关系来达到目的。

3. 和平环境为军队的公共关系创造了有利条件，也提出了更高的要求

和平时期，军队与公众的交往与战时不同，不仅交往的时间更为稳定长久，交往的范围更加广泛，而且交往中的平等互利意识增强。因此，军队与其外部公众之间，较战时更容易出现某些不尽协调之处。善于利用公共关系，是彼此加强联系和团结，消除误解或矛盾的有效途径。

（二）军队公共关系工作的一般特点

军队公共关系工作的根本目的，是建立和维持良好的形象，这与其他社会组织并无区别。但是，由于军队自身的特殊性质，其公众的期望及平时、战时的任务会有所不同。

1. 军队公共关系工作的方式

军队在履行其使命的运行过程中，对内要与全体军人、兄弟单位，对外要与驻地政府、社会公众、军人家属、新闻媒介和物资供应部门发生交往。由于面对的主体不同，作为公共关系工作对象的公众，对其要求和期望也必然有别于其他社会组织。军队首先要了解和掌握这些特征，选择相应的手段传播与沟通，才能有效地应用公共关系。

2. 在和平时期，军队公共关系工作的重要方式，是为社会提供服务

国内外军队都经常提供有价值的空中、海上和高山救援行动，一旦发生洪水、地震、爆炸等重大的天灾人祸，最先抵达灾区运送物资、抢救伤员的也往往是军队。军队训练有素，纪律严明，向社会提供这一类服务往往更有效率。由于这一类事件经常是公众和

新闻媒介关注的中心,军队的英勇行为和涌现的英雄模范人物,常常成为赢得公众称颂和赞誉的典型,并产生强烈的轰动效应。我国军队在和平环境中,正是通过多次在人民生命财产受到威胁时,挺身而出,抢险救灾,进一步加强和巩固了与人民群众之间的血肉联系。

3. 军队公共关系工作的重点是加强与社区公众联系

由于军队工作的特殊性,军队在外部公众眼里,往往笼罩着一层神秘的色彩。既诱发着公众的好奇心理,又容易成为妨碍加深了解的屏障。因此,在和平时期,军队公共关系工作的一个重点是如何加强与社区公众的联系。我国军队通过积极参加地方经济建设,军民共建,拥政爱民等活动,积极发展与地方的关系,有些国家的军队,通过接待社区公众访问军事基地,组织指挥部门的军官接受记者采访,邀请新闻媒介参观军事演习等,达到增进了解、宣传自己的目的。

4. 在战争时期,军队的公共关系工作更为复杂

例如,对外要向公众介绍战争进程、战斗情况,说明战争的意义,争取他们的合作和支持;对内要提高军队士气。有些国家的军队,战时还应用公共关系向敌方开展心理战。

我国人民军队长期以来,与人民群众建立了深厚的感情,犹如鱼水般的亲密关系。人民群众为军队的建设和发展做出了重大贡献,军队为人民群众立下了不可磨灭的功勋。当时虽无"公共关系"或类似的称谓,其实我国军队却在与人民群众这一涵盖面最广泛的公众之间,就如何建立良好的关系积累了许多成功的经验。

五、新闻机构公共关系

新闻机构是借助大众传播媒体,向社会报道各种新闻及其他有关信息的社会组织,如报社、杂志社、电台、电视台、广播站等。从公共关系工作的角度来说,新闻机构是其他社会组织与广大公众沟通信息、协调关系的主要媒介,又是许多社会组织的重要公众

对象。从新闻机构自身来看,作为社会组织,它们同样需要公众的合作和支持,提高认知度、美誉度、和谐度,才能顺利完成其使命。

新闻机构的公共关系,有其自身特点。一方面,新闻机构的公众主要是读者、听众或观众。他们人多面广,居住分散,而且往往与新闻机构缺乏直接联系。因而,新闻传播主要是一种单向传播。另一方面,新闻机构向社会提供的是特殊的精神产品。产品的信誉要建立在真实可信和为公众喜闻乐见的基础之上,产品的质量要经过全社会的共同检验。因此,新闻机构的公共关系工作,要重点放在以下几个方面:

(一)建立自己的特殊形象,并使之为广大公众所熟悉、认同

我国绝大多数的新闻机构都属于非营利组织,但是也要通过某些带有营利性色彩的活动筹集资金,改善自身发展的条件。例如,通过刊登广告增加收入,弥补开支。一个新闻机构,只有其"主产品"——如报刊、节目等办得生动、活泼,受到社会欢迎,在读者、听众或观众中有市场,客户才愿意找其刊登广告。因此,就像营利组织中的企业,新闻机构也要有自己的特色,并在这个特色之上建立起有别于其他新闻机构的形象。以有关读者、听众或观众为公共关系的主要对象,并确定自己服务的工作范围,定期进行调查研究,随时掌握公众各方面的变化,是建立特殊形象工作的重要基础,也是新闻机构公共关系的首要任务。

(二)通过社会交往,加强与公众的双向沟通

虽然新闻机构可以在报刊杂志的栏目版面和广播电视的节目中增加公众的反馈信息,比如办好读者来信专栏、听众或观众之友节目等,以改善新闻媒介单向传播的格局,但这毕竟有限。借助公共关系,可以增进双方的交流。比如举办读者咨询活动,编辑人员与读者见面,交换看法,征求意见,介绍报纸、刊物或电视台、电台的特点,今后的打算等;召开各类公众代表座谈会,邀请老订户、撰稿人、社会名流参加,听取他们的批评建议;还可举办庆典活动、知

识竞赛,与企业合办文艺、体育活动等。这些都是很受公众欢迎,能增进相互了解和合作的公共关系方式。

(三)新闻机构要保持广泛的信息来源,既要靠编辑、记者的辛勤劳动,还要靠广大公众和其他社会组织的大力支持

比如,争取他们撰写稿件,提供新闻线索,积极配合采访等。一般来说,大多数社会组织和公众都希望成为新闻媒介注意的对象,愿意通过报刊、电视和广播,使自己的甜酸苦辣为社会所知晓,事业和成就得到应有的重视和承认。所以,新闻机构开展社会公共关系活动有着良好的条件和社会基础,应该积极、主动地同社会各方面联系,建立各种关系网络,更好地开展工作。

(四)保证精神产品的质量是新闻机构努力的目标

运用公共关系,可以及时了解公众对"产品"质量的评价,为决策提供必要的依据。同时,开展公众评选活动,让公众评出好新闻、优秀专栏节目等,既可以吸引公众对新闻机构关心、支持,又可以提高新闻机构的社会声誉。

六、群众团体公共关系

(一)群众团体公共关系活动的个性特色

群众团体是有广泛的群众基础,执行专门的功能,结构相对松散的非营利组织。一般由集体与具有一定资格的个人组成,如各种专业学术团体、社会各界的联合会等。由于其本身的特点,群众团体公共关系的目标,除了一般社会组织公共关系的共同要求,还有自己的个性特色或不同层次。

1. 致力于树立一种高于一般社会认识水平和道德要求的公共形象。比如,使公众认可和接受组织所担当的崇高社会道义责任,了解组织为社会作贡献的献身精神。

2. 在社会舆论的形成过程中,保持和发挥自身的独特优势作用。群众团体在社会利益关系的格局中,一般处于较超脱的位置,其内部成员也多有较高的文化知识水平和社会公德规范。因此,

他们对社会各种问题的看法,往往容易受到社会各界重视,甚至成为公众舆论的主要倾向。比如,群众团体的公共关系可以在两方面显示作用。一是通过参政议政,显示自身价值,争取社会各界的理解与承认;二是以身作则,在社会各界公众中,带头建立一种良好的社会行为作风,并对不良风气勇于抨击。

3. 积极参与和组织各种社会活动。大多数的群众团体都属于互益性组织,但是它们仍然有必要积极开展各种公益目标的社会活动,才能真正树立它作为社会大家庭中一个合格成员的基本形象。否则,这种"互益"难免给公众留下自私的印象。各种围绕公益目标的社会活动,参加的原则是自愿、平等,而且没有商业色彩,所以公众对此有着普遍接受的心理基础。由于群众团体一般财力有限,在这一类社会活动中,主要发挥倡议、发起、组织、联络、协调等领导作用。这一类活动既能使社会及广大公众受益,又能扩大自身影响,还能在与社会各界的沟通中获得广泛的帮助和支持。

(二)群众团体公共关系工作的主要任务

1. 一般的营利组织如各种工商企业,内部团结多以共同利益或统一政策为基础。群众团体内部,其成员由于地位不同,性质、特点、目标、观念有别,利益可能大相径庭。要使每个成员都能满意,团结一致,非营利组织困难更多。所以,群众团体的内部公共关系工作,不仅十分艰巨,而且更为重要。一般来说,有关公众既然愿意加入某一群众团体,说明他们在利益、理想、兴趣、目标和观念等方面,仍有不少一致的地方。求同存异,以"同"作为内部公共关系的出发点和归宿点,以"同"作为内部沟通的依托,围绕着"同"提供服务,使内部公众之间在"同"的前提下互利互惠,是群众团体公共关系工作的重要任务,也是其内部公共关系工作能否成功的关键所在。

在增进内部公众的团结,加强沟通,提高组织的内聚力方面,一些群众团体创造、使用了许多行之有效的方法。如定期、不定期召开各种会议,发行内部刊物,组织联谊活动,为内部公众开展工作牵线搭桥,为他们的正当利益公开辩护,帮助他们培养人才、推荐人才。

2. 与政府交往,是群众团体的一项重要的外部公共关系工作。通过与政府公众的联系和沟通,群众团体可以及时了解有关政策、方针,准确把握精神实质,还可对政府的态度、行为和政策产生影响。这种信息交流工作的结果,不仅对组织自身从事的事业和内部公众的利益,还将对整个社会的发展起到积极的推动作用。因此,群众团体与政府公众之间关系的着眼点,应当是争取成为政府的智囊团、顾问和朋友,主动向政府献计献策,帮助政府解决问题。另一方面,群众团体要经常向政府有关部门汇报本组织的发展、规划和工作情况,主动征求意见。在举办各种社会活动时,还可积极邀请政府有关部门及其领导参加。

3. 群众团体经费的筹集活动成为其公共关系工作的重要任务。群众团体的经费来源,主要是会费、赞助、募捐及有关活动收入。收缴会费本是一件容易的事,有的群众团体却很难,原因是内部成员对组织意见很大。这要靠扎实的内部公共关系工作,理顺内部关系,比如增强对会员的吸引力,提高组织宗旨范围内各种服务的质量、数量。争取赞助和募捐,是更为艰巨的公共关系工作。还有一些群众团体,通过各种创收活动筹款。创收活动一定要有公共关系色彩,尽量减少甚至避免“商业味”。

思考与练习

1. 非营利组织的公共关系与营利组织相比有何区别?
2. 非营利组织的公共关系具有哪些作用?
3. 政府机关如何与群众进行沟通?

4. 学校应当怎样开展公共关系工作?
5. 面对患者,医院如何进行公共关系工作?
6. 军队为什么要重视公共关系?
7. 新闻机构公共关系工作的重点在哪里?
8. 分析群众团体公共关系的主要特征。

后　记

尽管公共关系事业在中国大陆发展至今不过只有10年的时间,但她给整个社会所带来的影响是有目共睹的。社会对公共关系事业的欢迎和对公共关系工作人才的渴望,导致公共关系理论研究和教育培训工作发展很快。据统计,目前国内已有20多所大学设立公共关系专业或辅修专业,有上百所大学开设公共关系学必修课和选修课,有些大学已开始招收公共关系专业方向的硕士研究生,甚至许多中等专业学校、中学都开设了公共关系学课,至于各类公共关系培训班和函授班更是遍布全国各地。与此同时,各类公共关系书籍也纷纷问世,目前公开出版的公共关系专著、教材、丛书已达百种之多。无疑,在中国,公共关系理论研究和教育培训已取得了可喜的成果。当然,公共关系事业在发展中也还有不少问题需要解决,比如,教育界急需一本比较系统、全面,能总结10年以来我国公共关系事业发展的经验、教训,汇集国内外公共关系研究成果,体系比较完整,容量比较大的通用教材,本书就是在这样的背景之下产生的。

1989年12月,由深圳大学、复旦大学、兰州大学、杭州大学、中山大学联合发起,在深圳大学举办了全国首届高等学校公共关系教学研讨会,经与会代表倡议,决定由16所高校的公共关系学科带头人和主讲教师联合编写这部全国通用教材,会议期间成立了编委会和编写组。安徽人民出版社在倡议出版这本教材中表现出很大的热忱。

1990年5月，在充分酝酿书稿编写大纲的基础上，编委会和编写组的全体成员汇集上海，召开了编写会议，对教材的编写宗旨、提纲、体例以及各章节内容逐一进行了讨论，并确定了各章的执笔人。会上对核心概念、学科架构等重要理论问题进行了深入的探讨。国家教委的有关同志认真听取了讨论，并提出了不少指导性的意见，对本书的编写给予很高的评价。会议结束后，全体编写人员以认真、严谨的态度和很大的热情、干劲投入到编写工作中去。

1990年7月，编写组再次集中于安徽黄山召开统稿会议，最后审定书稿。

安徽人民出版社为本书编写和出版做了大量的工作，提供了极大的帮助。该社已出版过多部公共关系著作，有的还得了奖。社领导和责任编辑从开拓选题、拟定提纲到统稿定稿一直是本书的直接参与者。

本书采用主编负责制，由深圳大学大众传播系主任熊源伟副教授任主编。

编委会由一些院校的学科带头人组成。他们是复旦大学新闻学院副院长林帆教授、复旦大学经济管理系主任顾国祥教授、兰州大学新闻系副主任李东文副教授、杭州大学政治系副主任方宪玕副教授、中山大学行政学系主任王乐夫副教授、深圳大学大众传播系主任熊源伟副教授。钟文副教授为本书的编写做了很多组织工作。

编写组由深圳大学、复旦大学、兰州大学、杭州大学、中山大学、清华大学、江西大学、郑州大学、国际关系学院、成都大学、四川师范大学、中国民航管理干部学院、北京财贸管理干部学院、上海电视大学、北京联合大学、佛山大学等16所高校的公共关系学主讲教师组成。编写工作采用集体讨论、分头执笔、交叉修改的方式。具体分工如下：

第一章：余明阳；第二章：杨魁；第三章：毛萍；第四章：邢颖；第五章：郭惠民；第六章：廖为建；第七章：潘肖珏；第八章第一节：刘庆龙，第二节：李兴国、刘庆龙；第九章：高旭良；第十章：章瑞华；第十一章第一节：钟育赣、黄翔，第二、三节：钟育赣，第四节：黄翔，第五节：王达宇，第六节：黄翔、钟育赣；第十二章：杜建国。

参加黄山定稿会议的同志有余明阳、杨魁、刘庆龙、章瑞华、钟育赣、高旭良等。余明阳为本书写作做了许多具体工作。

应当承认，我国公共关系理论研究的时间还比较短，公共关系实务活动尚待进一步完善，总结与研究工作亟须加强。本书中肯定有不少错误与缺点，我们祈望广大师生和读者对本书提出宝贵意见，通过不断修订，使之逐步完善成熟。

编著者

1990 年 7 月于黄山

修订本后记

本书自从出版以来,深得公共关系界同仁和海内外学术界的厚爱,曾于 1992 年获得"全国优秀畅销书奖(社科类)",也作为祖国大陆公共关系书籍中唯一被海外购买版权在海外出版的书籍。全体编撰人员在深受鼓舞的同时,日益感到原书的不足,遂起修订本书的意愿。

1993 年 7 月,在其姊妹篇《公共关系案例》正式出版后,本书责任编辑、安徽人民出版社综合编辑室主任李道平副编审便与熊源伟主编联系,商议修改事项。受熊源伟主编及编委会委托,余明阳副主编向每一位参与者发函征询意见。在全体撰写人员一致赞同修订并提出详细意见后,本书几位编写骨干重新设计框架,调整章节,并对每一章的作者提出了修订的要求,各位撰稿者开始分头修改。

1994 年 4 月,部分参编人员在北京聚会商议修订稿的统稿事项,参与者包括余明阳、李道平、邢颖、郭惠民、潘肖珏、刘庆龙、李兴国、高旭良等。

1994 年 7 月,在兰州大学召开的"全国第三届高校公共关系教学研讨会"上,熊源伟主编召集所有与会的参编者,逐章谈了修改意见,并责成章瑞华、潘肖珏、钟育赣、郭惠民负责分头统稿,方宪玕、李东文两位副主编也提出了各自的意见。

4 位负责统稿的同志分别将各自修改过的稿子分送方宪玕、

李东文同志审读,再将所有稿子送余明阳同志审读,最后由熊源伟同志逐章审读定稿,基本完成了修订过程。

1994 年 12 月,余明阳、李道平、廖为建、郭惠民、章瑞华再聚广州处理遗留的修改问题,并委托章瑞华同志对尚需修改的个别章节进行修改。

李道平同志自始至终参与了修订过程,并提出了不少精辟的见解。王达宇同志因公务繁忙,主动要求不再参与写作。全体编撰人员对他们为本书所做过的工作表示感谢。

修订各章节的执笔人分别如下:

第一章:余明阳;第二章:杨魁;第三章:毛萍;第四章:邢颖;第五章:郭惠民;第六章:廖为建;第七章:潘肖珏;第八章第一节:刘庆龙,第二节:李兴国;第九章:高旭良;第十章:章瑞华;第十一章:钟育赣、黄翔;第十二章:张云、杜建国。

在修订本出版之时,我们在欣慰之余仍感不安,完善永远只是相对的,我们希望读者朋友们在钟爱此书的同时,继续对她提出宝贵的意见。

编著者

1996 年 4 月

第三版后记

2001年的中国，是具有纪念意义的。加入WTO、申奥成功、APEC会议等一系列重大事件，使中国的国际化进程大大加快，这也为公共关系的教学与研究提供了前所未有的机遇与挑战。

本书1990年出版，1996年修订，2002年第二次修订（第三版）。在本次修订前，执行主编余明阳教授、博士曾与李兴国教授、舒咏平教授、姚曦副教授、薛可副教授博士、陈先红副教授博士、吕巍教授博士、陆雄文教授博士、戴伟辉副教授博士、孙一民副教授博士、黄翔副教授、张云教授、杨魁副教授、廖为建教授、郭惠民教授、潘肖珏教授、邢颖副教授等作过多次磋商，以决定是否再次修订和如何进行修订。

当然，也有人说“红皮书”是中国公关教材的一个坐标，已完成了其历史使命。这期间影响较大的教材有国家教育部高等教育司组编、余明阳主编的《公共关系学》（广东高等教育出版社），国家教育部大专教材、李兴国撰写的《公共关系实用教程》，和铭、郭惠民、居易主编的劳动人事部职业考试教材《公关员》等问世。然而，绝大多数学者认为“红皮书”依然是深受欢迎的，其作用和地位是无法取代的。安徽人民出版社的同仁也持这一观点。因此，“红皮书”不但这次要修订，而且今后还将继续修订下去。

至于如何修订，绝大多数学者建议保留其原有基本框架，每次作些删节、调整与补充。因此，第三版着重对第一章、第五章、第九章、第十章的一些提法作了修正，增补了第十一章，以增强其应用性色彩，第十一章由黎竹、舒咏平教授负责补写，执行主编余明阳教授审定。

参与第三版修订讨论的人士有余明阳、舒咏平、黎竹、陈先红、薛可、姚曦、余彦波、黄翔、周杨、王晓川、韩进军、赵龙、杨珊珊、杨冰、罗彬彬、童晓彦、李元根等。讨论分别在上海、武汉、成都、北京进行，并在浙江定稿。

主编熊源伟教授，副主编方宪玕、李东文教授，编委王乐夫、林帆、顾国祥教授等德高望重的公共关系界前辈，虽然大部分已功成身退、荣休在家，有些教授已将主要学术方向调整到其他学科，但他们依然十分支持本书稿的修订，并提出了许多指导性意见。他们是本书的坚强后盾。

当第三版出版之时，我们将准备着进行第四版的修订，这当然离不开广大读者朋友的批评指导。

编著者

2002 年 7 月于浙江